D1698691

DORDA • Biosphärenreservat Bliesgau

Dieter Dorda

Arten, Biotope und Landschaften im Biosphärenreservat Bliesgau

unter Mitarbeit von

Anita Naumann, Ulf Heseler, Volker John, Martin Lemke, Martin Lillig, Rüdiger Mues, Günter Nicklaus, Aloysius Staudt und Peter Steinfeld

Saarbrücken 2021

Ministerium für Umwelt und Verbraucherschutz
SAARLAND

Vorderseite der Einbanddecke:
Ausschnitt aus der Kulturlandschaft des Bliesgaus – das ländliche geprägte Walsheim in der Bliestal-Gemeinde Gersheim (Blick vom Bliesdalheimer Weg in Richtung Südwesten). Walsheim ist unter anderem bekannt durch seine ehemalige Brauerei, von der heute nur noch ein Brauereikeller erhalten ist. Die aus dem 12. Jahrhundert stammende evangelische Kirche gehört mit derjenigen in Böckweiler zu den ältesten Kirchenbauten des Bliesgaus. Geologisch bedeutend ist der Duppstein, ein ca. 10.000 Jahre alter Kalktuff in der Mitte des Ortes. Der Duppstein ist die größte Kalksinterbildung der Region.

Bibliografische Information der Deutschen Nationalbibliothek:
Die Deutsche Nationalbibliothek verzeichnet diese Publikation in der Deutschen Nationalbibliografie. Detaillierte bibliografische Daten sind im Internet unter http://dnb.dnb.de abrufbar.

Gestaltung und Satz: Hilt Design & Kommunikation, 66119 Saarbrücken
Druck: Repa Druck GmbH, 66131 Saarbrücken
Printed in Germany

© Saarland – Ministerium für Umwelt und Verbraucherschutz
Saarbrücken 2021
ISBN 978-3-923877-62-1

Grußwort des Ministers für Umwelt und Verbraucherschutz

Kennen Sie den Krüppelschlehen-Zipfelfalter? Oder den Warzenbeißer? Woran denken Sie bei einer Hirschzunge? Haben Sie schon einmal etwas von Kalk-Halbtrockenrasen gehört?

Diese und noch viele andere faszinierende Arten und Lebensräume des im Mai 2009 von der UNESCO anerkannten Biosphärenreservates Bliesgau stellen Ihnen Dr. Dieter Dorda und seine Co-Autoren in diesem Buch in überzeugender und ansprechender Weise vor. Aber sie belassen es nicht bei Beschreibung und Fotos, bei großen und kleinen Geschichten. Sie laden Sie auch ins Biosphärenreservat ein, vermitteln Geheimtipps, wo Sie dies alles selbst erleben können. Besuchen Sie den Orchideenpfad in Gersheim, nehmen Sie an den Führungen von Naturwacht und Natur- und Landschaftsführern teil. Allerdings immer mit der notwendigen Rücksicht auf diese einzigartigen Wunder der Natur.

Denn es handelt sich um eine wunderbare Vielfalt, die mit Respekt und Umsicht behandelt werden muss. Ihr Fortbestehen ist keine Selbstverständlichkeit. Oft geht es um Lebensräume, die als Folge menschlichen Wirtschaftens entstanden sind. Ohne die Weiterführung solcher traditionellen Bewirtschaftungen können sie nur schwer erhalten werden.

So besteht etwa die beste Möglichkeit, eine Streuobstwiese zu erhalten, immer noch darin, diese wieder mit entsprechender Sachkenntnis, Sorgfalt und Mühe zu nutzen, ihre Früchte zu verarbeiten – oder entsprechende regionale Obstprodukte zu kaufen. Mehrere Vereine im Biosphärenreservat engagieren sich in diesem Bereich. Auch Sie können hier aktiv werden und einen der zahlreichen Vereine durch Ihren Einsatz unterstützen. Beteiligen Sie sich doch beispielsweise bei der Versteigerung von Streuobstbäumen oder nehmen Sie an einem Freiwilligeneinsatz des Biosphärenzweckverbands Bliesgau teil. Wie Sie sehen, sind die Möglichkeiten vielfältig.

Damit dies auch so bleibt, unterstützt das Ministerium für Umwelt und Verbraucherschutz das einzige saarländische UNESCO-Biosphärenreservat auf vielfältige Weise. Das beginnt mit der finanziellen Beteiligung am Biosphärenzweckverband und der Zurverfügungstellung von Personal für dessen Geschäftsstelle, geht weiter mit der Unterstützung des ökologischen Schullandheims „Spohns Haus" in Gersheim und hört mit der Förderung einzelner Projekte – wie z. B. den Begleiterinnen im Bereich „Bildung für nachhaltige Entwicklung" im Rahmen der frühkindlichen Bildung oder dem bereits genannten Orchideenpfad – noch nicht auf.

Das mehr als 360 km² große Biosphärenreservat Bliesgau macht Ihnen eine Fülle von Angeboten. Nutzen Sie diese. Erleben Sie das von Dr. Dorda beschriebene gewürfelte Tuch, das Mosaik der Vielfalt in diesem einzigartigen Gebiet, von Angesicht zu Angesicht. Werden Sie ein Teil davon.

Viel Freude beim Schmökern und Erleben

Reinhold Jost
Minister für Umwelt und Verbraucherschutz

Grußwort des Verbandsvorstehers des Biosphärenzweckverbands Bliesgau

Der Bliesgau wurde 2009 als UNESCO-Biosphärenreservat anerkannt. Heute ist er das zweitjüngste von 16 UNESCO-Biosphärenreservaten in Deutschland.

Grund der Auszeichnung ist in erster Linie nicht die herrliche und besonders artenreiche Hügellandschaft auf Muschelkalk im äußersten Südosten des Saarlandes. Es ist vielmehr die besondere Stadt-Land-Beziehung einer insofern einzigartigen Region. Es sind die räumliche Nähe zwischen Verdichtungsraum und ländlichem Raum sowie die vielen und speziellen Wechselbeziehungen zwischen Stadt und Land, die die UNESCO überzeugten.

Dass ein Teil der wunderbaren Natur im Bliesgau ein Ergebnis dieser besonderen Stadt-Land-Beziehung ist, sieht man erst auf den zweiten Blick. Viele Wiesen und Magerrasen mit ihren zahlreichen Orchideen, seltenen Schmetterlingen und wertvollen Pflanzen sind nur entstanden, weil sie seit Jahrhunderten sehr extensiv, ohne großartige Düngung, bewirtschaftet wurden. Dies ist den Arbeiterbauern in der Region zu verdanken, den Menschen, die es zur Arbeit in die Stadt, in die Montanindustrie des Saarlandes, in die Eisenhütten oder in die Kohlengruben in St. Ingbert und Neunkirchen zog, um Geld zu verdienen. Sie waren es, die nach ihrer Schicht zu Hause auf dem Land die Landwirtschaft weiter betrieben. Ganz extensiv, so wie sie es dann noch konnten. Bis heute hat sich vielfach diese Wirtschaftsweise in der Landbewirtschaftung erhalten, die die bemerkenswerte Kulturlandschaft des Bliesgaus bewahrt.

Mit Modellen und neuen Strategien für eine nachhaltige Entwicklung versuchen die Menschen im Biosphärenreservat Bliesgau ihre Heimat zu erhalten, zu entwickeln, Wertschöpfung zu erzeugen und die Region zukunftsfähig zu machen. Das Wirtschaften des Menschen im Bewusstsein und mit dem Ziel, die Natur und die Ressourcen nachhaltig im Sinne von schonend und achtsam zu nutzen, prägt die Region.
Es entstanden viele artenreiche und besondere Lebensräume, die den Bliesgau so schön und einzigartig machen.

Dieter Dorda und seine Mitautoren beschreiben und dokumentieren die Natur der Region sehr detailreich, mit einem aufmerksamen Blick für die schützenswerte biologische Vielfalt des UNESCO-Biosphärenreservates Bliesgau. Sie zeigen, wie vielfältig und bedeutsam die Natur der Region ist. Sie stellen Landschaften und ihre Ökosysteme vor, dokumentieren ihre wichtigsten Lebensräume und beschreiben viele faszinierende Tier- und Pflanzenarten. Dieter Dorda will den Menschen die Natur und die Landschaft aus seiner Sicht und mit seinem Blick auf das Ganze zeigen.

Als Verbandsvorsteher des Biosphärenzweckverbandes Bliesgau freue ich mich über dieses Buch und hoffe, dass es nicht nur Fachleute anspricht, sondern viele Leser inspiriert, das UNESCO-Biosphärenreservat Bliesgau als etwas Einzigartiges, Wertvolles anzuerkennen.

Wir können stolz darauf sein und dürfen in diesem Bewusstsein die Schönheiten der Natur vor Ort genießen. Getreu dem Motto „Meine Biosphäre Bliesgau. Natürlich wunderschön."

Und wir sollten dankbar dafür sein, so wie es auch die vielen Menschen in den anderen Biosphärenregionen weltweit sind, dass wir mit unserer Biosphäre so etwas Wertvolles haben dürfen.

Landrat Dr. Theophil Gallo
Verbandsvorsteher
Biosphärenzweckverband Bliesgau

Vorwort des Autors und Danksagung

„Der Bliesgau hat eine Chance". Diese Worte haben die Herausgeber des im Jahre 2006 erschienenen Bliesgau-Buches – Dieter Dorda, Olaf Kühne und Volker Wild – bei der Buchvorstellung dem Bliesgau gewidmet und ihre Hoffnung damit verbunden, den interessierten Leserinnen und Lesern etwas von dem weiterzugeben, was sie damals zum Entstehen des Buches zusammengeführt und angetrieben hat: „Die Liebe für die einmalige Landschaft des Bliesgaus" (Dorda/Kühne/Wild 2006, S. 12).

„Der Bliesgau ist ein starkes Stück Heimat!", schreibt Minister a.D. Stefan Mörsdorf in seinem Geleitwort zu jenem Bliesgau-Buch (Dorda/Kühne/Wild 2006, S. 7), gibt es hier doch auch eine außerordentliche Vielfalt zu entdecken. Streuobstwiesen und kleine Waldflächen wechseln immer wieder ab mit Weiden, Orchideenwiesen und kleinen Ackerstreifen, und in den Tälern und zwischen den Hügeln liegen die jahrhundertealten Dörfer dieses schon früh besiedelten Gebietes.

Sehr angetan vom Bliesgau sind auch die Besucher, die von außerhalb in die Region kommen. Die Einheimischen dagegen kennen „ihren" Bliesgau und nehmen dessen einmalige Landschaft als naturgegeben hin.

„Uns Einheimischen fehlt manchmal der Blick für das schon immer Dagewesene" (Dorda/Kühne/Wild 2006, S. 5), schreibt in diesem Zusammenhang der 2010 verstorbene Minister Dr. Berthold Budell. Dieser etwas ernüchternde Satz eines großen Freundes der Region, bringt das oben Gesagte auf den Punkt. Er steht bezeichnend für ein Empfinden, was nicht nur in unserer Region Gültigkeit hat. Der Mensch nimmt die Einzigartigkeit einer Landschaft als naturgegeben hin und hat nur selten den Blick für deren Vielfalt, Eigenart und Schönheit.

Dabei gibt es gerade im Bliesgau doch so viel zu entdecken. In den europaweit bedeutenden mageren Flachland-Mähwiesen und den orchideenreichen, nicht mehr bzw. nur extensiv genutzten Kalk-Magerrasen (Kalk-Halbtrockenrasen) findet eine einzigartige Tier- und Pflanzenwelt Lebensraum und Auskommen.

Der Bliesgau besitzt unter den vergleichbaren Muschelkalklandschaften Deutschlands eine beachtliche Eigenständigkeit. Diese wird zum einen bedingt durch die westliche geographische Lage mit Anschluss an die lothringischen Kalkgebiete, zum anderen durch den hohen Anteil an mergelhaltigen Horizonten im anstehenden Gestein. So überwiegen in unserem Raum schwere zu Staunässe neigende Böden, wobei der hieraus resultierende Hang zur Wechselfeuchtigkeit augenfällig ist.

Eigenständigkeit gewinnen die Muschelkalkgebiete des Bliesgaus aber auch durch die enge Verzahnung der Kalk-Halbtrockenrasen mit den Pflanzengesellschaften der Pfeifengras-Wiesen. Gerade hier nehmen die floristischen Übergänge einen weiten Raum ein. Zahlreiche submediterrane Arten sind für die Muschelkalkgebiete der Region typisch, so etwa eine Vielzahl von Orchideenarten, Kleearten usw.

In den Buntsandsteingebieten der Region herrschen eher schlechte Bedingungen für eine landwirtschaftliche Nutzung, da der Buntsandstein zu nährstoffarmen Sandböden verwittert. Im Gegensatz zu den Muschelkalkgebieten blieb daher der nördliche Teil der Region bewaldet. Die Geschlossenheit des Waldes ist – abgesehen von den Siedlungen – fast ausschließlich in den breiteren Talböden aufgebrochen, in denen Lehmablagerungen günstigere Bodenverhältnisse für die Landwirtschaft geschaffen haben.

Zu den landschaftlichen Besonderheiten der Buntsandsteingebiete der Region gehören zweifelsohne die Flugsand-Dünen und Flugsand-Felder im Nordosten der St. Ingberter Senke und im Homburger Becken, in dem auch Relikte von Moorflächen anzutreffen sind.

Wenn im vorliegenden Buch von der „Region" die Rede ist, dann bezieht sich diese Abgrenzung im Großen und Ganzen auf den räumlichen Geltungsbereich des bestehenden „Biosphärenreservats Bliesgau", erweitert um die Stadt Bexbach und den nördlichen Teil der Stadt Homburg. Die sich daraus ergebende Abgrenzung ist nicht unbedingt zwingend und bisweilen wird auch über den Rand der „Region" hinausgeschaut.

Vielleicht ist es geschickter, die Abgrenzung naturräumlich zu beschreiben. Demnach umfasst die hier in Rede stehende Region die Naturräume Saar-Blies-Gau, Zweibrücker Westrich, St. Ingberter Senke, Homburger Becken, den südlichen Teil des Naturraumes Nordpfälzer Bergland, Teile des Naturraumes Saarbrücken-Kirkeler Wald etwa von St. Ingbert bis Homburg sowie den südlichen Teil des Naturraumes Mittleres Saartal-Süd.

Die Nomenklatur der in diesem Buch genannten Arten folgt den Checklisten des Bundesamtes für Naturschutz (BfN), die u.a. bei www.floraweb.de bzw. www.wisia.de nachgeschlagen werden können.

Das vorliegende Buch ist selbstverständlich keine Zusammenschau aller in der Region vorkommenden Arten. Flora und Fauna der Region sind natürlich viel zu komplex, als dass sie von einem Einzelnen bzw. einigen Wenigen beschrieben werden könnten. Wichtiger als die Vollständigkeit war es, diejenigen Pflanzen und Tiere herauszuarbeiten, die die Region sowohl unter floristischen als auch unter faunistischen Gesichtspunkten auszeichnen. Insofern ist das vorliegende Buch auch weniger für Artspezialisten geschrieben, als vielmehr für an pflanzen- und tiergeographischer Heimatforschung Interessierte. Personen also, die die Region kennenlernen wollen. Das Buch ist populärwissenschaftlich und ein bekannter deutscher Literaturkritiker hätte – vor dem Hintergrund, dass so schnell wohl kein weiteres Buch mehr über den Bliesgau erscheinen wird – wohl geurteilt: „Es ist gut, dass das Buch geschrieben worden ist".

Äußerst dienlich war bei der Auswahl der Arten eine von Steffen Caspari vom Zentrum für Biodokumentation in Landsweiler-Reden erstellte Liste der „Bundesweit bedeutenden Arten mit Vorkommen im Biosphärenreservat Bliesgau", welche in der Folge als Orientierungshilfe gedient hat. Diese Liste wurde schließlich um das Vorkommen weiterer Pflanzen- und Tierarten erweitert. Dabei habe ich mich an den Kriterien „Seltenheit", „Repräsentativität" sowie „Eigenart" orientiert. Mit Sicherheit ist dabei die eine oder andere Art unter den Tisch gefallen, die auch noch hätte erwähnt werden können.

Trotz der Beschränkung auf ausgewählte Arten wäre die Realisierung des Buchprojektes nicht ohne die Zuarbeit von Fachkollegen/innen möglich gewesen. Ihnen möchte ich hier – unabhängig vom Umfang ihres jeweiligen Beitrages – in besonderer Weise danken.

Die jeweiligen Artengruppen-Kapitel aktualisiert bzw. Korrekturbeiträge hierzu geliefert haben:
- Hans-Jörg Flottmann: Amphibien/Reptilien
- Martin Lemke: Libellen
- Dr. Christine Harbusch und Dr. Gerhard Mörsch: Fledermäuse
- Anita Naumann: Schmetterlinge
- Holger Zeck: Fische und Krebse

Prof. Dr. Rüdiger Mues, Ulf Heseler und Anita Naumann bemühten sich, das komplette Manuskript Korrektur zu lesen, Verbesserungen einzuarbeiten und mit konstruktiven Hinweisen eine gewisse Aktualität zu gewährleisten. Ihnen gebührt mein aufrichtiger Dank.

Folgende Personen haben einen Beitrag geliefert und darin die jeweiligen Artengruppen bearbeitet:
- Dr. Volker John: Flechten
- Dr. Martin Lillig: Käfer
- Prof. Dr. Rüdiger Mues und Ulf Heseler: Moose
- Günter Nicklaus: Vögel
- Aloysius Staudt: Spinnen
- Peter Steinfeld: Orchideenhybriden und -varianten

Peter Steinfeld übernahm die komplette Überarbeitung des recht komplexen Kapitels über Orchideenhybriden und -varianten.

Auf Anregung von Rüdiger Mues, der großes Interesse am Fortgang des Buchprojektes zeigte und der mir in einer wirklich angenehmen und sehr entgegenkommenden Art seine Mitarbeit anbot, die ich gerne annahm und den Grundstein für den Beginn einer lieben Freundschaft legte, ist das Buch um weitere Artengruppenkapitel erweitert worden. Ich danke Prof. Mues, dass er mich hier so bestimmt ermutigte, das zu tun. Jetzt, da das Buch gedruckt ist, macht es einen kompletten Eindruck. Das ist gut so.

Rüdiger Mues und Ulf Heseler übernahmen darüber hinaus die komplette Bearbeitung der Moose.

Dr. Volker John, den ich noch aus der Zeit am Institut für Biogeographie an der Universität des Saarlandes kenne und der damals schon ein großer Kenner der Artengruppe der Flechten war, übernahm die komplette Bearbeitung dieser Artengruppe. Volker John war es auch, der sich aufrichtig dafür bedankte, dass ich ihn überhaupt gefragt habe, ob er denn was über Flechten im Biosphärenreservat Bliesgau schreiben wolle. Spätestens da wurde mir bewusst, welche Verantwortung ich mir selbst mit dem Buchprojekt übertragen hatte.

Aloysius Staudt, den ich um einen Beitrag über Spinnen bat, hatte diesen zumindest mal nicht abgelehnt – was ich auch gleich als Zusage wertete, denn ich kenne Aloysius schon lange und ich erinnere mich noch gerne an unsere gemeinsame Zeit, als er damit begann, die Artengruppe der Spinnen zu erforschen. Heute ist Aloysius ein deutschlandweit anerkannter Spinnen-Experte.

Meinen früheren Studienkollegen Dr. Martin Lillig habe ich erst spät um die Bearbeitung der Käfer gebeten. Für Martin, in seiner unkomplizierten Art, war das überhaupt kein Problem und er hat mich darüber hinaus mit Informationen über Wildkatze, Luchs, Haselmaus und Hirschkäfer versorgt, die er im Rahmen seiner Projekt-Arbeiten für den Bund für Umwelt und Naturschutz Deutschland (BUND) zusammengetragen hat.

Last but not least habe ich einen guten alten Bekannten, den über die Grenzen der Region hinaus bekannten Ormesheimer Ornithologen und früheren Leiter des Ornithologischen Beobachterringes Saar, Günter Nicklaus, für die Bearbeitung der Artengruppe der Vögel gewonnen – auf Grundlage einer von mir erstellten Auswahl bliesgautypischer Arten. Die über gut vier Jahrzehnte gesammelten Erkenntnisse von Günter Nicklaus über die Vogelwelt seiner Heimatregion kommen diesem Buch zugute.

Die Autoren haben sich selbst in den Dienst der Sache gestellt und mich darin ermutigt, ihren jeweiligen Beitrag an die dem Buch zugrunde gelegte Gliederung anzupassen. Das ist nicht selbstverständlich. Dafür mein aufrichtiger Dank.

Was wäre ein Buch über die Arten, Biotope und Landschaften im Biosphärenreservat Bliesgau ohne Fotos? Einige Bilder stammen von mir (und werden bei den Bildrechten auch nicht mehr erwähnt). Zahlreiche Fotos wurden aber auch von anderen beigesteuert: von Martin Baus, Barbara Böhme, Axel Didion, Hartmut Dorda, Jürgen Fischer, Hans-Jörg Flottmann, Barbara Fröhlich-Schmitt, Konrad Funk, Harald Groß, Frank Hecker, Peter Hellenthal, Ulf Heseler, Volker John, Rosemarie Kappler, Marko König, Ludwig Kraut, Aribert Laub, Martin Lemke, Martin Lillig, Michael Lüth, Randolf Manderbach, Rüdiger Mues, Edgar Müller, Anita Naumann, Steffen Potel, Jörn Radeck, Thomas Reinhardt, Stefan Resch, Daniel Spohn, Christoph Stark, Aloysius Staudt, Peter Steinfeld, Bernd Trockur, Heinz Tuschl, Gerhard Weitmann und Paul Westrich sowie vom saarländischen Ministerium für Umwelt und Verbraucherschutz, welches die Bilder von Robert Groß zur Verfügung stellte. Ihnen allen gilt mein herzlicher Dank.

Es ist natürlich nicht üblich, einen Fotografen besonders zu erwähnen, besonders dann nicht, wenn man so viele gute Fotos von so vielen guten Fotografen bekommen hat. In diesem Falle ist es mir aber eine angenehme Pflicht. Mein Cousin Hartmut Dorda hat nicht nur jene außerordentlich schönen Fotos einer Winterlibelle im Schnee, einer jungen Gottesanbeterin an dem im Jahr zuvor abgelegten Eipaket, eines Neuntöters auf dessen Sitzwarte oder eines Rotmilanes im Flug über das Erzental bei Walsheim beigesteuert. Hartmut hat auch Landschaftsportraits gemacht, z. B. vom Brücker Berg bei Niedergailbach bzw. Zwiebelberg bei Walsheim und hat dafür extra verschiedene Blickwinkel probiert, d. h. er hat mehrere Standorte angefahren – einzig um ein passendes Foto einer Landschaft machen zu können. Jeder, der schon mal Landschaftsportraits gemacht hat, weiß, dass es mit den Landschaftsaufnahmen gar nicht so einfach ist, denn irgendwie sehen die nachher immer anders aus. Umso bemerkenswerter ist, dass es Hartmut mit seinen Landschaftsaufnahmen gelingt, zumindest einen Teil des Charakters des Bliesgaus einzufangen.

Als er den Termin für die Abgabe seines Gastbeitrages verbindlich genannt hat, schrieb mir Volker John in einer seiner letzten E-Mails: „Es ist wie beim Wein, das Gute kommt zuletzt".

Das Gute hat in diesem Fall einen Namen und es ist Dr. Juan Manuel Wagner, mit dem ich nun schon das dritte Buchprojekt gemeinsam mit dem Institut für Landeskunde im Saarland (IfLiS) realisiert habe. Manu hat ein enormes Fachwissen, welches für das vorliegende Buchprojekt sehr zum Vorteil war. Manu arbeitete geduldig auch den zweiten, dritten und vierten Nachtrag ein. Er war größtenteils für das Lektorat verantwortlich und hat so dem Buch einen wissenschaftlichen Rahmen gegeben. Dafür Manu, meinen ganz persönlichen Dank.

Die Idee, eine Publikation über die Arten, Biotope und Landschaften im Biosphärenreservat Bliesgau zu erstellen, entstand im Sommer des Jahres 2016.

Ich danke meinem früheren Studienkollegen und (bis Juni 2020) Direktor des Instituts für Landeskunde im Saarland, Herrn Delf Slotta, dass er diese Idee aufgegriffen und begleitet hat. Ferner danke ich dem Vorsitzenden des Wissenschaftlichen Beirats des Instituts, Herrn Prof. Dr. Heinz Quasten, für sein stetes Interesse am Fortgang der Arbeit.

Das IfLiS wurde am 01.07.2020 aufgelöst. Mit dem Wegfall des IfLiS brach auch das Grundgerüst einer bis dahin kongenialen Zusammenarbeit weg. Auf dem beschwerlichen Weg der Fertigstellung des Buchprojektes und dessen Herausgabe mussten die Weichen neu gestellt werden: Als sich abzeichnete, dass die Erstellung des Layoutes nicht mehr wie ursprünglich geplant zu bewerkstelligen war, bot sich als Partner das saarländische Ministerium für Umwelt und Verbraucherschutz und hier speziell das Referat B6 „Agentur ländlicher Raum, Heimat und Landeskunde" von Frau Isabelle Ginsbach an.

Umweltminister Reinhold Jost unterstützte das Projekt. Das Ministerium finanzierte das Layout und führte insofern den Part des IfLiS fort. Der Biosphärenzweckverband und der Saarpfalz-Kreis subskripierten ein größeres Kontingent an Büchern und trugen damit zur Refinanzierung des Buch-Projektes bei.

Das Buch wurde schließlich mit Mitteln des saarländischen Umweltministeriums gedruckt.

Allen Genannten mein aufrichtiger Dank.

Schlussendlich gebührt mein Dank auch all jenen hier Ungenannten, die durch Diskussionen, Hilfestellungen und -leistungen, Hinweise und vielfältige Fragen mein Augenmerk auf die eine oder andere, mir bisher verborgene Gegebenheit im Biosphärenreservat Bliesgau lenkten.

Die Arbeit ist getan und eine gute Idee umgesetzt. Ich gebe das Buch in die Öffentlichkeit, verbunden mit der Hoffnung, den Leserinnen und Lesern etwas von dem zu vermitteln, was mich bei der Arbeit daran so angetrieben hat: Das Wissen darüber, dass es sich beim Bliesgau um ein wirklich großes Stück Heimat handelt. Geben wir dem Bliesgau eine Chance.

Gersheim, im Herbst 2020

*Meinen Kindern
Chiara und Luca*

Inhalt

Grußwort des Ministers für Umwelt und Verbraucherschutz	5
Grußwort des Verbandsvorstehers des Biosphärenzweckverbands Bliesgau	6
Vorwort des Autors und Danksagung	7
Verzeichnis der Tabellen und Abbildungen	22

1 Das gewürfelte Tuch: Das Biosphärenreservat Bliesgau – ein Mosaik der Vielfalt — 23

2 Das Biosphärenreservat Bliesgau – Geologie und Naturräume — 29

Naturräumliche Gliederung des Biosphärenreservats Bliesgau — 30
    Die Muschelkalkgebiete Saar-Blies-Gau und Zweibrücker Westrich — 30
    Die Buntsandsteingebiete der Naturräume Homburger Becken, St. Ingberter Senke und Saarbrücken-Kirkeler Wald — 32
    Naturraum „Nordpfälzer Bergland" — 34
    Naturraum „Mittleres Saartal-Süd" — 34

3 Entstehungsgeschichte und Merkmale einiger besonderer Biotoptypen der historisch gewachsenen Kulturlandschaft des Bliesgaus — 35

  3.1 Kalk-Halbtrockenrasen — 35
  3.2 Streuobstwiesen — 37
  3.3 Lesesteinhaufen, -wälle und -mauern — 40
  3.4 Weinbauliche Relikte — 40
  3.5 Erdweg — 42
  3.6 Gräben zur Be- und Entwässerung — 42
  3.7 Kalkwirtschaftliche Relikte — 43
  3.8 Mardellen — 44
  3.9 Erdbeulen — 46

4 Arten und Biotope im Biosphärenreservat Bliesgau — 49

  4.1 Wälder — 49
    4.1.1 Charakteristische Tierarten der Wälder — 50
      Europäische Wildkatze (*Felis silvestris silvestris*) — 50
      Baummarder (*Martes martes*) — 51
      Bechsteinfledermaus (*Myotis bechsteinii*) — 51
      Halsbandschnäpper (*Ficedula albicollis*) — 53

	Schwarzspecht (*Dryocopus martius*)	53
	Mittelspecht (*Dendrocoptes medius*)	54
	Kolkrabe (*Corvus corax*)	54
	Pirol (*Oriolus oriolus*)	55
	Rotmilan (*Milvus milvus*)	55
	Hohltaube (*Columba oenas*)	56
	Grauspecht (*Picus canus*)	56
	Wespenbussard (*Pernis apivorus*)	57
	Feuersalamander (*Salamandra salamandra*)	58
	Hirschkäfer (*Lucanus cervus*)	59
	Gemeine Tapezierspinne (*Atypus affinis* Eichwald, 1830)	59
4.1.2	Bemerkenswerte Flechtenarten mit Bindung an Alte Wälder	60
4.1.3	Waldgesellschaften	60
4.1.3.1	Bodensaurer Buchenwald	64
	Bemerkenswerte Gefäßpflanzenarten	64
	Europäische Stechpalme (*Ilex aquifolium*)	64
	Purpur-Hasenlattich (*Prenanthes purpurea*)	64
	Keulen-Bärlapp (*Lycopodium clavatum*)	64
	Bemerkenswerte Moosarten	64
4.1.3.2	Mesophile Buchenwälder	69
4.1.3.3	Kalk-Buchenwälder	70
	Bemerkenswerte Gefäßpflanzenarten der von Stau-, Hang- oder Grundwasser beeinflussten Kalk-Buchenwälder	70
	Bärlauch (*Allium ursinum*)	70
	Hohe Schlüsselblume (*Primula elatior*)	71
	Gefleckter Aronstab (*Arum maculatum*)	71
	Wald-Trespe (*Bromus ramosus*)	71
	Geflecktes Knabenkraut (*Dactylorhiza maculata*)	71
	Bemerkenswerte Gefäßpflanzenarten der „normalen" Kalk-Buchenwälder	73
	Zweiblättriger Blaustern (*Scilla bifolia*)	73
	Echter Seidelbast (*Daphne mezereum*)	73
	Gelbes Windröschen (*Anemone ranunculoides*)	74
	Bemerkenswerte Moosarten der Kalk-Buchenwälder	74
4.1.3.4	Bodensaurer Eichen-Mischwald	74
4.1.3.5	Orchideen-Buchenwald	75
	Bemerkenswerte Gefäßpflanzenarten	75
	Elsbeere (*Sorbus torminalis*)	75
	Weißes Waldvöglein (*Cephalanthera damasonium*)	76
4.1.3.6	Schlucht- bzw. Schatthangwald	76
	Bemerkenswerte Gefäßpflanzenarten	77
	Hohler Lerchensporn (*Corydalis cava*)	77
	Gefingerter Lerchensporn (*Corydalis solida*)	78
	Hirschzunge (*Asplenium scolopendrium*)	78
	Prächtiger Dünnfarn (*Trichomanes speciosum*)	78
4.1.3.7	Eichen-Hainbuchenwald	79

	4.1.3.8	Erlen-Bruchwald	80
		Bemerkenswerte Tierart	81
		Erlenblattkäfer (*Agelastica alni*)	81
	4.1.3.9	Moorbirken-Bruchwald	81
	4.1.3.10	Quell-Erlen-Eschenwald und Bach-Erlen-Eschenwald	81
4.2	Hecken und Gebüsche		83
	4.2.1	Charakteristische Tierarten der Hecken und Gebüsche	83
		Haselmaus (*Muscardinus avellanarius*)	83
		Orpheusspötter (*Hippolais polyglotta*)	84
		Neuntöter (*Lanius collurio*)	84
		Grauammer (*Emberiza calandra*)	85
		Schwarzkehlchen (*Saxicola torquata*)	86
		Grasmücken (Gattung *Sylvia*)	86
		Krüppelschlehen-Zipfelfalter (*Satyrium acaciae*)	87
		Brombeer-Perlmuttfalter (*Brenthis daphne*)	87
		Bergzikade (*Cicadetta montana sensu lato*)	88
		Bemerkenswerte Käferarten	88
		Bemerkenswerte Spinnenarten	88
	4.2.2	Gebüschformationen	89
		4.2.2.1 Weiden-Faulbaum-Gebüsch	89
		4.2.2.2 Grauweiden-Gebüsch	89
		4.2.2.3 Besenginsterflur	90
		Bemerkenswerte Käferarten	90
		Gonioctena olivacea, Ginster-Samenkäfer (*Bruchidius villosus*) und *Andrion regensteinense*	90
		4.2.2.4 Salweiden-Gebüsch	90
		4.2.2.5 Schlehen-Liguster-Gebüsch	90
		Bemerkenswerte Gefäßpflanzenart	90
		Christophskraut (*Actaea spicata*)	90
		Bemerkenswerte Flechtenarten	91
		Echte Pflaumenflechte (*Evernia prunastri*) und Raue Braunschüsselflechte (*Melanohalea exasperata*)	91
4.3	Äcker		92
	4.3.1	Charakteristische Tierarten	92
		Feldlerche (*Alauda arvensis*)	92
		Mornellregenpfeifer (*Charadrius morinellus*)	93
		Großer Bombardierkäfer (*Brachinus crepitans*)	94
	4.3.2	Bemerkenswerte Moosarten	94
4.4	Grünland		95
	4.4.1	Grünland nasser, feuchter und wechselfeuchter Standorte	95
		4.4.1.1 Charakteristische Tierarten	95
		Wiesenpieper (*Anthus pratensis*)	95
		Kiebitz (*Vanellus vanellus*)	96
		Wiesenschafstelze (*Motacilla flava*)	96

	Braunkehlchen (*Saxicola rubetra*)	97
	Weißstorch (*Ciconia ciconia*)	97
	Barren-Ringelnatter (*Natrix helvetica*)	98
	Dunkler Wiesenknopf-Ameisenbläuling (*Maculinea nausithous*)	99
	Heller Wiesenknopf-Ameisenbläuling (*Maculinea teleius*)	99
	Großer Feuerfalter (*Lycaena dispar*)	99
	Grüner Backenläufer (*Drypta dentata*)	100
	Iris-Erdfloh (*Aphthona nonstriata*) und Weißpunktiger Schwertlilienrüsselkäfer (*Mononychus punctumalbum*)	100
4.4.1.2	Kalk-Flachmoore	100
	Bemerkenswerte Gefäßpflanzenarten	101
	Breitblättriges Wollgras (*Eriophorum latifolium*)	101
	Fleischfarbenes Knabenkraut (*Dactylorhiza incarnata*)	101
	Sumpf-Stendelwurz (*Epipactis palustris*)	102
4.4.1.3	Pfeifengraswiesen auf Kalk	102
	Bemerkenswerte Gefäßpflanzenart	103
	Rohr-Pfeifengras (*Molinia arundinacea*)	103
4.4.1.4	Feucht- und Nasswiesen	103
	Bemerkenswerte Gefäßpflanzenart	103
	Breitblättriges Knabenkraut (*Dactylorhiza majalis*)	103
4.4.1.5	Silauwiesen	104
	Bemerkenswerte Gefäßpflanzenarten	104
	Silau (*Silaum silaus*)	104
	Kleines Knabenkraut (*Orchis morio*)	105
	Gewöhnliche Natternzunge (*Ophioglossum vulgatum*)	105
4.4.2	Grünland mittlerer Standorte	105
4.4.2.1	Charakteristische Tierarten	106
	Wachtel (*Coturnix coturnix*)	106
	Feldgrille (*Gryllus campestris*)	106
4.4.2.2	Tal-Glatthaferwiesen mit Sanguisorba officinalis	107
	Bemerkenswerte Gefäßpflanzenart	107
	Großer Wiesenknopf (*Sanguisorba officinalis*)	107
	Bemerkenswerte Spinnenarten	107
4.4.2.3	Salbei-Glatthaferwiese über Muschelkalk	109
	Bemerkenswerte Gefäßpflanzenarten	109
	Aufrechte Trespe (*Bromus erectus*)	109
	Wiesensalbei (*Salvia pratensis*)	109
	Zottiger Klappertopf (*Rhinanthus alectorolophus*)	109
	Blassgelber Klee (*Trifolium ochroleucon*)	110
4.4.3	Grünland trockener Standorte	110
4.4.3.1	Charakteristische Tierarten	110
	Heidelerche (*Lullula arborea*)	110
	Zauneidechse (*Lacerta agilis*)	110
	Goldener Scheckenfalter (*Euphydryas aurinia*)	110

	Zweibrütiger Puzzlefalter (*Pyrgus armoricanus*)	110
	Thymian-Ameisenbläuling (*Maculinea arion*)	111
	Esparsetten-Widderchen (*Zygaena carniolica*)	112
	Weinhähnchen (*Oecanthus pellucens*)	112
	Rotleibiger Grashüpfer (*Omocestus haemorrhoidalis*)	113
	Buntbäuchiger Grashüpfer (*Omocestus rufipes*)	113
	Warzenbeißer (*Decticus verrucivorus*)	113
	Heidegrashüpfer (*Stenobothrus lineatus*)	114
	Europäische Gottesanbeterin (*Mantis religiosa*)	114
	Bemerkenswerte Spinnenarten	114
4.4.3.2	Kalk-Halbtrockenrasen	116
	Bemerkenswerte Gefäßpflanzenarten	118
	Ragwurz-Arten der Gattung *Ophrys*	118
	Bocksriemenzunge (*Himantoglossum hircinum*)	119
	Brand-Knabenkraut (*Neotinea ustulata*)	120
	Pyramiden-Orchis oder Pyramiden-Hundswurz (*Anacamptis pyramidalis*)	121
	Affen-Knabenkraut (*Orchis simia*)	121
	Purpur-Knabenkraut (*Orchis purpurea*) und Helm-Knabenkraut (*Orchis militaris*)	121
	Feld-Mannstreu (*Eryngium campestre*)	122
	Berg-Klee (*Trifolium montanum*)	123
	Kalk-Kreuzblume (*Polygala calcarea*)	123
	Stängellose Kratzdistel (*Cirsium acaule*)	124
	Purgier-Lein (*Linum catharticum*)	124
	Schmalblättriger Lein (*Linum tenuifolium*)	124
	Bergaster (*Aster amellus*)	124
	Knolliger Hahnenfuß (*Ranunculus bulbosus*)	124
	Gewöhnliche Küchenschelle (*Pulsatilla vulgaris*)	124
	Weiße Schwalbenwurz (*Vincetoxicum hirundinaria*)	124
	Fransenenzian (*Gentianella ciliata*)	126
	Kriechende Hauhechel (*Ononis repens*)	126
	Edel-Gamander (*Teucrium chamaedrys*)	126
	Bemerkenswerte Orchideenhybride	126
	Bemerkenswerte Orchideenvarianten	131
	Bemerkenswerte Moosarten	133
4.4.3.3	Sonderstandort Erdwege	133
	Bemerkenswerte Gefäßpflanzenart	133
	Erdbeer-Klee (*Trifolium fragiferum*)	133
4.4.3.4	Sonderstandort Kalksteinbrüche, steinige Kalk-Magerrasen-Standorte	134
	Bemerkenswerte Gefäßpflanzenarten	134
	Trauben-Gamander (*Teucrium botrys*)	134
	Frühblühender Thymian (*Thymus praecox*)	134
4.4.3.5	Sandrasen, Silbergras- und Kleinschmielenfluren	134
	Bemerkenswerte Gefäßpflanzenarten	134
	Silbergras (*Corynephorus canescens*)	134

	Berg-Sandglöckchen (*Jasione montana*)	135
	Frühlings-Spark (*Spergula morisonii*)	136
	Früher und Gewöhnlicher Nelkenhafer (*Aira praecox* und *Aira caryophyllea*)	136
	Nackstängeliger Bauernsenf (*Teesdalia nudicaulis*)	136
	Kleiner Vogelfuß (*Ornithopus perpusillus*)	136
	Zwerg-Filzkraut (*Filago minima*)	136
	Platterbsen-Wicke (*Vicia lathyroides*)	136
4.4.3.6	Borstgrasrasen	138
	Bemerkenswerte Gefäßpflanzenarten	138
	Borstgras (*Nardus stricta*)	138
	Heilziest (*Betonica officinalis*)	138
	Teufelsabbiss (*Succisa pratensis*)	139
4.4.4.	Grünland mit Gehölzstrukturen	139
4.4.4.1	Charakteristische Tierarten	139
	Steinkauz (*Athene noctua*)	139
	Rotkopfwürger (*Lanius senator*)	140
	Raubwürger (*Lanius excubitor*)	140
	Grünspecht (*Picus viridis*)	141
	Wendehals (*Jynx torquila*)	142
	Glänzender Blütenprachtkäfer (*Anthaxia nitidula*)	143
4.4.4.2	Bemerkenswerte Moosarten	143
4.5 Gewässer		145
4.5.1	Quellen und Fließgewässer	145
4.5.1.1	Charakteristische Tierarten der Quellen und Fließgewässer	146
	Europäischer Biber (*Castor fiber*)	146
	Wasserspitzmaus (*Neomys fodiens*)	146
	Eisvogel (*Alcedo atthis*)	147
	Wasseramsel (*Cinclus cinclus*)	148
	Schwarzmilan (*Milvus migrans*)	149
	Mühlkoppe (*Cottus gobio*)	149
	Bachneunauge (*Lampetra planeri*)	150
	Dreistacheliger Stichling (*Gasterosteus aculeatus*)	150
	Zweigestreifte Quelljungfer (*Cordulegaster boltonii*) und Gestreifte Quelljungfer (*Cordulegaster bidentata*)	150
	Grüne Flussjungfer (*Ophiogomphus cecilia*)	151
	Gemeine Keiljungfer (*Gomphus vulgatissimus*)	151
	Kleine Zangenlibelle (*Onychogomphus forcipatus*)	152
	Blauflügel-Prachtlibelle (*Calopteryx virgo*) und Gebänderte Prachtlibelle (*Calopteryx splendens*)	152
	Helm-Azurjungfer (*Coenagrion mercuriale*)	152
	Bachtaumelkäfer (*Orectocilus villosus villosus*)	154
	Kleine Flussmuschel (*Unio crassus*)	154
	Steinkrebs (*Austropotamobius torrentium*)	155
	Edelkrebs (*Astacus astacus*)	155
4.5.1.2	Bemerkenswerte Gefäßpflanzenarten der Quellen	155

		Wechselblättriges Milzkraut (*Chrysosplenium alternifolium*) und Gegenblättriges Milzkraut (*Chrysosplenium oppositifolium*)	155
	4.5.1.3	Bemerkenswerte Flechtenart	156
		Blassgrüne Kernflechte (*Pseudosagedia chlorotica*)	156
4.5.2	Stillgewässer		156
	4.5.2.1	Charakteristische Tierarten	156
		Zwergtaucher (*Tachybaptus ruficollis*)	156
		Gelbbauchunke (*Bombina variegata*)	156
		Wechselkröte (*Bufo viridis*)	158
		Kreuzkröte (*Bufo calamita*)	158
		Kamm-Molch (*Triturus cristatus*)	158
		Grünfrösche des „Wasserfrosch-Komplexes": Kleiner Wasserfrosch (*Ranalessonae*), Teichfrosch (*Rana kl. esculenta*) und Seefrosch (*Rana ridibunda*)	159
		Feuerlibelle (*Crocothemis erythraea*)	160
		Kleine Binsenjungfer (*Lestes virens*)	160
		Glänzende Binsenjungfer (*Lestes dryas*)	161
		Torf-Mosaikjungfer (*Aeshna juncea*)	161
		Gemeine Winterlibelle (*Sympecma fusca*)	161
		Schlammschwimmer (*Hygrobia hermanni*)	162
	4.5.2.2	Bemerkenswerte Gefäßpflanzenart	162
		Gewöhnlicher Wasserhahnenfuß (*Ranunculus aquatilis*)	162
4.6 Moore und Sümpfe			164
4.6.1	Charakteristische Tierarten der Moore und Sümpfe		164
		Bekassine (*Gallinago gallinago*)	164
		Rohrweihe (*Circus aeruginosus*)	164
		Kurzflügelige Beißschrecke (*Metrioptera brachyptera*)	165
4.6.2	Pfeifengraswiesen auf Niedermoor-Standorten		166
	Bemerkenswerte Gefäßpflanzenart		166
		Lungen-Enzian (*Gentiana pneumonanthe*)	166
4.6.3	Hochstaudenfluren, Großseggen-Bestände und Röhrichte		167
	Bemerkenswerte Gefäßpflanzenart		168
		Schmalblättriges Wollgras (*Eriophorum angustifolium*)	168
4.7 Anthropogene Sonderstandorte			169
4.7.1	Bemerkenswerte Tierarten		169
		Großes Mausohr (*Myotis myotis*)	169
		Wanderfalke (*Falco peregrinus*)	169
		Uhu (*Bubo bubo*)	170
		Bienenfresser (*Merops apiaster*)	171
		Schlingnatter (*Coronella austriaca*)	171
		Mauereidechse (*Podarcis muralis*)	172
		Geburtshelferkröte (*Alytes obstetricans*)	172
		Blauflügelige Sandschrecke (*Sphingonotus caerulans*)	172
		Blauflügelige Ödlandschrecke (*Oedipoda caerulescens*)	172

		Schwarze Mörtelbiene (*Megachile parietina*)	173
	4.7.2	Bemerkenswerte Moosarten anthropogener Sonderstandorte: Kalk-Lesesteinaufhäufungen und Bunkeranlagen	174
	4.7.3	Bemerkenswerte Flechtenarten	175
4.8	Kurzer Blick auf weitere Arten		176
	4.8.1	Früher dagewesen, bereits seit längerem nicht mehr beobachtet bzw. nur sehr lokal einzeln vorkommend	176
		Haubenlerche (*Galerida cristata*)	176
		Wiesenweihe (*Circus pygargus*)	176
		Kiebitz, Wiesenschafstelze, Braunkehlchen, Bekassine und Rotkopfwürger	177
		Moorfrosch (*Rana arvalis*)	177
		Rotflügelige Ödlandschrecke (*Oedipoda germanica*)	178
		Eremit (*Osmoderma eremita*)	178
		Scheidiges-Wollgras (*Eriophorum vaginatum*)	179
		Rundblättriger Sonnentau (*Drosera rotundifolia*)	179
		Rotes Waldvöglein (*Cephalanthera rubra*)	179
		Violetter Dingel (*Limodorum abortivum*)	179
		Genfer Günsel (*Ajuga genevensis*)	179
		Grauschorfige Lungenflechte (*Lobarina scrobiculata*)	180
	4.8.2	Datenlage unklar, verschollen oder noch nie so richtig dagewesen	180
	4.8.3	„Gute" Nachbarn – über den Tellerrand des Biosphärenreservats geschaut	182
		Eurasischer Luchs (*Lynx lynx*)	182
		Schwarzstorch (*Ciconia nigra*)	183
		Kreuzotter (*Vipera berus*)	183
	4.8.4	Neobiota	184
	4.8.4.1	Neozoen	184
		Marderhund (*Nyctereutes procyonoides*)	184
		Waschbär (*Procyon lotor*)	185
		Nutria (*Myocastor coypus*)	186
		Kanadagans (*Branta canadensis*) und Nilgans (*Alopochen aegyptia*)	186
		Asiatischer Marienkäfer (*Harmonia axyridis*)	186
	4.8.4.2	Neophyten	187
		Japanischer Staudenknöterich (*Reynoutria japonica*)	187
		Indisches Springkraut (*Impatiens glandulifera*)	188
		Riesen-Bärenklau (*Heracleum mantegazzianum*)	188
		Spätblühende Traubenkirsche (*Prunus serotina*)	189

5 Anker der Identität — 191

Der „Kastellrechswald"	192
Das Gebiet „Auf der Lohe"	194
Das Orchideengebiet bei Gersheim	196
Brücker Berg bei Niedergailbach	198
Hetschenbachtal bei Walsheim	200
Die Blies – sie gibt der Region (Bliesgau) ihren Namen	202

Pfeifengrasrasen im „Wolfsgalgen" bei Medelsheim	204
Zwiebelberg zwischen Gersheim und Walsheim	206
Die Naturwaldzelle „Baumbusch"	208
Küchenschellenhang bei Peppenkum	212
Bickenalb – von Peppenkum bis zur Landesgrenze bei Altheim	214
Der „Moorseiters Wald" bei Altheim	216
Die „Badstube Mimbach"	218
„Guldenschlucht" bei Einöd (im Wattweiler Tal)	220
Beeder Bruch (Beeder Biotop)	222
Taubental bei Wörschweiler	224
Der „Closenbruch" bei Homburg	226
Binnendüne zwischen Homburg und Sanddorf	228
Karlsberg-Wald	230
Der Rauschbeeren-Kiefern-Moorwald des (ehemaligen) „Jägersburger Moores"	232
Der „Königsbruch" bei Homburg-Bruchhof	236
Lambsbachtal bei Kirrberg	238
Magerrasen-Komplex bei Kirrberg	240
Kalbenberg zwischen Ballweiler und Wolfersheim	242
Allmend- und Bettelwald bei Ormesheim bzw. Aßweiler	244
Limbacher Sanddüne	246
Birzberg bei Fechingen	248
Zitierte und weiterführende Literatur	250
Glossar	265
Artenregister	267

Verzeichnis der Tabellen und Abbildungen

Tab. 1: Merkmale der beiden forstlichen Wuchsbezirke, an denen das Biosphärenreservat Bliesgau Anteil hat (verändert nach: Saarland, Der Minister für Wirtschaft – Abteilung Forsten 1987, S. 9).

Tab. 2: Auf geologisch-standörtlicher Gliederung differenzierte Waldgesellschaften im Biosphärenreservat Bliesgau (zusammengestellt nach Sturm/Westphal 1991, verändert).

Tab. 3: Die Kalk-Halbtrockenrasen von Bliesgau und Zweibrücker Westrich und ihre Untergliederung (nach Meisberger 2003).

Abb. 1: Das Biosphärenreservat Bliesgau – Zonierung und Lage (Quelle: Biosphärenzweckverband; © Muna Bakri).

Abb. 2: Naturräumliche Gliederung des Biosphärenreservates Bliesgau (nach Kaule/Schmidt-Speer/Speer 1981 sowie Barth/Gerstner/Wagner 2006, verändert).

Urhebervermerk

Für die Abb. 2 sowie die Karten im Kapitel „Anker der Identität" fand die topographische Online-Karte *OpenTopoMap* Verwendung (https:// opentopomap.org). Kartendaten: © *OpenStreetMap*-Mitwirkende und *Shuttle Radar Topography Mission* (SRTM); Kartendarstellung: © *OpenTopoMap* (Creative-Commons-Lizenz CC-BY-SA).

Redaktioneller Hinweis

Bei den Fotos, die vom Autor selbst stammen, wurde in den Bildunterschriften auf eine namentliche Kennzeichnung verzichtet.

1 Das gewürfelte Tuch: Das Biosphärenreservat Bliesgau – ein Mosaik der Vielfalt

Weltweit gibt es derzeit 714 UNESCO-Biosphärenreservate (Stand: Oktober 2020). Die Region Bliesgau – im Südosten des Saarlandes gelegen – ist eines davon und kann insofern in einem Atemzug genannt werden mit solch bedeutenden Großlandschaften wie dem Südschwarzwald, der Region Schaalsee, der Rhön ... oder auch den Galápagos-Inseln, den Everglades und dem Yellowstone-Nationalpark.

Das Biosphärenreservat Bliesgau hat mit seiner Gebietsgröße von 36.152 ha einen Anteil von rund 14 % an der Gesamtfläche des Saarlandes. Es grenzt im Süden an Frankreich (Département Moselle) und im Osten an das Bundesland Rheinland-Pfalz. An der Staatsgrenze im Südosten stößt das Biosphärenreservat Bliesgau unmittelbar an das deutsch-französische UNESCO-Biosphärenreservat „Pfälzerwald – Vosges du Nord" an.

Sechs Kommunen gehören vollständig zum Biosphärenreservat Bliesgau: die Städte Blieskastel und St. Ingbert sowie die Gemeinden Gersheim, Kirkel, Kleinblittersdorf und Mandelbachtal. Hinzu kommen noch südliche und östliche Teile der Stadt Homburg. Auf der übergeordneten Verwaltungsebene der Gemeindeverbände entfallen knapp 92,5 % der Fläche des Biosphärenreservats auf den Saarpfalz-Kreis; lediglich die Gemeinde Kleinblittersdorf zählt zum benachbarten Regionalverband Saarbrücken.

Das Gebiet des Biosphärenreservats Bliesgau ist von mehreren Städten umgeben. Überregional bekannt sind vor allem die Landeshauptstadt Saarbrücken im Westen, die Kreisstadt Neunkirchen im Norden, die Kreis- und Universitätsstadt Homburg im Nordosten [1], die kreisfreie Stadt Zweibrücken (Rheinland-Pfalz) im Osten und die lothringische Grenzstadt Sarreguemines (deutsch: Saargemünd) im Südwesten.

Im Mai 2009 erhielt das Biosphärenreservat Bliesgau – gleichzeitig mit dem Biosphärenreservat „Schwäbische Alb" – als damals 14. bzw. 15. Biosphärenreservat Deutschlands die internationale Anerkennung durch die UNESCO. Gemäß den „Internationalen Leitlinien", die für die Einrichtung von Biosphärenreservaten im Rahmen des UNESCO-Programms „Der Mensch und die Biosphäre" (MAB) maßgeblich sind (vgl. BUNDESMINISTERIUM FÜR UMWELT, NATURSCHUTZ UND NUKLEARE SICHERHEIT 2018), gliedert sich das Biosphärenreservat Bliesgau – abgestuft nach der Intensität des menschlichen Einflusses – in eine Kern-, eine Pflege- und eine Entwicklungszone: Die Kernzone macht mit 1200,1 ha rund 3,3 % des Biosphärengebietes aus. Die Pflegezone umfasst 7282 ha, was einem Flächenanteil von 20,1 % entspricht. Die restliche Fläche bildet die Entwicklungszone (vgl. Amtsblatt des Saarlandes Teil I vom 09. Juli 2020).

Die Kern- und die Pflegezone des Biosphärenreservats Bliesgau haben zusammen einen Flächenanteil von rund 23 %. Das deutsche MAB-Nationalkomitee gibt für die beiden Zonen einen Gesamtwert von mindestens 20 % vor. Dabei muss die Kernzone wenigstens 3 % der Gesamtfläche einnehmen. Der Flächenanteil von 3,3 %, den die hiesige Kernzone zurzeit aufweist, stellt insofern eine „Punktlandung" dar.

Die Kernzone des Biosphärenreservats Bliesgau setzt sich aus zehn Teilflächen zusammen. Sie liegen allesamt im Wald und sind als Naturschutzgebiete rechtlich gesichert. Der Naturschutzstrategie des sogenannten „Prozessschutzes" entsprechend, sollen sämtliche Teilflächen sich selbst überlassen werden, um sich ohne unmittelbaren menschlichen Einfluss urwaldartig entwickeln zu können.

Auch in der Pflegezone genießen Naturschutzbelange Vorrang. Im Mittelpunkt steht hier der Schutz der Biodiversität kulturbedingter Ökosysteme. Durch Pflegemaßnahmen und extensive Nutzungsformen soll ein breites Spektrum naturraumtypischer Lebensräume und Lebensgemeinschaften erhalten werden. Zudem soll die Pflege-

---

[1] Die von hohen Bevölkerungs- und Arbeitsplatzdichten gekennzeichneten Kernbereiche der Stadt Homburg liegen außerhalb des Biosphärengebietes.

Zonierung im Biosphärenreservat Bliesgau

- Kernzone
- Pflegezone
- Entwicklungszone

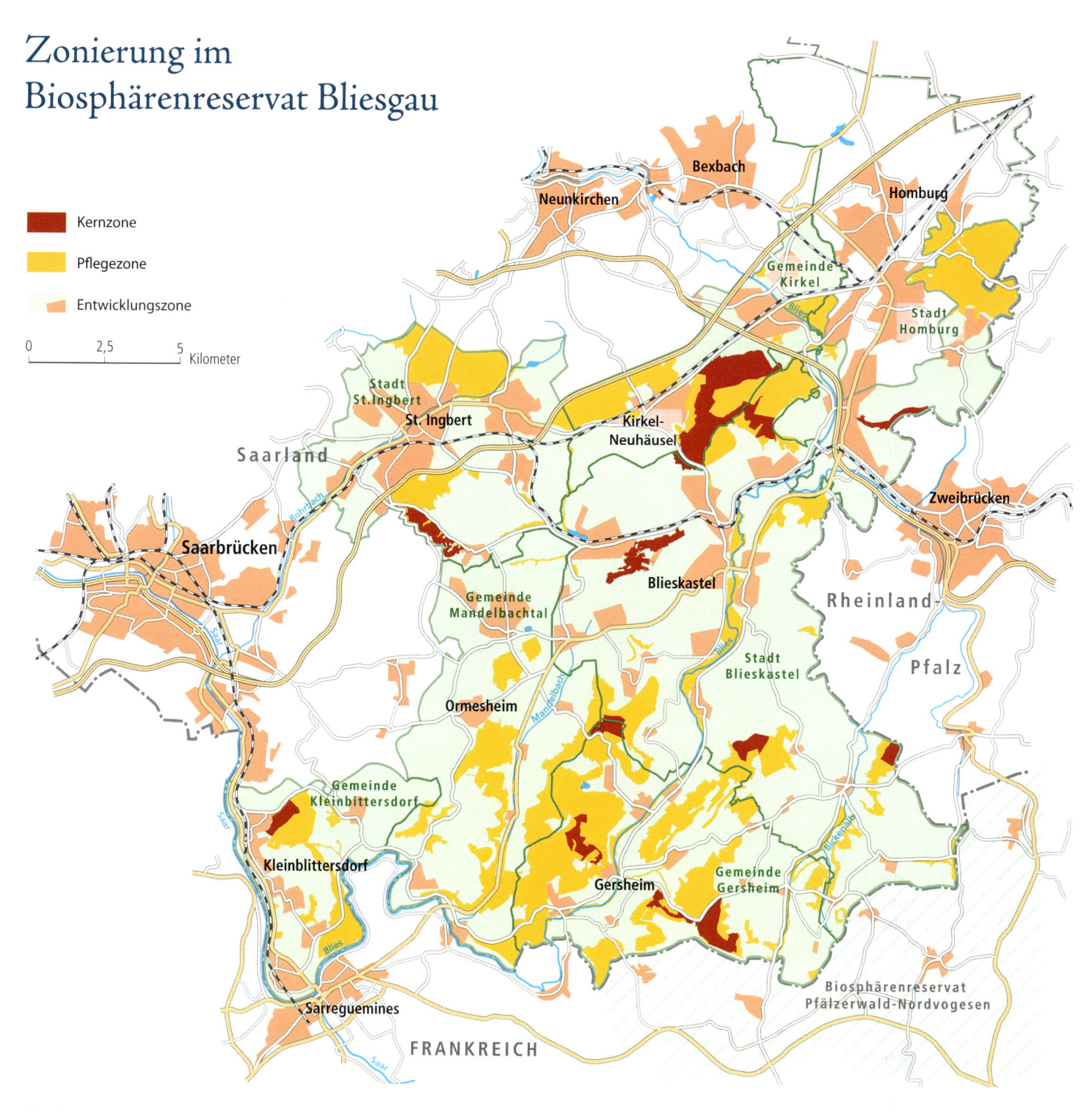

Abb. 1:
Das Biosphärenreservat Bliesgau – Zonierung und Lage (Quelle: Biosphärenzweckverband; © Muna Bakri).

zone auch dazu dienen, die Kernzone in ihren Funktionen zu unterstützen und mögliche Einwirkungen auf die Kernzone aus der Umgebung abzupuffern. Die Idealvorstellung, dass alle Kernzonenflächen von Pflegezonenflächen umschlossen werden, ist im Biosphärenreservat Bliesgau allerdings nicht gegeben.

Die Pflegezone des Biosphärenreservats besteht fast ausschließlich aus naturschutzrechtlich geschützten Flächen (Naturschutzgebiete, Landschaftsschutzgebiete, Geschützte Landschaftsbestandteile, gesetzlich geschützte Biotope, europäische Schutzgebiete). Die ausgedehnteste zusammenhängende Einzelfläche der Pflegezone erstreckt sich von Ballweiler (Stadt Blieskastel) im Norden bis nach Habkirchen (Gemeinde Mandelbachtal) im Süden und umfasst zahlreiche zwischen der Blies und dem Mandelbach gelegene Hangflächen und Höhenzüge. Weite Teile dieser Pflegezonenfläche gehören zum Naturschutzgebiet „Südlicher Bliesgau/Auf der Lohe".

Die dritte Zone innerhalb von Biosphärenreservaten ist die Entwicklungszone. Sie schließt als Lebens, Wirtschafts- und Erholungsraum der Bevölkerung die Siedlungsbereiche ausdrücklich mit ein. In der Entwicklungszone vorhandene schutzwürdige Flächen sollen ebenfalls rechtlich gesichert werden. Insgesamt ist jedoch der naturschutzrechtliche Einfluss auf die Nutzung hier viel geringer als in der Kern- und Pflegezone. Im Vordergrund stehen in der Entwicklungszone vor allem folgende Ziele: eine nachhaltige Bewirtschaftung von Naturressourcen, eine umweltfreundliche Erzeugung, Verarbeitung und Vermarktung von Produkten, eine natur- und landschaftsgerechte Erholungsnutzung, eine umwelt- und sozialverträgliche Verkehrs- und Siedlungsentwicklung sowie eine möglichst weitgehende Bewahrung des natur- und kulturraumtypischen Landschaftsbildes. Dem letztgenannten Aspekt kommt im Biosphärenreservat Bliesgau eine besondere Bedeutung zu, da im hiesigen Biosphärengebiet mehrere – sich deutlich voneinander unterscheidende – Kulturlandschaftstypen abgebildet werden.

Als Organisationsform der Verwaltung dient ein Zweckverband. Dies ist bundesweit einmalig. Dem Zweckverband gehören die sieben saarländischen Bliesgau-Kommunen (Blieskastel, Gersheim, Homburg, Kirkel, Kleinblittersdorf, Mandelbachtal, St. Ingbert), der Saarpfalz-Kreis und das Ministerium für Umwelt und Verbraucherschutz an. Mit der Geschäftsführung ist eine Geschäftsstelle beauftragt.

Das Biosphärenreservat Bliesgau ist also einmalig in Sachen „Organisation und Verwaltung" und es ist außergewöhnlich vielfältig, was seine Natur und seine Landschaften betrifft.

Auffallend ist die naturräumlich-landeskundliche Teilung des Biosphärenreservats Bliesgau in einen muschelkalkgeprägten Süden und einen vom Buntsandstein geprägten Norden. Die geologische Vielfalt der Region ist Grundlage für die Ausbildung eines enormen Reichtums an Arten, Biotopen und Landschaften. Hinzu kommt der gestaltende Einfluss des Menschen, der sich – über die bloße Landbewirtschaftung hinaus – insbesondere in der Siedlungstätigkeit ausdrückt und dicht besiedelte Gebiete bevorzugt in der Nähe des Oberzentrums Saarbrücken entstehen ließ.

Eine Anfang der 1960er Jahre vorgestellte wirtschaftsräumliche Gliederung des Saarlandes ließ den Saarbrücker Geografen Carl Rathjens – mit Blick auf die Entfernung zum saarländischen Verdichtungsraum – von einem „Vorderen" und einem „Hinteren Bliesgau" sprechen (RATHJENS 1960, S. 63 und 66). Dem durch Pendlerbezie-

Ein Charakter-Element des Bliesgaus sind die Kalk-Halbtrockenrasen (wissenschaftlich: „Mesobrometen"). Die Kalk-Halbtrockenrasen sind schon von weitem an ihrer graugrünen Farbe zu erkennen. Im Bild der „Kuckucksberg" bei Altheim.

Das zweite typische Element des muschelkalkgeprägten Bliesgaus sind die Salbei-Glatthaferwiesen. Diese zeichnen sich durch einen großen Blütenreichtum aus.

Für den Bliesgau typisch sind die Streuobstwiesen. Im Bild eine blühende Kirschbaumreihe im Erzental bei Gersheim.

Das bliesgautypische Schlehen-Liguster-Gebüsch ist ein wärmeliebendes Gebüsch auf Kalk. Es entwickelt sich infolge Sukzession auf allen geeigneten Standorten. Kennzeichnend ist unter anderem die weiß blühende Schlehe (*Prunus spinosa*). Unter den Straucharten im Bliesgau ist sie diejenige, die im Jahresverlauf als erste blüht. Im Bild ein Ausschnitt aus dem Naturraum Zweibrücker Westrich in der Umgebung von Altheim.

hungen enger mit dem Verdichtungsraum verflochtenen „Vorderen Bliesgau" stellte RATHJENS (1960) den östlich des Bliestals gelegenen, noch durchweg von der traditionellen Agrarstruktur geprägten „Hinteren Bliesgau" gegenüber. Über den Süden dieses peripheren Wirtschaftsraums erstreckt sich die sogenannte „Parr", ein Landstrich, dessen im Volksmund gebräuchliche Bezeichnung auf einen in der Kirchengeschichte begründeten ehemaligen Zusammenschluss der Ortschaften Medelsheim, Seyweiler, Peppenkum und Utweiler zur „Pfarre" (Pfarrei) um den ehemaligen Amts- und Pfarrort Medelsheim zurückgeht.

Im Bliesgau ist eine Kulturlandschaft erhalten, die in Mitteleuropa einzigartig ist:

Unter den Vegetationstypen im südlichen Teil des Biosphärenreservats sind aus naturschutzfachlicher Sicht an erster Stelle die Kalk-Halbtrockenrasen zu nennen, welche eine Vielzahl an Arten aus dem submediterranen Faunen- und Florenelement beherbergen (insbesondere Orchideen, daneben aber auch wärmeliebende Insektenarten wie z.B. die Gottesanbeterin, die Bergzikade oder den Goldenen Scheckenfalter). Die Kalk-Halbtrockenrasen machen zweifelsohne einen großen Teil der Eigenart des südlichen Bliesgaus aus.

Im gleichen Atemzug wie die Kalk-Halbtrockenrasen zu nennen sind die Salbei-Glatthaferwiesen, welche allein schon aufgrund ihres Blütenreichtums besonders auffällig sind. Hinzu kommen Strukturelemente wie „Wärmeliebendes Gebüsch" oder „Streuobst", welche ihrerseits wieder eine typische Fauna beherbergen: z.B. Steinkauz, Neuntöter, Grünspecht, Grauammer, Wendehals – um nur einige zu nennen.

In den buntsandsteingeprägten Bereichen im nördlichen Teil des Biosphärenreservats beherrschen ausgedehnte Wälder mit dazugehörigen Tälern, Schluchten und Felsen das Landschaftsbild. Hervorzuheben sind hier auch die bemerkenswerten Vorkommen von – teilweise seltenen – Moosen, Farnen und Flechten. In der „Guldenschlucht" südlich von Homburg-Einöd findet sich beispielsweise die FFH-Art Prächtiger Dünnfarn (*Trichomanes speciosum*). Für die überwiegend auf Hochflächen wachsenden Wälder in den Muschelkalkgebieten der Region sind dagegen eher wärmeliebende Arten typisch, so z. B. die Elsbeere (*Sorbus torminalis*), der Echte Seidelbast (*Daphne mezereum*), der Wollige Schneeball (*Viburnum lantana*) oder der Feldahorn (*Acer campestre*). Charakteristisch sind im muschelkalkgeprägten Süden des Biosphärenreservats auch die vom Grundwasser beeinflussten Kalk-Buchenwälder mit der Leitart Bärlauch (*Allium ursinum*), der sich kulinarisch (etwa zur Zubereitung von „Bärlauch-Pesto") steigender Beliebtheit erfreut.

Erwähnenswert ist auch die Blies, ein Fließgewässer 2. Ordnung [2]. Sie gibt der Region ihren Namen. Auffallend sind die breite Überschwemmungsaue

Der Pfänderbach in der nach ihm benannten Kernzone „Pfänderbachtal" bei Homburg-Schwarzenacker.

Hochwasser im Beeder Bruch. Die gesamte Bliesaue bei Beeden fungiert als klassische Überschwemmungsaue. (Foto: Martin Baus)

Die „Wörschweiler Pforte" bei Homburg-Schwarzenacker – hinter dieser markanten Talverengung ist das Bliestal von breiten Überschwemmungsauen gekennzeichnet. Blick von der Einöder Höh; links oben im Bild der zu Blieskastel gehörende Stadtteil „Bierbach an der Blies".

Die Region Bliesgau – einzigartige Landschaftsbilder, vielfältige Nutzungs- und Biotoptypen. Blick vom Kalbenberg bei Ballweiler in Richtung Biesingen.

zwischen Einöd und Blieskastel sowie die davor gelegene markante Talverengung: die „Wörschweiler Pforte". Die Blies hat an dieser Stelle einen von Gesteinen des Buntsandsteins aufgebauten Bergrücken durchbrochen.

Die geologische und geomorphologische Heterogenität sind maßgebliche Faktoren für das, was das Biosphärenreservat Bliesgau auszeichnet: ein Mosaik der Vielfalt. Nimmt man Luftbilder zur Hand und betrachtet auf diesen die Region aus der Vogelperspektive, erinnert das Landschaftsbild an ein bunt gewürfeltes Tuch – wohl ähnlich wie es die schwedische Schriftstellerin Selma Lagerlöf den kleinen Nils Holgersson hat empfinden lassen, auf dessen wundersamer Reise mit den Wildgänsen nach Lappland.

Die Region Bliesgau hat sich aufgemacht, ihre Zukunft als Biosphärenreservat zu gestalten. Dabei sollen modellhaft neue Landnutzungsweisen entwickelt werden. Es geht nicht um den bloßen Erhalt einer Kulturlandschaft. Es geht darum zu erproben, wie sich eine Kulturlandschaft nutzen lässt,

[2] Die natürlichen und künstlichen oberirdischen Gewässer werden nach ihrer wasserwirtschaftlichen Bedeutung eingeteilt in die Gewässer erster, zweiter und dritter Ordnung. Das Saarländische Wassergesetz (SWG) ordnet die Blies als Gewässer 2. Ordnung ein.

Ausschnitt aus der Kulturlandschaft des südlichen Bliesgaus. Blick von der Umgebung „Wolfsgalgen" bei Medelsheim hinüber auf das kleinste Bliesgaudorf Utweiler.

bei gleichzeitiger Bewahrung ihrer Eigenart, Vielfalt und Regionalität. Das ist der eigentliche Ansatz eines Biosphärenreservates.

Die Slogans „Stadt und Land – Hand in Hand" und „Aus der Region – für die Region" stehen Pate für die Entwicklung nachhaltiger Landnutzungsstrukturen. Ob es sich nun um den Apfelsaft aus heimischen Streuobstwiesen handelt, um das „Biosphären-Brot" (von Getreide aus der Region), das „Biosphären-Lamm" (welches mal nicht aus Neuseeland stammt) oder die „Bliesgau-Milch" (von hiesigen Bio-Höfen) – alle diese neuen Produktideen haben eines gemeinsam: Sie helfen, dieser wirtschaftlich benachteiligten Region eine Chance zu geben.

Das Ganze kann nur gelingen, wenn die Region beworben wird. Dafür muss sie aber bekannt gemacht werden. Vorliegendes Buch möchte hierzu einen Beitrag leisten.

2 Das Biosphärenreservat Bliesgau – Geologie und Naturräume

Wie bereits dargelegt, lässt sich das Biosphärenreservat Bliesgau gliedern in einen vom Muschelkalk geprägten südlichen Teil und einen vom Buntsandstein geprägten nördlichen Teil. Auf dieser Grundlage haben sich verschiedene Naturräume ausgebildet, die nachfolgend beschrieben werden. Weil für das Verständnis einer Naturräumlichen Gliederung aber zwingend eine Betrachtung des geologischen Untergrundes notwendig ist, erfolgt zunächst eine Beschreibung der Geologie des Biosphärenreservats Bliesgaus.

Maßgebendes Erdzeitalter ist die Trias, ein Abschnitt der Erdgeschichte mit Beginn vor rund 251 Mio. Jahren. Die Trias umfasst die drei lithostratigraphischen Gruppen Buntsandstein, Muschelkalk und Keuper. Die im Gebiet des heutigen Biosphärenreservats Bliesgau abgelagerten Keupersedimente wurden allerdings in späteren erdgeschichtlichen Perioden wieder abgetragen. Übrig geblieben ist lediglich ein winziges Vorkommen östlich von Bliesmengen-Bolchen.

Der Buntsandstein wird in einen Unteren, Mittleren und Oberen Buntstandstein untergliedert. Gesteine des Unteren Buntsandsteins fehlen in der Region. Von seiner Masse her dominierend ist das mehrere hundert Meter mächtige Schichtpaket des Mittleren Buntsandsteins (sm). Aus den unter trocken-heißen Klimabedingungen abgelagerten Sedimenten haben sich unterschiedlich stark verfestigte, zum Teil auch konglomeratische Sandsteinbänke entwickelt. Die Sandsteine besitzen unterschiedliche Färbungen und weisen einen hohen Quarzanteil auf. Besonders widerständig gegen Abtragung ist lediglich das sogenannte „Hauptkonglomerat", das aus einer gegen Ende des Mittleren Buntsandsteins erfolgten Geröllschüttung entstand und heute manchenorts an Hängen als steile Schichtstufe in Erscheinung tritt. Der Mittlere Buntsandstein ist ein guter Grundwasserspeicher (vgl. BARTH/GERSTNER/WAGNER 2006, BETTINGER/KÜHNE 2016).

Die überwiegend rot gefärbten, glimmerhaltigen Sedimente des Oberen Buntsandsteins (so) machen flächenmäßig nur einen geringen Anteil am Biosphärenreservat Bliesgau aus. Der Obere Buntsandstein lässt sich differenzieren in die vergleichsweise heterogen strukturierten „Zwischenschichten", bei deren Ablagerung sich ein Wandel zu einem humideren Klima vollzog, und den darüber liegenden, morphologisch widerständigeren „Voltziensandstein". Letzterer wird weiter unterteilt in die dickbankige „Werksteinzone", deren Sandsteine früher eine große Bedeutung als Bausteine besaßen, und die sogenannte „Lettenregion", eine Wechselfolge von dünnbankigen Sandsteinen, Tonsteinlagen und Mergeln. Die Voltziensandsteinstufe ist im Gebiet des Biosphärenreservats Bliesgau, vornehmlich westlich der Blies, die augenfälligste Schichtstufe im Buntsandstein.

Die Lettenregion repräsentiert die Wende vom Oberen Buntsandstein zum geologisch jüngeren Unteren Muschelkalk (mu). In der Unteren Muschelkalkzeit leitete ein flaches Binnenmeer (Tethys-Meer) eine Phase mariner Sedimentation ein, welcher der Untere Muschelkalk mit seinen Sandsteinen, Mergeln und Karbonatgesteinen seine Entstehung verdankt.

Am Ende der Unteren Muschelkalkzeit hatte sich die Meeresstraße, durch die die Fluten des Tethys-Meeres in das Germanische Becken eingedrungen waren, geschlossen. Das Germanische Binnenmeer trocknete nun während der mittleren Muschelkalkzeit (mm) langsam aus. Die fortschreitende Verdunstung des Wassers führte zur Ausfällung von Gipsen und Steinsalzen, welche die Austrocknung des Meeres im Mittleren Muschelkalk (mm) anzeigen.

Der Mittlere Muschelkalk (mm) kann somit in einen unteren (mmu) und in einen oberen (mmo) untergliedert werden. Im mmu überwiegen bunte Mergel und Tone, die im Gebiet des Biosphärenreservats Bliesgau für die Ziegelherstellung eine gewisse Bedeutung hatten. Im mmo sind hingegen mächtige Gipslager ausgebildet, die in Gipslagerstätten wirtschaftlich genutzt worden sind.

Die oberste Schicht des Mittleren Muschelkalks ist durch weißliche, hellgraue bis gelbliche Dolomite gekennzeichnet. Die obere Muschelkalkzeit ist durch eine erneute marine Sedimentation bestimmt, die sich in teils massigem, teils plattigem Karbonat- und Mergelgestein dokumentiert.

Der Obere Muschelkalk (mo) kann somit in eine Trochitenkalkstufe [3] sowie die „Ceratitenschichten" [4] untergliedert werden. Den obersten Profilabschnitt des Trochitenkalks bauen Bruchschillkarbonatsteine auf. Der Trochitenkalk besteht aus mächtigen, gebankten und teilweise verkarsteten Kalken. Diese Kalke wurden früher im Gebiet des Biosphärenreservats Bliesgau in etlichen Steinbrüchen abgebaut. Die Steinbrüche wiederum haben sich nach erfolgter Nutzungsaufgabe vielfach zu Refugien bestimmter wärmeliebender Tiere entwickelt, wovon nachfolgend noch die Rede sein soll. Der Trochitenkalk ist Hauptstufenbildner der Muschelkalkstufe. Die dem Trochitenkalk aufsitzenden Ceratitenschichten werden im oberen Teil schließlich von Mergelsteinen aufgebaut.

Auf das Erdzeitalter der Trias folgt im Quartär das Alluvium in dem die Talfüllungen der Flüsse ausgeschieden wurden. Es können verschiedene Flussterrassen mit unterschiedlich hoch gelegenen Terrassenniveaus unterschieden werden. An der Blies z. B. lassen sich anhand von Flussterrassen drei ehemalige Talniveaus unterscheiden. Bei Reinheim z. B. erreicht die Kies-Sand-Ablagerung der Niederterrasse eine Mächtigkeit von ca. 3 Metern (vgl. BARTH/GERSTNER/WAGNER 2006).

Naturräumliche Gliederung des Biosphärenreservats Bliesgau

Mit der Entwicklung der Ur-Landschaft von vor 225 Mio. Jahren bis heute wurde die Grundlage geschaffen für eine Differenzierung der (rezenten) Landschaft in Naturräume. Die Abgrenzung von Naturräumen basiert auf der Methodik einer „Naturräumlichen Gliederung", deren deduktive Vorgehensweise BARTH/GERSTNER/WAGNER (2006) beschreiben. Die nachfolgend vorgenommene Gliederung des Biosphärenreservats Bliesgau in Naturräume geht auf eine ursprünglich von SCHNEIDER (1972) vorgestellte und später von KAULE/SCHMIDT-SPEER/SPEER (1981) – auf der Grundlage neuerer Ergebnisse floristischer Kartierungen – verfeinerte Naturraum-Gliederung zurück, welcher auch BARTH/GERSTNER/WAGNER (2006, S. 38) folgen. Sie korrespondiert *nicht* mit einer im Rahmen der „Biotopkartierung Saarland I" (KAULE/SAUER et al. 1981–1983, KAULE/LÖSCH/SAUER 1984) vorgenommenen Raumgliederung, welche insbesondere beim Naturraum „Zweibrücker Westrich" zu einer anderen Abgrenzung gekommen ist und diesen – wohl aus pragmatischen Gründen – komplett auf den Unteren Muschelkalk (mu) bezogen hat. Dies mag, rein geologisch betrachtet, zwar ein zweckmäßiger Ansatz gewesen sein, korrespondiert aber bei Weitem nicht mit anderen visuell wahrnehmbaren Raummerkmalen der belebten und unbelebten Natur (Relief, Böden, Gewässer und Vegetation).

Das Biosphärenreservat Bliesgau hat Anteil an folgenden Naturräumen:

Zweibrücker Westrich
Saar-Blies-Gau
Saarbrücken-Kirkeler Wald
Homburger Becken
St. Ingberter Senke
Mittleres Saartal-Süd

Ein weiterer Naturraum der Region, das Nordpfälzer Bergland, umfasst den nördlichen, nicht zum Biosphärenreservat Bliesgau gehörenden Teil Homburgs

Die Muschelkalkgebiete Saar-Blies-Gau und Zweibrücker Westrich

Der Naturraum „Saar-Blies-Gau" gehört zu den wärmebegünstigten Gaulandschaften des Saarlandes. Vor allem die guten Bedingungen für die landwirtschaftliche Produktion haben den Naturraum seit Jahrhunderten geprägt.

Der westliche Teil des Naturraums „Saar-Blies-Gau" liegt am Rande bzw. schon innerhalb des saarländischen Verdichtungsraumes. In Orten wie Kleinblittersdorf, Auersmacher, Rilchingen-Hanweiler oder Ormesheim hat sich ein tiefgreifender Wandel vollzogen: Die ehemals bäuerlichen

---

[3] Trochiten sind versteinerte Glieder aus denen sich der Stiel der Seelilien aufbaut. Sie sind im Kalkstein des oberen Muschelkalks (mo1) gebildet.

[4] Ceratiten sind eine ausgestorbene Gruppe der Ammoniten in der geologischen Zeitepoche des Muschelkalks

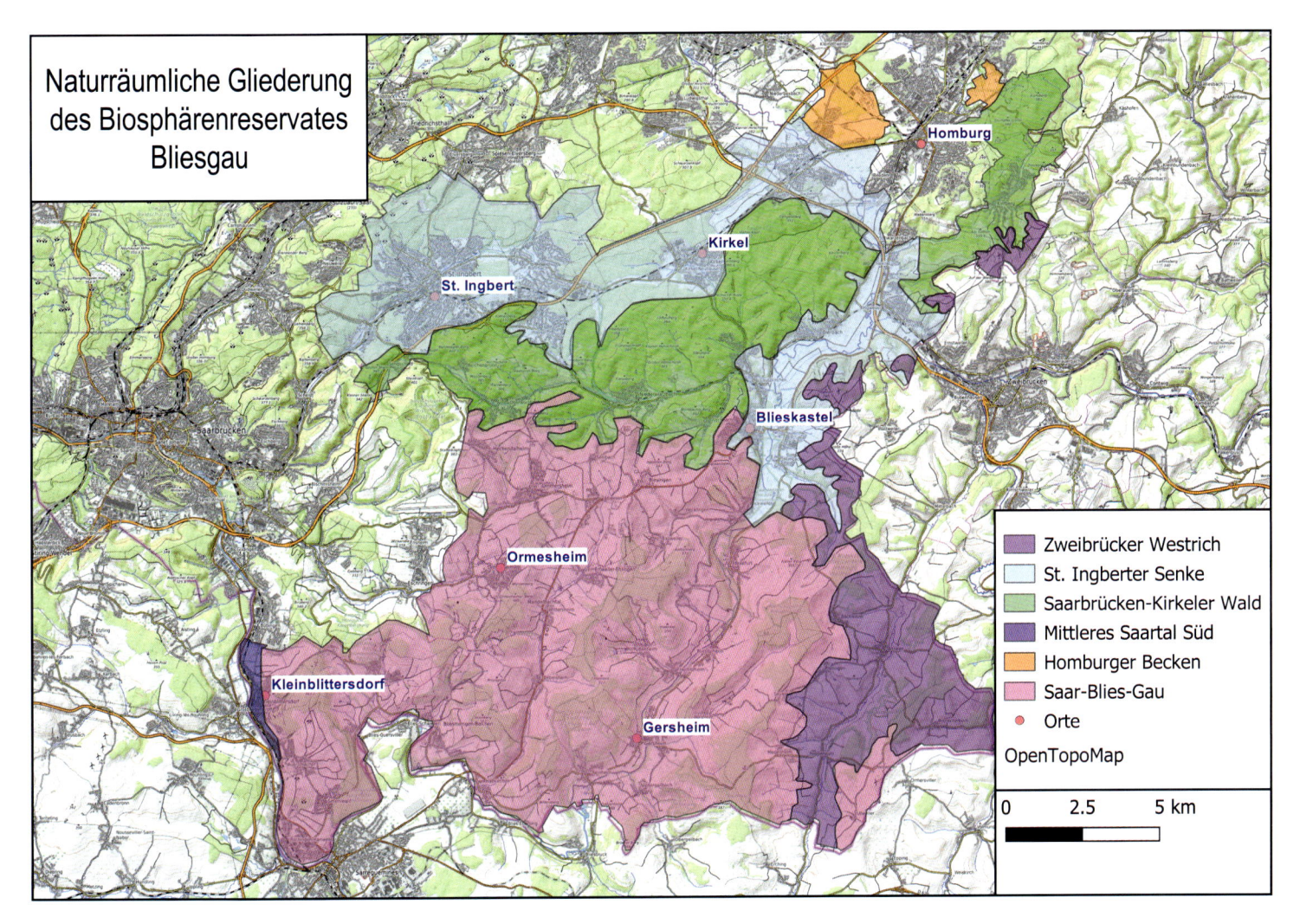

Naturräumliche Gliederung des Biosphärenreservates Bliesgau

Legende:
- Zweibrücker Westrich
- St. Ingberter Senke
- Saarbrücken-Kirkeler Wald
- Mittleres Saartal Süd
- Homburger Becken
- Saar-Blies-Gau
- Orte

OpenTopoMap

0 – 2,5 – 5 km

Strukturen haben sich weitgehend aufgelöst; die Siedlungen dienen heute fast nur noch als Wohngebiete, bevorzugt für Pendler in die nahe gelegene Landeshauptstadt Saarbrücken. Noch landwirtschaftlich geprägt sind dagegen der mittlere und östliche Teil des Naturraumes. Aber auch hier machen sich bereits Strukturveränderungen bemerkbar, die vor allem auf die geänderte Erwerbstätigkeit der Landbevölkerung (Neben- und Zuerwerbsbetriebe) und auf die Intensivierung der landwirtschaftlichen Produktionsweise zurückzuführen sind.

Die Landnutzung im „Saar-Blies-Gau" richtet sich überwiegend nach der Bodenqualität und dem anstehenden Gestein. So sind die Wälder vor allem auf die Hochflächen des Oberen Muschelkalks zurückgedrängt. Im Vergleich zu anderen (waldreichen) Naturräumen sind die Waldflächen eher klein. Die tiefer gelegenen Täler werden vornehmlich als Grünland genutzt.

Extensiv werden vor allem die Hanglagen des Mittleren Muschelkalks genutzt. An vielen Stellen wurde früher auch Wein angebaut. Die Wingerte sind heute alle aufgegeben. Ein Großteil ist brachgefallen und der Folgenutzung Naturschutz überlassen. Die Flächen stellen für Fauna und Flora bedeutende Refugialräume dar. Bei einigen ist die terrassierte Form mit Weinbergmauern erhalten geblieben, andere weisen durch Namensrelikte auf die ursprüngliche Funktion und Bedeutung einer früheren Zeit hin, wie „Rebenklamm" bei Reinheim und „Wingert" bei Walsheim.

Ein prägendes Element des Saar-Blies-Gaus sind Brachflächen mit den nicht bzw. nur sehr extensiv genutzten Kalk-Halbtrockenrasen.

Ähnlich wie der Saar-Blies-Gau ist auch der Zweibrücker Westrich eine historisch gewachsene Kulturlandschaft. Die Bickenalb, die überwiegend agrarisch genutzten, vom Unteren Mu-

Abb. 2: Naturräumliche Gliederung des Biosphärenreservates Bliesgau (nach KAULE/SCHMIDT-SPEER/SPEER 1981 sowie BARTH/GERSTNER/WAGNER 2006, verändert).

Weinbau hat eine gewisse Tradition im Bliesgau. Nach dem Niedergang der Rebkultur um 1900 findet heute, dank des Engagements lokaler Akteure, wieder eine kleine Renaissance der Weinbaukultur statt. Im Bild ein Schau-Wingert bei Reinheim mit – im Hintergrund – dem „Trullo", einem Relikt aus der damaligen aktiven Weinbauzeit. Trulli (Plural; der Name stammt aus dem Italienischen) sind rund gemauerte Rebenhäuschen, die in den Wingerten als Unterstand dienten. Trulli sind vor allem aus Rheinhessen und Rheinland-Pfalz bekannt. Der Trullo in Reinheim ist der einzige seiner Art im Bliesgau.

Hang mit Küchenschellen (*Pulsatilla vulgaris*) bei Altheim.

schelkalk aufgebauten Hänge sowie kleinere Siedlungen (mit teilweise nur einer Durchgangsstraße bzw. Sackgasse, z. B. die Orte Riesweiler und Utweiler) machen die Eigenart des Naturraumes Zweibrücker Westrich aus (vgl. auch BARTH/GERSTNER/WAGNER 2006). Im Naturraum Zweibrücker Westrich dominiert – im Vergleich zum Naturraum Saar-Blies-Gau – die Ackernutzung. Dementsprechend ist auch die Streuobst-Dichte geringer. Wertbestimmend sind – wie im Naturraum Saar-Blies-Gau – die Kalk-Halbtrockenrasen, die teilweise eine noch speziellere Flora beherbergen wie z. B. die Gewöhnliche Küchenschelle (*Pulsatilla vulgaris*), der Edel-Gamander (*Teucrium chamaedrys*) und der Schmalblättrige Lein (*Linum tenuifolium*). Wald findet sich als stauwasserbeeinflusster Kalk-Buchenwald nur kleinflächig auf den Hochlagen.

Die Buntsandsteingebiete der Naturräume Homburger Becken, St. Ingberter Senke und Saarbrücken-Kirkeler Wald

Im Vergleich zum Muschelkalk herrschen in den Buntsandsteingebieten des Biosphärenreservats Bliesgau schlechte Bedingungen für die Landwirtschaft. Dies ist auch der Grund, warum im Gegensatz zu den Muschelkalkgebieten der Waldanteil höher ist und sogar (wie im Naturraum Saarbrücken-Kirkeler Wald) einen geschlossenen Eindruck macht. Im Gegensatz zu den Muschelkalkgebieten musste der Wald hier nur den Siedlungen weichen.

Die Buntsandsteingebiete haben Anteil am Homburger Becken, der St. Ingberter Senke und dem Saarbrücken-Kirkeler Wald.

Das Homburger Becken ist Teil eines großen Buntsandsteingebietes am westlichen Ausläufer der Westpfälzischen Moorniederung. Das Gebiet ist durch seine Beckenlage relativ kalt und wird besonders durch moorige Niederungen und Flugsand-Dünen bedeckt.

Die vorherrschende Vegetation auf den Zwischenmoorkomplexen der Beckenlagen war ursprünglich der Moorbirken-Kiefernwald. Während Buntsandstein und Terrassenschotter als potenziell natürliche Vegetation den bodensauren Buchenwald (Hainsimsen-Buchenwald) tragen, sind die Dünen und Sandfelder Standorte des bodensauren Eichen-Mischwaldes bzw. des Sand-Kiefernwaldes.

Die Wälder, die insbesondere im Homburger Raum zu einem Großteil mit Kiefern durchsetzt sind, nehmen ungefähr ein Drittel der Naturraumfläche ein.

Die ursprünglichen Moorstandorte wurden bereits in früherer Zeit entwässert und anschließend landwirtschaftlich genutzt. Heute deuten nur noch wenige Freiflächen auf die ehemalige Moorniederung hin. Sie sind letzte Zeugen eines ehedem großartig ausgestatteten Naturraumes.

Potenziell natürliche Vegetation ist der bodensaure Buchenwald auf Buntsandstein bzw. (lokal) der bodensaure Eichen-Mischwald auf den Flugsand-Dünen und Sandfeldern. Letztere sind die aus faunistischer Sicht „interessanten" Gebiete des Naturraumes „Homburger Becken". Denn während infolge Entwässerung heute nur noch wenige Freiflächen auf die ehemaligen, ausgedehnten Moorkomplexe hindeuten, sind mit den azonalen vegetationsarmen Binnendünen/Sandfeldern insbesondere für xerophile Tierarten bedeutende Refugial-Lebensräume erhalten geblieben. Ein besonderer Lebensraum des Naturraumes ist beispielsweise die Binnendüne bei Homburg. Sie gilt als eine der höchsten Binnendünen Südwest-Deutschlands und zeichnet sich durch ein charakteristisches Tier- und auch Pflanzenarteninventar aus.

Die potenziell natürliche Vegetation im Naturraum St. Ingberter Senke ist der bodensaure Buchenwald. Obwohl die bebauten Gebiete (z. B. im St. Ingberter Raum) einen großen Flächenanteil ausmachen, ist der Waldanteil immer noch beachtlich hoch.

Landschaftsprägendes Element des Naturraumes St. Ingberter Senke ist die breite Aue der Blies, in der Nassgrünland und Feuchtbrachen mit Röhricht bedeutende Feuchtbiotope darstellen. Bei Webenheim schließt sich darüber hinaus eine im Saarland einzigartige, intakte Auenlandschaft an.

Um die Nutzungsflächen der Bliesaue für die landwirtschaftliche Produktion zu sichern, wurden in der Vergangenheit verschiedentlich Grabensysteme und andere Einrichtungen zur gezielten Be- und Entwässerung geschaffen (vgl. BARTH/GERSTNER/WAGNER 2006).

Auch die Bliesaue unterhalb von Blieskastel fungiert als großes Retentionsbecken. Hier wird die Aue kaum noch landwirtschaftlich genutzt und es steigt der Anteil der Feuchtbrachen. Zwischen Mimbach und Breitfurt erstreckt sich schließlich ein großer zusammenhängender, aus der Sicht des Vogelartenschutzes bedeutender Schilfbereich: die „Rohrblies".

Der gesamte zum Naturraum St. Ingberter Senke gehörende Auenabschnitt der Blies ist von Be-

„Tränenfels" bei Kirkel – in frostreichen Wintern, die in der Region immer seltener werden, erstarrt das vom Fels abtropfende Wasser zu gigantischen Eiszapfen.

siedlung verschont geblieben. Die Ortschaften (Blickweiler, Mimbach, Blieskastel, Bierbach, Ingweiler) liegen außerhalb eines ständig von Überschwemmungen betroffenen Bereiches, so dass die Aue ihrer natürlichen Funktion als Hochwasserrückhalteraum in vollem Umfang gerecht werden kann.

Die zweite Auenlandschaft des Naturraumes wird durch den Rohrbach gebildet. Anders als an der Blies wird allerdings hier fast die gesamte Aue von Siedlungen mit meist städtischem Charakter eingenommen. Großflächig landwirtschaftlich genutzte Freiflächen gibt es hier nicht. Die Ortschaften reichen bis an die Wälder heran. Die Aue ist an vielen Stellen anthropogen überformt und ruderalisiert. Auch an naturnah erscheinenden Standorten dominieren häufig Neophyten und weisen auf die ruderalisierten Standortverhältnisse hin.

Verglichen mit den landschaftsbestimmenden Feuchtstandorten im Naturraum haben trockenwarme Standorte einen nur geringen Anteil an der Biotopfläche des Naturraumes. Dennoch sind diese als Lebensraum für Flora und Fauna von herausragender Bedeutung. Ein solch bedeutender Lebensraum ist beispielsweise das Naturschutzgebiet „Limbacher Sanddüne" bei Kirkel-Limbach, wo DORDA (1990) der Erstnachweis des Rotleibigen Grashüpfers (*Omocestus haemorrhoidalis*) für das Saarland gelungen ist.

Früher waren die Flugsand-Dünen und Sandfelder weiter im Naturraum verbreitet; sie wurden jedoch zunehmend vom Menschen durch Sandabbau und Bebauung zurückgedrängt.

Der Naturraum „Saarbrücken-Kirkeler Wald" erstreckt sich von Saarbrücken im Westen über Oberwürzbach und Kirkel bis nach Kirrberg im Osten. An der „Wörschweiler Pforte" bei Schwarzenacker hat die Blies einen Buntsandstein-Bergrücken durchbrochen und dadurch den östlichen Teil des Naturraumes vom zentralen Teil abgetrennt (vgl. auch Barth/Gerstner/Wagner 2006).

Das geologische Ausgangsmaterial „Mittlerer" und „Oberer Buntsandstein" verwittert zu nährstoffarmen Böden und bedingt, aufgrund seiner unterschiedlichen Verwitterungseigenschaft, eine starke Zertalung des Naturraumes. Als Verwitterungsform treten häufig Buntsandsteinfelsen, wie z. B. am „Felsenpfad" bei Kirkel auf. Standorttypische Waldgesellschaft ist der „Bodensaure Buchenwald". Das durch den Buntsandstein gefilterte Wasser tritt häufig in oligotrophen (d. h. nährstoffarmen) Quellfluren aus, die – wie am „Tränenfels" bei Kirkel – Lebensraum seltener Moosgesellschaften sein können (der Name „Tränenfels" ist der Tatsache geschuldet, dass der gesamte Fels ständig vom Hang her durchnässt wird und infolgedessen tropft – so als handele es sich um einen „weinenden" Fels).

Einer der typischsten Vertreter dieser Standorte innerhalb der Artengruppe der Flechten ist der Felsen-Schwarzfilz (*Racodium rupestre*), eine Flechte, die wie schwarzer Ruß die Höhlungen an sickerfeuchten Sandsteinen überzieht, durchsetzt von der Grauen Staubflechte (*Lepraria incana*).

Im Vergleich zu den ebenfalls buntsandsteingeprägten Naturräumen Homburger Becken und St. Ingberter Senke hat der Saarbrücken-Kirkeler Wald ein wesentlich stärker bewegtes Relief. Er setzt sich deshalb deutlich gegen die nördlich vorgelagerten Naturräume (St. Ingberter Senke und Homburger Becken) und gegen die südlich anschließenden Muschelkalkgebiete Saar-Blies-Gau und Zweibrücker Westrich ab. Eine Besonderheit des Naturraumes sind zweifelsohne die Feucht- und Nasswiesen der breiteren Talauen, z. B. im Kirkeler Tal (vgl. Barth/Gerstner/Wagner 2006).

Naturraum „Nordpfälzer Bergland"

Die Region hat am Naturraum „Nordpfälzer Bergland" in etwa einen Anteil von 10 %. Der Naturraum ist geologisch relativ einheitlich. Während im Norden und in der Mitte die Lebacher bzw. Kuseler Schichten des Rotliegenden vorherrschen, werden im Süden – und damit in dem zur Region Bliesgau gehörenden Teil – die Böden von Verwitterungsprodukten des Karbons gebildet.

Der zur Region gehörende Teil des Naturraumes „Nordpfälzer Bergland" wird überwiegend von Wald bedeckt. Die dazwischenliegenden Orte (z. B. Frankenholz und Höchen) werden großzügig von Streuobst eingerahmt.

Auffallend ist der relativ hohe Anteil naturnaher Altholzbestände, insbesondere im Raum Frankenholz/Höchen. Westlich des Ortes Websweiler ist am Feilbach ein sehr schöner bachbegleitender Erlen-Eschenwald mit naturnahem Quellbereich ausgebildet.

Naturraum „Mittleres Saartal-Süd"

Das Mittlere Saartal beginnt an der Stelle, dort, wo die Saar den widerstandsfähigen Trochitenkalk des Naturraumes Saar-Blies-Gau durchbrochen hat. Im weiteren Verlauf weitet sich das Saartal trichterförmig auf und mündet ab Güdingen etwa in eine breite, asymmetrische Talweitung ein (vgl. Barth/Gerstner/Wagner 2006).

Das Saartal ist der am stärksten anthropogen überprägte und umgestaltete Teilraum der Region Bliesgau. So wurde der Verlauf der Saar bereits ab den 1860er Jahren begradigt und kanalisiert.

In Richtung Saarbrücken nimmt der Anteil an verdichteten Flächen immer mehr zu und die Eigenart der Region Bliesgau als ein extensiv genutzter Kulturlandschaftsraum geht verloren.

3 Entstehungsgeschichte und Merkmale einiger besonderer Biotoptypen der historisch gewachsenen Kulturlandschaft des Bliesgaus

Der Bliesgau ist eine alte Kulturlandschaft. Auch wenn viele der in der Region vorhandenen Biotoptypen einen naturnahen Eindruck machen, darf dies nicht darüber hinwegtäuschen, dass die allermeisten von ihnen auf das Wirken des Menschen zurückgehen. Sie sind sozusagen durch Menschenhand entstanden – manche früher, manche später. Ausnahmen hiervon sind lediglich die Mardellen natürlichen Ursprungs, die Erdbeulen und vielleicht auch einige primär waldfreie Sonderbiotope.

Keiner der anthropogenen Biotoptypen ist „mit Absicht", also zielgerichtet, entstanden. Alle sind das (zufällige) Ergebnis einer vormaligen oder auch heute noch andauernden Form der Landnutzung. Wird die Nutzung aufgegeben, holt sich die Natur die Flächen wieder zurück. Nicht selten allerdings um den Preis eines anderen Typus als zuvor.

Vor dem 19. Jahrhundert gab es im Bliesgau z. B. noch keine Kalk-Halbtrockenrasen. Sie haben sich erst später – in erster Linie aus Wiesen- oder Ackernutzungen, daneben aber auch auf Flächen ehemaliger Weinberge und aufgelassener Kalksteinbrüche – entwickelt.

Die landschaftsökologisch wertvollen Streuobstwiesen sind unter anderem eine Konsequenz aus der sich um die Wende zum 20. Jahrhundert verstärkten „Reblauskatastrophe". Als damals die Reblaus die Weinberge vernichtete, wurde behördlicherseits vorgeschrieben, den Weinbau aufzugeben. Als Ersatz wurde angeregt, Obstbau zu betreiben.

Auch die Gräben in der Bliesaue wurden nicht als Biotope angelegt. Sie dienten zumeist der Entwässerung, bisweilen auch der Bewässerung. Sie sind heute z. B. Lebensraum des Dreistacheligen Stichlings (*Gasterosteus aculeatus*).

Die Steinbrüche und Gipsgruben in den Muschelkalkgebieten wurden nach ihrer Nutzungsaufgabe offengelassen. Aus früheren Flächen der Rohstoffgewinnung wurden Lebensräume seltener, xerophiler Tierarten und Flechten.

Die aufgeführten Beispiele ließen sich ergänzen. Sie beschreiben allesamt die Genese besonderer Biotoptypen als Folge der Landnutzung und zugleich auch als Zeugnisse der Kulturlandschaftsgeschichte der Region.

Am Ende dieses Kapitels werden noch zwei Strukturtypen beschrieben, die teilweise bzw. ausschließlich natürlicher Entstehung sind: Mardellen und Erdbeulen. Mit den „Man-made-Biotopen" ist ihnen gemeinsam, dass sie eine Reihe charakteristischer Pflanzen- und Tierarten beherbergen und damit zur Eigenart des Bliesgaus beitragen (vgl. DIDION 1996, DORDA 1996, EISINGER 1996

3.1 Kalk-Halbtrockenrasen

Die in den Muschelkalkgebieten des Biosphärenreservats vorkommenden Kalk-Halbtrockenrasen sind sogenannte „Halb-Kultur-Formationen". Dieser Terminus bringt zum Ausdruck, dass es sich bei den Kalk-Halbtrockenrasen um einen durch den Menschen geschaffenen halbnatürlichen Vegetationstyp handelt. Im Gegensatz zu anderen Regionen, in denen Kalk-Magerrasen überwiegend aus der historischen Nutzungsform der Wanderschäferei hervorgegangen sind (z. B. in der Schwäbischen Alb), haben sich die Halbtrockenrasen im Bliesgau vornehmlich auf Flächen ausgebildet,

Die „Gipsgrube" im Orchideengebiet Gersheim, zu Zeiten des Kalkabbaus Materialentnahmestelle – heute wichtiger Lebensraum wärmeliebender Arten.

Kalk-Halbtrockenrasen bei Altheim, Naturraum Zweibrücker Westrich. Die Halbtrockenrasen des Zweibrücker Westrichs sind älter als die im Naturraum Saar-Blies-Gau.

die in früheren Zeiten ackerbaulich bewirtschaftet worden waren. Zu ihrer Erhaltung sind die Kalk-Halbtrockenrasen auf heute nicht mehr übliche Nutzungsformen – wie extensive Beweidung und einschürige Mahd – bzw. auf entsprechende Pflegemaßnahmen angewiesen.

Im Vergleich zu den übrigen saarländischen Muschelkalkgebieten verfügt der Bliesgau über die größten und am besten vernetzten Kalk-Magerrasenflächen. Zudem zeichnen sich die schweren Tonmergel im Südosten des Saarlandes vielfach durch eine besondere Neigung zur Wechseltrockenheit bzw. Wechselfeuchte aus. Diese Unterschiede zu anderen vom Muschelkalk geprägten Räumen im Saarland bedingen eine gewisse floristische Eigenständigkeit der Kalk-Halbtrockenrasen des Bliesgaus (MEISBERGER 2017).

HARD (1964a), der die Kalktriften im Metzer Land (im benachbarten Lothringen), Zweibrücker Westrich und Bliesgau untersucht und sich dabei auch intensiv mit der Genese der Kalk-Magerrasen befasst hat, nimmt für die Kalk-Halbtrockenrasen im Bliesgau – abgesehen vom Bickenalbtal – eine Entstehungszeit nach 1820/30 an. Der Studie von HARD zufolge lässt sich aus historischen Karten und Katastern ableiten, dass das hiesige Offenland zuvor noch komplett bewirtschaftet war und sich demzufolge bis dahin auch noch keine Kalk-Halbtrockenrasen entwickelt haben konnten. Ihren Anfang nahm die Entstehung der Halbtrockenrasen erst im Zuge von agrarstrukturellen Veränderungen, die in der Folgezeit einsetzten: Auf unrentableren Flächen – insbesondere auf kleinen, in siedlungsfernen Flurteilen gelegenen Parzellen mit schwieriger zu bewirtschaftenden Böden – wurde die ackerbauliche Nutzung aufgegeben. Die „driesch" (= brach) gefallenen [5], rasch vergrasten Parzellen wurden (später) großenteils in extensiv bewirtschaftetes Dauergrünland überführt und so bildeten sich dann im letzten Drittel, vor allem aber gegen Ende des 19. Jahrhunderts die einmähdigen oder als Schafweide genutzten „Trespenrasen", denen die Pflanzengesellschaften der Kalk-Halbtrockenrasen des Bliesgaus überwiegend zuzuordnen sind, heraus (vgl. HARD 1964a, 1972).

Im Bickenalbtal, im Südosten des Biosphärenreservats, lässt sich die Entstehung der Kalk-Halbtrockenrasen nach HARD (1964a) weiter zurückdatieren: In diesem Bereich der Region Bliesgau lagen bereits um 1800 zahlreiche Ackerparzellen brach. Während auf manchen dieser Flächen ab ca. 1845 wieder Ackerbau betrieben wurde, blieb auf anderen die ackerbauliche Nutzung dauerhaft eingestellt. Unter diesen verbliebenen Brachen dürfte sich der größte Teil der Standorte der heutigen Kalk-Magerrasen im Bickenalbtal befinden. Die „gamanderreichen Trespenrasen", die sich hier entwickelt haben, verdanken ihre Entstehung letzten Endes katastrophalen bodenerosiven Prozessen, die aus der Umstellung der agrarischen Landnutzung ab der Mitte des 18. Jahrhunderts re-

[5] Die Halbtrockenrasen im Bliesgau werden auch heute noch im Volksmund als „Driescher" bezeichnet.

Streuobst. Nach dem Niedergang des Weinbaus wurde in der Region verstärkt Obstbau betrieben. Streuobstwiesen prägen die Kulturlandschaft des Bliesgaus.

Streuobstgruppe bei Medelsheim

sultierten und auf steileren Hanglagen schließlich zum Verlust der ackerbaulichen Nutzbarkeit des Bodens und zum frühen Brachfallen des betroffenen Ackerlands führten (vgl. auch MEISBERGER 2017).

3.2 Streuobstwiesen

Der Streuobstbau im Bliesgau erfuhr im 19. Jahrhundert eine Reihe staatlicher Förderungen: zunächst unter Napoleon I., später seitens des Königreichs Bayern, an welches der größte Teil der Region nach dem Wiener Kongress 1815 gefallen war. Einen weiteren Auftrieb erhielt der heimische Streuobstbau ab 1910 dadurch, dass als Ersatz für die durch die Reblaus vernichteten Weinreben vermehrt Obstbäume gepflanzt wurden.

Die Zwetschge wurde im 19. Jahrhundert zur dominierenden Obstbaumart im Bliesgau – und ist dies bis heute geblieben. An zweiter Stelle kommt der Apfel, an dritter Stelle die Süßkirsche. Noch Mitte der 1960er Jahre war das Obst aus dem Bliesgau auch überregional gefragt. Danach setzte ein Niedergang des Streuobstbaus ein, der bis heute anhält.

Für den Streuobstbau kennzeichnend ist zum einen der relativ weite Abstand zwischen den „verstreut" stehenden Obstbäumen und zum anderen die landwirtschaftliche Mehrfachnutzung der Flächen. Neben der Obstproduktion als „Obernutzung" besitzen die Streuobstflächen zugleich auch eine „Unternutzung" zwischen den hochstämmigen Obstbäumen. Die häufigste und zugleich bekannteste Form des Streuobstbaus sind die Streuobstwiesen, bei denen die Obstbäume auf Dauergrünland stehen, das entweder als Mähwiese zur Heugewinnung oder als Viehweide genutzt wird. Bis in die erste Hälfte des 20. Jahrhunderts hinein waren im Bliesgau nicht nur Streuobstwiesen, sondern auch Streuobstäcker durchaus üblich. Heute sind Streuobstbestände auf Dauerackerland die absolute Ausnahme.

Streuobstwiesen wurden sowohl in der freien Landschaft als auch an Ortsrändern angelegt. Um die Siedlungen herum traten die Streuobstwiesen früher typischerweise als geschlossene Baumgürtel in Erscheinung und bildeten so einen gleitenden Übergang in die umgebende Feldflur. Viele der siedlungsnahen Obstwiesen (= „Bungerte") dienten ehemals als Viehweiden.

Der Anteil der Streuobstflächen ist in den Muschelkalkgebieten im südlichen Teil der Region seit jeher deutlich höher als in den nördlichen, vom Buntsandstein geprägten Gebieten. Aber auch dort gab es einst ausgedehnte Streuobstbereiche (z. B. bei Jägersburg, Frankenholz, Höchen und Oberbexbach), obwohl sich die nährstoffarmen Sandbö-

Die Gewöhnliche Blasenflechte (*Hypogymnia physodes*) hat in ihrem Bestand abgenommen weil sie weniger gut mit den geänderten Klimabedingungen zurecht kommt als z. B. ihre Schwesterart die Röhrige Blasenflechte (*Hypogymnia tubulosa*), die eher wärmeliebend ist. (Foto: Volker John)

Die Gewöhnliche Gelbschüsselflechte (*Flavoparmelia caperata*), eine Flechtenart, die bevorzugt an der Borke von Obstbäumen siedelt. (Foto: Volker John)

Die Röhrige Blasenflechte (*Hypogymnia tubulosa*). (Foto: Volker John)

den eigentlich weniger gut für die Streuobstkultur eignen. Inzwischen ist der Streuobstbaumbestand im Norden allerdings weitgehend zusammengeschrumpft. Ende der 1990er Jahre lagen fast 85 % der Obstwiesen-Flächen südlich der Linie Oberwürzbach-Webenheim (vgl. BUCHHEIT 1998).

Auch wenn heute der Streuobstbau im Bliesgau bei Weitem nicht mehr denselben Stellenwert wie früher besitzt, so zählen die Streuobstwiesen in den Muschelkalkgebieten noch immer zu den prägenden landschaftlichen Strukturelementen, die der hiesigen Kulturlandschaft ihren besonderen Reiz verleihen (vgl. LAVALL 2006).

„Der traditionelle Streuobstbau ist eine umweltschonende extensive Wirtschaftsform" (LAVALL 2006, S. 187). Es verwundert daher nicht, dass Streuobstwiesen zu den artenreichsten Lebensräumen Europas gehören: Die Artenzahl wird auf insgesamt 3000-5000 Tier- und Pflanzenarten geschätzt (vgl. BUCHHEIT 1998, LAVALL 2006). Von einigen der für den Bliesgau charakteristischen Arten wird in der Folge noch die Rede sein. Auf die Artengruppe der Flechten soll aber an dieser Stelle schon kurz eingegangen werden (siehe auch Textkasten Flechten).

Die extensive Nutzung der Streuobstwiesen kommt vor allem den epiphytischen Flechten zugute. An den Obstbäumen in den Muschelkalkgebieten des Bliesgaus gedeihen – da sich der Kalkboden tagsüber aufheizt – wärmeliebende Flechten wie die Gewöhnliche Gelbschüsselflechte (*Flavoparmelia caperata*), die Bereifte Braunschüsselflechte (*Melanelixia subargentifera*) und die Pillen-Schüsselflechte (*Parmelina pastillifera*).

Die verschiedenen Obstarten sind insbesondere für die Flechten geeignete Träger. An der oben genannten Zwetschge z. B. fand sich vor 30-40 Jahren ein Großteil der Vorkommen der Röhrigen Blasenflechte (*Hypogymnia tubulosa*). Diese Blattflechte ist insgesamt wärmeliebender als ihre Schwesterart, die Gewöhnliche Blasenflechte (*Hypogymnia physodes*), die in jüngerer Vergangenheit – im Gegensatz zu *Hypogymnia tubulosa* – stark abgenommen hat. Dies kann als Hinweis auf eine Klimaveränderung interpretiert werden.

Flechten

Anders als die Moose gehören die Flechten nicht zu den Pflanzen, sondern zu einem eigenen Reich innerhalb der Lebewesen, den Pilzen. Nachdem die Flechten im Laufe der Geschichte zeitweise zu den Algen, den Moosen und zu einer eigenständigen Gruppe gezählt wurden, ist man heute übereingekommen, sie zu den Pilzen zu rechnen. Man spricht dabei auch von lichenisierten Pilzen. Damit sind diejenigen Pilze gemeint, die mit einer oder mehreren Algen – gelegentlich auch mit „Blaualgen" oder beiden – eine spezielle physiologische Abhängigkeit eingehen und in der Regel auch gemeinsam einen eigenen Flechtenkörper bilden.

Diese Flechtenkörper hat man zumindest früher entsprechend der Anatomie und der Wuchsform in Krustenflechten, Blattflechten und Strauchflechten unterteilt. Solche morphologischen Unterschiede sind heute systematisch nicht mehr von Bedeutung, da innerhalb von Familien und sogar Gattungen verschiedene dieser Wuchsformen vorkommen können. Maßgeblich für die genetische Unterscheidung ist lediglich der an der Symbiose beteiligte Pilz.

Gemeinsam sind die Algen- und Pilzpartner in der Lage, extremen Herausforderungen zu trotzen und sekundäre Stoffwechselprodukte, die sogenannten Flechtenstoffe, zu produzieren, wozu weder die Alge, noch der Pilz allein in der Lage wäre. Solche Flechtenstoffe können die Flechte vor Tierfraß oder die Alge im Thallus vor hoher UV-Strahlung schützen. Die Flechte bildet sozusagen ihre eigene „Sonnencrème" und kann so z.B. im Gebirge bis auf Höhen von 8000 Metern hinaufsteigen.

Auch wir Menschen haben diese Flechtenstoffe vielfach genutzt, unter anderem zum Färben von Wolle, als Säure-Base-Indikator (Lackmus), zum Brotbacken in Notzeiten, als Hopfenersatz zum Bierbrauen, als Arznei und vieles andere mehr. Selbst aktuell werden zahlreiche Medikamente angeboten, die Flechtenstoffe enthalten, seien es Hustenmittel oder Pulver gegen Bakterien. In der Parfümindustrie werden heute noch tonnenweise Flechten verarbeitet, ebenso in Gärtnereien und Blumengeschäften die aus den nordischen Tundren stammenden Rentierflechten.

Das sensible Zusammenleben der Algen und Pilze birgt allerdings auch Nachteile. Oft haben die einzelnen Flechten nur eine sehr enge ökologische Amplitude, das heißt, sie sind auf ein immer gleichbleibendes Umfeld angewiesen. Jede Veränderung kann zur Schädigung oder gar zum Absterben der Flechte führen. Aber gerade darin liegt ein für uns besonders großer Vorteil der Flechten insgesamt. Da die einzelnen Arten spezifisch unterschiedlich auf Umweltveränderungen reagieren, sind sie zu wichtigen, wenn nicht gar zu den wichtigsten Bioindikatoren geworden.

Mit der Industrialisierung im 19. Jahrhundert sind viele gegen Schwefeldioxid empfindliche Flechtenarten zurückgegangen oder gar verschwunden. Da die Luft inzwischen sauberer geworden ist, kehren zahlreiche dieser Arten wieder zurück. Doch ist die Interpretation der sich neu zusammenfindenden Biota sehr viel komplexer zu bewerten als in der Ausgangssituation vor Beginn der Industrialisierung: Der Rückgang der sauren Immissionen geht nämlich einher mit einer zunehmenden Wirkung eutrophierender Stoffe und der Klimaveränderung. Da von den meisten Flechten die ökologischen Ansprüche bekannt sind, lässt sich anhand der Artenzusammensetzung die aktuelle Umweltsituation recht gut beurteilen.

Grundsätzlich gilt: Je mehr Flechten vorkommen, umso besser ist die Luftqualität. Gesondert muss lediglich das alleinige und übermäßige Vorkommen von Stickstoffzeigern bewertet werden. Da viele Flechten Epiphyten sind, also Organismen, die auf den Bäumen wachsen und nicht in den Bäumen, schädigen sie die Bäume nicht. Demgemäß ist z.B. die zu beobachtende Zunahme von Flechten auf Obstbäumen kein Hinweis auf „kränkelnde" Bäume, sondern vielmehr Ausdruck einer wieder reicheren biologischen Vielfalt, bedingt durch Verbesserungen der Luftqualität.

Ähnlich wie die epiphytischen Flechten lassen sich auch die auf Böden und Gesteinen siedelnden Arten heranziehen, um die bewachsenen Substrate klimaökologisch, chemisch oder mechanisch zu bewerten. Es gibt unter den Flechten Spezialisten für harte Silikatgesteine, poröse Sandsteine, kalkhaltige Substrate, trockene Überhänge und nasse Wasserrinnen, um nur einige zu nennen.

Text: Volker John

3.3 Lesesteinhaufen, -wälle und -mauern

Die beim Ackerbau störenden Kalksteine wurden von den Bauern aufgelesen (daher rührt der Ausdruck „Lesesteine") und am Rande der Ackerparzellen abgelegt. Weil bei jeder Feldbestellung die neu an die Oberfläche gepflügten Steine von den Äckern entfernt werden mussten, nahmen die Anzahl und die Mächtigkeit der Lesesteinaufhäufungen bzw. -aufschichtungen mit der Zeit zu.

Es lassen sich drei verschiedene Typen unterscheiden: Längliche Aufhäufungen von Lesesteinen werden als Lesesteinwälle (= Lesesteinriegel, Lesesteinriedel) bezeichnet. Demgegenüber besitzen Lesesteinhaufen eher runde oder ovale Grundrisse. Wurden die Lesesteine nicht aufgehäuft, sondern zu Trockenmauern aufgeschichtet, spricht man von Lesesteinmauern; im Bliesgau wurden sie in erster Linie auf steilen Lagen entlang der Grenzen ehemals terrassierter Ackerparzellen errichtet.

Im 19. und 20. Jahrhundert wurde auf zahlreichen kleinen Parzellen – in den Muschelkalkgebieten der Region vor allem in siedlungsfernen Lagen mit starker Hangneigung und besonders steinigen Böden – die Nutzung als Dauerackerland aufgegeben. Die an den Parzellenrändern angelegten Lesesteinhaufen, -wälle und -mauern jedoch haben die Zeit nach dem Ende des Ackerbaus überdauert. Sie sind im südlichen Bliesgau noch heute reichlich im Gelände zu finden.

Aus vielen Lesesteinhaufen und -wällen sind Gebüsche hervorgegangen. Die Verbuschung erfolgt stets vom Rande her. In den zentralen Bereichen – dort, wo die Steinaufhäufungen am mächtigsten sind – kann das Gebüsch dagegen mangels Substrat nicht Fuß fassen. Diese Bereiche bleiben zumeist vegetationsfrei.

Die Lesesteinhaufen, -wälle und -mauern sind nicht nur unter dem Gesichtspunkt des Kulturlandschaftsschutzes als Zeugnisse der früheren ackerbaulichen Nutzung erhaltenswert, sondern auch aus naturschutzfachlicher Sicht, denn sie sind wertvolle Kleinlebensräume für wärmeliebende Tierarten, vornehmlich für Reptilien und Heuschrecken. Ihre Bedeutung für die Schlingnatter (*Coronella austriaca*) im südlichen Bliesgau unterstreichen die Untersuchungsergebnisse im Rahmen der Erstellung des Pflegeplanes zum Naturschutzgroßvorhaben „Saar-Blies-Gau/Auf der Lohe": Im Projektgebiet wurden alle Funde der Schlingnatter auf Lesesteinansammlungen gemacht.

Auch für eine Reihe von Flechten sind diese landschaftlichen Kleinstrukturen wichtige Überlebensinseln, insbesondere dann, wenn natürliche offene Gesteinspartien fehlen. Zu den bemerkenswerten hier anzutreffenden Krustenflechten zählen die Felsen-Kalksteinkruste (*Protoblastenia rupestris*), die Kalk-Warzenflechte (*Bagliettoa calciseda*), die Fruchtalgen-Kreuzflechte (*Staurothele hymenogonia*) sowie die Bischoffs Braunsporflechte (*Rinodina bischoffii*). Mehr oder minder stark beschattete Lesesteinbiotope beherbergen zudem seltene kalkliebende Moosarten.

3.4 Weinbauliche Relikte

Bis in das 20. Jahrhundert hinein wurde in den Muschelkalkgebieten der Region weit verbreitet Weinbau betrieben. Fast jeder, der ein Grundstück in einigermaßen günstiger Lage besaß, kultivierte Weinreben. Auch wenn man zuweilen – wie in Altheim – „ein seltsames Getränk aus Trauben, Birnen und schwarzen Holunderbeeren (Färbung!) presste" (HARD 1964a, S. 104). Untersuchungen von HEMMERLING (1987) belegen z.B. für Bliesmengen-Bolchen einen zeitlich lückenlosen Rebanbau von den ersten Erwähnungen im Jahre 1241 bis zum Ausklingen in der zweiten Hälfte des 20. Jahrhunderts.

Insgesamt betrachtet, hielt sich der Weinbau im südlichen Bliesgau, von einigen Höhen und Tiefen abgesehen, in etwa konstant bis 1890. Danach begann die Reblaus die Weinstöcke zu vernichten. Zwar wurden kurz nach der Jahrhundertwende noch einmal neue Weinberge angelegt, doch wurden die meisten von ihnen ab 1910 schon wieder aufgegeben. Nach der Rückgliederung des Saargebiets im Jahre 1935 wurde eine Regierungskommission zur Überprüfung des Reblausbefalls eingesetzt. Die Experten mussten alle Weinberge nach der Reblaus absuchen und sämtliche befallenen Rebstöcke entfernen lassen. Da manche Besitzer ihre Weinstöcke nicht lückenlos angaben, lassen sich in einigen aufgelassenen Weinberghängen bis in unsere Zeit immer noch verwilderte Rebstöcke finden (HEMMERLING 1987).

Lesesteinhaufen „Auf der Lohe" bei Reinheim. Die beim Bewirtschaften der Äcker störenden Kalksteine wurden „aufgelesen" (daher der Name) und auf einen Haufen getragen. Lesesteinhaufen sind bedeutende Refugialräume für wärmeliebende Arten, z. B. die Schlingnatter (*Coronella austriaca*).

Weinbergsmauern, wie hier im Orchideengebiet Gersheim, zeugen von der früheren Weinbaukultur.

Die sonnenexponierten Lagen, auf denen ehemals Weinberge angelegt waren, sind heute vielfach Lebensraum wärmeliebender Arten. Eine Charakterart des Bliesgaus, das Weinhähnchen (*Oecanthus pellucens*), schlägt nomenklatorisch eine Brücke zum Weinbau: Der deutsche Name weist auf die Bindung dieser Blütengrillenart an warme Weinbergslagen hin. Auch eine Flechtenart muss an dieser Stelle erwähnt werden: das Vorkommen der Kronen-Kragenflechte (*Circinaria coronata*) auf einer alten Weinbergmauer im Bliesgau ist das bisher einzig bekannte in den beiden Bundesländern Saarland und Rheinland-Pfalz.

Vor dem Anlegen eines Weinbergs wurde – weil die Wurzeln der Rebstöcke für gewöhnlich tief in die Erde vordringen – der Boden 50-100 cm tief aufgegraben und von Steinen befreit. Die ausgehobenen Pflanzgruben wurden schließlich mit Feinerdematerial aufgefüllt. Wie HARD (1964a) nachweisen konnte, wurde damit bereits der Grundstein für die Ausbreitung einer Charakterpflanze der Kalk-Halbtrockenrasen, der Gewöhnlichen Fiederzwenke (*Brachypodium pinnatum*), gelegt. Als die Weinberge aufgelassen wurden, wurden die Feinerdestellen zuallererst von der im Allgemeinen recht konkurrenzstarken Fiederzwenke besiedelt, die ihre Stellung bis in die Gegenwart behauptet hat. Etliche ehemalige Weinberghänge ähneln sich in ihrer Physiognomie. Die Pflanzengesellschaften der Kalk-Halbtrockenrasen, die sich auf diesen Standorten ausgebildet haben, werden als „Fiederzwenkenrasen" bezeichnet.

In steilen Lagen waren die Weinberge traditionell mit Trockenmauern terrassiert, wodurch einerseits die Arbeit im Weinberghang erleichtert und andererseits der Bodenabtrag vermindert wurde. Zur Errichtung der Weinbergmauern wurden größere Kalksteine verwendet, die an der Oberfläche gefunden oder beim Ausheben der Pflanzgruben dem Untergrund entnommen worden waren. Um von einer Weinbergterrasse zur nächsten gelangen zu können, waren in die Trockenmauern Treppen eingelassen. Die erhalten gebliebenen historischen Trockenmauern sind Lebensraum zahlreicher Tierarten und zudem auch wertvolle Moosstandorte.

Am Beispiel der ehemaligen Weinberge lässt sich aufzeigen, wie wichtig Kenntnisse über die Landschaftsgeschichte sind, um das gegenwärtige Vorkommen bestimmter Tier- und Pflanzenarten in der Kulturlandschaft erklären zu können.

Nicht asphaltierte, offengelassene Erdwege können sich zu bedeutenden Lebensräumen für eine speziell daran angepasste Fauna und Flora entwickeln – z. B. für den Erdbeer-Klee (*Trifolium fragiferum*).

3.5 Erdweg

Viele Kalk-Magerrasenhänge im Bliesgau sind durch Erdwege erschlossen. Bei diesen handelt es sich um unbefestigte oder „gestickte", d.h. mit Kalksteinen lose befestigte, Feldwirtschaftswege. Sie verlaufen oft entlang alter Flur- oder Parzellengrenzen und gehen in ihrer Entstehung auf das regelmäßige Befahren mit landwirtschaftlichem Gerät zurück. Vielfach liegt der skelettartige Unterboden bloß und die Halbtrockenrasenvegetation beschränkt sich auf ein kümmerliches Dasein zwischen den einzelnen, dicht an dicht anstehenden Kalksteinen.

In den ansonsten weitgehend homogenen Kalk-Halbtrockenrasenflächen stellen die Erdwege für einige seltene Tier- und Pflanzenarten wertvolle Sonderhabitate dar; z.B. werden solche Standorte gerne von ephemeren Flechten angenommen.

Die Erdwege sind Standort einer eigenen pflanzensoziologischen Gesellschaft, der Erdbeer-Klee–Gesellschaft. Die Charakterart dieser pflanzensoziologischen Einheit ist der Erdbeer-Klee (*Trifolium fragiferum*), dessen Früchte in ihrer Form an Erdbeeren erinnern. Ein sehr schönes Beispiel einer Erdbeer-Klee–Gesellschaft findet sich bei Gersheim, auf dem Weg vom „Lachenhof" hoch zum Orchideengebiet in einem Abschnitt von über 50 m Länge.

Auf den Erdwegen kommen ferner auch geophile (d.h. am Boden lebende) Heuschreckenarten vor, wie etwa die Blauflügelige Ödlandschrecke (*Oedipoda caerulescens*), die nur die bodenoffenen Stellen, nicht aber die Grasnarbe der Kalk-Halbtrockenrasen besiedelt, zu denen die Art standortökologisch auch gar nicht gehört.

3.6 Gräben zur Be- und Entwässerung

Die Bliesauen im Biosphärenreservat sind vielenorts – so bei Kirkel-Limbach, Homburg-Beeden und Blieskastel-Bierbach – von Gräben durchzogen, die verschiedenen wassergebundenen Tier- und Pflanzenarten Lebensraum bieten.

Um die Nutzbarkeit der fruchtbaren Auenböden für die Landwirtschaft zu sichern, wurden in den Bliesauen ab der Mitte des 18. Jahrhunderts zahlreiche Entwässerungsgräben ausgehoben. Zu den bekanntesten zählen der „Schwarzweihergraben" bei Beeden und der „Gerhardsgraben" bei Bierbach. In Letzterem kommt unter anderem die Helm-Azurjungfer (*Coenagrion mercuriale*) vor, eine im Bliesgau seltene Libellenart. Darüber hinaus ist der „Gerhardsgraben" Lebensraum des Dreistacheligen Stichlings (*Gasterosteus aculeatus*), einer Kleinfischart, die hier eine beachtliche Bestandsdichte aufweist. Auf der Gemarkung von Einöd wurde zur Entwässerung der Auenboden auf einer Fläche von rund 300 ha ein engmaschiges Grabensystem geschaffen; die Verantwortung für die Unterhaltung der Gräben wurde vor rund 40 Jahren von der Kommune an den „Wasser- und Bodenverband Homburg-Einöd" übertragen.

Von den reinen Entwässerungsgräben zu unterscheiden sind solche Gräben, die vornehmlich oder ausschließlich zum Zwecke der Bewässerung angelegt wurden. Die früher in einem Teilabschnitt der Bliesaue praktizierte Wiesenbewässerung war in der Region durchaus etwas Spezielles: Zwischen der „Haseler Mühle" im Nordwesten (an der Gemeindegrenze Neunkirchen/Bexbach) und Kirkel-Limbach im Südosten entstand ab etwa 1780 ein mit der Blies hydrologisch verbundener Grabenkomplex, ausgestattet mit einer Fülle von Stauvorrichtungen (Wehre

Der Gerhardsgraben bei Bierbach an der Blies, bedeutender Lebensraum des Stichlings (Gasterosteus aculeatus); Blick in Richtung Einöd.

Der ehemalige Kalk-Steinbruch bei Gersheim mit einem der beiden Mundlöcher, welche heute nur noch den Fledermäusen als Eingang dienen.

und Schleusen), die es ermöglichen, die Auenflächen gezielt zu wässern und mit Nährstoffen zu versorgen. Zum Betrieb und zur Pflege der Anlage wurde 1789 die „Niederbexbacher Wässerungsanstalt" gegründet, aus der später die heute noch existierende „Be- und Entwässerungsgenossenschaft Niederbexbach" hervorging. Die Genossenschaftsfläche umfasst knapp 160 ha, die Gesamtlänge der Gräben beträgt rund 16,8 km. Inzwischen haben die technischen Einrichtungen ihre Funktionsfähigkeit weitgehend verloren und üben somit auch keine regulierende Wirkung mehr aus. Die nach wie vor – zumindest periodisch – mit Wasser gefüllten Gräben besitzen insbesondere für Libellen eine große Bedeutung.

Nur temporär Wasser führende Kleingewässer, wie Gräben oder Tümpel, sind ein typischer Lebensraum zahlreicher an Wasser adaptierter Käfer der Familie *Hydrophilidae* (Wasserkäfer): Eine Reihe von Arten der Furchen-Wasserkäfer (Gattung *Helophorus*) sind vor allem in eutrophen, detritusreichen Gräben zu finden (KLAUSNITZER 1996). Im Gebiet des Biosphärenreservats Bliesgau wurden die Art *Helophorus grandis* bei Sengscheid, Ormesheim, Oberbexbach und Mimbach sowie die Art *Helophorus aquaticus* bei Sengscheid, St. Ingbert, Oberwürzbach, Heckendalheim und Erfweiler-Ehlingen nachgewiesen. Die kleinen flugfähigen Käfer verlassen austrocknende Gewässer und unternehmen Migrationsflüge, um sich neue Lebensräume zu erschließen.

3.7 Kalkwirtschaftliche Relikte

Der Entwicklung der Kalkwirtschaft im südlichen Bliesgau hat WAGNER (2006) einen umfassenden Beitrag gewidmet. Demnach war die hiesige Kalkwirtschaft, neben der Land- und Forstwirtschaft sowie in geringerem Maße auch der Ziegelproduktion und dem Gipsabbau, lange Zeit der einzige Produktionszweig von nennenswerter regionalökonomischer Relevanz.

Der Kalksteinabbau lässt sich bis in die Römerzeit zurückverfolgen. Mit der römischen Besiedlung der Region ging ein wachsender Kalkstein- und Branntkalkbedarf einher. Als Bausteine wurden bevorzugt Kalksteine aus dem Trochitenkalk, der unteren Zone des Oberen Muschelkalks, genutzt. Zur Herstellung des in größeren Mengen benötigten Kalkmörtels entwickelten die Römer neue Techniken des Kalkbrennens (vgl. WAGNER 2006).

Während zuvor nur in relativ kleinem Maßstab, vorwiegend für den heimischen Markt, Kalkstein abgebaut und Branntkalk hergestellt wurde, erfuhr die Kalkwirtschaft in der Region ab dem ausgehenden 19. Jahrhundert eine rasche Industrialisierung, die maßgeblich von Verflechtungen mit der saarländischen Eisen- und Stahlindustrie bestimmt war. Innerhalb weniger Jahre wurden mehrere industrielle Kalkwerke errichtet, von

Feldmardelle Auf der Lohe bei Reinheim. Feldmardellen trocknen wegen der stärkeren Verdunstung im Sommer auch schon mal aus. Dennoch können sie wie diese hier Lebensraum des Kammmolches (*Triturus cristatus*) sein.

denen diejenigen in Gersheim und Bübingen (unmittelbar jenseits der Grenze des Biosphärenreservats gelegen) die beiden bedeutendsten waren. Zur Versorgung der Werke mit Kalkstein wurden vorhandene Abbaustellen erweitert und neue großflächige Kalksteinbrüche angelegt. Später kam ein beachtlicher Untertagebau hinzu: ab den 1920er Jahren in Gersheim und ab den 1930er Jahren in Auersmacher sowie – in geringerer Dimension – auf dem Kalbenberg südöstlich von Ballweiler.

Mit der Stilllegung des Gersheimer Kalkwerks schloss in den 1980er Jahren die letzte Branntkalk-Produktionsstätte im Bliesgau ihre Pforten; Ende 2001 wurde in Gersheim auch die untertägige Kalksteingewinnung aufgegeben. Aktuell sind nur noch ein Kalksteinbruch bei Rubenheim und das Bergwerk in Auersmacher in Betrieb, das seit Ende 2017 jedoch nur noch im Bedarfsfall Kalkstein für die Hochöfen der *Roheisengesellschaft Saar mbh* (ROGESA) in Dillingen fördert.

Die in der Landschaft zurückgebliebenen Relikte der Kalkwirtschaft wurden infolge der Sukzession von der Natur zurückgewonnen. Dies gilt vor allem für die Steinbrüche, die offen gelassen wurden und sich zu vortrefflichen Sekundärlebensräumen wärmeliebender Tier- und Pflanzenarten entwickelt haben. Viele dieser Flächen wurden inzwischen als Schutzgebiete ausgewiesen.

Die Kalkwirtschaft hat das Bild des südlichen Bliesgaus in nicht unerheblichem Maße mitgeformt. Dies ist besonders auffällig bei den großflächigen ehemaligen Kalksteinbrüchen. Auf dem bereits erwähnten Kalbenberg bei Ballweiler z. B. ist die abbaubedingte Versteilung der markanten Schichtstufe im Bereich des Trochitenkalks – obwohl sich hier mittlerweile Sekundärwald etabliert hat – heute noch landschaftsbildprägend.

Weitere Beispiele sind das „Matzenloch", ein aufgelassener Kalksteinbruch südöstlich von Gersheim, der sich zwischenzeitlich mit Wald bestockt hat und einen sehr naturnahen Eindruck macht, sowie der Teil des bekannten Orchideengebietes bei Gersheim, der einen naturschutzfachlich wertvollen Orchideen-Buchenwald trägt, welcher sich ohne den dort früher stattgefundenen Kalksteinabbau wohl nie so hätte entwickeln können. Außerhalb des Biosphärenreservats kann der Birzberg bei Fechingen genannt werden: ein ebenfalls sehr ausgedehntes Steinbruchareal, das in weiten Teilen seit 1985 als Naturschutzgebiet ausgewiesen und unter anderem Lebensraum der Geburtshelferkröte (*Alytes obstetricans*) und der Gelbbauchunke (*Bombina variegata*) ist.

3.8 Mardellen

Mardellen sind flache, rundliche Geländevertiefungen, die in der Region ausschließlich in den Muschelkalkgebieten auftreten. Sie besitzen zumeist Tiefen von weniger als 1,50 m und Durchmesser bis 20 m. Die Maximalwerte liegen bei Tiefen von ca. 4 m und Durchmessern von rund 40 m. Die Böden der Mardellen sind in der Regel von einer Lehmschicht bedeckt, die das anfallende Niederschlagswasser staut. Vereinzelt haben Mardellen auch einen kurzen Zulauf mit gelegentlicher Wasserführung. Abflüsse sind nur in den allerseltensten Fällen vorhanden (vgl. BARTH/GERSTNER/WAGNER 2006, LIEDTKE et al. 2010).

Abgesehen von solchen Geländevertiefungen, die das gesamte Jahr über trocken bleiben, sind die Mardellen von saisonal stark schwankenden Wasserständen gekennzeichnet: Während sich die Hohlformen in regenreichen Monaten ausgiebig mit Niederschlagswasser füllen können, sinken die Wasserstände in niederschlagsarmen Perioden deutlich ab. Viele Mardellen trocknen im Sommer sogar komplett aus.

Im Volksmund werden die Mardellen oftmals als „Pfühle" bezeichnet (z. B. „Jägerpfuhl", „Schwefelspfuhl", „Allmendspfuhl"). In großen Teilen der Bevölkerung galten sie lange Zeit als Inseln des Schreckens, als „böse Löcher", die den Menschen Krankheit und Verderb brachten. Lothringischen Urkunden zufolge standen im 16. und 17. Jahrhundert sogar Hexenprozesse im Zusammenhang mit Mardellen.

Natürliche Ursachen, die die Genese der hiesigen Mardellen erklären lassen, sind Verkarstungsprozesse in Kalken und Dolomiten sowie Gips- und Steinsalzauslaugungen: Die in der Region sowohl im Oberen als auch im Unteren Muschelkalk vorkommenden Mardellen treten ausnahmslos „in nicht wasserlöslichen Schichten über verkarstungsfähigen Untergrundgesteinen auf" (BARTH/GERSTNER/WAGNER 2006, S. 40). Bei den hier maßgeblichen Untergrundgesteinen handelt es sich hauptsächlich um gebankte Kalke und Dolomite; hinzu treten noch Sedimente im oberen Teil des Mittleren Muschelkalks, in die neben Dolomit auch Steinsalz, Gips und Anhydrit (dieser geht bei Wasseraufnahme in Gips über) eingelagert wurden. Durch einsickerndes Niederschlagswasser können sich in all diesen Gesteinen infolge von Lösungsvorgängen unterirdische Hohlräume bilden. Bricht ein solcher Hohlraum unter der Auflast des Deckgesteins nach, vermag dies zu bewirken, dass an der Erdoberfläche eine Mardelle entsteht (vgl. BARTH/GERSTNER/WAGNER 2006).

Die Mardellen im Biosphärenreservat dürften größtenteils natürlichen Ursprungs sein. Nach SCHÄFER-GUIGNIER (1987, S. 176) ist eine „natürliche Entstehung der Mardellen nicht gesichert und nicht unumstritten, aber doch wahrscheinlich". KOLLING (1981) erteilt der Annahme, dass Mardellen z. B. als Stätte ritueller Handlungen oder als Wohngruben künstlich geschaffen worden sein könnten, eine Absage mit der lapidaren Frage: „Wer wohnt gerne naß?" (S. 5). Demgegenüber verweisen BARTH/GERSTNER/WAGNER (2006, S. 40) darauf, dass es im Bliesgau auch Geländevertiefungen im Unteren Muschelkalk gibt, „die in ihren heutigen Durchmessern nicht (allein) als natürliche, lösungsbedingte Hohlformen erklärt werden können, da die Mächtigkeit des über dem Oberen Buntsandstein liegenden Unteren Muschelkalks nicht ausreicht, um derart große Mardellen entstehen zu lassen". Des

„Mardellen sind abflusslose und mit Wasser gefüllte Mulden auf Verebnungsflächen im Muschelkalk" – treffender als der Biologe Erhard Sauer kann man Mardellen wohl nicht beschreiben. Es wird zwischen Wald- und Feldmardellen unterschieden. Während im Wald ein Großteil der Mardellen noch erhalten ist, sind die typischen Feldmardellen selten geworden, weil diese früher eingeebnet wurden. Im Bild die Mardelle im „Großen Wald" bei Altheim – auf der Wasseroberfläche im Hintergrund der weiß blühende Wasserhahnenfuß (*Ranunculus aquatilis*).

Mardelle im Sangenwald bei Walsheim

Weiteren sprechen die Autoren Auffälligkeiten zwischen den räumlichen Verteilungen der Mardellen und der Hügelgräber im südlichen Bliesgau an: In zahlreichen Fällen liegen Hügelgräber aus vorrömischer Zeit nicht weit von Mardellen entfernt. Aus diesem Sachverhalt ließe sich zumindest die Vermutung ableiten, bei den betreffenden Mardellen könne es sich auch „um

Ameisenhügel oder (mundarttypisch) „Ämetzehiwwele" entstehen infolge Frosteinwirkung auf natürliche Weise. Sie werden in der Folge gerne von Ameisen (mundarttypisch: „Ämetze") besiedelt.

Frisch gewachsene Erdhügel auf einem Feld bei Reinheim.

Materialentnahmestellen für die Grabanlagen handeln" (BARTH/GERSTNER/WAGNER 2006, S. 40).

Die Mardellen, die sich im Offenland ausgebildet haben, wurden früher bisweilen regelmäßig gemäht. Da das Mähgut für Futterzwecke weitgehend ungeeignet war, wurde es vornehmlich zur Einstreu in den Viehställen verwendet (vgl. SAUER 1982). Der Wandel in der Agrarwirtschaft ließ in der Folge allerdings kaum noch Möglichkeiten für eine ökonomisch vertretbare Bewirtschaftung der Mardellen. Viele Mardellen wurden schließlich verfüllt oder zugepflügt, um die Flächen landwirtschaftlich nutzen zu können. Heute gibt es im Offenland des südlichen Bliesgaus nur noch wenige Mardellen. Eine davon ist der „Jägerpfuhl" bei Biesingen, den SAUER (1982) beschrieben hat. Im Wald dagegen haben sich fast alle Mardellen erhalten. Sie stellen in der Region wichtige Sonderstandorte dar und sind insbesondere Lebensraum von Amphibien und Libellen (vgl. DIDION 1996, DORDA 1996), aber auch von bestimmten Käferarten.

Eine zweijährige Studie zu den Käfern der Mardellen im Bliesgau legte EISINGER (1996) vor. Als besondere, stenotope Arten, also Arten, die ganz spezielle Lebensräume benötigen, stellte EISINGER den Flachmoor-Ahlenläufer (*Bembidion assimile*), den Ried-Ahlenläufer (*Bembidion doris*), den Rötlichen Scheibenhals-Schnellläufer (*Stenolophus skrimshiranus*) und den Breiten Dunkelwanderkäfer (*Badister dilatatus*), die alle zur Familie der Laufkäfer zählen, sowie die Kurzflügelkäferart *Euaesthetus ruficapillus* heraus.

3.9 Erdbeulen

In den Kalk-Halbtrockenrasen auf wechseltrockenen oder wechselfeuchten Standorten finden sich regelmäßig sogenannte Erdbeulen, die wie Kegel aus dem Boden ragen. Sie weisen in ihrer Höhe und Breite unterschiedliche Ausmaße auf: Typisch sind Höhen von 30–70 cm und Breiten zwischen 40 cm und 1 m (an der Basis der Kegel gemessen).

Erdbeulen – oder „Ämetzehiwwele" (= Ameisenhügel), wie sie im Volksmund der Region auch genannt werden – sind Bodenerhebungen, die sich infolge natürlicher physikalischer Vorgänge bei Bodengefrornis entwickeln. HARD (1964a, 1964b) hat im Bliesgau die Erdbewegungen, die zur Entstehung von Erdbeulen führen, näher untersucht. Den von ihm erzielten Ergebnissen zufolge stammt das Material der Erdbeulen aus Bodentiefen von mindestens 30-40 cm. In winterlichen Dauerfrostperioden steigt – stark durchfeuchtete, kalkhaltige und oft von unterirdischen Sprossausläufern und Wurzeln durchflochtene – Feinerde aus dem ungefrorenen Unterboden empor, durchdringt den gefrorenen, entkalkten Oberboden, bis sie schließlich die Erdoberfläche erreicht und dort in Form von aus dem Boden wachsenden Erdkegeln in Erscheinung tritt. Die Erdkegel sind sozusagen „lebende Zeugen" eines periodisch wiederkehrenden vertikalen Transports von Bodenmaterial.

Oft sind die Erdbeulen nur von einer einzigen Pflanzenart besiedelt. Bei den betreffenden Arten handelt es sich um solche, die vor Ort bereits ansässig sind und die Fähigkeit zur vegetativen Vermehrung besitzen. Diese Eigenschaft ermöglicht es ihnen, die neu entstandenen Erdkegel rasch zu besetzen, bevor andere Arten dort Fuß fassen können. Am häufigsten werden die Bodenerhebungen von der Gewöhnlichen Fiederzwenke (Brachypodium pinnatum), einer konkurrenzstarken Süßgras-Art, überwachsen. Sie breitet sich mit einem tief in die Erde eindringenden Sprossachsensystem aus und wird daher durch den lockeren, tiefgründigen Boden begünstigt. Die Kuppen der Erdbeulen sind in vielen Fällen vegetationsfrei. Ferner gibt es auch asymmetrische Ausbildungen, bei denen die steilere Seite bewachsen und die flachere vegetationsfrei ist (HARD 1964b).

Die Erdbeulen stellen in den weithin homogenen Kalk-Halbtrockenrasenflächen bereichernde Kleinstrukturen dar. Sie werden gerne von Heuschrecken aufgesucht und sind – worauf der Name „Ämetzehiwwele" schon hinweist – zumeist von einer Fülle von Ameisen belebt.

Das ehemalige Kalkstein-Bergwerk Gersheim und seine besondere Bedeutung für den Fledermausschutz

Ende des Jahres 2001 wurden die Abbauaktivitäten im Kalkstein-Bergwerk Gersheim eingestellt. Nur wenige Jahre später, im Frühjahr 2005, wurde auch der Schlussstrich unter das letzte verbliebene Geschäftsfeld gezogen: die Untertageverbringung industrieller Reststoffe unter Verwendung spezieller Versatzmörtel. Nach dem Rückbau betrieblicher Einrichtungen erwarb der „Zweckverband Naturschutzgroßvorhaben Saar-Blies-Gau / Auf der Lohe" das ca. 30 ha große Betriebsgelände und integrierte dieses in das gleichnamige Naturschutzgroßprojekt. Im Zuge der Umsetzung des Abschlussbetriebsplans wurden alle Stolleneingänge bis auf zwei Öffnungen verschlossen. Letztere wurden speziell für Fledermäuse offen gehalten und mit stabilen Eisengittern gesichert.

Im Rahmen einiger mehrjähriger Erfassungen wurden auf dem Gelände des ehemaligen Bergwerks bisher zwölf Fledermausarten nachgewiesen, die hier entweder jagen, ihre herbstlichen Schwarmflüge durchführen oder auch in den unterirdischen Hohlräumen überwintern. Unter den festgestellten Arten sind beispielsweise die Bechsteinfledermaus (Myotis bechsteinii), die Große Hufeisennase (Rhinolophus ferrumequinum) und die im Saarland überaus seltene Wimperfledermaus (Myotis emarginatus).

Das frühere Betriebsareal hat für die nachgewiesenen Fledermausarten verschiedene ökologische Funktionen: Zum einen dient es manchen Arten als Jagdgebiet (z.B. der Zwergfledermaus Pipistrellus pipistrellus und der Breitflügelfledermaus Eptesicus serotinus), zum anderen erfüllen die vorhandenen linearen Strukturen, wie die bewachsene Hangkante, Gehölzstreifen und Waldränder, eine wichtige Leitfunktion für die in die Quartiere einwandernden Arten. Das Gelände ist hervorragend eingebunden in den umgebenden Naturraum und verdankt dieser Tatsache wohl auch seine regionale Bedeutung für die Fledermausfauna.

Während der herbstlichen Schwarmflüge vor dem aufgelassenen Grubenbau zählt die Bechsteinfledermaus – neben der Fransenfledermaus (Myotis nattereri) – zu den häufigsten Arten. Auch bei den mittels Lichtschranken durchgeführten Winterzählungen an den beiden Eingängen zum Grubenbau wurde die Bechsteinfledermaus regelmäßig nachgewiesen. Ihr Überwinterungsbestand wird auf der Grundlage dieser Zählungen auf rund 250 Tiere geschätzt. Für die Populationen der Bechsteinfledermaus im südöstlichen Saarland ist das ehemalige Kalkstein-Bergwerk von herausragender Bedeutung.

Text: Christine Harbusch

4 Arten und Biotope im Biosphärenreservat Bliesgau

Die in diesem Kapitel enthaltenen Beschreibungen von Arten und Biotopen im Biosphärenreservat Bliesgau folgen einem hierarchischen Gliederungsprinzip. Die Einteilung unterscheidet zwei Hierarchiestufen: Biotoptypen und Biotoptypen-Obergruppen.

Während bei Pflanzenarten – aufgrund ihrer bekannten standortökologischen Ansprüche – in aller Regel eine eindeutige Zuordnung zu einem Biotoptyp möglich ist, lassen sich Tierarten oftmals nur übergeordneten Biotoptypen-Obergruppen zuordnen. Ähnliche Unterschiede bestehen auch in puncto der Lebensgemeinschaften: Die lange Tradition pflanzensoziologischer Erhebungen erlaubt eine Gliederung der heimischen Pflanzengemeinschaften nach der für Mitteleuropa ausgearbeiteten Systematik der Pflanzengesellschaften, welche anhand spezifischer Artenzusammensetzungen differenziert und benannt werden. Demgegenüber muss der Versuch einer vergleichbaren systematischen Gliederung der Tiergemeinschaften unbefriedigend bleiben. Tiergemeinschaften sind weniger von der Artenzusammensetzung der Vegetation, sondern eher von deren Wuchshöhe, Wuchsdichte, räumlicher Verteilung etc. abhängig. Sie können Vegetationstypen überlagern oder aber auch inselhaft durchdringen.

Für einen tierökologischen Gliederungsansatz ist es notwendig, die komplexen räumlichen und zeitlichen Strukturen der faunistischen Lebensgemeinschaften zu analysieren. Diesem Erfordernis kommt auch die hier angewandte Gliederungsmethodik nach, die die zu beschreibenden Tierarten – ausgehend von deren Habitatanforderungen – nach Biotoptyp-Obergruppen ordnet. Unterhalb dieser Gliederungsebene sind kaum noch Tierarten ausschließlich zuordenbar. Dort wo es jedoch möglich ist, werden in den Beschreibungstexten entsprechende Präzisierungen vorgenommen: z. B. die Kurzflügelige Beißschrecke (*Metrioptera brachyptera*) in den Pfeifengrasbrachen auf Niedermoor-Standorten oder der Dunkle Wiesenknopf-Ameisenbläuling (*Maculinea nausithous*) in den Tal-Glatthaferwiesen mit Vorkommen des Großen Wiesenknopfes (*Sanguisorba officinalis*).

Im Gegensatz zu den Tierarten werden Pflanzenarten auf der untergeordneten Gliederungsebene der Biotoptypen genannt. Besonders bemerkenswerte Gefäßpflanzenarten werden dabei gesondert hervorgehoben und in eigenen Unterkapiteln beschrieben.

Darüber hinaus wird im Folgenden auch auf einige Flechtenarten hingewiesen. Je nach Zuordenbarkeit werden sie entweder auf der Ebene der Biotoptypen oder auf der übergeordneten Ebene der Biotoptyp-Obergruppen erwähnt.

4.1 Wälder

Einen Überblick über die Wälder des Bliesgaus zu geben, bedeutet stets auch, standörtliche Unterschiede innerhalb der Region zu beschreiben. Diese werden vor allem bei einem Vergleich zwischen den Muschelkalkgebieten und den Buntsandsteingebieten augenfällig und betreffen sowohl die jeweiligen Waldgesellschaften als auch die räumliche Verteilung der Waldflächen.

Je nach geologischem Untergrund, Relief, Exposition, Höhenlage etc. unterscheidet man verschiedene Waldgesellschaften. Ihre Vielfalt im Biosphärenreservat Bliesgau ist – gemessen an dessen Flächengröße – bemerkenswert hoch.

Was die Größe der Wälder anbelangt, ist im Gebiet des Biosphärenreservats ein deutliches Nord-Süd-Gefälle festzustellen. Während die vom Buntsandstein geprägten Wälder im Norden der Region teilweise geschlossene Waldgebiete bilden, sind die Wälder im muschelkalkgeprägten Süden eher kleinflächig und vorwiegend auf die Höhenzüge beschränkt.

Die Wälder im südl. Bliesgau sind auf die Höhenrücken beschränkt; Blick vom Erzental bei Walsheim in Richtung Tal der Blies.

Sie wird selten gesehen. Aber sie ist da. Im Bliesgau gibt es mehrere Vorkommen der Wildkatze (*Felis sylvestris*). Der Bliesgau ist eines der Hauptverbreitungsgebiete der Wildkatze im Saarland. Es gibt hier wohl schon immer ein ständiges Vorkommen. (Foto: Martin Lillig)

4.1.1 Charakteristische Tierarten der Wälder

Im komplexen Wirkungsgefüge der heimischen Wälder spielt die Fauna eine bedeutsame Rolle. Es sind besonders die unauffälligen Tiergruppen wie Protozoen, Flagellaten, Springschwänze, Zweiflügler, Käfer und Regenwürmer, die zusammen mit Gefäßpflanzen, Moosen und Pilzen die Kreisläufe im Wald aufrechterhalten. Ein Teil dieser Arten ist selbst im biologisch gut erforschten Mitteleuropa bisher noch nicht beschrieben worden.

Der Wald besitzt aber auch für die Habitatbindung größerer Tierarten eine wichtige Funktion, obwohl einschränkend bemerkt werden muss, dass diese Artengruppen, bezogen auf die Biomasse und den Stoffumsatz insgesamt, nur einen geringen Anteil haben. Viele Vogelarten haben den Wald als Lebensraum. Aber auch andere Tierarten sind für die Wälder der Region charakteristisch. Im Folgenden werden einige der kennzeichnenden Arten, die in mehreren Waldgesellschaften des Biosphärenreservats vorkommen, näher vorgestellt.

Europäische Wildkatze (*Felis silvestris silvestris*)

Das Saarland beherbergt zusammen mit Rheinland-Pfalz und dem nordrhein-westfälischen Teil der Eifel das deutsche Verbreitungszentrum der Europäischen Wildkatze. Hier lebt mit ca. 1000 - 3000 Individuen mehr als die Hälfte des gesamtdeutschen Wildkatzenbestandes. Gemeinsam mit den westlich angrenzenden Populationen in Belgien, Luxemburg und Frankreich handelt es sich sogar um das bedeutendste Areal der Art in ganz Mitteleuropa.

Aufgrund ihres großen Raumanspruchs ist die Art auf möglichst wenig zerschnittene Lebensräume angewiesen, wie dies z. B. im Nationalpark „Hunsrück-Hochwald" gegeben ist. Im Gebiet des Nationalparks konnten in den letzten Jahren jeweils rund 100 Individuen identifiziert werden. Berücksichtigt man, dass im Untersuchungsgebiet auch einige von außerhalb kommende Wildkatzen umherstreifen dürften, wird die derzeitige Anzahl der im Nationalpark lebenden Tiere auf etwa 65 geschätzt (vgl. auch ANONYMUS 2018).

Die Europäische Wildkatze gilt als Leitart für strukturreiche Laub- und Mischwälder. Aufgrund der kleinen Wälder, die sich fast ausschließlich über Höhenrücken erstrecken, ist der vom Muschelkalk geprägte Teil des Biosphärenreservats nicht unbedingt ein typischer Lebensraum für die Wildkatze. Mit seinen kleinteiligen Landschaftsstrukturen aus Wäldern, Hecken, Wiesen und Brachen besitzt der südliche Bliesgau dennoch Potenziale für Wildkatzenreviere (vgl. LILLIG 2012b). So gibt es hier ein zwar kleines, aber beständiges Teilvor-

Auch wenn der Baummarder (*Martes martes*) sich offensichtlich an die Kulturlandschaft anpasst, ist er im Gegensatz zu seinem Verwandten, dem Steinmarder, eher ein richtiger „Wald-Marder". (Foto: Robert Groß / Saarland, Ministerium für Umwelt und Verbraucherschutz)

Der Steinmarder (*Martes foina*) ist synanthrop. Er hält sich eher in der Nähe des Menschen auf und ist insbesondere nachts anzutreffen, wenn die Menschen in ihren Häusern sind und Nebengebäude, Straßen und Wege den Wildtieren überlassen haben. (Foto: Robert Groß / Saarland, Ministerium für Umwelt und Verbraucherschutz)

kommen, das Anschluss an die lothringischen Gebiete und damit an die Nordvogesen hat (HERRMANN 1991, LILLIG 2012b). Bei einer vom Bund für Umwelt und Naturschutz Deutschland (BUND), Landesverband Saarland, im Jahr 2014 durchgeführten Untersuchung konnten mit Hilfe der „Lockstock-Methode"[6] an insgesamt zehn Stellen im Bliesgau wildkatzenverdächtige Haarproben gewonnen werden. Bei Reinheim, Gersheim, Walsheim und Medelsheim wurden in jüngster Zeit vermehrt Wildkatzen beobachtet.

Baummarder (*Martes martes*)

Der Baummarder wird in der Literatur als spezialisierter Räuber größerer, zusammenhängender Wälder beschrieben. Althölzer und reich strukturierte Wälder sind für den Baummarder von entscheidender Bedeutung[7]. Diese Habitatbindung steht im Gegensatz zu derjenigen seines nächsten Verwandten, des etwas größeren Steinmarders (*Martes foina*), der die Nähe des Menschen geradezu sucht und deshalb häufig in Siedlungen angetroffen werden kann.

Die Baummarderpopulation scheint langsam, aber stetig zu steigen. Hierauf weisen zumindest die Jagdstreckenstatistiken seit Mitte der 1950er Jahre hin. HOFFMANN (2001) wertet dies als Indiz für eine Ausweitung der Population und als Hinweis darauf, dass sich der Baummarder zunehmend auch an die Kulturlandschaft anzupassen vermag.

In den Wäldern des Biosphärenreservats Bliesgau kommt die Art vor, vermutlich aber nicht flächendeckend. Im nördlich von Blieskastel-Lautzkirchen gelegenen „Pirmannswald", der Teil eines größeren geschlossenen Waldgebiets ist, tritt der Baummarder genauso häufig auf wie der Steinmarder (Herbert Carius, mdl.). Weitere aktuelle Vorkommen des Baummarders gibt es z.B. bei Niedergailbach.

Bechsteinfledermaus (*Myotis bechsteinii*)

Im Gegensatz zum Großen Mausohr (siehe Kap. 4.7.1) braucht die Bechsteinfledermaus nicht die Nähe zum Menschen. Der bevorzugte Jahreslebensraum der Bechsteinfledermaus sind strukturreiche Laub- und Mischwälder, die einen mehrschichtigen vertikalen Aufbau, d.h. mehrere übereinanderliegende Kronenräume, besitzen; seltener werden auch halboffene Bereiche wie Streuobstwiesen oder bachbegleitende Gehölze besiedelt.

Als Sommerquartiere dienen der Bechsteinfledermaus vor allem Baumhöhlen (z.B. Spechthöhlen), ersatzweise auch geeignete Nistkästen. Diese Quartiere werden regelmäßig alle paar Tage gewechselt. Daher ist die Art in hohem Maße auf das

[6] Bei der „Lockstock-Methode" werden mit einer Baldriantinktur besprühte Holzstöcke im Wald aufgestellt, deren Geruch die auf Partnersuche umherstreifenden Katzen anlocken. Wenn sich die Tiere an einem solchen Stock reiben, bleiben am rauen bzw. angerauten Holz Haare hängen.

[7] Unter www.wildtier-kataster.uni-kiel.de finden sich weitere Informationen zum Lebensraum des Baummarders.

Die Bechsteinfledermaus (*Myotis bechsteinii*) ist eine Art der Laub- und Mischwälder. Die Art nutzt auch halboffene Bereiche wie z. B. Streuobstwiesen, welche im Bliesgau noch in ausreichender Zahl vorhanden sind. (Foto: Marko König, www.koenig-naturfotografie.com)

Vorhandensein eines großen Angebots an potenziellen Sommerquartieren angewiesen.

Nach Einbruch der Dunkelheit jagen Bechsteinfledermäuse in der Regel in einem Umkreis von bis zu 1,5 km, maximal bis 3 km, um ihren Quartierverbund. Die Jagdflüge erfolgen meist in niedrigen Höhen über dem Boden, reichen aber auch bis in die Baumkronen hinein.

Während die männlichen Bechsteinfledermäuse nach Verlassen der Winterquartiere gemeinhin einzeln leben, schließen sich die trächtigen Weibchen zu Gemeinschaften zusammen: In den sogenannten „Wochenstuben" werden die Jungtiere geboren und gemeinsam aufgezogen. Mehrere eng beieinanderliegende Wochenstuben bilden einen Wochenstubenverband. Die Wochenstubenkolonien sind geschlossene soziale Einheiten, die sich streng gegen andere Kolonien abgrenzen. Die Weibchen in diesen Kolonien sind standorttreu und kehren alljährlich in ihre angestammten Lebensräume und Quartiere zurück.

Nach Auflösung der Wochenstuben – für gewöhnlich Ende August – beginnt die Paarungszeit und damit zugleich die Zeit, in der die spätsommerlichen und herbstlichen Schwarmflüge der aus mehreren Kolonien zusammenkommenden Tiere beobachtet werden können. Die Schwarmquartiere fungieren als „Hot Spots" für den genetischen Austausch zwischen den Kolonien; dem Schutz dieser Schwarmquartiere kommt daher eine Schlüsselfunktion für einen langfristigen Erhalt überlebensfähiger Populationen zu. Die Hauptschwarmphase der Bechsteinfledermäuse reicht von Ende August bis Ende September.

Im Winter werden zum Teil ebenfalls Baumhöhlen als Quartiere genutzt, vornehmlich bei milder Witterung. Häufiger werden hingegen – insbesondere in Frostperioden – unterirdische Hohlräume wie verlassene Bergwerksstollen, ehemalige Bunkeranlagen, Höhlen etc. zur Überwinterung aufgesucht. Je nach Innentemperatur hängen die Tiere hier frei an Decken oder Wänden oder sie sind tief in Spalten oder im Bodengeröll versteckt. Zwischen Winter- und Sommerquartieren wurden Wanderungen bis maximal 73 km bekannt; zumeist liegt die Flugdistanz jedoch wesentlich darunter.

Zum Schutz der Bechsteinfledermaus ist die Erhaltung und Entwicklung strukturreicher Laubwälder mit einem großen Angebot an Baumhöhlen, insbesondere in Eichen, sehr wichtig. Außerhalb der Wälder ist für die Art von elementarer Bedeutung, dass die Offenlandbereiche über ausreichend vernetzte lineare Strukturelemente (Heckenzüge, Obstbaumreihen, naturnah bewachsene Bachtäler etc.) verfügen, so wie dies in weiten Teilen des Bliesgaus noch der Fall ist. Bei Flügen über Offenland (z.B. im Zuge von Quartierwechseln) werden solche Landschaftsbestandteile zur Orientierung im Raum benötigt: Die Bechsteinfledermaus orientiert sich dabei an den von den landschaftlichen Strukturelementen zurückgeworfenen Echos der von ihr ausgestoßenen sehr leisen Ultraschalllaute.

Die Bechsteinfledermaus gilt weltweit als gefährdete Art. Ihr Verbreitungsschwerpunkt liegt in Mitteleuropa. Im Anhang II der europäischen FFH-Richtlinie ist die Bechsteinfledermaus als Tierart von gemeinschaftlichem Interesse, für deren Erhaltung besondere Schutzgebiete auszuweisen sind, aufgelistet. In Deutschland ist die Art selten, wenngleich sie in geeigneten Waldgebieten lokal auch häufiger vorkommt, z.B. in Rheinland-Pfalz und Hessen. Im Bliesgau gelangen durch Netzfänge mehrere Nachweise der Bechsteinfledermaus, auch von laktierenden Weibchen (vgl. HARBUSCH 2005, HARBUSCH/UTESCH 2008). Weil die Art schwer nachzuweisen ist, existiert bisher noch kein Gesamtbild über ihre Verbreitung in der Region. Ein bekanntes Winterquartier im Biosphärenreservat Bliesgau ist das ehemalige Kalkstein-Bergwerk Gersheim (siehe Textkasten in Kap. 3.7).

Halsbandschnäpper (*Ficedula albicollis*)

Der Halsbandschnäpper zählt im Saarland zu den äußerst seltenen Vogelarten. Bislang sind nur wenige Brutvorkommen im Mosel-Saar-Gau, Saar-Nied-Gau und insbesondere im Saar-Blies-Gau bekannt geworden.

Die Umgebung von Niedergailbach bildet im Biosphärenreservat Bliesgau den Schwerpunkt der Verbreitung. Die Art besiedelt hier höhlenreiche Eichen-Hainbuchenwälder entlang der Landesgrenze. Nach der ersten Beobachtung im Jahr 1970 dauerte es bis 1987, bis tatsächlich ein Brutnachweis gelang. Seither ist der kleine schwankende Bestand, der selbst in „guten" Jahren unter zehn Brutpaaren bleiben dürfte, recht gut unter ornithologischer Beobachtung.

Das saarländische Vorkommen ist Teil des größeren zusammenhängenden Verbreitungsgebietes in Nordostfrankreich, welches gleichzeitig den westlichen Ausläufer des Gesamtareals der Art darstellt. Im 19. Jahrhundert war für den Halsbandschnäpper in Frankreich noch der Name „Gobemouche de Lorraine" gebräuchlich, womit sein französischer Verbreitungsschwerpunkt exakt beschrieben war (NICKLAUS 2005a, FROEHLICH-SCHMITT 2013a, ISSA/FRANÇOIS/MULLER 2015).

Der Halsbandschnäpper (*Ficedula albicollis*) brütet noch nicht lange im Bliesgau und wurde erst vor rund 30 Jahren als Brutvogel nachgewiesen. (Foto: Peter Hellenthal)

Schwarzspecht (*Dryocopus martius*)

Der Schwarzspecht ist noch nicht sehr lange Brutvogel in der Region. Er ist erst vor ca. 100 Jahren als Brutvogel eingewandert (WEYERS 2005b). Eine Voraussetzung dafür, dass die Art heimisch werden und im Bestand so zunehmen konnte, ist das wachsende Angebot an Alt- und Totholz, was in jüngerer Zeit wohl auch ein Resultat der naturnahen Waldwirtschaft ist. Der Schwarzspecht ist eine Schlüsselart für das Ökosystem Wald: Die von ihm – meist in Buchen-Althölzern – angelegten geräumigen Baumhöhlen stellen für zahlreiche andere waldbewohnende Tierarten, unter anderem für die Hohltaube (*Columba oenas*), eine begehrte Ressource dar. Als Höhlenlieferant leistet der Schwarzspecht einen wichtigen Beitrag zur Artenvielfalt in den Wäldern.

Die in den Jahren 1996–2000 erfolgte Kartierung für den saarländischen Brutvogelatlas (BOS et al. 2005) ergab – neben dem Warndt – weitere Schwerpunkträume des Vorkommens in den Wäldern um Kirkel und Homburg. Der relativ waldarme südliche Teil des Biosphärenreservats ist dagegen viel dünner besiedelt. Die Art erscheint gegenwärtig – aufgrund der anhaltend stabilen Population der vorausgegangenen Jahre – nicht mehr auf der Roten Liste der Vögel des

Früher eher selten, hat der Schwarzspecht (*Dryocopus martius*) in seinem Bestand zugenommen – wohl auch als Ergebnis der naturnahen Waldwirtschaft. (Foto: Barbara Fröhlich-Schmitt)

Der Mittelspecht (*Dendrocopus medius*) ist eine Art der Eichen-Mischwaldbestände (Eichen-Hainbuchenwälder), die im Bliesgau einen großen Anteil haben. (Foto: Barbara Fröhlich-Schmitt)

Als Ergebnis eines Wiederansiedlungsprojektes im Nordsaarland hat der Kolkrabe (*Corvus corax*) zwischenzeitlich auch den Bliesgau als Brutvogel erreicht. (Foto: Robert Groß / Saarland, Ministerium für Umwelt und Verbraucherschutz)

Saarlandes (vgl. SÜSSMILCH et al. 2008; (ROTH, N./KLEIN, R./KIEPSCH, S. 2020). Der Schwarzspecht ist jedoch immer noch eine Art, die unter die EU-Vogelschutzrichtlinie fällt und damit besonders geschützt ist.

Mittelspecht (*Dendrocoptes medius*)

Galt der Mittelspecht in den 1960er bis 1980er Jahren im Saarland noch als ausgestorben bzw. vom Aussterben bedroht, geht man heute davon aus, dass diese Gefährdung nicht mehr besteht. Die Art war – wie man inzwischen weiß – nie gänzlich verschwunden, sondern nur ungenügend erfasst, was unter anderem mit ihrer versteckten Lebensweise und der geringeren Vertrautheit mit ihr zusammenhängt.

Gegenwärtig dürfte der Bestand im Saarland bei 1000 bis 1500 Brutpaaren liegen – vielleicht sogar mehr (FROEHLICH-SCHMITT 2013b; ROTH, N./KLEIN, R./KIEPSCH, S. 2020). Für den Saarpfalz-Kreis, der den größten Teil des Biosphärenreservats Bliesgau abdeckt, schätzt FROEHLICH-SCHMITT (2013b) den momentanen Bestand auf bis zu 300 Paare.

Der Mittelspecht bevorzugt alte, vertikal strukturierte Eichen-Mischwaldbestände mit einem hohen Anteil an stehendem Totholz. Im Bliesgau lebt die Art aufgrund der flächenmäßig nur gering vorhandenen Eichenbestände meist in Eichen-Hainbuchenwäldern. Sie wurde auch schon einmal am Lauf der Blies als Brutvogel festgestellt, angrenzend an Buchen-Mischwald und Erlen-Bruchwald. Trotz der erwähnten früheren Erfassungsmängel geht FROEHLICH-SCHMITT (2016) von einer rezenten Ausbreitung und Bestandszunahme im Bliesgau aus.

Der Mittelspecht ist ebenfalls – wie der Schwarzspecht – im Anhang I der EU-Vogelschutzrichtlinie aufgeführt und genießt somit besonderen Schutz.

Kolkrabe (*Corvus corax*)

Der Kolkrabe war im Saarland seit den 1950er Jahren ausgestorben. Der Saarbrücker Biogeograph Paul Müller hat Anfang der 1990er Jahre ein Wiederansiedlungsprojekt in die Wege geleitet, unter der Annahme, dass die ursprünglichen Lebensräume des Kolkraben im Saarland noch immer vorhanden seien. Im Rahmen des Projekts wurden zwischen 1994 und 2000 im Nordsaarland insgesamt 53 Jungraben in die Freiheit entlassen (MÜLLER/ELLE 2001, BOS 2005a).

Das Wiederansiedlungsprogramm führte zu einer rasanten Zunahme von Kolkrabenbeobachtungen im gesamten Saarland – und damit auch im Gebiet des Biosphärenreservats Bliesgau, wo die Art bereits um die Jahrtausendwende aufge-

Der Pirol (*Oriolus oriolus*) ist im Gegensatz zu früher, wo er bevorzugt in den Säumen der Bäche und Flüsse vorkam, heute eher im Wald anzutreffen. Als Zugvogel kommt die Art relativ spät im Frühjahr bei uns an („Pfingstvogel") und fliegt auch sehr früh schon wieder weg. (Foto: Heinz Tuschl / Naturfotoarchiv Wolfgang Willner, Moosburg an der Isar, www.naturfoto-willner.de)

Der Rotmilan (*Milvus milvus*) ist eine typische Art des Bliesgaus und kann entlang von Blies und Bickenalb regelmäßig als Brutvogel beobachtet werden. (Foto: Hartmut Dorda)

taucht ist (NICKLAUS 2001). Mittlerweile brütet sie hier auch, so im St. Ingbert-Kirkeler Wald 2010 zum ersten Mal. Heute ist der Kolkrabe in der Region wieder heimisch und kann seit einigen Jahren an mehreren Stellen revieranzeigend beobachtet werden. Konkrete Brutnachweise sind allerdings nach wie vor sehr selten, wohl einerseits wegen der beachtlichen Reviergrößen und andererseits aufgrund der Tatsache, dass sich der Kolkrabe während der Brutzeit recht unauffällig verhält. Horste wurden ebenfalls bislang nur wenige gefunden.

Pirol (*Oriolus oriolus*)

Der Pirol ist ein Brutvogel, der im Saarland die eher niederen Lagen bevorzugt. Er meidet nach dem saarländischen Brutvogelatlas Höhen über 400 m (vgl. NICKLAUS 2005c).

Waren es früher eher die von Galeriewäldern gesäumten Bach- und Flussabschnitte im Offenland, sind es heute verstärkt die kleineren Waldbestände (keinesfalls aber die großen zusammenhängenden Wälder), in denen der Pirol vorkommt. Der südliche Teil der Region Bliesgau mit seinen nur auf die Höhenzüge beschränkten Laubmischwaldbeständen, Feldgehölzen und Auwaldresten erfüllt die Lebensraumansprüche des Pirols in hervorragender Weise.

Rotmilan (*Milvus milvus*)

Das Brutareal des Rotmilans ist im Wesentlichen auf West- und Mitteleuropa beschränkt, wobei aktuell gut 60 % des gesamten Weltbestandes in Deutschland brüten (vgl. AEBISCHER 2009, GRÜNEBERG et al. 2015). Die Bundesrepublik Deutschland trägt daher eine besondere Verantwortung für das Überleben des Rotmilans – und somit desgleichen das Saarland mit seinen derzeit etwa 100 Brutpaaren (ROTH, N./KLEIN, R./KIEPSCH, S. 2020).

Bei den landesweiten Rotmilan-Kartierungen 2009 und 2010 wurden die höchsten Siedlungsdichten im Nordosten und im Südosten des Saarlandes – folglich ebenso im Bliesgau – festgestellt (ROTH 2011). Die Art hat seit den 1960er Jahren generell zugenommen, was unter anderem dem Verbot der Jagd auf Greifvögel und dem Verbot von DDT (ein vormals häufig ausgebrachtes Insektizid) zugeschrieben wird. Für den ehemaligen Landkreis Homburg ermittelte WEYERS (1996) einen beachtlichen Anstieg um rund 300 %(!) im Zeitraum von 1972 bis 1992. Zunahmen waren seinerzeit, wenngleich nicht dermaßen stark ausgeprägt, deutschlandweit zu beobachten.

Ab etwa Mitte der 1990er Jahre kam es erneut zu einem erheblichen Rückgang (vgl. AEBISCHER 2009), der auch im Bliesgau mit einer Bestandsabnahme um etwa ein Drittel einherging (vgl. Bos 2005c).

Die Hohltaube (*Columba oenas*) ist eine waldgebundene Art und auf das Angebot an natürlichen Bruthöhlen angewiesen, die nicht selten von der Schlüsselart Schwarzspecht angelegt werden. (Foto: Robert Groß / Saarland, Ministerium für Umwelt und Verbraucherschutz)

Von 2000 bis 2012 stieg der Bestand in der Region wieder auf 17 Paare an (Günter Nicklaus, unveröffentlicht). Seither hielt dieser Trend an, so dass man heute von bis zu 25 Brutpaaren in der Region ausgehen kann. So paradox es zunächst erscheinen mag, der Rotmilan könnte von der heute praktizierten Landwirtschaft profitieren: z.B. vom frühzeitigen Mähen der Silagewiesen, weil er auf diesen Flächen ein leicht zugängliches Nahrungsangebot vorfindet (vgl. KLEIN 2017).

War im Bliesgau der Rotmilan als Brutvogel früher eher auf den Wald bzw. die Waldränder beschränkt, siedelt die Art heute verstärkt auch in der offenen Kulturlandschaft, wobei insbesondere die größeren Fluss- und Bachauen – sowie überdies ebenfalls Feldgehölze – als Bruthabitate genutzt werden.

Der Rotmilan ist als im Anhang I der europäischen Vogelschutzrichtlinie aufgeführte Art einer der wichtigsten Bewertungsindikatoren im Zusammenhang mit der Problematik „Windkraft und Naturschutz" (vgl. DORDA 2018).

Hohltaube (*Columba oenas*)

Die Hohltaube besiedelt vorwiegend die Randzonen größerer Wälder sowie kleinere Waldungen. Dabei ist sie auf ein gutes Angebot an natürlichen Bruthöhlen angewiesen. Gerne nutzt sie verlassene Schwarzspechthöhlen zur Brut. Die Hohltaube zählt zu den Hauptnachnutzern der vom Schwarzspecht (*Dryocopus martius*) gezimmerten großen Baumhöhlen. Die Vorkommen beider Arten zeigen daher – insgesamt betrachtet – eine hohe Korrelation. Genauso wie die Schlüsselart Schwarzspecht hat auch die Hohltaube von der Einführung der naturnahen Waldwirtschaft profitiert.

Im Biosphärenreservat Bliesgau kommt die Hohltaube zudem in den Bachsaumwäldern entlang der größeren Bäche und der Blies vor, wo sie ebenfalls geeignete Nistplätze – geräumige, ausgefaulte Baumhöhlen oder Astlöcher – vorfindet. Ihre Nahrung sucht die Hohltaube vor allem auf Freiflächen (z.B. Äckern), die an ihre Brutplätze angrenzen. Verbreitungsschwerpunkte im Saarland sind die waldreichen Regionen wie z.B. der Homburg-Kirkeler Raum (vgl. SCHMIDT 2005).

Grauspecht (*Picus canus*)

Der Grauspecht erreicht im Saarland aktuell seine höchsten Dichten in waldgeprägten Naturräumen (Saarkohlenwald, Saarbrücken-Kirkeler Wald, Homburger Becken); Verbreitungslücken bestehen im nördlichen und mittleren Saarland (vgl. WEYERS 2005a). Dass dem nicht immer so war, hat WEYERS (2000) beschrieben: Noch in den 1970er Jahren war der Grauspecht auch im reich strukturierten Offenland, z.B. im südlichen Bliesgau, ungefähr so häufig wie der Grünspecht (*Picus viridis*) – lokal, wie im Homburger Raum, sogar häufiger als dieser.

Untersuchungen des Ornithologischen Beobachterrings Saar (OBS) belegen für den Grauspecht eine dramatische Bestandsabnahme und Arealverluste innerhalb weniger Jahrzehnte. BAUER/BEZZEL/FIEDLER (2005a) listen mögliche Gründe hierfür auf, unter anderem die Nahrungsverknappung infolge der Eutrophierung der Landschaft, worunter besonders Ameisenarten – sie bilden den Hauptbestandteil der Grauspechtnahrung – leiden. Vermutlich liegen den Bestandsveränderungen aber in erster Linie großräumige arealgeographische Ursachen zugrunde, die sich bekanntermaßen nirgendwo deutlicher zeigen als an den jeweiligen Arealgrenzen einer Art:

Die saarländischen Vorkommen des Grauspechtes lagen immer schon an den westlichen Ausläufern seines Gesamtverbreitungsgebietes, welches gegenwärtig grob vom Nordostquadranten

Eher eine Waldart, ist der Grauspecht (*Picus canus*) im Bliesgau relativ selten geworden. (Foto: Robert Groß / Saarland, Ministerium für Umwelt und Verbraucherschutz)

Unter den heimischen Greifvögeln ist der Wespenbussard (*Pernis apivorus*) etwas Besonderes, ist seine bevorzugte Nahrung doch die Brut von Erd-Wespen, die er kurzerhand ausgräbt. Wegen seines dichten Gefieders können ihm die Wespen, die natürlich versuchen, ihre Brut zu verteidigen, durch Stiche nichts anhaben. (Foto: Robert Groß / Saarland, Ministerium für Umwelt und Verbraucherschutz)

Frankreichs bis weit nach Asien hineinreicht. Deutlich erkennbar wird der allmähliche Rückzug des Grauspechts aus dem Westteil seines Areals im neuen französischen Brutvogelatlas (vgl. COMOLET-TIRMAN/SIBLET 2015), der Verbreitungskarten aus drei Kartierungszeiträumen (1970er, 1980er und 2000er Jahre) gegenüberstellt.

In weiten Teilen des Bliesgaus ist heute die Beobachtung eines Grauspechts ein seltener Glücksfall.

Wespenbussard (*Pernis apivorus*)

Der Wespenbussard kann eigentlich in allen halboffenen Naturräumen mit entsprechend hohem Waldanteil als Brutvogel erwartet werden. Der saarländische Brutvogelatlas zeigt jedoch eine Verdichtung der Vorkommen im St. Ingbert-Kirkeler Wald, d.h. also im nördlichen Teil des Biosphärenreservats Bliesgau (vgl. BOS 2005e). Allerdings ist die Art schwer zu erfassen, da sie erst im Mai aus den afrikanischen Winterquartieren zurückkehrt. Zu dieser Zeit ist der Wald bereits belaubt, was die Suche nach Horsten erheblich erschwert. Es kann daher davon ausgegangen werden, dass die Art eher untererfasst ist. 1996 wurden im Südost-Saarland in einem Gebiet, das sich größtenteils mit dem Biosphärenreservat deckt, elf Reviere gefunden (BOS 1997).

Die bevorzugte Nahrung – die Brut von Wespen – verleiht dem Wespenbussard die Aura eines Exoten unter den heimischen Greifvögeln. Aufgrund des späten Brutbeginns fällt die Zeit der Jungenaufzucht in die Hochphase des Wespengeschehens im Sommer. Bei genauem Hinschauen findet man im Gelände aufgegrabene Wespennester mit geplünderten Waben, die auf die „Tätigkeit" des Wespenbussards schließen lassen.

Charakteristisch für den Wespenbussard ist der sogenannte „Schmetterlingsflug", den er zur Brutzeit zeigt und der ein eindeutiger Hinweis auf ein Brutvorkommen ist. Beim „Schmetterlingsflug" streckt das Männchen die Flügel nach oben und schlägt sie über dem Rücken fast zusammen. Dieses Verhalten ist von keinem anderen mitteleuropäischen Greifvogel bekannt.

Feuersalamander (*Salamandra salamandra*)

Der Feuersalamander ist im gesamten Saarland in geeigneten Biotopen – naturbelassene, beschattete Wald- und Wiesenbäche – verbreitet. Da Feuersalamander als adulte (= erwachsene) Tiere weitgehend unabhängig von Oberflächengewässern leben, werden sie hier unter der Biotoptypen-Obergruppe „Wälder" und nicht, wie es vielleicht naheliegend erscheinen könnte, unter „Gewässer" aufgeführt. Die Weibchen setzen die Eier im Frühjahr direkt ins Wasser ab. Dabei springen die Eihüllen auf und die Larven schlüpfen. Das ganze macht den Eindruck, als ob der Feuersalamander lebend gebärend wäre, was er – als Amphibium - natürlich nicht ist. Danach gehen die adulten Feuersalamander an Land wieder zur terrestrischen Lebensweise (in relativer Gewässernähe) über.

Larvenfunde lassen sich im Frühjahr in entsprechenden Oberflächengewässern, insbesondere in kleineren Bächen und Rinnsalen im Wald, gezielt erbringen. Funde adulter Tiere beruhen dagegen oft auf Zufällen, da die vom kiemenatmenden Wasserbewohner zum lungenatmenden Landtier metamorphosierten Adulten ein verborgenes Dasein führen. Eine systematische Nachsuche im Landhabitat (bevorzugt Buchenwald) ist nur durch aufwendiges Anheben von Steinen, Totholz usw. möglich.

Die Ökologie des Feuersalamanders hat THIESMEIER (1992) untersucht. Danach werden in Mitteleuropa Salamanderlarven – außer in Fließgewässern – nicht selten auch in Stillgewässern abgesetzt. Allerdings stellen diese Vorkommen – verglichen mit denjenigen in kleineren Quellbächen – eher Ausnahmen dar.

Feuersalamander können in Mitteleuropa, von längeren Frostperioden abgesehen, ganzjährig aktiv sein. Auch im Herbst und Winter sind bei geeigneten Temperaturen regelmäßig einzelne Salamander im Freien anzutreffen.

Das Feuersalamander-Weibchen legt seine Eier bevorzugt in den Quellbereichen der Bäche ab. Sobald die Eier die Wasseroberfläche berühren, platzen die Eihüllen auf und die Larven schlüpfen. Dies erweckt den Eindruck als ob der Feuersalamander lebend gebärend wäre, was er natürlich nicht ist. Das wohl bedeutendste Laichgewässer des Feuersalamanders (*Salamandra salamandra*) ist der Quellbereich des Erzenbaches im Erzental bei Gersheim.
Foto oben: adulter Feuersalamander (Robert Groß / Saarland, Ministerium für Umwelt und Verbraucherschutz); **Foto Mitte**: Laichgewässer, Erzenbach; **Foto unten**: Feuersalamander, Larve

Er ist der größte einheimische Käfer: der Hirschkäfer (*Lucanus cervus*). Die Art ist im buntsandsteingeprägten Bliesgau häufiger als in der Muschelkalklandschaft. (Foto: Robert Groß / Saarland, Ministerium für Umwelt und Verbraucherschutz)

Die Tapezierspinne (*Atypus affinis*) meidet die Kalkgebiete und kommt bevorzugt in den vom Buntsandstein geprägten Wäldern der Region vor. (Foto: Aloysius Staudt)

Der Feuersalamander ist im „Bundesprogramm Biologische Vielfalt" des Bundesamtes für Naturschutz als „Art in besonderer Verantwortung Deutschlands" gewertet. Sein Lebensraum „Buchenwald" erfuhr 2011 eine besondere Würdigung durch die Anerkennung von fünf besonders naturnahen Buchenwaldgebieten in Deutschland als UNESCO-Weltnaturerbe.

Im Biosphärenreservat Bliesgau finden sich bedeutende Bestände des Feuersalamanders im Quellbereich des Erzentaler Baches bei Walsheim sowie in der „Guldenschlucht" südlich von Einöd. Aber auch bei St. Ingbert-Sengscheid – am „Stiefel" sowie in Richtung Grumbachtal – gibt es bekannte Vorkommen.

Hirschkäfer (*Lucanus cervus*)

Die größte heimische Käferart, der Hirschkäfer, ist eine Charakterart natürlicher Wälder. Der Hirschkäfer bevorzugt alte Eichenbestände, kann aber auch in alten Parkanlagen und ähnlichen Biotoptypen angetroffen werden. Er benötigt faulendes Laubholz und bevorzugt modernde Wurzelbereiche, vorzugsweise von Eichen, zur Larvenentwicklung. Der Hirschkäfer fliegt meist in den frühen Abendstunden im Wald, in Waldnähe, in Gärten und in Streuobstwiesen. Gelegentlich steuern die Käfer auch helle Hauswände an, wo sie dann gut beobachtet werden können.

Die Käfer sind von Mai bis Juli/August aktiv (vgl. LILLIG 2012a).

In Deutschland war die Art früher relativ weit verbreitet. Seit Anfang des 20. Jahrhunderts ist jedoch ein anhaltender Rückgang festzustellen. Verbreitungsschwerpunkt im Saarland ist der Bereich der südlichen Waldgebiete – vom Warndt über den Saarkohlenwald bis zum St. Ingbert-Kirkeler Wald. In den Muschelkalkgebieten der Region Bliesgau bestehen große Verbreitungslücken; in dem vom Buntsandstein geprägten nördlichen Teil des Biosphärenreservats, zwischen St. Ingbert und Homburg, kommt die Art dagegen häufiger vor (vgl. LILLIG 2012a). Aktuelle Meldungen stammen unter anderem aus den Gegenden von Schwarzenacker, Erbach und St. Ingbert (Anita Naumann, mdl.).

Gemeine Tapezierspinne (*Atypus affinis* EICHWALD, 1830)

Die Gemeine Tapezierspinne ist eine charakteristische Spinnenart der Wälder in den Buntsandsteingebieten des Biosphärenreservats; dort kommt die Art unter anderem auch in den Kiefernwäldern des Homburger Beckens vor. An südwestexponierten Waldwegböschungen, an Waldrändern und im Umfeld von Sandsteinformationen kann man mit etwas Glück, und wenn man einen Blick dafür entwickelt hat, die gut getarnten Fangschläuche dieser unterirdisch lebenden Spinne aus der Unterord-

Mit etwas Glück sind die Fangschläuche der Tapezierspinne zu finden. Läuft ein Beutetier über den am Erdboden waagerecht liegenden Schlauch, wird es von der Spinne gepackt und sofort mit einem Biss getötet. (Foto: Aloysius Staudt)

nung der Vogelspinnenartigen (Mygalomorphae) finden. Die Tiere leben in Kolonien und mögen trockenwarme, nur leicht schattige Waldstandorte, wie sie z. B. an Steilböschungen unter Eichen und Kiefern auftreten. Die Kalkgebiete scheint die Art dagegen zu meiden.

4.1.2 Bemerkenswerte Flechtenarten mit Bindung an Alte Wälder

Wirth et al. (2009) haben eine Liste der Flechten „Alter Wälder" vorgelegt. Diese sind im Biosphärenreservat Bliesgau unter anderem durch die Sitzende Kelchflechte (*Calicium adspersum*), die Kleiige Stecknadel (*Chaenotheca furfuracea*), die Borken-Schwefelflechte (*Chrysothrix candelaris*), die Gefranste Gallertflechte (*Scytinium lichenoides*), die Flachfrüchtige Schildflechte (*Peltigera horizontalis*) und die Häutige Porenflechte (*Pertusaria hymenea*) vertreten.

4.1.3 Waldgesellschaften

Wenn man sich mit den heimischen Wäldern und Waldgesellschaften beschäftigt, sollte neben der naturräumlichen Gliederung auch der für das Saarland vorliegenden Raumgliederung in forstliche Wuchsgebiete und -bezirke Beachtung geschenkt werden: Im 1987 publizierten ersten Teil der „Waldbaurichtlinien für die Bewirtschaftung des Staatswaldes im Saarland (WBRL Saar 86)" wurden – unter Berücksichtigung verschiedener Geofaktoren wie Klima, Boden und Relief – zwei Wuchsgebiete und fünf Wuchsbezirke räumlich differenziert. Das zugrunde gelegte Gliederungskonzept wurde bereits in den 1960er Jahren erarbeitet. Anlass hierfür war die Durchführung einer forstlichen Standortkartierung, in deren Rahmen der Botaniker Erhard Sauer in den 1960er und 1970er Jahren eine Vielzahl von Vegetationsaufnahmen vorgenommen hat. Diese bildeten eine wichtige Grundlage zur Bestimmung der forstlichen Standorttypen. Den insgesamt 98 unterschiedenen Standorttypen hat Sauer bestimmte Waldgesellschaften zugeordnet (Saarland, Der Minister für Wirtschaft – Abteilung Forsten 1987).

Die Wälder im Biosphärenreservat Bliesgau liegen allesamt im forstlichen Wuchsgebiet „SaarHügel- und Bergland". Von den drei zu diesem Wuchsgebiet gehörenden Wuchsbezirken reichen zwei in die Region hinein: im Norden der Wuchsbezirk „Saarbecken und Buntsandsteinbereich", im Süden der vom Muschelkalk dominierte Wuchsbezirk „Gaulandschaften" (vgl. Tab. 1).

Einen pragmatischen standortökologischen Ansatz für eine vegetationskundliche Differenzierung der saarländischen Wälder verfolgte die „Waldbiotopkartierung", die in der Region Bliesgau Anfang der 1990er Jahre flächendeckend durchgeführt wurde. Eine wissenschaftliche Abhandlung, die die Waldgesellschaften im Saarland im Überblick darstellt, suchte man hingegen lange Zeit vergebens. Erst Andreas Bettinger hat anhand der frühen Vegetationsaufnahmen von Erhard Sauer sowie eigener pflanzensoziologischer Kartierungen klassische Waldgesellschaften – im Sinne des von Josias Braun-Blanquet, dem Begründer der modernen Pflanzensoziologie, entworfenen hierar-

Tab. 1: Merkmale der beiden forstlichen Wuchsbezirke, an denen das Biosphärenreservat Bliesgau Anteil hat (verändert nach: SAARLAND, DER MINISTER FÜR WIRTSCHAFT – ABTEILUNG FORSTEN 1987, S. 9).

	Wuchsbezirk „Saarbecken und Buntsandsteinbereich"	Wuchsbezirk „Gaulandschaften"
Regionalgesellschaft	Kolliner Laubwald mit Kiefer	Kolline Kalklaubwälder
Klimabereiche	Kolline Höhenstufe (Hügelregion)	Kolline Höhenstufe Submontane Höhenstufe
Mittlere Höhenlage	170 - 300 m NN	200 - 400 m NN
Mittlerer Jahresniederschlag	700 - 800 mm	750 - 850 mm
Mittlere Jahrestemperatur	9,6 - 9 °C	+/- 9 °C
Vegetationszeit (mittlere Tagestemperatur ≥ 10 °C)	165 - 175 Tage	160 - 170 Tage
Vorherrschende Geologie	Buntsandstein, Diluvium, Alluvium	Muschelkalk, Diluvium
Vorherrschende Standorteinheiten (nach Bodenmerkmalen unterschieden)	Alluvialböden, Quarzsand, schluffiger Diluvialsand, diluvialer Feinlehm	Mergeltonböden, Muschelkalklehm, Muschelsandsteinböden, Feinlehme über Muschelkalkgestein

chischen Ordnungssystems von Pflanzengesellschaften – herausgearbeitet (vgl. BETTINGER 2017).

Abgesehen von einigen Auwaldresten an der Blies, auf die hier nicht weiter eingegangen wird, werden im Folgenden diejenigen Waldgesellschaften näher erläutert, die sich auf geologisch-standörtlicher Grundlage – entsprechend der Kartieranleitung für die saarländische Waldbiotopkartierung (STURM/WESTPHAL 1991) – im Gebiet des Biosphärenreservats unterscheiden lassen (vgl. Tab. 2). Zusätzlich wird auch auf die räumlich relevanten Waldgesellschaften Bezug genommen, die BETTINGER (2017) pflanzensoziologisch beschrieben und systematisch eingeordnet hat. Die jeweils typischen Pflanzenarten werden in den einzelnen Unterkapiteln genannt; besonders bemerkenswerten Arten werden eigene Kurzbeschreibungen gewidmet.

Tab. 2: Auf geologisch-standörtlicher Gliederung differenzierte Waldgesellschaften im Biosphärenreservat Bliesgau (zusammengestellt nach Sturm/Westphal 1991, verändert).

Waldgesellschaft	Geologie	Baumarten I. Hauptbaumarten II. Nebenbaumarten III. Pionierbaumarten
Bodensaurer Buchenwald auf Buntsandstein	Mittlerer Buntsandstein	I. Buche I. Traubeneiche I. Sandbirke, Eberesche, Salweide, Waldkiefer, Aspe, Stieleiche
Bodensaurer Buchenwald auf diluvialen Deckschichten über Buntsandstein	70 - 80 cm mächtige diluviale Deckschichten über Mittlerem Buntsandstein	I. Buche II. Bergahorn III. Sandbirke, Eberesche, Salweide, Waldkiefer, Stieleiche, Traubeneiche, Aspe, Wildkirsche
Mesophiler Flattergras-Waldschwingel-Buchenwald auf mächtigen diluvialen Feinlehmen	Diluviale Auflagen über Mittlerem Buntsandstein	I. Buche II. Bergahorn, Hainbuche, Winterlinde III. Stieleiche, Sandbirke, Aspe, Salweide, Eberesche, Wildkirsche
Mesophiler Flattergras-Perlgras-Buchenwald auf lössüberlagertem Muschelkalk und oberem Buntsandstein	Schichten des Muschelkalks mit mächtigen (60 - 70 cm) entkalkten Lösslehm-Deckschichten sowie Oberer Buntsandstein	I. Buche II. Esche, Bergahorn (bei Wasserüberschuss und an steilen Schatthängen), Stieleiche und Hainbuche (nur bei staufrischen bis staufeuchten Plateaulagen), Eibe, Winterlinde) III. Esche, Bergahorn, Spitzahorn, Stieleiche, Sandbirke, Aspe, Salweide, Wildkirsche, Bergulme, Schwarzerle, Eberesche, Elsbeere
Kalk-Buchenwald	Schichten des Muschelkalks, teilweise von Löss überlagert	I. Buche II. Esche, Wildkirsche, Hainbuche, Bergahorn, Elsbeere, Eibe, Feldahorn, Spitzahorn, Wildbirne, Winterlinde III. Sämtliche Nebenbaumarten bis auf Eibe und Hainbuche sowie zusätzlich Sandbirke, Salweide, Traubeneiche, Aspe
Kalk-Buchenwald mit Stau-, Hang- oder Grundwassereinfluss	Schichten des Muschelkalks	I. Buche, Esche, Bergahorn II. Spitzahorn, Hainbuche, Bergulme, Feldulme, Wildkirsche III. Esche, Bergahorn, Stieleiche, Feldahorn, Elsbeere, Sandbirke, Salweide, Aspe, Wildbirne, Schwarzerle
Bodensaurer Eichen-Mischwald auf Sand	Buntsandstein	I. Traubeneiche, Buche I. Waldkiefer, Sandbirke, Stieleiche I. Eberesche, Salweide, Aspe und Nebenbaumarten

Waldgesellschaft	Geologie	Baumarten I. Hauptbaumarten II. Nebenbaumarten III. Pionierbaumarten
Orchideen-Buchenwald auf flachgründigen Kalkböden	Muschelkalk, in der Regel ohne Lössüberlagerung	I. Buche, Esche, Feldahorn, Elsbeere, Wildkirsche II. Bergahorn, Spitzahorn, Eibe, Traubeneiche, Sommerlinde, Wildbirne III. Sandbirke, Gew. Mehlbeere und obige Baumarten außer Buche, Eiche (beide Arten)
Schluchtwald (Schatthangwald)	Alle geologischen Substrate	I. Esche, Bergahorn, Bergulme II. Buche, Sommerlinde, Winterlinde, Spitzahorn, Eibe III. Alle obigen Baumarten sowie zusätzlich Sandbirke, Salweide, Eberesche, Aspe
Eichen-Hainbuchenwald auf Muschelkalk	Schichten des Muschelkalks	I. Stieleiche, Esche, Hainbuche, Feldahorn II. Elsbeere, Wildapfel, Traubeneiche, Feldulme, Bergahorn, Bergulme, Wildkirsche, Winterlinde, Traubeneiche, Spitzahorn, Buche III. Schwarzerle, Sandbirke, Eberesche, Salweide, Esche, Aspe
Erlen-Bruchwald	Vor allem Niedermoore	I. Schwarzerle, Esche (ab ziemlich guter Nährstoffversorgung) II. Moorbirke, Stieleiche, Gew. Traubenkirsche III. Aspe, Salweide und obige Baumarten
Moorbirken-Bruchwald	Niedermoore auf basenarmem Silikatgestein	I. Moorbirke II. Sandbirke, Waldkiefer, Eberesche, Stieleiche, Salweide, Öhrchenweide III. Salweide, Öhrchenweide, Sandbirke
Quell-Erlen-Eschenwald	Alle geologischen Substrate	I. Schwarzerle, Esche II. Bergahorn, Bergulme, Feldulme, Traubeneiche, Buche, Hainbuche III. Sandbirke, Salweide, Aspe und obige Baumarten außer Buche
Bach-Erlen-Eschenwald	Alle geologischen Substrate	I. Schwarzerle, Esche II. Bergahorn, Bergulme, Feldulme, Traubeneiche, Wildkirsche, Wildapfel, Stieleiche, Hainbuche, Buche, Silberweide, Spitzahorn III. Sandbirke, Salweide, Eberesche, Aspe sowie obige Baumarten außer Buche und Hainbuche

4.1.3.1 Bodensaurer Buchenwald

Die bodensauren Buchenwälder wachsen auf sauren, nährstoffarmen, mäßig frischen Böden. Diese finden sich in der Region vor allem im Mittleren Buntsandstein, zum Teil von diluvialen (= im Eiszeitalter abgelagerten) Deckschichten überlagert. Der bodensaure Buchenwald ist die potenziell natürliche Vegetation für alle Buntsandsteinlagen in der Region, die sich für diese Waldgesellschaft eignen.

Hauptbaumart ist die Buche (*Fagus sylvatica*); als Nebenbaumarten treten die Traubeneiche (*Quercus petraea*) bzw. im Bereich der diluvialen Deckschichten der Bergahorn (*Acer pseudoplatanus*) auf. Sandbirke (*Betula pendula*), Eberesche (*Sorbus aucuparia*), Salweide (*Salix caprea*), Waldkiefer (*Pinus sylvestris*; nur im Homburger Raum autochthon), Aspe (*Populus tremula*), Stieleiche (*Quercus robur*) und bisweilen auch Wildkirsche (*Prunus avium*) sind die Pionierbaumarten dieser Buchenwaldgesellschaften.

Aufgrund der sehr homogenen Standortbedingungen sind es nur wenige, gut angepasste Pflanzenarten, die in den betreffenden Wäldern eine lediglich lückige Krautschicht ausbilden: z.B. die Draht-Schmiele (*Avenella flexuosa*), das Heidekraut (*Calluna vulgaris*), die Wald-Hainsimse (*Luzula sylvatica*), der Wiesen-Wachtelweizen (*Melampyrum pratense*) und der Salbei-Gamander (*Teucrium scorodonia*).

Bemerkenswerte Gefäßpflanzenarten

Europäische Stechpalme (*Ilex aquifolium*)

Die immergrüne atlantisch verbreitete Stechpalme ist im Biosphärenreservat auf die Buntsandsteingebiete im nördlichen Teil der Region beschränkt. Ihr hiesiger Verbreitungsschwerpunkt liegt im St. Ingberter Raum; Richtung Homburg tritt die Art zwar ebenfalls auf, doch dünnt sie dort so stark aus, dass sie nur noch vereinzelt im Wald zu finden ist.

Purpur-Hasenlattich (*Prenanthes purpurea*)

Der Purpur-Hasenlattich ist die einzige in Mitteleuropa existierende Art der Gattung *Prenanthes*. In Deutschland ist der Purpur-Hasenlattich fast nur in der Südhälfte anzutreffen. Im Gebiet des Biosphärenreservats wächst die Art ausschließlich in Wäldern des buntsandsteingeprägten Nordens: vom Saarbrücken-Kirkeler Wald über die St. Ingberter Senke bis ins Homburger Becken (vgl. Sauer 1993). Gegenwärtige Vorkommen des Purpur-Hasenlattichs gibt es z.B. bei Blieskastel-Lautzkirchen.

Keulen-Bärlapp (*Lycopodium clavatum*)

Der zu den Bärlappgewächsen (*Lycopodiaceae*) gehörende Keulen-Bärlapp, auch Wolfsklaue genannt, besiedelt kalkfreie karge Böden, bevorzugt an Wegen, nicht selten in der Nähe von Fichtenbeständen. Die Art ist deutschlandweit verbreitet. Im Saarland besitzt sie Schwerpunkte im Hochwald sowie im Saarbrücken-Kirkeler Wald. Eine aktuelle Fundstelle befindet sich an einer Wegböschung im Bereich des Karlsberg-Walds bei Homburg. In der Schulmedizin spielt der Keulen-Bärlapp im Gegensatz zu früher so gut wie keine bedeutende Rolle mehr; Bärlapp-Sporen werden dagegen auch heute noch für Feuereffekte, z.B. in der Pyrotechnik und beim Feuerspucken, eingesetzt.

Bemerkenswerte Moosarten

Bei den Moosen in den bodensauren Buchenwäldern der Region handelt es sich oft um Laubmoose, die mit aufrechten Stämmchen, verzweigt oder unverzweigt, auf dem Waldboden wachsen. Dazu gehören unter anderem *Atrichum undulatum*, *Dicranum scoparium*, *Leucobryum glaucum*, *Mnium hornum* und *Polytrichum formosum*. Es gibt hier aber auch einige typische Lebermoose auf feucht-schattigen Waldwegböschungen wie etwa *Calypogeia fissa*, *Diplophyllum albicans*, *Lepidozia reptans* und *Lophocolea bidentata*.

Die bodensauren Buchenwälder beherbergen nicht selten größere Felsformationen aus Buntsandstein, so z.B. im Bereich des „Kirkeler Felsenpfads". Auf den meist feucht-schattigen Felsen wachsen (epilithisch) häufig die Laubmoose *Dicranella heteromalla*, *Isothecium myosuroides*, *Paraleucobryum longifolium*, *Rhabdoweisia fugax*, *Rhizomnium punctatum* und *Tetraphis pellucida* sowie das thallöse Lebermoos *Pellia epiphylla*.

Auf den Stämmen der hiesigen Waldbäume wachsen (epiphytisch) dieselben Laub- und Lebermoose, die auch in den übrigen Buntsandsteinwäldern des Saarlandes verbreitet vorkommen. Exemplarisch aufgeführt seien die Laubmoose *Hy-*

Repräsentativer Bodensaurer Buchenwald im Karlsbergrevier bei Homburg.

Der Keulenbärlapp (*Lycopodium clavatum*) bevorzugt die Wälder auf Buntsandstein im Homburger Raum. (Foto: Ludwig Kraut)

Die atlantisch submediterrane Stechpalme (*Ilex aquifolium*) ist in den Wäldern um St. Ingbert nicht selten. Die Art dünnt in den Homburger Raum, sowie in den muschelkalkgeprägten Bliesgau hin aus.

Der Hasenlattich (*Prenanthes purpurea*) ist insbesondere im Saarbrücken-Kirkeler Wald anzutreffen. (Foto: Ludwig Kraut)

Das kalkmeidende Kriechende Schuppenzweig-Lebermoos (*Lepidozia reptans*) besiedelt insbesondere feucht-schattige Waldwegböschungen. (Foto: Ulf Heseler)

Das Schwedische Bartkelchmoos (*Calypogeia suecica*) ist ein kleines beblättertes Lebermoos, das fast ausschließlich auf Totholz gefunden werden kann. (Foto: Ulf Heseler)

pnum cupressiforme (das häufigste Moos des Saarlandes), *Orthotrichum affine* und *Ulota bruchii* sowie die Lebermoose *Frullania dilatata*, *Metzgeria furcata* und *Radula complanata*.

Erwähnenswert sind ferner Moose, die ausschließlich oder vorwiegend auf Totholz in schattig-feuchten Wäldern der Buntsandsteingebiete leben. Seitdem das Saarland zur naturgemäßen, nachhaltigen Waldwirtschaft übergegangen ist, bleibt aus ökologischen Gründen immer ein hoher Anteil an Totholz im Wald liegen. Hier trifft man dann regelmäßig auf die Laubmoose *Dicranum montanum* und *Herzogiella seligeri* sowie auf die Lebermoose *Lophocolea heterophylla* und *Nowellia curvifolia*. Ein seltenes, erst kürzlich im Biosphärenreservat Bliesgau erstmals nachgewiesenes, auf Totholz lebendes Lebermoos sei an dieser Stelle noch genannt: das kleine beblätterte Lebermoos *Calypogeia suecica*.

In den bodensauren Buchenwäldern des Biosphärenreservats lassen sich noch weitere (sehr) seltene Moosarten finden: Auf offenen, schattig-feuchten Waldböschungen gilt dies z. B. für die Art *Buxbaumia aphylla*, deren deutscher Name „Koboldmoos" die Tatsache beschreibt, dass dieses kleine Laubmoos mit seiner Sporenkapsel wie ein Kobold aus dem Waldboden lugt. Auf schattigen Buntsandsteinfelsen – oder in deren luftfeuchten Nischen bzw. an deren Decken – zählen hierzu die Laubmoose *Schistostega pennata* und *Tetrodontium brownianum* sowie die beblätterten Lebermoose *Calypogeia integristipula*, *Geocalyx graveolens*, *Harpanthus scutatus* und *Tritomaria exsecta*. Der deutsche Name „Leuchtmoos" der erwähnten Art *Schistostega pennata* weist auf eine besondere Fähigkeit dieses Mooses hin. Man nennt es „Leuchtmoos", weil seine jungen Zellen beim Hineinleuchten in die schattigen Felsnischen das einfallende Licht bündeln und leuchtend reflektieren können.

Ein ebenfalls bemerkenswertes Moos findet sich ausschließlich auf kleineren feucht-schattigen Sandsteinen am Waldboden: das unscheinbare kleine Laubmoos *Sematophyllum demissum*. Es lebt bei uns an seiner nordöstlichen Arealgrenze in Europa und besitzt in der Pfalz und im Saarland einen Verbreitungsschwerpunkt (vgl. auch HESELER 1998).

Das Gemeine Beckenmoos (*Pellia epiphylla*), ein thallöses Lebermoos, wächst in der Region auf Felsformationen im Buntsandstein. (Foto: Ulf Heseler)

Das Krummblatt-Lebermoos (*Nowellia curvifolia*) besiedelt vornehmlich Totholz. Es gehört zur Gruppe der beblätterten Lebermoose. (Foto: Ulf Heseler)

Das Blattlose Koboldmoos (*Buxbaumia aphylla*) ist eine Laubmoosart der offenen, schattig-feuchten Waldböschungen. (Foto: Ulf Heseler)

Das Leuchtmoos (*Schistostega pennata*) ist ebenfalls ein Laubmoos. Im Biosphärenreservat wächst die streng kalkmeidende Art bevorzugt in schattigen, luftfeuchten Nischen in Buntsandsteinfelsen. (Foto: Ulf Heseler)

Das Echte Kegelkopfmoos (*Conocephalum conicum*) ist ein Vertreter der thallösen Lebermoose; es wächst gerne auf feuchten Felsstandorten. (Foto: Ulf Heseler)

Das Einhäusige Braunhornmoos (*Phaeoceros carolinianus*) kommt für gewöhnlich auf Äckern vor. Im Bild schön zu sehen sind die „Hörner", also die Sporophyten. Ihre Spitzen sind gelb wegen der gelben Farbe der Sporen (Rüdiger Mues, schriftl.). (Foto: Michael Lüth, Freiburg)

Moose

Moose gehören zu den ältesten grünen Landpflanzen überhaupt und sind älter als die kohlebildenden Schachtelhalm- und Bärlappbäume aus dem Karbon vor mehr als 300 Millionen Jahren. Seit dieser Urzeit haben sie sich kaum verändert; man kann sie also als lebende Fossilien bezeichnen. Weltweit sind bisher etwa 15 000 Moosarten (im Vergleich dazu Blütenpflanzen: ca. 300 000 Arten) bekannt; im Saarland unterscheiden wir mehr als 600. Die stets wurzellosen Moose lassen sich in drei Gruppen gliedern: Laub-, Leber- und Hornmoose.

Die Laubmoose bilden die größte Gruppe. Es sind aufrecht wachsende oder der Unterlage (Substrat) anliegende, kriechende Moose mit einem beblätterten Stämmchen; daher der deutsche Name „Laubmoose".

Die Lebermoose bilden die zweitgrößte Gruppe und sehen entweder den Laubmoosen ähnlich – ebenfalls mit Stämmchen und grünen Blättchen, die aber meist nur auf dem Substrat kriechen – oder sie bilden einfach dem Untergrund anliegend wachsende grüne Läppchen, genannt „Thalli" (Einzahl „Thallus"). Eines dieser thallösen Lebermoose, das auch in der Region Bliesgau nicht selten vorkommt, ist das „Brunnenlebermoos" (*Marchantia polymorpha)*. Es wurde, weil die Lappen wie Leberlappen aussehen, als wirksam gegen Lebererkrankungen betrachtet. Es gibt der Gruppe der „Lebermoose" ihren Namen, obwohl eine heilende Wirkung medizinisch nicht nachgewiesen werden konnte.

Die Hornmoose schließlich bilden die kleinste Gruppe mit nur wenigen hundert Arten weltweit und ebenfalls nur dem Boden anliegend wachsenden Thalli, bei uns übrigens nur auf offenen, feuchten Böden, oft auf extensiv bewirtschafteten Äckern. Ihren deutschen Namen „Hornmoose" haben sie bekommen, weil die Organe, in denen sie ihre Sporen bilden, nach oben wie ein Horn spitz zulaufen und sogar gekrümmt sein können.

Ein Grund, warum Moose eine eher weniger bekannte Pflanzengruppe sind, mag darin liegen, dass sie als Nahrungspflanzen nicht genutzt werden und allenfalls zum Feuchthalten der in Gewächshäusern gehaltenen Orchideen und anderer Aufsitzerpflanzen (Epiphyten) dienen. Abgesehen davon sind sie aufgrund ihrer geringen Größe und des Fehlens auffälliger Blüten eher unscheinbar. Sehr wohl genießen sie aber z. B. in Japan besondere Wertschätzung, wo Moosgärten mit großem Aufwand so gestaltet sind, dass die Moose die Aufmerksamkeit der Besucher auf sich ziehen. Von großer Bedeutung für das Weltklima sind die Moore, die ihren Ursprung im Wachstum von Torfmoosen, einer Untergruppe der Laubmoose, haben: Sie sind bedeutende Wasser- und Kohlendioxidspeicher. Weiterhin sind Moose und Flechten Indikatoren für Klimaveränderungen.

Moose wachsen wie Blütenpflanzen ausgesprochen substratspezifisch, sowohl auf Böden als auch auf felsigem Untergrund, an Baumrinde, auf morschem Holz, selten schwimmend im Süßwasser, nie im Meer, und in den Tropen sogar auf Blättern von Blütenpflanzen. Dieses vom Substrat abhängige Wachstum der Moose (Substratspezifität) drückt sich im Biosphärenreservat Bliesgau – wie im übrigen Saarland – auch im vergleichsweise unterschiedlichen Vorkommen der Moose in den Buntsandsteingebieten einerseits sowie in den Muschelkalkgebieten andererseits aus.

Text: Rüdiger Mues und Ulf Heseler

Das Schöne Widertonmoos oder Schöne Frauenhaarmoos (*Polytrichum formosum*), ist ein Laubmoos, das sich auf sauren Waldböden häufig finden lässt. (Foto: Ulf Heseler)

Mesophiler Buchenwald im Pfänderbachtal bei Schwarzenacker.

4.1.3.2 Mesophile Buchenwälder

Auf besser nährstoffversorgten, basenreichen und zudem frischen Böden wachsen mesophile Buchenwälder. Diese lassen sich einteilen in die im St. Ingberter und Homburger Raum auf diluvialen Feinlehmen über Mittlerem Buntsandstein vorkommenden *Flattergras-Waldschwingel-Buchenwälder* auf der einen Seite und die *Flattergras-Perlgras-Buchenwälder* im Oberen Buntsandstein und auf entkalkten Lösslehm-Deckschichten im Muschelkalk auf der anderen Seite.

Die Hauptbaumart beider Waldgesellschaften ist die Buche (*Fagus sylvatica*). Die Nebenbaumarten der *Flattergras-Waldschwingel-Buchenwälder* sind Bergahorn (*Acer pseudoplatanus*), Hainbuche (*Carpinus betulus*) und Winterlinde (*Tilia cordata*). Bei den *Flattergras-Perlgras-Buchenwäldern* finden sich als Nebenbaumarten die Esche (*Fraxinus excelsior*) sowie an bestimmten Standorten entweder der Bergahorn oder die Stieleiche (*Quercus robur*) und die Hainbuche; teilweise treten auch Eibe (*Taxus baccata*) und Winterlinde als Nebenbaumarten auf.

In den Buntsandsteingebieten unterscheiden sich die mesophilen Buchenwälder pflanzensoziologisch deutlich von anderen Waldgesellschaften und sind für den Betrachter daher auch ohne Mühe zu erkennen. Im Muschelkalk dagegen ist ihre Identifizierung insgesamt problematisch: So fehlt hier weitgehend das für die *Flattergras-Perlgras-Buchenwälder* typische namengebende Einblütige Perlgras (*Melica uniflora*). Darüber hinaus wird eine floristische Abgrenzung gegenüber anderen, für Kalkregionen generell charakteristischen Buchenwaldgesellschaften, wie insbesondere *Waldmeister-Buchenwald* und *Waldgersten-Buchenwald*, dadurch erschwert, dass auch deren kennzeichnende Arten (Waldmeister bzw. Waldgerste) im Bliesgau lediglich kleinflächige Einzelvorkommen besitzen (vgl. Sauer 2001).

Zu den prägenden Krautschichtarten der mesophilen Buchenwälder in den Muschelkalkgebieten der Region Bliesgau gehören unter anderem: Wald-Flattergras (*Milium effusum*; auch: Waldhirse), Vielblütige Weißwurz (*Polygonatum multiflorum*), Wald-Veilchen (*Viola reichenbachiana*) und Wald-Segge (*Carex sylvatica*). Auf gut durchlüfteten Oberböden treten anspruchsvollere Arten wie das Wald-Bingelkraut (*Mercurialis perennis*; auch: Ausdauerndes Bingelkraut) hinzu, welches bisweilen sogar Reinbestände ausbilden kann, etwa im „Schornwald" zwischen Rubenheim und Erfweiler. Aber auch hier zeichnet sich ein eher unscharfes Bild eines mesophilen Buchenwaldes:

Obwohl das Bingelkraut die Krautschicht dominiert, ist nur für Teilbereiche des „Schornwaldes" ein mesophiler Buchenwald anzunehmen, andere Teilbereiche dagegen sind als Kalk-Buchenwald anzusprechen. Der mesophile Buchenwald scheint

Trockene Variante des Kalk-Buchenwaldes mit Blüh-Aspekt des Buschwindröschens (*Anemone nemorosa*) im Forstrevier Gersheim.

Feuchte Variante des Kalk-Buchenwaldes mit Blüh-Aspekt der Hohen Schlüsselblume (*Primula elatior*) im Moorseiters Wald bei Altheim.

in der Region den Kalk-Buchenwald in vielfältiger Form zu durchdringen, so dass eine kartographische Erfassung wohl nur in einem sehr großen Kartenmaßstab gelingen dürfte.

4.1.3.3 Kalk-Buchenwälder

Bei den typischen Kalk-Buchenwäldern der Region sind zwei Waldgesellschaften zu unterscheiden: zum einen die trockenen, keinem Stau-, Hang- oder Grundwassereinfluss unterliegenden „normalen" Kalk-Buchenwälder mit der Buche als alleiniger Hauptbaumart und zum anderen die entsprechend wasserbeeinflussten Kalk-Buchenwälder, bei denen die Esche und der Bergahorn ebenfalls Hauptbaumarten sind.

Eine nähere Betrachtung der Krautschicht unterstreicht die Differenzierung zwischen einer trockenen und einer nassen Variante:

Die maßgebliche Trennart ist zweifelsohne der Bärlauch (*Allium ursinum*), welcher typisch für die wasserbeeinflusste Variante ist. Die Hohe Schlüsselblume (*Primula elatior*), die Einbeere (*Paris quadrifolia*), der Gefleckte Aronstab (*Arum maculatum*), das Gefleckte Knabenkraut (*Dactylorhiza maculata*) und die Rasen-Schmiele (*Deschampsia cespitosa*) runden das Bild der Krautschicht dieser Wälder ab.

Die trockeneren Kalk-Buchenwälder werden dagegen durch andere Krautschichtarten gekennzeichnet wie Buschwindröschen (*Anemone nemorosa*), Wald-Bingelkraut (*Mercurialis perennis*), Echter Seidelbast (*Daphne mezereum*), Wald-Zwenke (*Brachypodium sylvaticum*), Waldmeister (*Galium odoratum*) und Nesselblättrige Glockenblume (*Campanula trachelium*).

Bemerkenswerte Gefäßpflanzenarten der von Stau-, Hang- oder Grundwasser beeinflussten Kalk-Buchenwälder

Bärlauch (*Allium ursinum*)

Der Bärlauch ist eine der Charakterarten des Bliesgaus. Die Art wächst in Herden auf den frischen, teils schweren, teils staunassen Kalk-Buchenwald-Standorten bzw. an den Bächen im Muschelkalk. Das Vorkommen der Art ist überwiegend auf den südlichen Teil der Region beschränkt. Im Frühjahr, etwa ab Mitte März, treibt die Pflanze ihre lanzettlichen Blätter, die einen angenehmen Geschmack nach frischem Knoblauch entwickeln. Dies ist auch der Grund, weshalb der Pflanze ein derart großes Interesse entgegengebracht wird.

Der Bärlauch ist zu einem Mode-Produkt geworden und hat auch im Bliesgau Einzug in die regionale Küche gehalten: „Bärlauch-Pesto" und „Bärlauch-Butter" dürften wohl die bekanntesten Veredelungsprodukte darstellen. Die „Jungholzhütte" im gleichnamigen Wald bei Bebelsheim veranstaltet zu Ehren des Bärlauchs sogar

Die Kultpflanze des Bliesgaus, der Bärlauch (*Allium ursinum*), wächst ab Anfang April flächendeckend in den Wäldern des Bliesgaus, so z. B. im Erzentaler Wald bei Gersheim.

Die Hohe Schlüsselblume (*Primula elatior*) ist im Gegensatz zu ihrer Schwesterart *Primula veris*, der Wiesen-Schlüsselblume, eher in den Wäldern sowie an den Bach- und Flußsäumen anzutreffen; sie blüht auch etwas früher.

ein eigenes Fest, das nunmehr seit über 10 Jahren im Frühjahr stattfindet. Und die Zahl derer, die im Frühling die Bliesgau-Wälder aufsuchen, um Bärlauch zu ernten, wird von Jahr zu Jahr größer.

Hohe Schlüsselblume (*Primula elatior*)

Die Hohe Schlüsselblume (= Wald-Schlüsselblume, Wald-Primel) ist in der Region sowohl in den frischen Kalk-Buchenwäldern als auch in den Eichen-Hainbuchenwäldern ziemlich häufig. Sie blüht früher als die Wiesen-Schlüsselblume (*Primula veris*), die im Saarland ein noch geschlosseneres Verbreitungsbild besitzt. Es handelt sich um eine bundesweit bedeutende Art, die allerdings im Norden und vor allem im Osten der Bundesrepublik weitgehend fehlt. Verbreitungslücken gibt es auch im mittleren Südwesten Deutschlands. Im Saarland kommt die Art dagegen in fast allen Messtischblatt-Quadranten[8] vor.

Gefleckter Aronstab (*Arum maculatum*)

Wie die Hohe Schlüsselblume ist auch der Gefleckte Aronstab im Norden und Osten Deutschlands vergleichsweise selten, während er im Saarland, und hier speziell in den Muschelkalkgebieten, recht häufig ist. Der intensive Aasgeruch der Blüte lockt Insekten an, die – wenn sie denn in den tütenförmigen, glattwandigen Blütenstand gerutscht sind – unweigerlich für die Bestäubung sorgen. Im Spätsommer sieht man oft nur die roten Fruchtstände, während die grundständigen Laubblätter bereits vergangen sind.

Wald-Trespe (*Bromus ramosus*)

Auch die etwas unscheinbare Wald-Trespe kommt saarlandweit fast nur in den Muschelkalkgebieten auf den frischen, lehmigen Kalk-Buchenwald-Standorten vor; recht auffällig ist sie z. B. längs der Waldwege im „Erzentaler Wald" (südöstlich von Gersheim) und im „Baumbusch" (südlich von Medelsheim). Innerhalb Deutschlands tritt die Art mehr in der Mitte auf; der Norden und der Osten werden von der Wald-Trespe fast kaum besiedelt.

Geflecktes Knabenkraut (*Dactylorhiza maculata*)

Das Gefleckte Knabenkraut ist deutschlandweit verbreitet, wobei im Osten die Fundpunkte spärlicher sind. Im Saarland ist die Orchideenart sowohl auf den kalkreichen Mergeln als auch auf den relativ sauren Lehmen anzutreffen (vgl. SAUER 1993). Sie steht nicht gerne frei und bevorzugt Waldrandlagen bzw. lichte Wälder. Im Gebiet des Biosphärenreservats Bliesgau tritt das Gefleckte Knabenkraut sehr augenfällig in Erscheinung entlang der Waldwege im Umfeld der vorstehend genannten Naturwaldzelle „Baumbusch".

[8] Bei der Erfassung der Verbreitung einer biologischen Art in einem bestimmten Gebiet kommt häufig die Methode der Rasterkartierung zum Einsatz. Als kartographische Grundlage für floristische Rasterkartierungen dient in Deutschland für gewöhnlich die amtliche topographische Karte im Maßstab 1:25000, für die früher die Bezeichnung „Messtischblatt" geläufig war. In der Biogeographie ist dieser traditionelle Ausdruck heute noch vielfach in Gebrauch.

In den muschelkalkgeprägten Wäldern des Bliesgaus relativ häufig: der Aronstab (*Arum maculatum*).

Aronstab – Roter Fruchtstand

Die Hohe Wald-Trespe (*Bromus ramosus*) ist auf den Mergel-Standorten der muschelkalkgeprägten Wälder des Bliesgaus anzutreffen, so z. B. im Raum Gersheim.

Das Gefleckte Knabenkraut (*Dactylorhiza maculata*) ist eine der wenigen Orchideen der Region, die bevorzugt im Wald stehen. Die Art ist relativ zahlreich im Erzentaler Wald bei Gersheim. (Foto: Anita Naumann)

Echte Schlüsselblume oder Wiesen-Schlüsselblume (*Primula veris*).

Der Blaustern (*Scilla bifolia*) wächst äußerst zahlreich im Kastellrechswald bei Gersheim. (Foto: Ulf Heseler)

Eine Art der Waldsäume und Waldränder – der wärmeliebende Seidelbast (*Daphne mezereum*).

Bemerkenswerte Gefäßpflanzenarten der „normalen" Kalk-Buchenwälder

Zweiblättriger Blaustern (*Scilla bifolia*)

Der Zweiblättrige Blaustern ist ein Frühjahrsgeophyt; er bildet eine Zwiebel als Überdauerungsorgan aus. Deutschlandweit ist die Art eher selten und weitgehend auf die Südhälfte beschränkt, kommt dort allerdings bei Weitem nicht flächendeckend, sondern vielmehr zerstreut – im Besonderen entlang der größeren Flusstäler – vor. Im Saarland besitzt die Art eine nordwest-südöstliche Verbreitung, die in etwa der Verbreitung der Muschelkalkgebiete folgt. SAUER (1993) nennt außerdem auch Vorkommen aus dem Karbongebiet bei Saarbrücken. Innerhalb des Biosphärenreservats ist der „Koppelwald" südwestlich von Ormesheim hervorzuheben, dessen beeindruckender Blaustern-Teppich den Botaniker Erhard Sauer, der lange Zeit das Fach Botanik an der Universität des Saarlandes prägte, dazu verleitete, von dem „Scilla-Wald bei Ormesheim" zu sprechen. Aber auch im „Kastellrechswald" zwischen Gersheim und Reinheim sowie im „Klosterwald" südöstlich von Walsheim ist der auffällige Zweiblättrige Blaustern recht zahlreich zu finden.

Echter Seidelbast (*Daphne mezereum*)

In Deutschland tritt der Echte Seidelbast, der umgangssprachlich auch als „Kellerhals" bezeichnet wird, vor allem in der Mitte und im Süden auf. Im Saarland ist die Art hauptsächlich in den Muschelkalkgebieten sowie in den von basischen Vulkaniten geprägten nordöstlichen Landesteilen verbreitet. Aufgrund seines frühen Aufblühtermins

Wesentlich seltener als das (gewöhnliche) Buschwindröschen (*Anemone nemorosa*) ist das Gelbblühende Buschwindröschen (*Anemone ranunculoides*) welches unter anderem im Kastellrechswald bei Gersheim wächst.

Das Große Kranzmoos (*Rhytidiadelphus triquetrus*), ein Laubmoos, kommt in der Region in Kalk-Buchenwäldern vor. (Foto: Ulf Heseler)

im Februar ist der Echte Seidelbast eine wichtige Nektarquelle für bereits im Vorfrühling fliegende Insekten; seine rosa Blüten erscheinen vor dem Blattgrün. Die roten – für den Menschen stark giftigen – Früchte, die im Sommer an den Zweigen reifen, werden gerne von Vögeln (z. B. Gartenrotschwanz, Amsel) gefressen.

Gelbes Windröschen (*Anemone ranunculoides*)

Dieser typische Frühjahrsgeophyt ist wesentlich seltener als seine Schwesterart, das Buschwindröschen (*Anemone nemorosa*). Schwerpunkte der Verbreitung sind deutschlandweit die Mitte und der äußere Nordosten. Im Saarland bevorzugt die Art die Auenbereiche sowie die Hanglagen in den vom Muschelkalk und den von basischen Vulkaniten dominierten Naturräumen. Im Gebiet des Biosphärenreservats Bliesgau kann die Art regelmäßig am Fuße des Steilhangs des „Kastellrechswalds" südlich von Gersheim beobachtet werden – dort vergesellschaftet mit dem Zweiblättrigen Blaustern (*Scilla bifolia*) und dem Hohlen Lerchensporn (*Corydalis cava*).

Bemerkenswerte Moosarten der Kalk-Buchenwälder

Die Kalk-Buchenwälder beherbergen eine vollkommen andere Moosflora als die Wälder auf Buntsandstein. Zu den hier häufig anzutreffenden Waldbodenmoosen zählt z. B. das auffällige, aufrecht wachsende und zu den größten Moosen des Saarlandes zählende Laubmoos *Rhytidiadelphus triquetrus*. Als weitere Beispiele seien die Laubmoose *Eurhynchium striatum*, *Fissidens taxifolius*, *Hylocomium splendens* und *Plagiomnium undulatum* genannt.

4.1.3.4 Bodensaurer Eichen-Mischwald

Die bodensauren Buchenwälder, die mesophilen Buchenwälder und die Kalk-Buchenwälder stellen sogenannte zonale Waldgesellschaften dar. Das entscheidende Merkmal solcher Waldgesellschaften besteht darin, dass sie jeweils für einen größeren Teilraum innerhalb eines Gesamtraumes charakteristisch sind, wobei sich die einzelnen Teilräume (Zonen) aufgrund des unterschiedlichen Zusammenspiels der verschiedenen Geofaktoren (Klima, Boden, Relief u. a.) voneinander abgrenzen lassen. In der Region Bliesgau gibt es neben den zonalen auch einige nichtzonale Waldgesellschaften.

Ein interessanter Vertreter der nichtzonalen Waldgesellschaften in der Region ist der bodensaure Eichen-Mischwald, der generell auf sommertrockenen, schwach nährstoffversorgten Sanden – in sonnenexponierten, stark geneigten bis schroffen Hanglagen, an Hangkanten oder auf flachgründigen Kuppen – vorkommt. Hauptbaumarten sind

Bodensaurer Eichen-Mischwald an den Hängen zum Lambsbachtal bei Kirrberg.

Orchideen-Buchenwald im Orchideengebiet bei Gersheim.

die Traubeneiche und die Buche. Als Nebenbaumarten kommen Waldkiefer, Sandbirke und Stieleiche hinzu, die zusammen mit Eberesche, Salweide und Aspe auch als Pionierbaumarten auftreten können.

Nach den Ergebnissen der bereits erwähnten Waldbiotopkartierung ist der bodensaure Eichen-Mischwald im Biosphärenreservat einzig im Buntsandsteingebiet um Homburg-Kirrberg kleinflächig an steilen Sonnenhängen, Hangkanten und anderen extremen Geländeformen anzutreffen. Unter den Pflanzenarten der Krautschicht der betreffenden Waldpartien sind vor allem das Heidekraut (*Calluna vulgaris*), die Heidelbeere (*Vaccinium myrtillus*) und der Salbei-Gamander (*Teucrium scorodonia*) zu nennen.

4.1.3.5 Orchideen-Buchenwald

Eine unter naturschutzfachlichen Gesichtspunkten äußerst bedeutsame Waldgesellschaft im Bliesgau ist der Orchideen-Buchenwald. Wälder dieses Typus besiedeln auf südexponierten Muschelkalkhängen Standorte mit natürlichem Hangschutt sowie ähnliche Flächen im Bereich ehemaliger Kalksteinbrüche. Das Oberflächenwasser fließt hier meist rasch ab, so dass diese Standorte fast immer trocken sind. Darüber hinaus sind sie aufgrund ihrer Exposition und des felsigen bis steinigen Untergrundes recht warm.

Hauptbaumarten dieser lückig wachsenden Wälder sind Buche (*Fagus sylvatica*), Esche (*Fraxinus excelsior*), Feldahorn (*Acer campestre*), Elsbeere (*Sorbus torminalis*) und Wildkirsche (*Prunus avium*). Die Strauch- und die Krautschicht sind überwiegend gut entwickelt. Der Echte Seidelbast (*Daphne mezereum*), der Liguster (*Ligustrum vulgare*), der Wollige Schneeball (*Viburnum lantana*) und das Weiße Waldvöglein (*Cephalanthera damasonium*) sind die Charakterarten dieser außergewöhnlichen Waldgesellschaft, die besonders zur Orchideenblüte im Frühjahr richtig zur Geltung kommt. In der Region kommt der Orchideen-Buchenwald lediglich lokal vor. Seine räumliche Verbreitung ist auf den Raum Gersheim und das südliche Mandelbachtal beschränkt. Beispiele sind der Wald im östlichen Teil des Orchideengebietes Gersheim oberhalb der „Gipsgrube" sowie der nach Osten geneigte Hang der Naturwaldzelle „Baumbusch" südlich von Gersheim-Medelsheim.

Bemerkenswerte Gefäßpflanzenarten

Elsbeere (*Sorbus torminalis*)

Die der Gattung der Mehlbeeren (*Sorbus*) zugehörige Elsbeere ist eine wärmeliebende Art, die ihr Hauptverbreitungsgebiet in Mittel- und Südeuropa hat. Sie ist eine Charakterart der Flaumeichenwälder (OBERDORFER 1992). Die Elsbeere besitzt sehr auffallende Blätter mit 3-5 Lappen, die spitz und leicht gesägt sind.

Die wärmeliebende Elsbeere (*Sorbus torminalis*) steht vereinzelt in den muschelkalkgeprägten Wäldern des Bliesgaus. (Foto: Anita Naumann)

Im Biosphärenreservat Bliesgau zählt die Elsbeere zu den typischen Arten der Wälder in den Muschelkalkgebieten. Sie ist hier in den Orchideen-Buchenwäldern sowie im Bereich der Waldränder und -säume der Kalk-Buchenwälder zu finden. Allerdings tritt die Elsbeere nie häufig auf, sondern ist immer nur in Einzelexemplaren beigemischt.

Als Halblichtbaumart wird die Elsbeere vonseiten der Forstverwaltung gerne freigestellt und kann dann beachtliche Höhen erreichen. Aus Österreich sind sehr große Solitärbäume bekannt. Aber auch im Bliesgau gibt es beachtliche Einzelbäume, so z.B. im Wald bei Böckweiler sowie im Orchideengebiet bei Gersheim.

Das sehr harte, wertvolle Holz der Elsbeere erzielt hohe Preise. Bekannt ist auch der aus den Früchten hergestellte Elsbeerschnaps, der seine „Haute Culture" im benachbarten Elsass hat. Die Früchte der Elsbeere werden ferner zu Marmelade verarbeitet oder als Beigaben zu Honig und neuerdings auch zu Schokolade verwendet.

Der Gersheimer Erzieher Klaus Gries hat der „schönen Else" ein Märchenbuch gewidmet. Darin stellt er den Elsbeerbaum als Symbol für die Natur dar, die bei den Menschen häufig in Vergessenheit geraten ist (GRIES 2012).

Das Weiße Waldvöglein (*Cephalanthera damasonium*) ist eine Charakterart der Orchideen-Buchenwälder des Bliesgaus.

Weißes Waldvöglein (*Cephalanthera damasonium*)

Das Weiße Waldvöglein ist eine Kennart des wärmeliebenden Orchideen-Buchenwaldes. Deutschlandweit ist die Art vornehmlich in der Mitte und im Süden anzutreffen, im Norden und Osten fehlt sie dagegen weitgehend. Schwerpunkträume des Vorkommens im Saarland sind der Saar-Blies-Gau und der Zweibrücker Westrich sowie der Mosel-Saar-Gau, der Saar-Nied-Gau und die Merziger Muschelkalkplatte (z.B. die dortigen Wälder am „Wolferskopf" bei Beckingen). Im Biosphärenreservat Bliesgau wächst die Art – ausschließlich in kleineren Gruppen – im Saum der Waldränder und in lichten Gebüschen.

4.1.3.6 Schlucht- bzw. Schatthangwald

In schattigen Schluchten und an nord- bis ostexponierten Steilhängen des Bliesgaus wachsen auf feinerdearmem Steinschutt und auf frischen

Schluchtwald in der Guldenschlucht im Wattweiler Tal.

Der Hohle Lerchensporn (*Corydalis cava*) blüht besonders zahlreich am Kastellrechswald bei Gersheim. Der Gefingerte Lerchensporn (*Corydalis solida*) ist dagegen im muschelkalkgeprägten Bliesgau eher spärlich. (Foto: Ulf Heseler)

bis feuchten Lehmen die Schlucht- bzw. Schatthangwälder. Voraussetzungen für ihr Vorkommen sind eine hohe Luftfeuchtigkeit und eine andauernd gute Wasserversorgung. Die Wälder sind reich an Basen sowie an Nitraten und anderen Nährstoffen, die entweder mit dem Wasser oder mit hangabwärts rieselnder Feinerde herangeführt werden. Mit diesen besonderen Lebensbedingungen kommen insbesondere die Edellaubbäume gut zurecht.

Esche (*Fraxinus excelsior*), Bergahorn (*Acer pseudoplatanus*) und Bergulme (*Ulmus glabra*) sind die Hauptbaumarten dieser Wälder, die sich aufgrund zahlreicher früh blühender Geophyten durch einen auffallenden Frühjahrsaspekt auszeichnen. Die Buche tritt tendenziell zurück, auf Extremstandorten fehlt sie sogar gänzlich (vgl. auch BETTINGER 2017).

Wie der Orchideen-Buchenwald sind auch die Schlucht- und Schatthangwälder in der Region nur lokal verbreitet. Bemerkenswerte Schluchtwälder finden sich südöstlich von Homburg-Schwarzenacker im „Pfänderbachtal" und südlich von Homburg-Einöd in der teilweise bereits in Rheinland-Pfalz liegenden „Guldenschlucht". Ein Schatthangwald mit einem besonders reichen Bestand an Frühjahrsgeophyten ist der südlich von Gersheim gelegene „Kastellrechswald", auf den im Kapitel „Anker der Identität" näher eingegangen wird.

Bemerkenswerte Gefäßpflanzenarten

Hohler Lerchensporn (*Corydalis cava*)

Der Hohle Lerchensporn ist genauso wie der nachfolgend beschriebene Gefingerte Lerchensporn ein Frühjahrsgeophyt. Er blüht im März/April und ist mit seinen Blüten, die eine große Farbpalette von hell-purpur bis cremig-weiß besitzen, eine recht auffällige Art. Zur Blütezeit im Frühjahr ist der Hohle Lerchensporn eine bedeutende Nektarpflanze für die ihn bestäubenden Insekten (z. B. Hummeln). Bereits im Mai beginnen die Blätter zu welken. Wenn im Sommer alle oberirdischen Teile vergangen sind, ist die Art kaum noch zu lokalisieren.

Standorte des Hohlen Lerchensporns sind oft Hangwälder oder leicht ruderalisierte Straßenböschungen. Deutschlandweit fehlt die Art großenteils im Norden. Im Saarland hat sie einen Schwerpunkt in den Muschelkalkgebieten.

Innerhalb des Biosphärenreservats Bliesgau gibt es ein großes Vorkommen im „Kastellrechswald" zwischen Gersheim und Reinheim; daneben existieren noch mehrere kleinere an Straßenböschungen – unter anderem bei Peppenkum, Gersheim, Niedergailbach und Rubenheim – sowie in den Auenbereichen der Blies (z. B. bei Breitfurt). Jenseits der Reservatsgrenze ist ein reicher Bestand im Wogbachtal bei Saarbrücken-Ensheim bekannt.

Es gibt nur wenige beständige Vorkommen des Hirschzungenfarns (*Asplenium scolopendrium*) im Bliesgau, so z. B. im Kastellrechswald bei Gersheim. Die Art wurde jüngst auch an einer Mauer im Bliesgau-Ort Herbitzheim an der Brücke über die Blies gefunden.

Gefingerter Lerchensporn (*Corydalis solida*) in der Kernzone Pfänderbachtal bei Schwarzenacker. (Foto: Rüdiger Mues)

Gefingerter Lerchensporn (*Corydalis solida*)

Im Vergleich zur vorgenannten Art ist der Gefingerte Lerchensporn im Süden der Region deutlich spärlicher. Er benötigt insgesamt einen besser durchlüfteten Boden, was die in den Muschelkalkgebieten weitverbreiteten, zur Staunässe neigenden Mergel weniger bieten können. Die Art ist demzufolge eher in den Buntsandsteingebieten zu finden, dort alles in allem aber auch relativ selten. Ein belegtes Vorkommen besteht z. B. in dem zur Kernzone des Biosphärenreservats gehörenden Gebiet „Pfänderbachtal", das sich östlich von Homburg-Schwarzenacker erstreckt.

Hirschzunge (*Asplenium scolopendrium*)

Die Hirschzunge (= Hirschzungenfarn) ist eine bundesweit seltene Streifenfarn-Art. Sie besitzt innerhalb Deutschlands eine west-südwestliche Verbreitung. Die Hirschzunge ist eine typische Art der Eschen-Ahorn-Schluchtwälder und pflanzensoziologisch als Kennart dem *Fraxino-Aceretum-pseudoplatani* zugeordnet. Nach SAUER (1993) kommt die Art im Saarland vor allem im Bereich der Merziger Muschelkalkplatte vor und tritt im Bliesgau lediglich in kleinen Populationen bzw. in Einzelexemplaren auf.

Im Gebiet des Biosphärenreservats kann die Art seit Jahren im „Kastellrechswald" zwischen Gersheim und Reinheim beobachtet werden. Auch schattige Standorte in aufgelassenen Steinbrüchen werden von der Hirschzunge gerne besiedelt. Unweit der westlichen Außengrenze des Biosphärenreservats lässt sich die Hirschzunge im Wogbachtal („Ensheimer Gelösch") finden, wo sie sich zahlreich verjüngt. Des Weiteren wurde die Art vor einigen Jahren in einem auf der französischen Seite des Europäischen Kulturparks Bliesbruck-Reinheim gelegenen restaurierten Brunnen entdeckt.

WOLFF (2017) beschreibt ein altes, bis in die 1960er Jahre bekannt gewesenes 1955 nachgewiesenes Vorkommen in der „Duppklamm" südlich von Mimbach auf einem massiven Kalk-Quelltuff. Dieser ist später auseinandergebrochen und besteht heute nur noch „aus losen Brocken in Form einer dreieckigen Schutthalde von ca. 2,5 m Länge" (WOLFF 2017, S. 49).

Prächtiger Dünnfarn (*Trichomanes speciosum*)

Der zur Familie der Hautfarngewächse (*Hymenophyllaceae*) gehörende Prächtige Dünnfarn hat eine

4.2.2.3 Besenginsterflur

Besenginsterfluren sind typische Gebüschformationen auf nährstoffarmen, trockenen Sandböden. Sie entstehen primär auf Ackerbrachen, können aber auch entlang von Böschungen und an Wegrainen angetroffen werden. Die Reinbestände mit der namengebenden Art Besenginster (*Cytisus scoparius*) sind relativ kurzlebig und spätfrostempfindlich.

Bemerkenswerte Käferarten

Gonioctena olivacea, Ginster-Samenkäfer (*Bruchidius villosus*) und *Andrion regensteinense*

Sowohl am eigentlichen Besenginster als auch an weiteren Ginster-Arten lebt eine spezielle Käferlebensgemeinschaft. Zu deren Vertretern zählen die drei nachfolgend genannten Käferarten. Laien dürften sie weitgehend fremd sein; zwei von ihnen führen nicht einmal einen deutschen Namen. Der Blattkäfer *Gonioctena olivacea* ist durch seine gelbe Färbung und drei schwarze Längsstreifen auf den Flügeldecken gut kenntlich. Der Ginster-Samenkäfer (*Bruchidius villosus*) und der kleine Rüsselkäfer *Andrion regensteinense*, der von manchen Autoren in die Gattung *Sitona* gestellt wird, sind dagegen deutlich schwieriger zu bestimmen.

Alle drei Arten sind oftmals in hoher Zahl am Besenginster zu finden. Ihr Vorkommen im Forst „Lindscheid" bei St. Ingbert hat EISINGER (1997) publiziert. Weiterhin sind *Gonioctena olivacea* aus dem Wogbachtal bei Ensheim, aus Sengscheid, St. Ingbert und Kirkel, der Ginster-Samenkäfer aus Sengscheid, St. Ingbert, Kirkel-Altstadt und dem Lambsbachtal bei Kirrberg sowie *Andrion regensteinense* aus dem Wogbach- und dem Lambsbachtal, aus Sengscheid, St. Ingbert, Rohrbach, Bexbach, Kirkel-Altstadt, Homburg-Sanddorf und vom ehemaligen Homburger Zollbahnhof bekannt.

4.2.2.4 Salweiden-Gebüsch

Das Salweiden-Gebüsch geht vielfach als Sukzessionsstadium dem meist strukturreichen Vorwald (= Pionierphase des eigentlichen Waldes) voraus. Salweiden-Gebüsche wachsen bevorzugt auf mäßig frischen Standorten, können regelmäßig aber auch in Steinbrüchen, an Straßenböschungen oder auf Trümmerschutt gefunden werden. Im Gegensatz zu den Besenginsterfluren kommt das Salweiden-Gebüsch auch auf Muschelkalkböden vor.

4.2.2.5 Schlehen-Liguster-Gebüsch

Das Schlehen-Liguster-Gebüsch ist die verbreitetste Gebüschformation im Bliesgau. Ihr Bild wird im Wesentlichen von Liguster (*Ligustrum vulgare*), Schlehe (*Prunus spinosa*), Hundsrose (*Rosa canina*) und Weißdornen (Gattung *Crataegus*) bestimmt. Besonders die Weißdorne, die in der Regel maßgeblich am Aufbau entsprechender Gebüsche und Hecken beteiligt sind, sorgen im Frühjahr für einen auffallenden weißen Blühaspekt. Sehr auffällig ist auch der Blühaspekt der Schlehe, die bereits sehr früh im Jahr blüht – in aller Regel vor dem Erscheinen des ersten Blattgrüns.

Je nach Artenzusammensetzung und Standort lässt sich das Schlehen-Liguster-Gebüsch noch einmal untergliedern in eine artenreiche Ausbildung, die sonnenexponierte Hänge besiedelt und durch eine Reihe wärmebedürftiger Arten, insbesondere Rosenarten, gekennzeichnet ist (Rosen-Liguster-Gebüsch), sowie eine nährstoffreichere Variante mit einem höheren Anteil an Arten, die nitratreiche Böden bevorzugen (Holunder-Liguster-Gebüsch).

Bemerkenswerte Gefäßpflanzenart

Christophskraut (*Actaea spicata*)

Das zu den Hahnenfußgewächsen gehörende Christophskraut bevorzugt beschattete, lockersteinige, nährstoff- und basenreiche Standorte. Die Art wird gerne übersehen und ist demzufolge weniger bekannt. Deutschlandweit ist das Vorkommen weitgehend auf den Süden und die Mitte beschränkt. Im Saarland ist die Art im Bereich der basenreichen Vulkanite im Norden sowie in den Muschelkalkregionen zu finden. Im Gebiet des Biosphärenreservats Bliesgaus tritt das Christophskraut bevorzugt in Waldrandstrukturen – nicht selten auf eingewachsenen Lesesteinwällen – auf. Die Art ist dort auch oft mit Orchideen, z. B. mit dem Weißen Waldvöglein (*Cephalanthera damasonium*), vergesellschaftet.

Feucht-Gebüsch auf Niedermoorstandort in der Umgebung von Jägersburg.

Trocken-Gebüsch mit Wolligem Schneeball (*Viburnum lantana*) in der „Badstube Mimbach".

großvorhabens „Saar-Blies-Gau/Auf der Lohe" in entsprechenden Lebensräumen durchschnittlich 60 epigäisch (= auf der Bodenoberfläche) lebende Webspinnenarten nachgewiesen werden. Als Besonderheit ist die nur 1 mm große Zwergspinne *Silometopus bonessi* (CASEMIR, 1970) zu nennen, die im Rahmen des Projektes an insgesamt neun Stellen gefunden wurde. Für diese Art ist die Bundesrepublik in besonders hohem Maße verantwortlich, da ihr Aussterben in Deutschland äußerst gravierende Folgen für den Gesamtbestand hätte bzw. ihr weltweites Erlöschen bedeuten würde. Aus dem Saarland sind 26 Fundorte bekannt, an denen zusammen 281 Tiere gefangen wurden.

4.2.2 Gebüschformationen

Bei den Gebüschen der Region ist zwischen zwei Großgruppen zu differenzieren. Es sind dies die Gebüsche der feuchten Standorte und diejenigen der trockenen bis frischen Standorte.

Auf feuchten Standorten finden sich zwei unterschiedliche Gebüschformationen: das Weiden-Faulbaum-Gebüsch und das Grauweiden-Gebüsch. Die Gebüsche der trockenen bis frischen Standorte umfassen die Besenginsterfluren, die Salweiden-Gebüsche und die Schlehen-Liguster-Gebüsche.

4.2.2.1 Weiden-Faulbaum-Gebüsch

Eine typische Gebüschformation der feuchten Standorte ist das Weiden-Faulbaum-Gebüsch. Es bildet relativ stabile Bestände aus und wird im Allgemeinen nur langsam durch Arten der Schlusswaldgesellschaften ersetzt. Die kennzeichnende Art dieser Gebüsche ist der Faulbaum (*Frangula alnus*), der zwar in den Muschelkalkgebieten des Bliesgaus fehlt, dafür aber in den Buntsandsteingebieten des nördlichen Teils der Region vorkommt.

4.2.2.2 Grauweiden-Gebüsch

Eine charakteristische Art im muschelkalkgeprägten Teil des Biosphärenreservats Bliesgau ist die Grauweide (*Salix cinerea*), weshalb die entsprechende Gebüschformation hier als „Grauweiden-Gebüsch" beschrieben werden kann. Neben der Grauweide tritt in dieser Gebüschformation häufig auch die Öhrchenweide (*Salix aurita*) auf. Die Zusammensetzung der Krautschicht ist von Gebüsch zu Gebüsch sehr unterschiedlich; sie wird aber zumeist von feuchteliebenden Arten – wie z. B. Sumpf-Kratzdistel (*Cirsium palustre*), Gewöhnlicher Blutweiderich (*Lythrum salicaria*), Echtes Mädesüß (*Filipendula ulmaria*) und Sumpf-Baldrian (*Valeriana dioica*) – bestimmt.

Die Bergzikade (*Cicadetta montana*) ist eine Charakterart der wärmeliebenden Gebüsche. Frisch geschlüpftes Insekt mit Exuvie (links).

in den letzten Jahren im Saarland ausgebreitet und kommt – wie der Name bereits sagt – am Brombeer-Gebüsch, und da bevorzugt am Rand wärmeexponierter Wälder, vor. Die Brombeere ist während der von Mai bis August reichenden Blütezeit Nektarpflanze der Imagines; davor ist sie Nahrungspflanze der Raupen.

Bergzikade (*Cicadetta montana sensu lato*)

Neben Gottesanbeterin, Weinhähnchen, Feuerlibelle, Mauereidechse, Orpheusspötter sowie den bekannten wärmeliebenden Schmetterlingsarten Zweibrütiger Puzzlefalter, Krüppelschlehen-Zipfelfalter und Thymian-Ameisenbläuling ist das Vorkommen der Bergzikade ein weiterer Hinweis auf den submediterranen Charakter der Muschelkalkgebiete des Bliesgaus. Bevorzugter Lebensraum der Bergzikade sind stark sonnenexponierte Trocken- bzw. Halbtrockenrasenhänge.

Lange Zeit wurde angenommen, dass in Mitteleuropa nur eine einzige Art der Gattung *Cicadetta* lebt, und zwar die im Jahre 1772 von Giovanni Antonio Scopoli erstmals beschriebene Art *Cicadetta montana*. Nach den Ergebnissen neuerer bioakustischer Untersuchungen (MEINEKE 2012) handelt es sich jedoch um einen Artkomplex, der sich aus drei ähnlichen Arten zusammensetzt. Diese sind:

- *Cicadetta cantilatrix*,
- *Cicadetta brevipennis* und
- *Cicadetta montana sensu stricto* (sensu stricto = im engeren Sinne).
  Der Artkomplex wird als *Cicadetta montana sensu lato* (sensu lato = im weiteren Sinne) bezeichnet (vgl. STEINER 2012).

Nach MEINEKE (2012) und STEINER (2012) treten in Deutschland alle drei genannten *Cicadetta*-Arten auf. Zwar lassen sie sich infolge ihres gleichen Aussehens nicht nach äußeren Körpermerkmalen bestimmen, doch können zumindest junge Menschen mit gutem Gehör die einzelnen Arten anhand ihrer artspezifischen Gesänge durchaus zuverlässig unterscheiden (MEINEKE 2012).

Aus der von Aloysius Staudt – im Zusammenhang mit einem Aufruf zur Kartierung der Bergzikade im Saarland – beschriebenen Lautäußerung folgert MEINEKE (2012), dass es sich bei den saarländischen Vorkommen (und damit wohl auch bei denjenigen im Bliesgau) in erster Linie um *Cicadetta cantilatrix* handeln dürfte, was allerdings noch mittels bioakustischer Methoden zu verifizieren wäre.

Bemerkenswerte Käferarten

Vor allem in der Zeit von Juni bis August ziehen Brombeerhecken zahlreiche Käferarten an. Häufig lassen sich mehrere Arten aus der Familie der Bockkäfer (Cerambycidae) gleichzeitig beobachten: Der Gefleckte Schmalbock (*Leptura maculata*), der Kleine Schmalbock (*Stenurella melanura*) und der Gefleckte Blütenbock (*Pachytodes cerambyciformis*) sind einige Beispiele für solche Bockkäfer, die sich an Brombeeren, aber auch an anderen Pflanzen, von deren Pollen ernähren. Die Larven entwickeln sich in morschem Holz, wobei die meisten Arten an wenige Baumarten gebunden sind.

Bemerkenswerte Spinnenarten

Strukturkomplexe aus Kalk-Magerrasen, Säumen und lockerem Gebüsch sind in der Region Bliesgau diejenigen Lebensräume mit der höchsten Artenvielfalt bezüglich der Webspinnenfauna. So konnten allein im Projektgebiet des Naturschutz-

Der kleine Krüppel-Schlehen-Zipfelfalter (*Satyrium acaciae*) legt seine Eier bevorzugt an Schlehengebüsch (*Prunus spinosa*) ab. (Foto: Anita Naumann)

Eiablage-Pflanze des Brombeer-Perlmuttfalters (*Brenthis daphne*) ist die Brombeere. (Foto: Anita Naumann)

ckenarten. Sie sind Leitarten unterschiedlicher Biotoptypen innerhalb der Biotoptypen-Obergruppe „Hecken und Gebüsche". Während die Mönchsgrasmücke (*Sylvia atricapilla*) Wälder bzw. Waldrandstrukturen, zunehmend auch Park- und Gartenlandschaften besiedelt, sind die drei anderen Vertreter der Gattung *Sylvia* eher Arten der offenen Feldflur. Am wenigsten Gebüsch benötigt die Dorngrasmücke (*Sylvia communis*). Ihr reichen schon kleinere Gebüschinseln oder Hochstaudenbestände in ansonsten ausgeräumten, intensiver genutzten Landschaften. Sogar in Rapsfeldern wurden Bruten beobachtet. Etwas anspruchsvoller ist dagegen die Klappergrasmücke (*Sylvia curruca*), die eher ein Vegetationsmosaik aus offenen und geschlossenen Vegetationsstrukturen mit einzelnen Gebüschgruppen bevorzugt, teilweise aber auch in die menschlichen Siedlungsbereiche geht. Die Gartengrasmücke (*Sylvia borin*) meidet die Wälder, fühlt sich bevorzugt in Gebüschstrukturen mit einzelnen eingestreuten Baumhecken zu Hause.

Von den vier Grasmückenarten ist die Mönchsgrasmücke die häufigste. Ihr folgen Garten- und Dorngrasmücke. Die seltenste Art ist die Klappergrasmücke. Sie ist zwar saarlandweit verbreitet, weist aber nirgendwo eine hohe Bestandsdichte auf. Der Bestandstrend von Garten- und Klappergrasmücke ist stabil. Mönchs- und Dorngrasmücke nehmen dagegen offensichtlich zu. Die Dorngrasmücke erlitt in den 1960er Jahren einen massiven Bestandseinbruch aufgrund der jahrelangen Trockenheit in ihrem Überwinterungsgebiet in der afrikanischen Sahelzone. In den letzten Jahrzehnten hat sich die Art von diesem Rückgang wieder erholt (vgl. Elle 2005).

Krüppelschlehen-Zipfelfalter (*Satyrium acaciae*)

Der Krüppelschlehen-Zipfelfalter (= Kleiner Schlehen-Zipfelfalter) ist eine extrem wärmebedürftige Art. Die Falterweibchen legen die Eier an niedrigem Schlehengebüsch ab, wie es vornehmlich auf Lesesteinhaufen und -wällen oder im Abraum offen gelassener Steinbrüche wächst.

Mitte der 1970er Jahre war die recht unscheinbare Art im Saarland nur vom offen gelassenen Steinbruch auf dem „Hanickel" bei Gersheim-Rubenheim bekannt. Seither hat sich der Krüppelschlehen-Zipfelfalter ausgebreitet. Heute kommt die Art in einer Reihe von Kalk-Halbtrockenrasen vor und ist eine der Charakterarten des Bliesgaus.

Brombeer-Perlmuttfalter (*Brenthis daphne*)

Der Brombeer-Perlmuttfalter ist eine Art der bundesdeutschen Roten Liste und wird dort als „vom Aussterben bedroht" geführt. Die Art hat sich erst

Das Schwarzkehlchen (*Saxicola torquata*) ist eine Art der Ruderalfluren. (Foto: Peter Hellenthal)

Im Bliesgau kommen mit Mönchs-, Dorn-, Klapper- u. Gartengrasmücke vier Grasmückenarten vor. Im Bild die Gartengrasmücke (*Sylvia borin*). (Foto: Robert Groß / Saarland, Ministerium für Umwelt und Verbraucherschutz)

die Weibchen halten sich nicht an Reviergrenzen, sind anderen Männchen gegenüber verträglich und können in einer Saison in Begleitung mehrerer Männchen beobachtet werden. Die Männchen wiederum balzen jedes erreichbare Weibchen in gleicher Weise an und versuchen zu kopulieren. Aus den genannten Gründen findet nicht selten mehr als eine Brut in einem Revier statt, was eine exakte Bestandsdichteschätzung erschwert.

Der Bestand der Grauammer geht seit Jahren zurück: Aktuell liegt er im gesamten Saarland nur noch bei 60–120 Brutpaaren (Roth, N./Klein, R./ Kiepsch, S. 2020), wobei der Verbreitungsschwerpunkt weiterhin im Saar-Blies-Gau und im Zweibrücker Westrich liegt. Allein hier wurden für die 1980er und 1990er Jahre noch 100–115 Brutpaare geschätzt (Handke/Petermann 1986; Moschel 2000, 2005a). Der Bestandstrend zeigt jedoch auch im Gebiet des Biosphärenreservats Bliesgau deutlich nach unten. Ein augenfälliger Beleg hierfür ist die Tatsache, dass der letzte in der Region bekannte Schlafplatz, an dem zu Beginn der 2000er Jahre noch bis zu 70 Grauammern zum Nächtigen einfielen, heute kaum mehr frequentiert wird. An einem anderen Schlafplatz nächtigten 1980 mehr als 100 Vögel; auch dieser ist längst verwaist.

Die Grauammer ist auf eine extensiv genutzte Agrarlandschaft angewiesen. Intensivierungsmaßnahmen (z. B. frühe Mahd, große Ernteschläge, Rückumwandlung von Brachen, Entfernung der wichtigen Singwarten) wirken sich sehr negativ auf die Bestände aus.

Schwarzkehlchen (*Saxicola torquata*)

Das Schwarzkehlchen ist eine Art der sogenannten „Unkraut"-Fluren. Sie besiedelt Saumstrukturen (z. B. entlang von Feldwegen oder Weidezäunen), landwirtschaftliche Brachflächen, Industriebrachen, Halbtrockenrasen in frühen Sukzessionsstadien usw. Wichtig ist das Vorhandensein einer nicht zu dichten Bodenvegetation mit einzelnen strukturierenden Hochstauden und eventuell kleinen Gebüschen. Handke/Petermann (1986) berichten von lokalen Bestandseinbußen im Regionalverband Saarbrücken sowie auch in Teilen des Bliesgaus; nach neueren Erkenntnissen indessen hat das Schwarzkehlchen landesweit leicht zugenommen (Austgen 2005d). Für den Bliesgau lässt sich kein eindeutiger Trend beschreiben, obwohl die Art hier in den letzten Jahrzehnten – aufgrund der intensiveren Landnutzung, der Flurbereinigungen, des Verschwindens von Ödländereien etc. – Lebensraum verloren hat.

Grasmücken (Gattung *Sylvia*)

Mit Mönchs-, Garten-, Dorn- und Klappergrasmücke leben in der Region Bliesgau vier Grasmü-

Verglichen mit anderen Landesteilen ist der Neuntöter (*Lanius collurio*) im Bliesgau noch regelmäßig anzutreffen. (Foto: Hartmut Dorda)

Der Orpheusspötter (*Hippolais polyglotta*) ist erst seit den 1980er Jahren ins Saarland eingewandert. Die Art besiedelt jede Form an gebüschgeprägten Flächen, so z. B. auch die Besenginsterflur in einer Baulücke im Siedlungsbereich. (Foto: Peter Hellenthal)

Die Grauammer (*Emberiza calandra*) ist eine Art des extensiv genutzten Grünlandes mit einzelnen Gebüsch- oder Streuobstelementen. (Foto: Peter Hellenthal)

vat (noch) nicht selten, wenngleich ihr Bestand zurückgeht. Nach einem gravierenden Einbruch der Populationsdichte in den 1970er/80er Jahren nahm der Bestand ab Ende der 1980er Jahre zwar wieder zu, doch wurde das frühere Niveau nicht mehr erreicht (vgl. NICKLAUS 2005b). Aktuell wird saarlandweit erneut eine Abnahme beobachtet (ROTH, N./KLEIN, R./KIEPSCH, S. 2020). Als in die EU-Vogelschutzrichtlinie aufgenommene Art genießt der Neuntöter einen besonderen Schutz.

Grauammer (*Emberiza calandra*)

Die Grauammer ist ein Vogel der offenen Landschaft, der insbesondere ebenes Gelände bevorzugt. Einzelne Bäume, Büsche oder andere vertikale Strukturelemente dienen als Singwarten. Gemieden werden Waldnähe und intensiv bewirtschaftetes Grünland mit mehrmaligem Grasschnitt.

An Schlafplätzen (z. B. in Altgrasflächen oder Schilfgebieten) können sich im Winter zahlreiche Grauammern versammeln, sodass im zeitigen Frühjahr bereits singende Männchen außerhalb der eigentlichen Brutgebiete, eben in der Nähe der Schlafplätze, angetroffen werden können. Das Grauammer-Männchen ist zur Brutzeit (zumeist ab Mitte Mai) recht territorial. Die Literatur berichtet gleichwohl von polyterritorialen Individuen, bei denen ein Revierwechsel auch während der Brutsaison über größere Distanz möglich ist (vgl. Zusammenstellung in MOSCHEL 2000). Aber auch

Die Haselmaus (*Muscardinus avellanarius*) ist eine Art der Waldsäume und Waldränder. (Foto: Robert Groß / Saarland, Ministerium für Umwelt und Verbraucherschutz)

Wesentlich häufiger als die Haselmaus ist der Siebenschläfer (*Glis glis*). (Foto: Robert Groß / Saarland, Ministerium für Umwelt und Verbraucherschutz)

„Umgebung Gräfinthal" nördlich von Bliesmengen-Bolchen. Der Bund für Umwelt und Naturschutz Deutschland (BUND), Landesverband Saarland, hat vor Jahren im Bliesgau ein Haselmaus-Schulprojekt durchgeführt. Dabei wurden dem BUND Haselnüsse aus Kirkel und Ensheim übergeben, die eindeutig von der Haselmaus angeknabbert waren.

Orpheusspötter (*Hippolais polyglotta*)

Eine biogeographische Besonderheit stellt der Orpheusspötter dar, denn die Art ist erst seit den 1980er Jahren aus Südwesteuropa kommend massiv ins Saarland eingewandert (vgl. HAYO/WEYERS 1986, IRSCH 1994). Der erste Brutnachweis gelang im nördlichen Saartal und datiert aus dem Jahr 1984. Erstmals nachgewiesen wurde die Art jedoch schon früher: 1962 von Ludwig Schwarzenberg im Gebiet des heutigen Biosphärenreservats Bliesgau, genauer gesagt in St. Ingbert (NICKLAUS 1991). Mittlerweile ist die Art auch in andere Naturräume eingewandert und besiedelt fast das gesamte südliche und westliche Saarland (vgl. HAYO/BUCHHEIT 2005).

Während zu Beginn der Einwanderung der Orpheusspötter fast ausschließlich in Ginsterbrachen festgestellt wurde, hat er sein Habitatschema zwischenzeitlich stark erweitert. So kommt die Art heute auf fast allen wärmebegünstigten, gebüschgeprägten Flächen – z.B. entlang von Eisenbahn- und Straßendämmen, in Gewerbegebieten oder auf Bauerwartungsland – vor. Insgesamt betrachtet ist eine gewisse Nähe zum menschlichen Siedlungsraum festzustellen. Dementsprechend seltener – aber dennoch nicht ungewöhnlich – werden auch Gebüsche in der freien Feldflur vom Orpheusspötter besiedelt.

Das Saarland beherbergt zurzeit immer noch den Großteil der bundesdeutschen Gesamtpopulation. Allerdings weitet der Orpheusspötter sein Areal stetig weiter nach Norden aus und hat inzwischen Niedersachsen erreicht (GEDEON et al. 2014).

Neuntöter (*Lanius collurio*)

Der Neuntöter, früher auch Rotrückenwürger genannt, ist die letzte von ehemals vier Vogelarten aus der Familie der Würger (*Laniidae*), die gegenwärtig noch in nennenswerter Anzahl im Bliesgau vorkommt. Zwei Verwandte sind hierzulande bereits ausgestorben: der Schwarzstirnwürger (*Lanius minor*) um 1900, der Rotkopfwürger (*Lanius senator*) vor rund 10 Jahren. Die vierte Würgerart, der Raubwürger (*Lanius excubitor*), ist gerade dabei, aus der Region zu verschwinden.

Der Neuntöter findet in der Kulturlandschaft des Bliesgaus bisher ausreichend geeigneten Lebensraum (Sukzessionsflächen, Brachen, gebüschgeprägte Areale). Die Art ist im Biosphärenreser-

4.2 Hecken und Gebüsche

In den meisten Offenlandbereichen der Region zählen Hecken und Gebüsche nicht nur zu den prägenden Kulturlandschaftselementen, sondern auch zu den am häufigsten vertretenen Lebensraumtypen. Sie können als großflächige Gebüsche, als schmale Hecken, als kleine Gebüschgruppen oder als Waldmäntel ausgebildet sein. Obwohl sie nie gezielt gepflanzt wurden, spiegeln sie dennoch wichtige Teile der Nutzungs- und Kulturgeschichte des Bliesgaus wider.

In der Regel stellen die Hecken und Gebüsche Verbrachungsstadien auf landwirtschaftlich nicht mehr genutzten Flächen dar. Nicht selten haben sie sich auf Lesesteinhaufen oder auf lang gestreckten Lesesteinwällen entlang von Parzellengrenzen entwickelt. Je kleinteiliger die Besitzstruktur in einer Flur ist (bzw. war) und je schwieriger die Agrarflächen zu bewirtschaften sind, desto häufiger treten Hecken und Gebüsche auf.

Primäre, d. h. von Natur aus vorhandene, strauchdominierte Hecken- und Gebüschstrukturen gibt es in der Region Bliesgau nicht. Bei allen hier vorkommenden Hecken und Gebüschen handelt es sich um Sekundärbiotope. Vorausgesetzt der Mensch lässt es zu, werden sich die Gebüschgesellschaften mittelfristig zu Wäldern weiterentwickeln.

4.2.1 Charakteristische Tierarten der Hecken und Gebüsche

Hecken und Gebüsche bieten je nach ihrer Ausprägung einer Vielzahl unterschiedlicher Tierarten Lebensraum. Sie übernehmen für bestimmte Arten ganz bestimmte ökologische Funktionen (z. B. Jagdwarte, Nistplätze, Schutz) und können unter anderem Nahrungshabitat, periodischer Aufenthaltsbereich (z. B. Überwinterungsquartier) oder auch ganzjähriger Lebensraum sein.

In ihrer Breite überschaubare Gebüsche kommen hinsichtlich ihrer Wirkung auf die Fauna den zusammenhängenden Waldmänteln weitgehend gleich. Vertikal reich strukturierte Hecken und Gebüsche begünstigen solche Tierarten, die stockwerkartig aufgebaute Lebensräume mit mehreren Vegetationsschichten auf unterschiedlichen Höhenniveaus benötigen.

Hecken- und Gebüschlandschaft im Bereich der „Rebenklamm" bei Reinheim.

Aus tierökologischer Sicht liegt es nahe, Hecken und Gebüsche nach den standortökologischen Ansprüchen von Vögeln zu typisieren, da diese Tiergruppe die maßgebliche Leitarten-Gruppe innerhalb der charakteristischen Hecken- und Gebüschfauna darstellt. Von besonderer Relevanz sind in diesem Zusammenhang Typisierungen nach vertikalen Strukturmerkmalen, wie dies z. B. bei der Einteilung naturnaher Hecken in die vier Typen Nieder-, Mittel-, Hoch- und Baumhecke der Fall ist. Von einem Heckentyp zum nächsten nimmt die Anzahl der Vegetationsschichten (Stockwerke) zu.

Haselmaus (*Muscardinus avellanarius*)

Die Haselmaus ist eine typische Lichtwaldart. Dort, wo die Kronen der Bäume zu dicht zusammenwachsen und nur noch wenig Licht auf den Boden trifft, findet die nachtaktive Haselmaus kaum Nahrung. Ihr bevorzugter Lebensraum sind aus Bäumen und Sträuchern aufgebaute Waldmäntel, d. h. also ein Standorttyp, der am ehesten durch die Biotoptypen-Obergruppe „Hecken und Gebüsche" reflektiert wird.

Die Art kommt auch im Biosphärenreservat Bliesgau vor, ist hier allerdings nirgends häufig – im Gegensatz zu ihrem nächsten Verwandten, dem Siebenschläfer (*Glis glis*), der in weiten Teilen der Region zu finden ist. Die Haselmaus liebt kleinräumig strukturierte Landschaften wie z. B. die gebüschgeprägten Hangflächen im Naturschutzgebiet

treffenden Gesellschaften stabile Endstadien der Vegetationsentwicklung dar. Die Grenze zwischen den beiden Waldtypen ist ebenso wie die zwischen dem Lebensraumtyp „Quelle" und „Bach" fließend.

Rippenfarn (*Blechnum spicant*), Winkel-Segge (*Carex remota*), Wechselblättriges Milzkraut (*Chrysosplenium alternifolium*), Gegenblättriges Milzkraut (*Chrysosplenium oppositifolium*), Wald-Ziest (*Stachys sylvatica*), Wald-Segge (*Carex sylvatica*), Sumpf-Pippau (*Crepis paludosa*), Sumpf-Baldrian (*Valeriana dioica*) und Scharbockskraut (*Ranunculus ficaria*) sind die kennzeichnenden Arten der Krautschicht der Quell- bzw. Bach-Erlen-Eschenwälder. Die regionalen Schwerpunkte der Verbreitung beider Typen liegen in den Wäldern zwischen St. Ingbert und Blieskastel. Potenziell kommen im Bliesgau jedoch alle quell- bzw. bachnahen Standorte, die die erforderlichen Feuchtverhältnisse bieten, für diese Waldgesellschaften in Frage.

Bach-Eschen-Erlenwald im Lambsbachtal bei Kirrberg.

Quell-Erlen-Eschenwald im Bereich der Karlsbergquelle bei Homburg.

Waldsimse (*Scirpus sylvaticus*), Bittersüßer Nachtschatten (*Solanum dulcamara*) und Sumpf-Baldrian (*Valeriana dioica*).

Bemerkenswerte Tierart

Erlenblattkäfer (*Agelastica alni*)

Sehr viele Käferarten leben spezifisch von bzw. an einer einzigen Pflanzenart oder an einigen wenigen Pflanzenarten. Hierzu zählt der dunkelblau glänzende Erlenblattkäfer, der im Sommer an nahezu allen Erlen an den Blättern nagt, z. B. in St. Ingbert, Sengscheid, Rohrbach, im Forst „Lindscheid" bei St. Ingbert (EISINGER 1997), am „Wombacher Weiher" bei Rohrbach, in Niederwürzbach, Bliesransbach, Bliesmengen-Bolchen, am Rubenheimer Weiher oder im Lambsbachtal bei Kirrberg. Sowohl die Imagines als auch die Larven ernähren sich von den Erlenblättern. Das Eigelege besteht aus etwa 60 bis 70 Eiern. Da die Larven bereits nach zwei Wochen schlüpfen, sind sehr häufig Larven und Imagines gleichzeitig an den Blättern.

4.1.3.9 Moorbirken-Bruchwald

Moorbirken-Bruchwälder wachsen auf schwach mineralversorgten, sauren Übergangsmooren und Quellmooren. In der Region kommt als potenzieller Standort insbesondere der Jägersburger Wald – und hier der Bereich um das „Jägersburger Moor" / „Teufelsmoor" – in Frage. Kennzeichnende Arten wie der Königsfarn (*Osmunda regalis*), der Rundblättrige Sonnentau (*Drosera rotundifolia*), das Scheidige Wollgras (*Eriophorum vaginatum*) und die Gewöhnliche Moosbeere (*Vaccinium oxycoccos*) wurden hier in den letzten Jahren allerdings nur noch sporadisch bzw. überhaupt nicht mehr beobachtet. Ihr Fehlen ist ein Indiz für geänderte Standortfaktoren, insbesondere für die in der Vergangenheit erfolgte Grundwasserabsenkung.

Dagegen ist die namengebende Art, die Moorbirke (*Betula pubescens*), auf den Feuchtstandorten im Jägersburger Wald noch verbreitet anzutreffen. Ihr Vorkommen weist auf die ehemals günstigeren Standortbedingungen der Moorbirken-Bruchwälder im Homburger Stadtgebiet hin.

4.1.3.10 Quell-Erlen-Eschenwald und Bach-Erlen-Eschenwald

Abgesehen von einigen Resten des Weichholz- und des Hartholz-Auwaldes an der Blies sind der Quell-Erlen-Eschenwald und der Bach-Erlen-Eschenwald die beiden letzten wichtigen Waldgesellschaften im Bliesgau. Sie stehen in direktem Kontakt zu einer Quelle bzw. einem Bach.

Solange sich die für ihre Ausbildung maßgeblichen Feuchteverhältnisse nicht ändern, stellen die be-

Erlen-Bruchwald – Lambsbachtal bei Kirrberg.

Moorbirken-Bruchwald in der Naturwaldzelle „Jägersburger Moor" bei Jägersburg.

witterungslehmen des Muschelkalks. Das heutige Verbreitungsbild des Eichen-Hainbuchenwaldes ist allerdings zu einem Großteil auch auf frühere Nieder- und Mittelwaldnutzungen zurückzuführen.

Bei diesen historischen Waldnutzungsformen wurde die Buche zurückgedrängt, da sie im Gegensatz zu Stieleiche, Traubeneiche, Hainbuche, Schwarzerle u. a. nicht gut aus dem Stock ausschlagen kann. Nach Aufgabe der Nieder- bzw. Mittelwaldnutzung setzt erfahrungsgemäß ein stärkeres Wachstum von Buche und Edellaubhölzern (in erster Linie Eschen) ein – mit der Konsequenz, dass sich die Wälder auch in ihrem Erscheinungsbild deutlich ändern.

Da die nutzungsbedingten Eichen-Hainbuchenwälder weit verbreitet sind, ist es nicht immer leicht zu beurteilen, ob es sich im jeweiligen Einzelfall um eine primäre oder eine sekundäre Waldgesellschaft handelt (vgl. BETTINGER 2017). Nicht auf die Waldwirtschaft zurückgehende Eichen-Hainbuchenwälder kommen im Biosphärenreservat typischerweise im Übergang vom Erlen-Bruchwald zum wasserbeeinflussten Kalk-Buchenwald vor, z. B. im Einwirkungsbereich von Mardellen. Als charakteristische Arten der Krautflora in Eichen-Hainbuchenwäldern sind unter anderem Bärlauch (*Allium ursinum*), Buschwindröschen (*Anemone nemorosa*), Geflecker Aronstab (*Arum maculatum*), Scharbockskraut (*Ranunculus ficaria*) und Großes Hexenkraut (*Circaea lutetiana*) zu nennen.

4.1.3.8 Erlen-Bruchwald

Die Waldgesellschaft Erlen-Bruchwald entwickelt sich in der Regel auf stark von Grundwasser beeinflussten, nicht allzu nährstoffarmen Standorten, z.B. auf Niedermooren, auf anmoorigen Flächen entlang von Bächen oder in Verlandungszonen von Teichen. Erlen-Bruchwälder haben großen Einfluss auf die Qualität von Grund- und Oberflächenwasser. Indem sie den Oberflächenabfluss hemmen, wirken sie zunehmend stabilisierend auf die Böden.

Im Bliesgau sind die Erlen-Bruchwälder nur kleinflächig ausgebildet. Nennenswerte Vorkommen gibt es am Frohns- bzw. Geißbach nordwestlich von Niederwürzbach, am Kirkeler Bach und am Würzbacher Weiher. Einige andere Standorte erlitten durch forstwirtschaftliche Entwässerungsmaßnahmen und das Einbringen naturraumfremder Baumarten (insbesondere Fichten) erhebliche Schäden, an deren Beseitigung allerdings im Rahmen der naturnahen Waldwirtschaft bereits gearbeitet wird.

Hauptbaumarten der Erlen-Bruchwälder der Region sind die Schwarzerle (*Alnus glutinosa*) und – bei ausreichend guter Nährstoffversorgung – die Esche (*Fraxinus excelsior*). Typische Pflanzenarten der Kraut- und Strauchschicht sind Sumpfdotterblume (*Caltha palustris*), Bitteres Schaumkraut (*Cardamine amara*), Sumpf-Segge (*Carex acutiformis*), Walzen-Segge (*Carex elongata*), Faulbaum (*Frangula alnus*), Sumpf-Schwertlilie (*Iris pseudacorus*),

Gametophyt und Sporophyt des Prächtigen Dünnfarns (*Trichomanes speciosum*). Dieser tropische Hautfarn, der gleichzeitig auch FFH-Art ist, kommt in unserer Region fast ausschließlich als Gametophyt in Mikrobiotopen mit entsprechendem Kleinklima vor. Einzig Christoph Stark berichtet von dem Vorkommen auch von Sporophyten (zwei Fundorte im Bergland der Westpfalz/ Sickinger Höhe an insgesamt 5 Stellen; STARK schriftl.). Dies ist deutschlandweit einmalig. Es wird angenommen, dass während des Atlantikums bzw. Subatlantikums, als bei uns subtropisches Klima herrschte, der Sporophyt von *Trichomanes speciosum* bereits vorgekommen und damit der Grundstein für die heutige Existenz des Gametophyten gelegt worden ist. (Foto: Christoph Stark)

Eichen-Hainbuchenwald im Forstrevier Gersheim.

besondere Bindung an die im östlichen Zentralatlantik liegenden Makaronesischen Inseln und den atlantischen Raum Westeuropas. Es handelt sich um einen tropischen Farn, „der bei uns hauptsächlich als Gametophyt in Mikrobiotopen mit entsprechendem Kleinklima zu finden ist" (STARK 2002, S. 200). Die europaweit durch die Fauna-Flora-Habitat-Richtlinie geschützte Art ist in Deutschland schwerpunktmäßig in der Westpfalz, im Hunsrück und in Teilen der Eifel verbreitet. In der Region Bliesgau wurde die Art - als Gametophyt - in der „Guldenschlucht" südlich von Einöd, daneben auch in Höhlungen der Buntsandsteinfelsen im Bereich des „Kirkeler Felsenpfads" nachgewiesen.

Typischerweise treten bei Farnpflanzen im Zuge des Generationswechsels jeweils aufeinanderfolgend zwei Varianten der Fortpflanzung auf. Die Geschlechtszellen ausbildende Generation wird als Gametophyt, die sich über Sporen ungeschlechtlich vermehrende Generation als Sporophyt bezeichnet. Der Prächtige Dünnfarn verfügt allerdings über eine abweichende, ungewöhnliche Fähigkeit: Bei ihm ist nämlich der Gametophyt dazu in der Lage, sich alternativ sowohl geschlechtlich als auch ungeschlechtlich fortzupflanzen, so dass auf einen Gametophyten in der nächsten Generation wiederum ein Gametophyt folgen kann (STARK 2002).

Die Gametophyten und die Sporophyten des Prächtigen Dünnfarns haben unterschiedliche ökologische Ansprüche. In Deutschland fehlen die klimatischen Grundvoraussetzungen zur Ausbildung der große Farnwedel tragenden Sporophyten. Hierzulande kommen daher fast ausnahmslos [9] nur die unscheinbaren, fädigen Gametophyten (= Prothallien) vor, die als moosartige Polster in Erscheinung treten.

4.1.3.7 Eichen-Hainbuchenwald

In seinem Vorkommen auf staunasse, sehr stark vom Grundwasser beeinflusste und gut bis sehr gut nährstoffversorgte Standorte beschränkt ist der Eichen-Hainbuchenwald. Die betreffenden Böden behindern die Wurzelatmung der in unserem Raum weitgehend vorherrschenden Buche und schaffen so grundsätzlich gute Bedingungen für ein natürliches Vorkommen von Eichen-Hainbuchenwäldern. Im Bliesgau wachsen entsprechende Wälder potenziell auf den luftarmen Ver-

[9] Einzig STARK (2002) hat bisher von einem Sporophyten-Fund in Deutschland berichtet, der auf der „Sickinger Höhe" (Rheinland-Pfalz) im Norden des Zweibrücker Westrichs gelang.

Das Christophskraut (*Actaea spicata*) ist eine Art der Waldränder auf lockersteinigen Böden. Weil sie etwas unscheinbar aussieht, wird die Art auch gerne übersehen. (Foto: Ulf Heseler)

Die Echte Pflaumenflechte (*Evernia prunastri*), nicht selten auch als Eichenmoos bezeichnet, ist eine typische Strauchflechte; sie wächst strauchförmig auf Bäumen und Sträuchern, z. B. auf Schlehen (*Prunus spinosa*). (Foto: Volker John)

Die Blattflechte (*Melanohalea exasperata*) nimmt aufgrund einer verbesserten Luftqualität in ihrem Bestand zu. (Foto: Volker John)

Bemerkenswerte Flechtenarten

Echte Pflaumenflechte (*Evernia prunastri*) und Raue Braunschüsselflechte (*Melanohalea exasperata*)

Die Echte Pflaumenflechte (= Eichenmoos) ist eine typische Strauchflechte. Sie bildet oft dichte Bestände in offenen Schlehen-Gebüschen. Das Epitheton „prunastri" im wissenschaftlichen Artnamen stammt daher wohl eher von *Prunus spinosa* (Schlehe) und nicht von *Prunus domestica* (Pflaume). In der Regel ist *Evernia prunastri* in den genannten Gebüschen mit der Mehligen Astflechte (*Ramalina farinacea*) vergesellschaftet.

An einem alten verholzten Rosenzweig im Bliesgau konnte einer der ersten Nachweise der Rauen Braunschüsselflechte (*Melanohalea exasperata*) im Saarland erbracht werden. Die wenig toxitolerante und wärmeliebende Blattflechte galt 1976 noch als vom Aussterben bedroht (Wirth et al. 1996). Als Folge verbesserter Luftgüte und der Klimaveränderung breitet sie sich gegenwärtig insbesondere auf dünnen Zweigen merklich aus.

4.3 Äcker

Äcker besitzen im Biosphärenreservat Bliesgau einen relativ hohen Flächenanteil. Dabei mag überraschen, dass es auch in der Region ausgeräumte Agrargebiete gibt (z. B. die Höhen um Blieskastel-Webenheim und Homburg-Einöd), die durch ein weitgehendes Fehlen an gliedernden vertikalen Strukturelementen gezeichnet sind und damit überhaupt nicht in jenes Bild eines Mosaikes der Vielfalt passen, welches den Bliesgau in so treffender Weise beschreibt.

Äcker sind eigenständige Lebensräume. Gründe für diese Eigenständigkeit sind ein hoher Grenzlinieneffekt am Übergang zu angrenzenden Lebensraumtypen sowie ein – durch die Bodenbewirtschaftung erzwungenes – fortwährendes Einwirken in Form des Aufbrechens der Bodenkrume (Umpflügen).

Was die Flora anbelangt ist festzustellen, dass viele Ackerwildkräuter („Ackerunkräuter") äußerst kurzlebig sind und deutlicher als alle anderen Pflanzenarten auf den jährlichen Wechsel der Standortfaktoren reagieren. Ackerwildkraut-Gesellschaften weisen in Abhängigkeit von Bodeneigenschaften, angebauter Frucht, Fruchtfolge und Intensität der Bewirtschaftung unterschiedliche Artenzusammensetzungen auf. Grundsätzlich lässt sich zwischen Getreide-Wildkrautgesellschaften und Hackfrucht-Wildkrautgesellschaften unterscheiden, doch spiegelt diese Differenzierung im Bliesgau nicht mehr so ganz die gegenwärtigen Verhältnisse wider. Ein Großteil der hiesigen Ackerflächen wird mit Getreide bestellt: vorwiegend Weizen und Gerste, daneben in wachsendem Maße auch Mais. Ebenfalls zugenommen hat der Rapsanbau. Typische Hackfruchtäcker mit Kartoffel und Futterrübe gibt es dagegen so gut wie nicht mehr. Dies hat zur Folge, dass die Hackfrucht-Gesellschaften beträchtlich an Lebensraum verloren haben, auch wenn sie sich zum Teil noch in Sommergetreide-Feldern halten können, die einen ähnlichen Bewirtschaftungsrhythmus wie Hackfrüchte besitzen (vgl. BETTINGER 2016).

Die Einteilung in Kalk- und Sandäcker ist eine eher pragmatische und folgt im Prinzip der bereits beschriebenen Gliederung des Biosphärenreservats in einen muschelkalkgeprägten Süden und einen buntsandsteingeprägten Norden. Sandäcker spielen in der Region eine untergeordnete Rolle. Durch die im Norden stärkere Ausdehnung von Wohn-, Gewerbe- und Industrieflächen ist ihr Anteil weiter zurückgegangen. Ausgesprochen arme Sandböden werden heute nirgends mehr regelmäßig ackerbaulich genutzt.

BETTINGER (2006, 2016) beschreibt aber auch den starken Rückgang der für Teile der Muschelkalkgebiete so typischen, flachgründigen und skelettreichen „Kalkscherben-Äcker", deren Bewirtschaftung aufgrund des groben Gesteinsmaterials erheblich erschwert ist. Kalkscherben-Äcker wurden vornehmlich auf Kalkschuttflächen des Oberen Muschelkalks angelegt. Sie sind Standorte von Adonisröschen-Gesellschaften. Ihren Namen haben sie von den scherbenartigen Kalksteinen, die vor allem durchs Pflügen an die Oberfläche kommen. Vergleichsweise häufig sind Kalkscherben-Äcker bisher noch zwischen Rubenheim und Gersheim innerhalb des Naturschutzgebietes „Südlicher Bliesgau/Auf der Lohe" zu finden (vgl. BETTINGER 2006).

4.3.1 Charakteristische Tierarten

Für kleinräumig organisierte Tierartengruppen – insbesondere für verschiedene Vertreter der Bodenfauna – können Äcker ganzjährige Lebensräume, für Arten mit größeren lokomotorischen Fähigkeiten wichtige Teillebensräume sein. Letzteres gilt hauptsächlich für Vögel. Während z. B. Arten wie das Rebhuhn, welches schwerpunktmäßig eher dem Grünland zuzuordnen ist, Habitate mit einem gewissen Anteil an Hackfrüchten favorisieren, sind andere Vogelarten, etwa die Feldlerche, in ihrem Jahreszyklus auf vielseitige Art und Weise auf den Lebensraum Acker bezogen.

Feldlerche (*Alauda arvensis*)

Von BEZZEL (1982) noch als Leitart des naturfernen Ökosystems „Acker" bezeichnet, ist die Feldlerche mittlerweile in weiten Teilen Mitteleuropas, so auch im Bliesgau, stark zurückgegangen. Als Ursachen hierfür kommen unter anderem Lebensraumverluste, sowohl durch Nutzungsaufgabe als auch Nutzungsintensivierung, sowie der Einsatz von Pestiziden in Betracht (vgl. AUSTGEN 2005b, BAUER/BEZZEL/FIEDLER 2005b). Zur Förderung der Art wird von Naturschutzseite die Anlage sogenannter „Lerchenfenster" propagiert. Hierbei handelt es sich um kleine Fehlstellen in den ackerbauli-

Acker, wie hier auf der Einöder Höh, gehören zu den naturferneren Ökosystemen. Äcker können aber auch bedeutende Rastbiotope sein, z. B. für den Mornellregenpfeifer (*Charadrius morinellus*).

Bei weitem nicht mehr so häufig wie früher ist die Feldlerche (*Alauda arvensis*). (Foto: Heinz Tuschl / Naturfotoarchiv Wolfgang Willner, Moosburg an der Isar, www.naturfoto-willner.de)

Eigentlich ein Brutvogel der Tundren Nordeuropas, kann der Mornellregenpfeifer (*Charadrius morinellus*) im Herbst auf den Äckern bei Webenheim während des Durchzugs beobachtet werden. (Foto: Barbara Böhme)

Das Acker-Hornmoos (*Anthoceros agrestis*) wächst entsprechend seinem Namen vorwiegend auf Äckern. Auffallend sind die schwarzen Spitzen der schotenförmigen Sporophyten. (Foto: Michael Lüth, Freiburg)

chen Nutzflächen, die durch kurzzeitiges Anheben der Sämaschine bewusst erzeugt werden. Infolge des Verzichts auf eine Einsaat entwickeln sich die betreffenden Stellen zu kleinen temporären Ruderalflächen, die die Feldlerche zur Anlage ihrer Nester nutzen kann.

Mornellregenpfeifer (*Charadrius morinellus*)

Eine besondere Rastvogelart auf Äckern des Bliesgaus ist der Mornellregenpfeifer. Hauptbrutgebiet der Art sind die Tundren Eurasiens. Auf seinem Zug in sein Überwinterungsgebiet im nördlichen Afrika macht der Mornellregenpfeifer auch in der Region Halt und kann dann bei der Nahrungssuche auf Äckern beobachtet werden. Für gewöhnlich taucht er in kleinen Trupps von 2 - 5 Vögeln auf. Die Verweildauer ist kurz, selten länger als ein Tag. Ein bekannter, fast alljährlich im Herbst aufgesuchter Rastplatz sind die offenen Höhen bei Blieskastel-Webenheim. Frühjahrsbeobachtungen konnten hier indes noch keine gemacht werden.

Das Kleine Flaschenmoos oder Blasiusmoos (*Blasia pusilla*) ist ein thallöses Lebermoos, das bevorzugt brachliegende Äcker und Ackerränder besiedelt. (Foto: Michael Lüth, Freiburg)

4.3.2 Bemerkenswerte Moosarten

An dieser Stelle sei auf ein gemeinsames Vorkommen der beiden bislang einzigen aus dem Saarland bekannten Hornmoos-Arten auf einem brachliegenden Acker zwischen Blieskastel-Mimbach und Blieskastel-Böckweiler hingewiesen. Hier wachsen schon seit mehreren Jahren – neben anderen Laub- und Lebermoosen – die Hornmoose *Anthoceros agrestis* und *Phaeoceros carolinianus*. Des Weiteren findet sich auf dieser Fläche auch das seltene thallöse Lebermoos *Blasia pusilla*, in dessen Thallushöhlungen als Mitbewohner Blaualgen vorkommen.

Im überregionalen Kontext besitzen die Ackerflächen bei Webenheim als Rastbiotop eine besondere Bedeutung für den Mornellregenpfeifer (vgl. Nicklaus 2014). Die Sicherung der Brutvorkommen im Norden Europas hängt auch vom Angebot an geeigneten Rastflächen in Mitteleuropa ab.

Großer Bombardierkäfer (*Brachinus crepitans*)

Laufkäfer (*Carabidae*) sind auf Äckern erstaunlich arten- und individuenreich. Zu den typischen Ackerarten des Bliesgaus zählt beispielsweise der Große Bombardierkäfer. Er wurde bei einer Untersuchung in Saarbrücken-Ensheim auf einem Getreidefeld auf Lehmboden in mehr als 5200 Exemplaren gefunden (Lillig 2011).

Der Große Bombardierkäfer ist eine Art offener, vegetationsarmer Habitate. In Äckern (und Weinbaulagen) scheint das Angebot an lückigen Begleitstrukturen – wie junge Brachen und Säume – für die Art von besonderer Bedeutung zu sein (Trautner 2017). Im Bliesgau sind derartige Strukturen an zahlreichen Stellen vorhanden. Belege des Großen Bombardierkäfers liegen bisher aus Gersheim-Walsheim und Saarbrücken-Eschringen vor. Die Art ist in der Region aber mit Sicherheit weiter verbreitet.

4.4 Grünland

Das durch die landwirtschaftliche Tätigkeit des Menschen entstandene Grünland ist in weiten Teilen des Biosphärenreservats Bliesgau landschaftsbildprägend. Wird die wiesen- oder weidewirtschaftliche Nutzung aufgegeben, entstehen Grünlandbrachen, die sich mittelfristig zu Gebüschen und langfristig zu Wäldern entwickeln würden, sofern keine Pflegemaßnahmen ergriffen werden, um den Charakter der betreffenden Grünlandbiotope zu erhalten.

Standortökologisch lässt sich für das Grünland eine dreigliedrige Grobeinteilung in drei Typen vornehmen: „Grünland nasser, feuchter und wechselfeuchter Standorte", „Grünland mittlerer Standorte" und „Grünland trockener Standorte". Dieser Einteilung folgt auch die Gliederung des vorliegenden Kapitels.

Die Fauna des Grünlandes ist ausgesprochen vielfältig. Hervorheben lassen sich diesbezüglich vor allem die Avifauna (Vögel) und die Entomofauna (Insekten). Bei den Vögeln „reicht" die Artenvielfalt sogar zur Abgrenzung einer eigenen Gruppe, der sogenannten Wiesenavifauna. Im Übrigen ist das Grünland eher dann für Vögel von Bedeutung, wenn es gewisse Vertikalstrukturen (z. B. Streuobst) aufweist. Vor diesem Hintergrund wurde am Ende dieses Kapitels noch ein spezielles Unterkapitel „Grünland mit Gehölzstrukturen" eingefügt. Bei der artenreichen Gruppe der Insekten wird das Vorkommen einzelner Arten im Wesentlichen von anderen Faktoren – wie Blütenreichtum, Wasserangebot, Art der Nutzung der verschiedenen Grünland-Vegetationstypen – bestimmt.

4.4.1 Grünland nasser, feuchter und wechselfeuchter Standorte

Auf nassen und feuchten Standorten haben sich in Abhängigkeit vom Wasserangebot und der Nutzung unterschiedliche nasse, feuchte und wechselfeuchte Grünland-Typen entwickelt. Ein besonderer Biotoptyp sind zweifelsohne die für die Muschelkalkgebiete charakteristischen Kalk-Flachmoore mit den entsprechenden Kalk-Flachmoorwiesen.

Der Wiesenpieper (*Anthus pratensis*) ist selten geworden. Noch vor Jahren konnte die Art regelmäßig in der Bliesaue zw. Webenheim und Einöd beobachtet werden. (Foto: Anita Naumann)

4.4.1.1 Charakteristische Tierarten

Wiesenpieper (*Anthus pratensis*)

Das Saarland ist eigentlich kein Wiesenvogelland, verglichen mit den großartigen Wiesenvogellebensräumen in Norddeutschland. Trotzdem beherbergte es mit Wiesenpieper, Kiebitz, Wiesenschafstelze, Braunkehlchen, Bekassine, Wachtelkönig u. a. einst eine Reihe typischer Wiesenvögel in durchaus beachtlicher Dichte. Der Wiesenpieper war die häufigste Art dieser Gilde (vgl. BRAUNBERGER 1990), aber auch er steht inzwischen kurz vorm Aussterben, wobei klimatische Gründe eine entscheidende Rolle spielen könnten (vgl. BRAUNBERGER 2011a). Für den Zeitraum 2011 - 2016 wird ein Bestand von nur noch 10 - 20 Paaren im Saarland angenommen (ROTH, N./KLEIN, R./KIEPSCH, S. 2020).

Ein Schwerpunktraum des Vorkommens war noch in den 1990er Jahren die Bliesaue, etwa von Niederbexbach bis Blieskastel (vgl. AUSTGEN 2005e). Die Gründe für den Rückgang sind lokal unterschiedlich, sie laufen jedoch immer auf Lebensraumverlust hinaus. Im Bliestal war es wohl insbesondere die Umstellung von Heumahd auf Silagemahd und damit verbunden die zeitliche Vorverlegung des ersten Schnitts. Hinzu kommen die oben erwähnten klimatischen Ursachen, die zu einer Austrocknung der Lebensräume des Wiesenpiepers führen. Aus dem Biosphärenre-

Auch der Kiebitz (*Vanellus vanellus*) ist ein mittlerweile nur noch selten zu beobachtender Wiesenvogel. (Foto: Anita Naumann)

Offensichtlich macht die Wiesenschafstelze (*Motacilla flava*) eine Habitatveränderung durch. Aus diesem Grund kann sie mittlerweile verstärkt auch im Ackerland angetroffen werden. Ihrem Namen „Wiesen-Schafstelze" erweist sie damit eigentlich keine Ehre mehr. (Foto: Peter Hellenthal)

servat Bliesgau ist er möglicherweise als Brutvogel bereits verschwunden.

Kiebitz (*Vanellus vanellus*)

Die Offenlandart Kiebitz ist erst in den 1960er Jahren ins Saarland eingewandert. Die ersten Brutvorkommen wurden in größeren Wiesenarealen im Bliesgau festgestellt, 1965 bei Pinningen (früher Neualtheim), 1966 bei Beeden, ca. 1968 bei Seelbach. Der Kiebitz ist auf große, übersichtliche Flächen mit bevorzugt niedriger Vegetation angewiesen. Aufgrund dieses engen Lebensraumspektrums eignen sich auch nur bestimmte Teile der Region als potenzieller Brutraum für die Art. Doch auch aus diesen Bereichen ist der Kiebitz heute fast restlos verschwunden. Schätzte BRAUNBERGER (1990) den saarländischen Bestand noch auf ca. 250 Paare, gab AUSTGEN (2005c) den Bestand für die Jahre 1996 - 2000 nurmehr mit 100 - 130 Paaren an. Heute, fast zwei Jahrzehnte später, sind lediglich kleine Restvorkommen von wenigen (Einzel-)Paaren zu vermuten. Im Gebiet des Biosphärenreservats waren in den 1970er Jahren vor allem die Auenbereiche der Blies und – wie bereits erwähnt – offene Wiesenflächen besiedelt. Später hat die Art ihr Habitatspektrum zeitweise erweitert und auch großflächige Ackerschläge (Sommergetreide, Mais) in ausgeräumten Landschaftsteilen besiedelt. Diese Habitaterweiterung trug jedoch nicht zu einer Stabilisierung der Population bei. Im Gegenteil: Vielmehr dürfte sie Einfluss auf den Niedergang der Art ausgeübt haben – wegen der überproportional starken Gelege- und Jungenverluste infolge der mit dem Ackerbau einhergehenden Bodenbearbeitung und dem Einsatz diverser Pflanzenschutzmittel.

Wiesenschafstelze (*Motacilla flava*)

Landesweit gehört die Wiesenschafstelze heute mit 20 - 40 Brutpaaren zu unseren seltensten Brutvögeln (ROTH, N./KLEIN, R./KIEPSCH, S. 2020). Sie hat seit den 1970er Jahren mehr als zwei Drittel ihres Bestandes eingebüßt (vgl. auch BRAUNBERGER 1990). Heute kommt sie nur noch im mittleren Saartal und dem angrenzenden Saar-Nied-Gau vor. Möglicherweise baut sich auch im Moseltal aktuell wieder eine kleine Population auf. Im Saarland hat die Art – wie in vielen anderen Regionen Deutschlands auch – in den vergangenen Jahren einen Habitatwechsel vollzogen: von feuchten bis nassen Wiesen hin ins Ackerland. Seither hat ihr Bestand gegenüber den 1990er Jahren (vgl. AUSTGEN 2005f) leicht zugenommen. Die in den 1990er Jahren von „Schafstelze" in „Wiesenschafstelze" umbenannte Art wird ihrem neuen Namen damit zunehmend weniger gerecht. Die weitere Entwicklung bleibt abzuwarten.

Als Brutvogel ist das Braunkehlchen (*Saxicola rubetra*) in der Region sehr sehr selten geworden. (Foto: Robert Groß / Saarland, Ministerium für Umwelt und Verbraucherschutz)

Der Weißstorch (*Ciconia ciconia*) hat sich in der Region als Brutvogel wieder etabliert. (Foto: Thomas Reinhardt, www.treinhardt.de)

Braunkehlchen (*Saxicola rubetra*)

Das Braunkehlchen war einst ein weitverbreiteter Brutvogel unserer Wiesenlandschaften, wobei der Schwerpunkt der Vorkommen im nördlichen Saarland lag. Auch noch Ende der 1990er Jahre bestand dieser Verbreitungsschwerpunkt im Hochwaldvorland (vgl. AUSTGEN 2005a), doch bereits 2010 konstatierte BARTH (2014) auf einer Probefläche einen Rückgang um 95 %, was wohl auf das baldige Verschwinden der Art auch hier hindeutet. Im Biosphärenreservat Bliesgau kam das Braunkehlchen in den 1990er Jahren mit 15 - 20 Brutpaaren zwar verbreitet vor, war aber doch selten. Die letzten bekannten Vorkommen im Bliesgau erloschen in den 2000er Jahren im Raum Utweiler (vgl. auch KLEIN/RÖSLER 2005).

Als Ursachen für den starken Rückgang der Art werden insbesondere das Verbuschen vieler Feuchtwiesen wegen Nutzungsaufgabe und eine veränderte Grünlandbewirtschaftung gesehen. Durch die frühe Silagemahd wird der Lebensraum der Braunkehlchen während der Brutzeit zerstört, wobei es zu zahlreichen Brutverlusten kommt, die den Fortbestand einer Population letztlich unmöglich machen können.

Weißstorch (*Ciconia ciconia*)

Berichte über Vorkommen des Weißstorchs im Gebiet des Biosphärenreservats Bliesgau reichen bis ins Mittelalter zurück, doch starb er in den 1950er/60er Jahren des 20. Jahrhunderts hier aus. 1965 brütete das bis dato letzte Brutpaar in einem Teilbereich der Bliesaue bei Einöd (WEYERS 1984, 1986). Im Jahr 1998 siedelte sich in der Mastau bei Homburg-Beeden – nachdem sich im Jahr zuvor hier ein einzelner Weißstorch eingefunden hatte – ein neues Paar an, welches 1999 zum ersten Mal zur Brut schritt (SÜSSDORF 2007). Seitdem hat das Beedener Weißstorchpaar etliche Junge großgezogen. Da es sich bei den Beedener Weißstörchen um Gehegestörche (mit afrikanischem Erbgut) handelt, fliegen diese Alttiere im Winter nicht weg.

2005 hat sich bei Ingweiler ein zweites, 2008 in Webenheim ein drittes und 2010 wiederum in Beeden (im Beeder Bruch) ein viertes Paar angesiedelt. Bis auf das erste Brutpaar in der Mastau handelt es sich um Wildstörche, die tatsächlich auch im Süden überwintern. Im Jahr 2014 waren es sogar drei Brutpaare im Beeder Biotop. In-

Früher als eine Art betrachtet, werden heute zwei Ringelnatter-Arten unterschieden. Im Saarland und damit auch im Bliesgau kommt ausschließlich die Barren-Ringelnatter (*Natrix helvetica*) vor. (Foto: Hans-Jörg Flottmann)

Das größte Vorkommen des Dunklen Wiesenknopf-Ameisenbläulings (*Maculinea nausithous*) gibt es in der Mastau bei Homburg-Beeden. (Foto: Rosemarie Kappler)

zwischen brüteten in einzelnen Jahren bis zu 10 Weißstorchpaare zwischen Limbach im Norden und Reinheim im Süden des Biosphärenreservates[10]. Mit weiteren Ansiedlungen ist durchaus zu rechnen, wie Beobachtungen abseits der bisherigen Brutreviere zeigen.

Auch die Durchzugsbeobachtungen häufen sich in der Region. Im Frühjahr werden z. B. in der Bliesaue von Beeden bis Webenheim regelmäßig größere Trupps in den sogenannten Storchenwiesen beobachtet (vgl. NICKLAUS/SÜSSDORF 2008). Auch im Spätsommer finden sich hier Trupps von um die 50 Vögeln zusammen, um gemeinsam – die Jungvögel etwas früher als die Altvögel – den Zug gen Süden anzutreten.

Die Wiesen im Bliestal sind traditionelle Sammelplätze für Weißstörche. Es ist überliefert, dass sich bis in die 1930er Jahre – also lange bevor der Weißstorch im Bliesgau ausgestorben war – Störche vor ihrem Abflug Richtung Süden auf genau diesen Wiesen versammelten; von bis zu 200 Tieren wird berichtet (WEYERS 1982).

Barren-Ringelnatter (*Natrix helvetica*)

Die Barren-Ringelnatter ist neben der Schlingnatter die zweite im Saarland vorkommende Schlangenart. Sie ist auf das Vorhandensein von Gewässern angewiesen und kommt saarlandweit in fast allen geeigneten Lebensräumen vor. Auch im Bliesgau ist die Art verbreitet.

Natrix helvetica wird erst seit Kurzem als eigenständige Art angesehen. Zuvor wurde die Barren-Ringelnatter als Subspezies der Ringelnatter (*Natrix natrix*) unter dem wissenschaftlichen Namen *Natrix natrix helvetica* geführt. Anhand genetischer Untersuchungen von mehr als 1600 Schlangen konnte nun gezeigt werden, dass die unter anderem im Westen Deutschlands lebende „Barren-Ringelnatter" eine eigenständige Art ist (KINDLER et al. 2017). Seitdem *Natrix natrix* mit der Veröffentlichung der Untersuchungsergebnisse im August 2017 in zwei Arten aufgespalten wurde, besitzt Deutschland eine Schlangenart mehr. Für das Saarland – und damit auch für den Bliesgau – ist dies jedoch unerheblich, da hier ausschließlich die Barren-Ringelnatter vorkommt – jetzt allerdings als eigenständige Art.

Bei der o. g. Forschungsarbeit am Senckenberg Forschungsinstitut und Naturkunde-Museum wurden zwei der durch zahlreiche Proben definierten „Kontaktzonen" näher untersucht: Eine befindet sich im Rheingebiet, die andere erstreckt sich von Mitteldeutschland bis hinunter zum Südbalkan. Die beiden untersuchten Kontaktzonen „repräsentieren verschiedene Stadien im Artbildungsprozess: In der östlichen Kontaktzone kommt es über hunderte von Kilometern zu einer kompletten Durchmischung der genetischen Linien. Im Rhein-

---

[10] Im Jahr 2020 waren es nach Angaben des NABU im Saarpfalz-Kreis insgesamt 11 Weißstorchpaare, die gebrütet haben. Im Frühjahr des Jahres 2021 wurden alleine im Bereich der Schwarzbachmündung Nestbauaktivitäten von insgesamt fünf Weißstorchpaaren auf alten Hybridpappeln an der Blies beobachtet.

Der Helle Wiesenknopf-Ameisenbläuling (*Maculinea teleius*) wurde schon länger nicht mehr in der Region beobachtet. (Foto: Anita Naumann)

Der große Feuerfalter (*Lycaena dispar*) ist eine Art der feuchten Grünländer der Bach- und Flussauen. (Foto: Anita Naumann)

gebiet dagegen ist die Mischzone weniger als 50 Kilometer breit und die Vermischung ist stark eingeschränkt, so dass sich hauptsächlich die Barren-Ringelnatter in die östliche Ringelnatter einkreuzt, aber kaum umgekehrt" (ANONYMUS 2017c).

Die Barren-Ringelnatter hat ein wesentlich kleineres Verbreitungsgebiet als die östliche Art. Die Bundesländer, in denen die westliche Art vorkommt (und zu denen auch das Saarland und damit die Region Bliesgau zählt) haben eine besondere Verantwortung für deren lokalen Schutz (ANONYMUS 2017a, ANONYMUS 2017b).

Dunkler Wiesenknopf-Ameisenbläuling (*Maculinea nausithous*)

Der im Saarland „vom Aussterben bedrohte" Dunkle Wiesenknopf-Ameisenbläuling ist – wie seine Schwesterart Heller Wiesenknopf-Ameisenbläuling – an die Wirtspflanze Großer Wiesenknopf (*Sanguisorba officinalis*) gebunden. Hier findet das gesamte „Faltergeschehen" (Balz, Paarung und Eiablage) statt.

Der Ameisenbläuling ist im Anhang II der FFH-Richtlinie aufgeführt und gilt als Tierart von gemeinschaftlichem europäischem Interesse, für deren Erhalt besondere Schutzgebiete ausgewiesen werden müssen. Die Vorkommen dieser Art sind von europaweiter Bedeutung. Da der Ameisenbläuling auf die Schlüsselart „Großer Wiesenknopf" angewiesen ist und diese Pflanze – eine Art der Tal-Glatthaferwiesen – fast ausschließlich im Bereich größerer Bach- und Flussauen wie z. B. der Blies vorkommt, ist auch der Falter eher den Auenbereichen zuzuordnen.

Die derzeit größte Population gibt es bei Homburg-Beeden. Die dortigen Vorkommen werden von der Stadt Homburg über einen Pflegevertrag mit einem Landwirt gesichert.

Heller Wiesenknopf-Ameisenbläuling (*Maculinea teleius*)

Saarlandweit gibt es nur zwei Funde des Hellen Wiesenknopf-Ameisenbläulings. Beide stammen aus dem Bereich „Königsbruch" bei Homburg-Bruchhof am westlichen Ausläufer der Westpfälzischen Moorniederung. Die Art gilt hierzulande inzwischen als ausgestorben. Das kleine Habitat ist aber noch vorhanden.

Großer Feuerfalter (*Lycaena dispar*)

Der deutschlandweit „stark gefährdete" Große Feuerfalter hat – offenbar klimatisch bedingt – sein Areal erheblich erweitert. Früher kam die Art überwiegend in den Quellfluren und Bachauen der Muschelkalkgebiete vor; heute ist eine Ausbreitung

Kalk-Flachmoor im Orchideengebiet Gersheim – das mit Abstand bedeutendste in der Region. Kalk-Flachmoore bilden sich als Quellmoore im Bereich von Quellhorizonten. Eine der kennzeichnenden Arten ist das Breitblättrige Wollgras (*Eriophorum latifolium*).

festzustellen. Ein Schwerpunktvorkommen ist z. B. die Bliesaue zwischen Bierbach und Blieskastel.

Als eine typische Art der wärmebegünstigten, feuchten Fluss- und Bachauen ist das Vorkommen des Großen Feuerfalters in Deutschland auf drei Regionen beschränkt: das Norddeutsche Tiefland, die Oberrheinische Tiefebene und eben der saarländische Anteil mit Anbindung an die Region Trier und die Westpfalz. Das Saarland – und damit auch die Region Bliesgau – besitzen aus bundesweiter Sicht eine besondere biogeographische Verantwortung für den Schutz des Großen Feuerfalters (vgl. GRÜNFELDER 2008).

Grüner Backenläufer (*Drypta dentata*)

Die wärmeliebende Laufkäferart wird meist, aber nicht ausschließlich, in der Nähe von Gewässern gefunden. So stammt der saarländische Erstnachweis aus dem Jahr 1984 von einem ehemaligen Weinberg zwischen Habkirchen und Bliesmengen-Bolchen. Der Fundort liegt etwa 50 Meter von der Blies entfernt (LILLIG 1990). Weitere Beobachtungen stammen aus Ommersheim und Ormesheim. Dort kletterte die Art am Rande einer kleinen Mardelle auf Blättern der Blasen-Segge (*Carex vesicaria*) (EISINGER 1989). Inzwischen liegen im Saarland weitere Funde vor. Die Art scheint dabei zu sein, ihr Areal auszuweiten.

[11] Genau genommen sind es im Orchideengebiet Gersheim zwei Kalk-Flachmoore. Ein zweites (kleineres) ist weiter unten im Hang, in der Nähe des von Gersheim kommend „zweiten" Lachenbaches..

Iris-Erdfloh (*Aphthona nonstriata*) und Weißpunktiger Schwertlilienrüsselkäfer (*Mononychus punctumalbum*)

Mit dem im Saarland weit verbreiteten Iris-Erdfloh und dem etwas selteneren Weißpunktigen Schwertlilienrüsselkäfer sind zwei Käferarten an Schwertlilien gebunden.

Der Iris-Erdfloh, eine zu der Familie Blattkäfer gehörende Art, welche im nördlichen Saarpfalz-Kreis an vielen Gewässern anzutreffen ist, so z. B. im Lambsbachtal, in Sengscheid, Hassel, Niederwürzbach, Kirkel, Limbach und Jägersburg. Die Larven leben an und in den Rhizomen der Sumpf-Schwertlilie (*Iris pseudacorus*), die erwachsenen Käfer an den Blättern (MINUTI 2018).

Im Saarpfalz-Kreis wurde der Weißpunktige Schwertlilienrüsselkäfer auch in Mimbach und Rohrbach gefunden, ebenfalls an der Sumpf-Schwertlilie. Weiterhin liegt ein Fund aus Homburg vor.

Die Art ist nicht unbedingt an die Sumpf-Schwertlilie gebunden, sondern kann auf Feuchtwiesen und an Gewässerrändern auch an anderen Iris-Arten, z. B. der Sibirischen Schwertlilie (*Iris sibirica*), oder ebenso an gezüchteten Schwertlilien-Sorten vorkommen. Die Käfer ernähren sich von den Blüten, während die Larven in und von den Samenkapseln leben (RHEINHEIMER/HASSLER 2010).

4.4.1.2 Kalk-Flachmoore

Kalk-Flachmoore sind kleinflächige Quell- oder Überrieselungsmoore im Bereich von Quell-Töpfen bzw. leicht fließendem Hangwasser im Muschelkalk. In den letzten Jahrzehnten sind die Kalk-Flachmoore in der Region stark zurückgegangen und können heute an einer Hand abgezählt werden.

Das bekannteste Kalk-Flachmoor ist das im Orchideengebiet Gersheim, welches dort als Quellsumpf auf einer Verebnungsfläche ausgebildet ist [11]. Zwei kleinere gibt es bei Fechingen in den Naturschutzgebieten „Birzberg, Honigsack/Kappelberghang" sowie „Wusterhang" und „Beierwies". Ein weiteres gibt es (auf französischer Seite) zwischen den Orten Ormersviller und Epping, unweit des Bliesgau-Dorfes Riesweiler.

Das Breitblättrige Wollgras (*Eriophorum latifolium*) ist mit dem Standort „Kalk-Flachmoor" im Bliesgau sehr selten geworden. Im Orchideengebiet Gersheim kommt die Art noch an zwei Stellen vor.

Das Fleischfarbene Knabenkraut (*Dactylorhiza incarnata*) – eine Art der Quellsümpfe. (Foto: Peter Steinfeld)

BETTINGER (2006), der die Kalk-Flachmoor-Standorte vegetationskundlich untersucht hat, stellt fest, dass sich die genannten Standorte hinsichtlich ihrer Artenausstattung stark unterscheiden. So stellt sich das Gebiet bei Ormersviller als sogenanntes „Kalk-Quellmoor" dar, mit für diesen Lebensraum typischen Moospolstern, während der Kalk-Quellsumpf bei Gersheim wohl aus einer früheren Wiesennutzung hervorgegangen ist, worauf zumindest die vielen Wiesen- und Verbrachungszeiger hindeuten.

Bemerkenswerte Gefäßpflanzenarten

Breitblättriges Wollgras (*Eriophorum latifolium*)

Eriophorum latifolium ist deutschlandweit zerstreut mit einem Schwerpunkt des Vorkommens im Alpenvorland. Die Art steht in allen Bundesländern auf der Roten Liste und ist mit ihrem Standort „Quell- und Wiesenmoore auf basenreichen, aber mageren Böden" sehr selten geworden und stark im Rückgang begriffen. Auch im Saarland war die Art früher häufig und ist heute sehr selten geworden. Am häufigsten ist sie noch im Bliesgau in den sogenannten „Kalk-Flachmooren" vorzufinden. Meist sind es jedoch nur noch Einzelexemplare. Im Orchideengebiet bei Gersheim gibt es noch zwei Standorte, beides Kalk-Flachmoore, in diesem Fall Quelltöpfe, wo sich das unterirdische Hangwasser an die Oberfläche drückt. Die Art steht hier vergesellschaftet mit anderen Quellsumpf-Arten wie z. B. Breitblättriges Knabenkraut (*Dactylorhiza majalis*), Fleischfarbenes Knabenkraut (*Dactylorhiza incarnata*) und Sumpf-Stendelwurz (*Epipactis palustris*).

Fleischfarbenes Knabenkraut (*Dactylorhiza incarnata*)

Dactylorhiza incarnata ist eine Art der Feuchtwiesen. Sie ist deutschlandweit relativ selten, mit einem Schwerpunkt des Vorkommens im Alpen-

Pfeifengrasrasen auf Kalk im Bereich der Rebenklamm bei Reinheim. Pfeifengrasrasen auf Kalk sind standortmäßig was ganz besonderes und nicht zu verwechseln mit den „übrigen" Pfeifengraswiesen der Buntsandsteingebiete.

Auch die Sumpf-Stendelwurz (*Epipactis palustris*) ist eine Art der Quellsümpfe. (Foto: Ulf Heseler)

vorland bzw. den Tieflandgebieten im Nordosten. Die Art ist bestandsgefährdet und wird in den Roten Listen aller Bundesländer aufgeführt. Auch im Saarland ist die Art nicht häufig und hier am ehesten (oft jedoch nur in wenigen Einzelexemplaren) in den Kalk-Quell-Sümpfen der Muschelkalkgebiete zu finden. Im Orchideengebiet Gersheim z. B. steht die Art in dem unteren Kalk-Flachmoor, dort zusammen mit ihrer Schwesterart *Dactylorhiza majalis*, die saarlandweit aber wesentlich häufiger ist.

Sumpf-Stendelwurz (*Epipactis palustris*)

Auch *Epipactis palustris* ist eine Art der Feuchtwiesen. Sie ist deutschlandweit stark im Rückgang begriffen und kommt schwerpunktmäßig im Alpenvorland sowie im Nordosten Deutschlands vor. Sie wird in den Roten Listen der Bundesländer als gefährdet bzw. stark gefährdet eingestuft. Auch im Saarland ist die Art bestandsbedroht und äußerst selten. Nach Sauer (1993) wächst sie auf gut basenversorgten Mergel- oder Tonböden sowie in Quellmooren bzw. im Bereich ehemaliger Teiche. Im Gebiet des Biosphärenreservats Bliesgau kommt die Art relativ stetig in dem Kalk-Quellsumpf im Gersheimer Orchideengebiet vor sowie in der Sohle des aufgelassenen Kalksteinbruchs am Birzberg bei Saarbrücken-Fechingen.

4.4.1.3 Pfeifengraswiesen auf Kalk

Auch die in den Muschelkalkgebieten des Bliesgaus vorzufindenden Pfeifengraswiesen wachsen schwerpunktmäßig auf Kalk-Flachmoor-Standorten. Wegen ihrer besonderen Physiognomie (so dominiert im Spätsommer das grazile Pfeifengras den Aspekt) und weniger aufgrund pflanzensoziologischer Befunde werden die Kalk-Pfeifengraswiesen hier als eigener Vegetationstyp dargestellt. Bedeutende Pfeifengraswiesen auf Kalk[12] gibt es im Biosphärenreservat Bliesgau im Gebiet „Auf der Lohe" zwischen Gersheim und Reinheim sowie im „Wolfsgalgen" bei Medelsheim. Letztere werden im Kap. „Anker der Identität" noch einmal besonders hervorgehoben.

Die hier genannten Pfeifengraswiesen auf Kalk sind nicht identisch mit der von Haffner (1960) beschriebenen „Hochstauden-Kalktrift" und auch nicht zu verwechseln mit den Pfeifengraswiesen auf Niedermoor-Standorten im nordöstlichen Teil des Biosphärenreservats, auf die unter „Moore und Sümpfe" gesondert eingegangen wird (siehe Kap. 4.6.2).

[12] Meisberger (2017) stellt die Pfeifengraswiesen auf Kalk zu den *Carex panicea*-Trespenrasen.

Bemerkenswerte Gefäßpflanzenart

Rohr-Pfeifengras (*Molinia arundinacea*)

Aus der Kollektiv- oder Sammelart *Molinia caerulea agg.* (Gewöhnliches Pfeifengras) wird erst seit Kurzem das Rohr-Pfeifengras (*Molinia arundinacea*) gesondert erfasst. Während *Molinia caerulea agg.* sowohl deutschland- als auch saarlandweit eine Artengruppe der nährstoffarmen Moore, Niedermoore und Feuchtwiesen ist, kommt *Molinia arundinacea* eher auf wechselfeuchten, basenreichen und kalkhaltigen Lehmböden vor. Im Bliesgau sind es bevorzugt die Kalk-Flachmoor-Standorte, welche hier jedoch nicht häufig anzutreffen sind. Genauso wie ihr Standort ist daher auch die Art im Biosphärenreservat recht selten – jedenfalls nicht so häufig wie die im nordöstlichen Teil der Region auf Niedermoor-Standorten für gewöhnlich vorzufindende Kollektivart *Molinia caerulea agg.*

4.4.1.4 Feucht- und Nasswiesen

Feucht- und Nasswiesen sind im Biosphärenreservat Bliesgau schwerpunktmäßig auf die Fluss- und Bachauen verteilt. Zu den Feucht- und Nasswiesen zählen im Prinzip auch die Flutrasen in den entsprechenden Flutmulden, die sich im Überschwemmungsbereich der Talauen als seichte Senken bilden, in denen das Hochwasser länger zurückgehalten wird. Im Biosphärenreservat Bliesgau, so z. B. in der Webenheimer Aue, gibt es gut ausgebildete, repräsentative Flutmulden. Auf extrem nassen Standorten, bevorzugt auch im Geltungsbereich der Bach- und Fluss-Säume sind die Sumpfdotterblumen-Bestände zu finden mit der namengebenden Art Sumpfdotterblume (*Caltha palustris*). Eine typische Art der Feucht- und Nasswiesen ist das Breitblättrige Knabenkraut (*Dactylorhiza majalis*).

Bemerkenswerte Gefäßpflanzenart

Breitblättriges Knabenkraut (*Dactylorhiza majalis*)

Die alles in allem negative Bestandsentwicklung war für den Naturschutzbund Deutschland (NABU), Landesverband Saarland, Anlass, sich der Pflege und Förderung des Breitblättrigen Knabenkrautes, anzunehmen. Dazu wurde in Zusammenarbeit mit dem Bundesamt für Naturschutz ein Projekt ins Leben gerufen, welches der Entwicklung einer handlungsorientierten Verantwortung für feuchte und nasse Wiesen mit Beständen des Breitblättrigen Knabenkrauts diente.

Wildwachsende Orchideen, so war als Projekt-Anlass formuliert, eignen sich in besonderer Weise um Wiesenbesitzer, Pächter und die interessierte Bevölkerung für diese besondere Art und ihre Lebensräume zu sensibilisieren und für deren Schutz zu motivieren (vgl. FREIHEIT 2015).

Das Projekt wurde im Rahmen des Bundesprogramms „Biologische Vielfalt" durchgeführt und hatte eine Laufzeit von 2012 bis 2015. Dem NABU Saarland war es dabei gelungen, alle saarländischen Gemeinden anzusprechen und lokale Handlungsallianzen ins Leben zu rufen, die sich dauerhaft dem Schutz dieser Art, für die Deutschland eine besondere Verantwortung trägt, zu widmen.

Das Breitblättrige Knabenkraut (*Dactylorhiza majalis*) ist nicht unbedingt selten. Es steht in den feuchtnassen Wiesen. (Foto: Ulf Heseler)

Die Wiesensilge (oder: Silau) (*Silaum silaus*) ist eine Art des extensiv genutzten Grünlandes im muschelkalkgeprägten Bliesgau. (Foto: Anita Naumann)

4.4.1.5 Silauwiesen

Die Silauwiese (= Silgenwiese) ist eine landschaftstypische Feuchtwiese in den Mulden und Dellen auf den schwach geneigten Plateaurändern der Muschelkalkstufenfläche und an den Unterhängen der Verebnungsfläche des Mittleren Muschelkalkes.

SCHNEIDER (1997) beschreibt sie als eine buntblumige, meist relativ niedrigwüchsige Wiese, die im Frühjahr durch das Gelb des Scharfen Hahnenfußes (*Ranunculus acris*) auffällt. Zu dieser Zeit, in der die Gräser noch niedrigwüchsig sind, findet man in vielen Silauwiesen auch die seltene Natternzunge (*Ophioglossum vulgatum*). Auf den gelben Hahnenfuß-Aspekt folgt das Rotviolett der Wiesen-Flockenblume (*Centaurea jacea*), das fast bis zum Schnittzeitpunkt der Wiese anhält.

Die Böden in den Quellmulden erweisen sich als ausgeprägt wechseltrockene bis wechselfeuchte Tonmergel. Während im Frühjahr die Standorte der Silauwiese extrem nass und teilweise überschwemmt sind, zeigen sich im Hochsommer stellenweise zentimeterbreite Trockenrisse am gleichen Standort.

Diese extremen Quellungs- und Schrumpfungsvorgänge der Tonmergel begünstigen zahlreiche Tonbodenspezialisten, zu denen der namengebende Silau (*Silaum silaus*) zählt.

Das kleine Knabenkraut (*Orchis morio*) blüht bereits ab Anfang April.

In ein- bis zweischürigen Wiesen erfolgt der erste Schnitt ab Ende Juni bis Mitte Juli. Nach der Mahd kommt im September der Silau wieder zur Blüte. Die Düngung der floristisch reichen Silauwiesen ist im Allgemeinen nur gering.

Als lokale, wenn auch schwache, Kennarten der Silauwiese können *Colchicum officinale* und *Ophioglossum vulgatum* gelten. Diese Arten haben ihr Optimum auf schwach feuchten Böden. Auf feuchteren Standorten, wie auch auf trockeneren Standorten treten sie sehr bald zurück.

Bemerkenswerte Gefäßpflanzenarten

Silau (*Silaum silaus*)

Der Silau (= Wiesensilge) ist eine Art des extensiv genutzten, basenreichen, wechselfeuchten Grünlandes. Er kommt vor allem in der Mitte und im Süden Deutschlands vor; in Norddeutschland ist die Art selten. Saarlandweit hat der Silau einen

Die Natternzunge (*Ophioglossum vulgatum*) wird leicht übersehen und wächst in den wechselnassen, wechseltrockenen Wiesen des Bliesgaus – gelegentlich auch im Wald. (Foto: Ulf Heseler)

Repräsentative Tal-Glatthaferwiesen-Bereiche in der Bliesaue zwischen Einöd und Webenheim.

Verbreitungsschwerpunkt im Bliesgau und ist dort auf den Muschelkalkmergeln zu finden.

Kleines Knabenkraut (*Orchis morio*)

Das Kleine Knabenkraut ist eine Art der mageren, extensiv bewirtschafteten Wiesen. Deutschlandweit kommt die Art nur in der südlichen Hälfte vor. Im Saarland liegen die Schwerpunkträume des Vorkommens in den Vulkanit- und den Muschelkalkgebieten.

Die Art blüht bereits im April als eine der ersten Orchideen. Im Biosphärenreservat Bliesgau gibt es mehrere nennenswerte Vorkommen im Bereich Gersheim, so im Naturschutzgroßvorhaben „Saar-Blies-Gau/Auf der Lohe". Die Art steht hier in wechselfeuchten, extensiv bewirtschafteten, mageren Wiesen. Die Art kann aber auch auf den relativ trockenen Kalk-Magerrasen-Standorten vorkommen. Ein Beispiel eines solchen Vorkommens auf einem trockenen Standort sind die „Trummstücke" bei Homburg-Kirrberg an der Landesgrenze zu Rheinland-Pfalz (Mörsbach).

Gewöhnliche Natternzunge (*Ophioglossum vulgatum*)

Die zu den Farnen gehörende Natternzunge ist deutschlandweit verbreitet, mit einem Schwerpunkt des Vorkommens im Norden und Nordosten Deutschlands. Die Art bevorzugt feuchte bis feucht-nasse Standorte. Im Biosphärenreservat Bliesgau kommt die Art bevorzugt in den Silauwiesen auf den Muschelkalkebenen im Raum Gersheim vor. *Ophioglossum vulgatum* wird leicht übersehen und ist möglicherweise unterkartiert.

Die Natternzunge kommt aber auch in Kalk-Buchenwäldern vor, so z.B. im „Sangenwald" östlich von Walsheim.

4.4.2 Grünland mittlerer Standorte

Das Grünland der mittleren Standorte stellt das klassische Wirtschaftsgrünland dar. Es liegt im frischen bis maximal wechselfeuchten Standortbereich und vermittelt somit zwischen den beiden Extremen „nass" (bzw. „feucht") auf der einen und „trocken" auf der anderen Seite. Leitart ist der Glatthafer (*Arrhenatherum elatius*), der in der Re-

Sehen kann man sie kaum – hören dafür schon. Im späten Frühjahr ist aus vielen Grünland-Biotopen das „pikperwik" der Wachtel (*Coturnix coturnix*) zu vernehmen. (Foto: Robert Groß / Saarland, Ministerium für Umwelt und Verbraucherschutz)

Die Art ist im Bliesgau nicht selten. Um die Pfingstzeit erfüllt das Zirpen der Feldgrille (*Gryllus campestris*) die gesamte Landschaft. (Foto: Axel Didion)

gion Bliesgau auf nahezu allen Mähwiesen frischer Standorte anzutreffen ist (vgl. auch BETTINGER/KÜHNE 2016). Der Glatthafer ist auch namengebend für die beiden wichtigsten Grünland-Vegetationstypen der mittleren Standorte: die Tal-Glatthaferwiesen und die Salbei-Glatthaferwiesen.

4.4.2.1 Charakteristische Tierarten

Wachtel (*Coturnix coturnix*)

Unter den heimischen Hühnervögeln ist die Wachtel die einzige Zugvogelart. Sie trifft erst recht spät (Ende April/Anfang Mai) wieder aus ihrem mediterranen oder afrikanischen Winterquartier bei uns ein. Nach den Kartierungen für den Atlas der Brutvögel des Saarlandes kommt dieser kleine Hühnervogel zwar im gesamten Saarland vor, doch bilden der Saar-Nied- und der Saar-Blies-Gau Vorkommensschwerpunkte. Als Biotop dienen offene Feld- und Wiesenflächen mit hoher, Deckung gebender Krautschicht (Getreidefelder, Luzerne- und Kleeschläge, extensiv genutztes Grünland und Ackerbrachen). Die Wachtel bevorzugt tiefgründige bis etwas feuchte Böden und fehlt in ganz trockenen oder Baum bestandenen Flächen (BAUER/BEZZEL/FIEDLER 2005a). Der Brutbestand der Wachtel schwankt recht stark und nur in „guten Wachteljahren" ist die Art auch relativ häufig. Angesichts des auch im Saarland zunehmenden Maisanbaus und Umwandlung von Ackerflächen in Grünland ist im Prinzip auch ein Rückgang der Wachtel zu erwarten (vgl. NICKLAUS/AUSTGEN 2005).

Feldgrille (*Gryllus campestris*)

Die deutschlandweit eher im Süden und Osten der Republik verbreitete Feldgrille (*Gryllus campestris*) ist in der Region Bliesgau recht häufig und erreicht hier Bestandsdichten, die bundesweit zu den höchsten zählen.

Im Saarland besiedelt die Feldgrille hauptsächlich die Muschelkalklandschaften des Bliesgau, Buntsandsteingebiete im Warndt sowie Teile der Vulkanitlandschaften im Prims-Hochland. Kleinere Vorkommen sind auch aus dem Homburger Raum sowie dem Saarlouiser Raum bekannt. Auffällige Verbreitungslücken bestehen dagegen im Prims-Blies-Hügelland sowie im Nordsaarland (vgl. DORDA 1998b).

Die Art überwintert im vorletzten oder letzten Larvenstadium – also nicht als Ei wie die übrigen Heuschreckenarten. Sie ist bereits im Frühjahr (ab Mitte Mai) adult und kann demzufolge früh im Jahr gehört werden. Im Sommer werden wiederum nur Larven angetroffen, die eben nicht singen.

Die Feldgrille bevorzugt magere Wiesen-Vegetationstypen wie Salbei-Glatthaferwiesen, ist aber auch in Kalk-Halbtrockenrasen, Wegrainen und Auengrünland zu finden.

Nach Kartierungsergebnissen von Dieter Dorda ist davon auszugehen, dass die Feldgrille in großen Teilen der Region recht individuenstarke Populationen aufweist, „so z. B. im Raum Gersheim, wo im Frühjahr das Zirpen der Feldgrille die ganze Landschaft erfüllt" (DORDA 1998b, S. 153). Es gibt aber auch Gegenden, die für die Feldgrille offensichtlich weniger geeignet sind, so z.B. der gesamte westliche Teil des Bliesgaus, etwa von Rilchingen-Hanweiler im Süden bis nach Bischmisheim im Norden.

4.4.2.2 Tal-Glatthaferwiesen mit Sanguisorba officinalis

BETTINGER/WOLFF (2002) unterscheiden die Tal-Glatthaferwiesen auf vorwiegend karbonathaltigen Auenböden der wärmebegünstigten Talniederungen von Saar, Unterer Blies und Nied von den Tal-Glatthaferwiesen über vorwiegend basenarmen, sandhaltigen Auelehmen in den Talauen von Oster, Oberer und Mittlerer Blies, Ill und Theel.

Die Tal-Glatthaferwiesen des Biosphärenreservats Bliesgau gehören überwiegend dem zweiten Typus (basenarme, sandhaltige Auelehme) an und sind insbesondere in den Bliesauen des Homburger Raumes im Bereich Beeden bis Bierbach anzutreffen. Hier besitzt der Große Wiesenknopf (*Sanguisorba officinalis*) einen lokalen Verbreitungsschwerpunkt. Der Große Wiesenknopf fällt in den Tal-Glatthaferwiesen so richtig erst nach dem ersten, frühen Schnitt auf, wenn seine Blätter zum zweiten Mal austreiben und nicht selten den Aspekt der Tal-Glatthaferwiesen bestimmen. Im Sommer sieht man dann von Weitem schon die rotbraunen Blütenköpfchen.

Bemerkenswerte Gefäßpflanzenart

Großer Wiesenknopf (*Sanguisorba officinalis*)

Der Große Wiesenknopf besitzt deutschlandweit einen Schwerpunkt im Süden. Im Saarland sind es eher die östlichen Teile, die besiedelt werden, z.B. die Blieswiesen bei Homburg-Beeden. *Sanguisorba officinalis* ist eine Kennart des FFH-Lebensraumtyps 6510 „Magere Flachland-Mähwiese".

Eine Art der Tal-Glatthaferwiesen – der Große Wiesenknopf (*Sanguisorba officinalis*). Sie ist Wirtspflanze des Wiesenknopf-Ameisenbläulings.

Blütenbiologisch bedeutend ist die Synökologie mit den beiden Tagfalterarten Heller und Dunkler Wiesenknopf-Ameisenbläuling, die ihre Eier in die Blütenköpfe des Großen Wiesenknopfs ablegen. Die sich aus den Eiern entwickelnden Larven fallen zu Boden, werden schließlich von Wiesenameisen der Gattung *Myrmica* adoptiert und in deren unterirdische Brutkammern getragen, wo die Larven prädatorisch von den Eiern und Larven ihrer Wirtstiere leben. Der Große Wiesenknopf ist insofern eine Schlüsselart für das Überleben der Wiesenknopf-Ameisenbläulinge. Denn wird z.B. die Pflanze zu früh im Jahr gemäht, wird der Fortpflanzungszyklus der Tagfalter unterbrochen und die Population verschwindet.

Bemerkenswerte Spinnenarten

Die epigäische Spinnenfauna der Wiesen des Bliesgaus ist im Rahmen des Naturschutzgroßprojektes „Saar-Blies-Gau/Auf der Lohe" besonders intensiv untersucht worden. Die durchschnittlichen Artenzahlen liegen mit 49 Arten zwar niedriger als bei den Kalk-Halbtrockenrasen, dafür ist jedoch die Zahl der Individuen in den Wiesen fast doppelt so hoch. Silgenwiesen (43 - 58 Arten) sind etwas artenreicher als Trespenwiesen (43 - 55 Arten). Faunistisch ähneln sie aber alle sehr den Halbtrockenrasen. Auffällig im südlichen Bliesgau ist der hohe Anteil an Plattbauchspinnen (Gnaphosidae), z.B. *Drassyllus praeficus* (L. KOCH, 1866), *Drassyllus pumilus* (C. L. KOCH, 1839), *Haplodras-*

Charakterart der Trespen-Glatthaferwiesen – die Aufrechte Trespe (*Bromus erectus*)

Die namengebende Art der sog. „Salbei-Glatthaferwiesen" – der Wiesensalbei (*Salvia pratensis*). Mitunter sind auch weiße Exemplare zu finden

Eine Art der mageren Trespen-Glatthaferwiesen – der Zottige Klappertopf (*Rhinanthus alectorolophus*)

Ebenfalls in den Magerrasen anzutreffen: der Kleine Klappertopf (*Rhinanthus minor*). (Foto: Ulf Heseler)

Auch der Blassgelbe Klee (*Trifolium ochroleucon*) ist eine Art der extensiv genutzten Trespen-Glatthaferwiesen

sus signifer (C. L. KOCH, 1839) und *Haplodrassus kulczynskii* (LOHMANDER, 1942) im Artenspektrum des genutzten Grünlandes, was als Hinweis auf besondere Wärmestandorte gedeutet werden kann (BAUCHHENSS/SCHOLL 1985). An xerothermen Steppenstandorten ist das Verhältnis *Gnaphosidae* zu *Lycosidae* (Wolfspinnen) etwa 1:1, während auf nicht xerothermen Wiesenstandorten die *Lycosidae* zwei- bis dreifach höhere Artenzahlen als die *Gnaphosidae* erreichen. Das Standortspektrum der Wiesen des südlichen Bliesgaus ist deutlich in Richtung „Xerotherm-Standort" verschoben.

4.4.2.3 Salbei-Glatthaferwiese über Muschelkalk

Die Salbei-Glatthaferwiesen sind artenreiche Wiesen auf gut basenversorgten, mäßig trockenen oder wechseltrockenen Böden auf Kalk. Sie bilden oft den Wiesentyp unter Obstbäumen mit zweimaligem Schnitt des Grases im Juni und September. Salbei-Glatthaferwiesen zeichnen sich durch einen im Jahresverlauf wechselnden charakteristischen Blühaspekt aus. Im zeitigen Frühjahr überzieht die Wiesen-Schlüsselblume (*Primula veris*) die Flächen mit einem zarten Gelb, bevor u.a. die beiden Klappertopf-Arten *Rhinanthus minor* und *Rhinanthus alectorolophus*, der Wiesensalbei (*Salvia pratensis*) sowie die Futter-Esparsette (*Onobrychis viciifolia*) für ein buntes Bild sorgen. Salbei-Glatthaferwiesen stellen aufgrund ihres Blütenreichtums einen besonders wertvollen Lebensraum für blütenbesuchende Insekten (insbesondere Schmetterlinge, Wildbienen) dar. Salbei-Glatthaferwiesen sind Zeugnisse einer extensiven Bewirtschaftungsform des Grünlandes, wie sie nur noch in wenigen Teilen Deutschlands ausgeübt wird. Ihnen kommt somit eine bundesweite Bedeutung zu. Auf trockenen, flachgründigeren Standorten leiten die Salbei-Glatthaferwiesen zu den Kalk-Halbtrockenrasen über.

Bemerkenswerte Gefäßpflanzenarten

Aufrechte Trespe (*Bromus erectus*)

Bromus erectus kommt im Süden und in der Mitte Deutschlands vor und dünnt nach Norden hin aus. Sie ist eine Art der Kalk-Magerrasen und der trockenen Glatthaferwiesen; für letztere ist sie auch namengebend: Trespen-Glatthaferwiesen. Im Saarland ist die Art häufig in den Muschelkalkgebieten, insbesondere im Biosphärenreservat Bliesgau. Sie kommt aber auch relativ zahlreich im Bereich der basischen Vulkanite im nördlichen Saarland vor.

Wiesensalbei (*Salvia pratensis*)

Diese Art der Kalk-Magerrasen und der mageren Flachland-Mähwiesen ist deutschlandweit im Süden und der Mitte verbreitet. Im Norden Deutschlands tritt sie nur sehr vereinzelt, mit einem Schwerpunkt im Nordosten auf. Die Art ist gemeinsam mit dem Glatthafer (*Arrhenatherum elatius*) namengebend für den Vegetationstyp „Salbei-Glatthaferwiesen". Lebensraum des Wiesensalbeis im Saarland sind die Muschelkalkgebiete. Außerhalb der Muschelkalkgebiete ist die Art eher selten, so z.B. auf Sand im Naturraum Warndt bzw. auf Vulkanit im Nordosten des Saarlandes.

Zottiger Klappertopf (*Rhinanthus alectorolophus*)

Der Zottige Klappertopf ist in der Mitte und im Süden Deutschlands verbreitet und fehlt im Norden. Er ist eine Art der mageren Glatthaferwiesen und liebt kalkhaltige Böden. Im Saarland ist der Zottige Klappertopf zusammen mit dem Wiesensalbei und der Futter-Esparsette *die* Charakterart der mageren Wirtschaftswiesen in den Muschelkalkgebieten (vgl. Sauer 1993). Die Art ist in den extensiv bewirtschafteten Trespen-Glatthaferwiesen des Bliesgaus (noch) ziemlich häufig.

Blassgelber Klee (*Trifolium ochroleucon*)

Trifolium ochroleucon ist eine submediterrane und subatlantische Art, die ihren eigentlichen Verbreitungsschwerpunkt im südlichen Europa hat. In Deutschland ist die Art daher relativ selten; mit Ausnahme des äußersten Südwestens (Saarland sowie Teile der Westpfalz und der Eifel) und des Südwestdeutschen Schichtstufenlandes kommt sie in Deutschland praktisch nicht vor. Im Saarland beschränken sich die Vorkommen auf den Bliesgau. Der Blassgelbe Klee ist dort eine Art der extensiv genutzten, teilweise frischen Salbei-Glatthaferwiesen.

4.4.3 Grünland trockener Standorte

Unter dem Grünland trockener Standorte werden hier die Kalk-Halbtrockenrasen (Mesobrometen), die Sandrasen sowie die Borstgrasrasen zusammengefasst. Die Kalk-Halbtrockenrasen sind auf den muschelkalkgeprägten südlichen Teil des Biosphärenreservats Bliesgau beschränkt. Sandrasen und Borstgrasrasen kommen dagegen in den nördlichen Teilen der Region vor.

4.4.3.1 Charakteristische Tierarten

Heidelerche (*Lullula arborea*)

Noch vor rund 30 Jahren dürfte die Heidelerche im Saarland relativ weit verbreitet gewesen sein. Nach starkem Rückgang hatte sich das Vorkommen der Art Anfang der 1980er Jahre nach Kartierungsergebnissen des OBS auf wenige Gebiete reduziert (Bliesgau, Warndt, Saargau, Saarlouiser Becken, Saartal). Um 1990 schließlich war das Brutareal noch weiter geschrumpft. Roth/Nicklaus/Weyers (1990) schätzten den Bestand damals auf nur noch ca. 10 Brutpaare. In der Folge erholte sich der Bestand jedoch wieder. Die Heidelerche siedelte sogar auf früh gemähten Silagewiesen, worauf Nicklaus (1995) bereits hinwies. Auch Biotoppflegemaßnahmen förderten die Art. Den saarländischen Bestand gaben Süssmilch et al. (2008) mit ca. 40 - 60 Brutpaaren an, wobei fast zwei Drittel auf den Bliesgau entfielen. Hier erreichte die Art die höchsten Flächendichten in den Kalk-Halbtrockenrasen des Schutzgebietes „Auf der Lohe"bei Reinheim mit 0,12 - 0,17 Brutpaaren pro 10 ha (vgl. Dorda 1997; Moschel 2000, 2005b). Seither ist der Bestand wieder rückläufig und wird aktuell auf nur noch 20 - 40 Paare geschätzt (Roth, N./Klein, R./Kiepsch, S. 2020).

Zauneidechse (*Lacerta agilis*)

Die Zauneidechse gilt bundesweit betrachtet als bestandsgefährdet. Ein Großteil der saarländischen Population lebt in der Region Bliesgau, wo die Art schwerpunktmäßig in den Kalk-Halbtrockenrasen der Muschelkalkgebiete sowie in den Sandrasen im Homburger Raum auftritt.

Im Gegensatz zur Mauereidechse, die sich gegenwärtig expansiv verhält, sind die Bestände der Zauneidechse eher rückläufig.

Goldener Scheckenfalter (*Euphydryas aurinia*)

Der Goldene Scheckenfalter (= Skabiosen-Scheckenfalter) ist durch die FFH-Richtlinie europaweit geschützt. Im Saarland hat die Art eines ihrer bundesweit bedeutendsten Vorkommen. Doch auch hier sind die Bestände insgesamt rückläufig (vgl. Gerhardt/Ulrich 2008). Einzig im Bliesgau ist der Bestand noch relativ stabil. Hier hat die Art vermutlich auch langfristig noch eine Überlebenschance. Als optimale Biotope gelten versaumte Kalk-Halbtrockenrasen (vgl. Naumann 2008).

Zweibrütiger Puzzlefalter (*Pyrgus armoricanus*)

Die zur Familie der Dickkopffalter gehörende Art benötigt nur sehr spärlich von höheren Pflanzen lückig bewachsene Stellen. Von diesem Falter lag aus dem Saarland lange Zeit nur ein einziger Nachweis aus den 1950er Jahren vor. Im Jahr 2003 wurde der Zweibrütige Puzzlefalter (= Zweibrütiger Würfel-Dickkopffalter) dann im Bliesgau wiederentdeckt. Es ist wahrscheinlich, dass er vom Jahrhundertsommer 2003 profitiert hat. Die weitere Bestandsentwicklung bleibt abzuwarten.

Sie singt das Lied der Landschaft. Bereits ab Ende Februar kann die Heidelerche (*Lullula arborea*) in den mageren Grünlandbiotopen des Bliesgaus beobachtet werden.

Im Bliesgau besiedelt die Zauneidechse (*Lacerta agilis*) bevorzugt die Kalk-Magerrasenflächen. Sie kann aber auch in ruderalisierten Sekundärbiotopen angetroffen werden. (Foto: Hans-Jörg Flottmann)

Der Goldene Scheckenfalter (*Euphydrias aurinia*) ist eine der Charakterarten des Bliesgaus. (Foto: Anita Naumann)

Der wärmeliebende Zweibrütige Puzzlefalter oder: Zweibrütiger Würfel-Dickkopffalter (*Pyrgus armoricanus*) hat erst in den letzten Jahren in seinem Bestand zugenommen. (Foto: Hartmut Dorda)

Thymian-Ameisenbläuling (*Maculinea arion*)

Der wärmeliebende Thymian-Ameisenbläuling kann im Saarland insbesondere noch auf den (kurzrasigen) Kalk-Halbtrockenrasen im Bliesgau angetroffen werden (vgl. GRÜNFELDER/CASPARI 2008).

Die Art ist verbreitet, kommt aber immer nur in relativ niedrigen Individuenzahlen vor. Auf der bundesdeutschen Roten Liste weist der Thymian-Ameisenbläuling mit der Einstufung „stark gefährdet" den höchsten Gefährdungsgrad sämtlicher saarländischer Tagfalter-Arten auf.

Die Art hat – wie ihre Schwesterarten Dunkler und Heller Wiesenknopf-Ameisenbläuling – eine ausgesprochen komplexe Reproduktionsbiologie und ist auf das Vorhandensein bestimmter Eiablagepflanzen, in diesem Falle den Breitblättrigen Thymian (*Thymus pulegioides*) und den Gewöhnlichen Dost (*Origanum vulgare*), sowie auf das Vorkommen bestimmter Wirtsameisen, die die Raupen in ihren Bau eintragen und dort überwintern lassen, angewiesen.

Wie alle Ameisenbläulinge ist auch der Thymian-Ameisenbläuling (*Maculinea arion*) auf bestimmte Ameisen als Wirt angewiesen. Die Ameisen tragen die Raupen der Schmetterlinge in ihren unterirdischen Bau, wo sich diese bis ins nächste Frühjahr entwickeln. (Foto: Anita Naumann)

Das Esparsetten-Widderchen (*Zygaena carniolica*) ist häufig in einer für die Art typischen Schlafgesellschaft anzutreffen.

An lauen Sommerabenden ist aus vielen trockenen Graslandbiotopen das Flöten der Blütengrille, wie das Weinhähnchen (*Oecanthus pellucens*) auch genannt wird, zu hören. Das hat schon etwas von Urlaubsstimmung und Mittelmeer-Gefühl. (Foto: Jürgen Fischer)

Der Rotleibige Grashüpfer (*Omocestus haemorrhoidalis*) kommt in den Trockenbiotopen der Buntsandsteingebiete vor und fehlt in den Muschelkalkflächen. (Foto: Jürgen Fischer)

Esparsetten-Widderchen (*Zygaena carniolica*)

Ebenfalls eine wärmeliebende Art der Magerrasen ist das zwar zu den Nachfaltern gehörende, aber tagaktive „Insekt des Jahres" 2008, das Esparsetten-Widderchen. Schwerpunkt des Vorkommens sind die Muschelkalklandschaften im Bliesgau.

Weinhähnchen (*Oecanthus pellucens*)

Auch das Weinhähnchen, einziger Vertreter der Blütengrillen in Mitteleuropa, hat sein Schwerpunktvorkommen im Bliesgau. Nirgendwo im gesamten Saarland gibt es größere und beständigere Vorkommen dieser Grillenart als hier. Im Gebiet „Auf der Lohe" wurden Bestandsdichten von 110 Individuen pro 25 m² festgestellt; dies ist auch

Farblich sehr auffällig ist das Männchen des Buntbäuchigen Grashüpfers (*Omocestus rufipes*). (Foto: Jürgen Fischer)

Der Name Warzenbeißer (*Decticus verrucivorus*) kommt tatsächlich daher, dass man diese große Langfühlerschrecke früher auch schon mal bewusst zur Warzenbekämpfung eingesetzt hat. Die Art besitzt außerordentlich kräftige Mundwerkzeuge und beginnt gleich zu knabbern, versucht man, sie in der Hand zu halten.

bundesweit einmalig (vgl. DORDA 1995). Ausgehend vom Bliesgau, wo die Art im Saarland zuvor ausschließlich vorgekommen war, hat das Weinhähnchen Anfang der 1990er Jahre, als Folge der heißen Sommer, eine erhebliche Arealexpansion in andere Landesteile erfahren (vgl. DORDA 1998a).

Der Name „Weinhähnchen" deutet auf die extrem hohe Wärmepräferenz der Art hin, die sich deutschlandweit nur entlang der wärmebegünstigten Flusstäler weiter nach Norden wagt. Neben den Kalk-Halbtrockenrasen, die sich auf früher ackerbaulich genutzten Flächen ausgebildet haben, stellen auch die ehemaligen Weinbergflächen im Bliesgau heute allesamt geeignete Weinhähnchenhabitate dar. Inzwischen werden im Saarland auch andere Biotoptypen besiedelt.

Rotleibiger Grashüpfer (*Omocestus haemorrhoidalis*)

Eine Besonderheit ist zweifelsohne der Rotleibige Grashüpfer. Die Art hat einen Schwerpunkt des Vorkommens in den Sandrasen des Homburger Raumes (Naturschutzgebiet „Limbacher Sanddüne", Naturschutzgebiet „Closenbruch", Gebiet „Zollbahnhof" bei Homburg usw.). Der Erstfund stammt aus dem Jahr 1989 aus dem Naturschutzgebiet „Limbacher Sanddüne" (vgl. DORDA 1990). Die Art kommt dort auch heute noch vor.

Buntbäuchiger Grashüpfer (*Omocestus rufipes*)

Der Buntbäuchige Grashüpfer ist eine Charakterart der Kalk-Halbtrockenrasen des Bliesgaus. Allerdings kommt die Art meist in nur individuenschwachen kleinen Populationen vor. Oftmals sind es nur wenige Männchen, die – in der für die Art typischen Weise an den apikalen Teil eines Grashalmes geschmiegt – vereinzelt in den Kalk-Magerrasen beobachtet werden können. In einem im Bliesgau nach rund 25 Jahren als Grundlage für die Erstellung einer bundesdeutschen Roten Liste wiederholten Monitoring wurde von Dieter Dorda festgestellt, dass die Art offensichtlich in ihrer Bestandsdichte abgenommen hat.

Warzenbeißer (*Decticus verrucivorus*)

Der Warzenbeißer ist neben dem Grünen Heupferd (*Tettigonia viridissima*) die größte heimische Heuschreckenart in der Region. Er kommt hier schwerpunktmäßig in den Kalk-Magerrasen vor und kann lokal recht individuenreiche Populationen aufbauen. Bedeutende Standorte sind das Gebiet „Auf der Lohe" zwischen Gersheim und Reinheim sowie das Naturschutzgebiet „Badstube Mimbach" bei Mimbach, welches den Biogeographen Paul Müller bereits in den 1960er

Der Heidegrashüpfer (*Stenobothrus lineatus*) ist eine Charakterart der Kalk- und Sand-Magerrasen der Region. (Foto: Axel Didion)

Jahren dazu veranlasste, von *dem* „Warzenbeißerhang" zu sprechen (MÜLLER 1964, S. 101).

Heidegrashüpfer (*Stenobothrus lineatus*)

Der Heidegrashüpfer besitzt eine ausgesprochene Vorliebe für kurzrasige Flächen und ist dort in Vergesellschaftung mit anderen Bodenkontakt liebenden Heuschreckenarten, wie z. B. dem Nachtigall-Grashüpfer (*Chorthippus biguttulus*), anzutreffen. Auch der Heidegrashüpfer ist zu den Charakterarten der Kalk-Halbtrockenrasen im Bliesgau zu zählen.

Europäische Gottesanbeterin (*Mantis religiosa*)

Die Gottesanbeterin (*Mantis religiosa*) ist die einzige in Mitteleuropa lebende Vertreterin der Fangschrecken (*Mantodea*). Auf den Kalk-Halbtrockenrasen des westlichen Saarlandes wurde sie seit Beginn der Vegetationsaufzeichnungen durch den Botaniker Paul Haffner in den 1950er Jahren immer wieder festgestellt. Ein dauerhafter Bestandteil der saarländischen Fauna war sie seinerzeit allerdings nicht. Besonders in klimatischen Gunstjahren – in sogenannten „Weinjahren", die damals jedoch eher die Ausnahme waren – tauchte die Art mehr oder weniger sporadisch im Saarland auf, um danach wieder zu verschwinden. Erst zu Beginn der 1990er Jahre mehrten sich die Hinweise auf ein gesichertes Vorkommen (z. B. am Hammelsberg bei Perl, am Nackberg bei Merzig und am Wolferskopf bei Beckingen bzw. Saarfels). Sie ließen vermuten, dass sich die Art auf Dauer im Saarland etablieren könnte.

Im Dezember 2005 gelang schließlich im Bliesgau der Fund einer Oothek (Eipaket) und damit der Nachweis, dass sich die Art im Saarland reproduziert. Weitere Eipaketfunde in den Jahren 2006 und 2007 sowie Beobachtungen von Imagines 2008 und 2009 im Bliesgau folgten. Damit ist anzunehmen, dass die Art nun endgültig im Saarland angekommen ist.

Bei einer im Jahr 2018 nach 25 Jahren wiederholten Bestandsdichte-Untersuchung an Heuschrecken als Grundlage für die Erstellung einer bundesweiten Roten Liste Heuschrecken wurde von Dieter Dorda (im Auftrag des Büros für Ökologie und Planung, Dr. Maas) auch verstärkt auf das Vorkommen der Gottesanbeterin in den Kalk-Halbtrockenrasen des Bliesgaus geachtet. Ergebnis ist, dass die Art mittlerweile an Stellen im Bliesgau vorkommt, wo sie definitiv vor 25 Jahren nicht vorgekommen ist. Dabei sind z. B. Flächen wie die „Badstube" bei Mimbach, die so isoliert sind, d.h. von für die Gottesanbeterin pessimalen Standorten wie Wald und Acker umgeben sind, dass es schon fraglich ist, wie die Art da hin gefunden hat. In einem relativ kleinen Kalk-Halbtrockenrasenhang an der Blies bei Habkirchen wurden im Spätsommer des Jahres allein 15 Gottesanbeterinnen gefunden. Das ist beachtlich, vor allem wenn man bedenkt, wo die Art in 2018 noch überall gefunden worden ist: Reinheim, Gersheim, Rubenheim, Altheim, Mimbach, Blickweiler und Jägersburg.

Die Besiedlung des Saarlandes wurde mit Sicherheit durch die bekannten Vorkommen in den Trockenrasenhängen der Côte de Moselle im Raum Metz gestützt. Die beobachtete Zuwanderung der wärmeliebenden Gottesanbeterin ist im Zusammenhang mit der Arealexpansion/Immigration weiterer wärmeliebender Arten (Feuerlibelle, Weinhähnchen, Krüppelschlehen-Zipfelfalter, Zweibrütiger Puzzlefalter u.a.) und damit im Kontext der vielerorts diskutierten Klimaerwärmung zu sehen.

Bemerkenswerte Spinnenarten

Die Kalk-Halbtrockenrasen des Bliesgaus stellen für die Spinnenfauna des gesamten Saarlandes besonders wertvolle Lebensräume dar. Bei den

Die Gottesanbeterin (*Mantis religiosa*) kam früher definitiv nicht in der Region vor; jedenfalls ist sie nicht beobachtet worden und es gibt folglich auch keine Meldungen. Es ist schon erstaunlich, in welch kurzer Zeit sich die Art im Bliesgau ausgebreitet hat – dabei auch in Biotopen, die eigentlich durch Wald, Acker usw. isoliert sind. Stellenweise, z. B. an einem Halbtrockenrasenhang zur Blies bei Habkirchen, werden auch richtig große Bestandsdichten erreicht. Das Vorkommen der Gottesanbeterin im Bliesgau ist ein weiterer Hinweis auf das Einwandern wärmeliebender Arten.
Foto links: adulte Gottesanbeterin, **Foto rechts**: frisch geschlüpfte, junge Gottesanbeterin mit (oben) Eipakekt. (Fotos: Hartmut Dorda)

epigäischen Spinnen schwanken die auf hiesigen Kalk-Magerrasen ermittelten Artenzahlen zwischen 41 und 65; auf den im Gebiet „Auf der Lohe" (zwischen Gersheim und Reinheim) untersuchten Halbtrockenrasen wurden im Mittel 53 Arten gefunden.

Besonders auffällig war bei den Erhebungen zum Naturschutzgroßprojekt „Saar-Blies-Gau/Auf der Lohe" das Fehlen der Pechschwarzen Tapezierspinne (*Atypus piceus* SULZER, 1776), der Schwesternart der im Norden des Biosphärenreservats in Wäldern vorkommenden Gemeinen Tapezierspinne (*Atypus affinis*; vgl. Kap. 4.1.1). Die Pechschwarze Tapezierspinne ist eine charakteristische Art der Kalk-Halbtrockenrasen im westlichen Saarland (Saar-Nied-Gau, Mosel-Saar-Gau) und lässt sich eigentlich mit Hilfe von Bodenfallen leicht nachweisen. In den Folgejahren wurden dann doch einige Kolonien im Saar-Blies-Gau entdeckt, allerdings weiter im Westen: bei Auersmacher, Kleinblittersdorf und Ensheim.

Von einer weiteren charakteristischen Spinnenart der Kalk-Halbtrockenrasen des westlichen Saarlandes, der Balken-Tarantel (*Alopecosa trabalis* CLERCK, 1757), gelang im Bliesgau bisher noch überhaupt kein Nachweis. Als nachtaktive Art ist sie zwar nur selten tagsüber zu beobachten, doch dafür besitzen Bodenfallen bei der Balken-Tarantel eine hohe Erfassungseffizienz. In den zahlreichen Bodenfallen (insgesamt 42 Fallengruppen), die im Rahmen der bereits erwähnten Untersuchungen im Gebiet „Auf der Lohe" aufgestellt wurden, fand sich allerdings nicht ein einziges Exemplar dieser Art. Auch auf anderen Kalk-Magerrasen der Region – von der „Badstube" bei Mimbach bis zum Wacholderberg bei Peppenkum – blieb die Suche nach der Balken-Tarantel bis heute ohne Erfolg. Im Lothringischen Schichtstufenland, zu dem auch die saarländischen Muschelkalkgebiete gehören, ist die Art im Allgemeinen nicht selten (vgl. STAUDT 2014).

Für eine gewisse spinnenfaunistische Eigenständigkeit der trockenen Grünlandstandorte des südlichen Bliesgaus sprechen aber nicht nur solche Negativnachweise, sondern auch etliche Spinnenvorkommen, die aus den anderen Muschelkalkgebieten des Saarlandes nicht (bzw. nur in deutlich geringerer Zahl) bekannt sind. Im Folgenden werden vier besonders erwähnenswerte Beispiele herausgegriffen:

Die bis dato einzige saarländische Fundstelle der Plattbauchspinnenart *Gnaphosa lugubris* (C. L. KOCH, 1839) befindet sich im Bliesgau – am Kaninchenberg bei Reinheim. Im Lothringischen Schichtstufenland ließen sich ansonsten nur in Luxemburg Nachweise erzielen (vgl. HERMANN 1998); aus Lothringen wurde die Art noch nicht

Die häufigste der vier heimischen Ragwurz-Arten: Hummel-Ragwurz (*Ophrys holoserica*) (Orchidaceae).

Sie blüht als eine der letzten – Bienen-Ragwurz (*Ophrys apifera*). (Foto: Ulf Heseler)

Bemerkenswerte Gefäßpflanzenarten

Ragwurz-Arten der Gattung *Ophrys*

Die Ophrys-Arten zählen mit zu den auffälligsten Orchideen im Bliesgau, gelten sie doch als Inbegriff der mediterranen Arten und stehen im übertragenen Sinn als Pate für die Wortschöpfung „Toskana Deutschlands", wie der Bliesgau auch gerne genannt wird.

Am häufigsten ist die Hummel-Ragwurz (*Ophrys holoserica*). Sie kommt in einem Großteil der Kalk-Halbtrockenrasen und (zerstreut) auch in den mageren Trespen-Glatthaferwiesen des Bliesgaus vor. Die wärmeliebende, mediterrane Art ist auch gleichzeitig im Saarland die häufigste Ragwurzart.

Ophrys apifera – die Bienen-Ragwurz – ist die zweithäufigste Ragwurz-Art im Gebiet. Sie blüht später als *Ophrys holoserica* und wird – auch weil ihre Bestände nicht so individuenreich sind – wohl öfters übersehen. *Ophrys apifera* zählt zu den Charakterarten der Kalk-Halbtrockenrasen. „Die Art etablierte sich vermutlich erst nach dem Zweiten Weltkrieg in zunehmendem Maße und zeigt insbesondere seit den 1990er Jahren die Tendenz, sich verstärkt auszubreiten. Diese positive Entwicklung lässt sich nicht nur im Saarland sondern auch in anderen Teilen Deutschlands und Mitteleuropas feststellen" (STEINFELD 2015, S. 288). Nach SAUER (1993) kommt die Art auch gerne in extensiv bewirtschafteten Mähwiesen vor und kann sogar gelegentlich in größerer Zahl in Ackerbrachen erscheinen, wie es z. B. STEINFELD (2015) in einem Acker bei Altheim beobachtet hat.

Sehr selten sind *Ophrys insectifera* – die Fliegen-Ragwurz – und *Ophrys sphegodes* – die Spinnen-Ragwurz. Während erstere recht unstet im Orchideengebiet Gersheim (an wechselnden Stellen) beobachtet werden kann, war von der zweiten längere Zeit kein gesichertes Vorkommen mehr bekannt[13].

Es ist das Verdienst der Zweibrücker Naturkundlerin und 2. Vorsitzenden der POLLICHIA Zweibrücken, Frau Ilse Heintz, auf ein aktuelles Vorkommen von *Ophrys sphegodes* auf saarländischem Gebiet, direkt an der Grenze zu Rheinland-Pfalz, hingewiesen zu haben. Bei der in Rede stehenden Fläche handelt es sich um die „Trummstücke", einem Halbtrockenrasen-Be-

Bliesgau eine gewisse floristische Eigenständigkeit gewinnt (vgl. DORDA 1998b, MEISBERGER 2017).

Brachypodium pinnatum-Rasen (Fiederzwenkenrasen)

Die *Brachypodium pinnatum*-Rasen fallen durch die hellgrüne Farbe der Gewöhnlichen Fiederzwenke (*Brachypodium pinnatum*) auf. HARD (1964a, S. 33) beschreibt diesen Typus als „Hochstauden der fiedrigen Zwenke" und SCHNEIDER (1997) charakterisiert die Zwenkenrasen als artenarme Gesellschaft mit hoher Dominanz der Fiederzwenke.

---

[13] Erhard Sauer z. B. spricht von „Ansalbungen" im Orchideengebiet Gersheim, was heute – weil die damals „Verdächtigen" nicht mehr befragt werden können – nicht mehr überprüft werden kann.

Im Orchideengebiet Gersheim blüht schon seit Jahren ein einzelnes Exemplar an der gleichen Stelle – Fliegenragwurz (*Ophrys insectifera*).

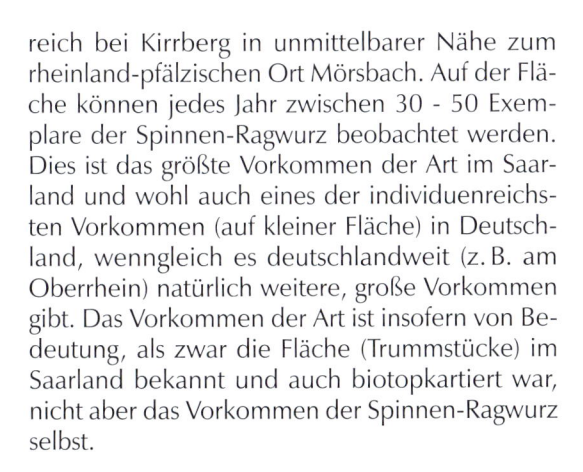

Das größte Vorkommen der Spinnenragwurz (*Ophrys sphegodes*) ist bei Kirrberg, direkt an der rheinland-pfälzischen Grenze.

reich bei Kirrberg in unmittelbarer Nähe zum rheinland-pfälzischen Ort Mörsbach. Auf der Fläche können jedes Jahr zwischen 30 - 50 Exemplare der Spinnen-Ragwurz beobachtet werden. Dies ist das größte Vorkommen der Art im Saarland und wohl auch eines der individuenreichsten Vorkommen (auf kleiner Fläche) in Deutschland, wenngleich es deutschlandweit (z. B. am Oberrhein) natürlich weitere, große Vorkommen gibt. Das Vorkommen der Art ist insofern von Bedeutung, als zwar die Fläche (Trummstücke) im Saarland bekannt und auch biotopkartiert war, nicht aber das Vorkommen der Spinnen-Ragwurz selbst.

Ein weiteres Vorkommen von *Ophrys sphegodes* beschreibt STEINFELD (2015) für einen Kalk-Halbtrockenrasen-Hang bei Altheim. Auch vom Naturschutzgebiet „Badstube Mimbach" ist das Vorkommen der Spinnen-Ragwurz bekannt. Nach Einschätzung des Botanikers Rüdiger Mues ist die Art dort aber mit Sicherheit angesalbt und „es ist auch keine Sippe, die hier vorkommt" (mdl. Auskunft).

Bocksriemenzunge (*Himantoglossum hircinum*)

Die Bocksriemenzunge ist ein west-submediterranes Florenelement. Deutschlandweit ist die Art selten und ist bis auf wenige Ausnahmen in ihrem Vorkommen auf den Südwesten Deutschlands beschränkt. *Himantoglossum hircinum* ist eine Art der Kalk-Halbtrockenrasen. Die saarländischen Vorkommen stehen in engem Zusammenhang mit den Vorkommen in Ost-Frankreich, wo die Art auf den Jura-Kalken im Metzer Raum vorkommt (vgl. STEINFELD 1999). Aufgrund ihrer Größe ist die Bocksriemenzunge im Gelände gut erkennbar. „Wo mehrere Exemplare beisammenstehen, kann vor allem an heißen Nachmittagen ihr eindringlicher Geruch, der an die Duftmarke eines Ziegenbocks erinnern soll, gut wahrgenommen werden" (STEINFELD 1999, S. 684).

Recherchen von Peter Steinfeld zufolge tauchte die Bocksriemenzunge vermutlich Anfang des vorigen Jahrhunderts im Gebiet des heutigen Biosphärenreservats auf. STEINFELD (1999) berichtet

Sie hat in ihrem Bestand zugenommen: Bocksriemenzunge (*Himantoglossum hircinum*).

Mit ihren wie „verbrannt" aussehenden Blüten hat es den Anschein, als ob sie der Sonne zu nahe gekommen ist. Sie hat ihren Namen davon: Brandknabenkraut (*Neotinea ustulata*) (früher: *Orchis ustulata*).

von Aufzeichnungen des Apothekers Ruppert, der *Himantoglossum hircinum* erst seit 1915 im Bliesgau beobachtet hat. Die Bocksriemenzunge war in der Region einst nicht häufig und bis 1970 nur von wenigen Fundstellen bekannt. Im ausgehenden 20. Jahrhundert dagegen kam die Art – nach den Kartierungsergebnissen von Steinfeld – an mehr als vierzig Standorten im Bliesgau vor; sie hat demnach eine beachtliche Arealexpansion erfahren. Derartige Ausbreitungstendenzen werden auch von anderen Regionen berichtet, so z. B. vom Nahe-Gebiet und vom Oberrheingraben.

Seit geraumer Zeit sind aus Deutschland und Frankreich spätblühende Sippen von *Himantoglossum hircinum* bekannt, deren Infloreszenz lockerblütiger ist und die Laubblätter lanzettlicher sind. Wenn die Nominatform bereits längst abgeblüht ist, entwickeln sich die Blütenstände der spätblühenden Variante je nach Witterungsverlauf etwa Ende Juni bis Mitte Juli. Die wohl am besten untersuchte Population findet sich am „Großbirkel-Hungerberg" zwischen Peppenkum

und Altheim. Da in der Region die Normalform relativ verbreitet ist, kann man hier die Unterschiede zwischen beiden Taxa gut studieren. So unterscheidet sich die Sommerform auch im Habitus von der Nominatform. Die grundständigen Rosettenblätter sind nicht breit-elliptisch sondern mehr länglich-linealisch. Auch besitzt die spätblühende Variante im Schnitt etwa 26 Einzelblüten, während die Nominatsippe im Mittel fast doppelt so viele Blüten aufweist (KREUTZ/STEINFELD 2013). Nach den Untersuchungsergebnissen von KREUTZ und STEINFELD sprechen mehrere Kriterien für eine taxonomische Bewertung der spätblühenden *Himantoglossum hircinum* als eigenständige Sippe *Himantoglossum hircinum* var. *aestivalis*.

Brand-Knabenkraut (*Neotinea ustulata*)

Neotinea ustulata ist deutschlandweit vor allem im Süden verbreitet (Bayern, Baden-Württemberg, Rheinland-Pfalz, Saarland). Nach Norden hin ist die Art nur noch selten zu beobachten bzw. fehlt ganz. *Neotinea ustulata* ist licht- und *hitzeliebend*. Der deutsche Name „Brand-Knabenkraut" rührt von dem wie „abgebrannt" aussehenden apikalen Blütenstand. Das Brand-Knabenkraut war „Orchidee des Jahres 2005". Diese von den deutschen „Arbeitskreisen Heimische Orchideen" (AHO) verliehene Auszeichnung soll hinweisen auf anhaltende Gefährdungsfaktoren wie Intensivierung der Bewirtschaftung, Überdüngung und/oder Verbrachung. Auch im Saarland ist die Art bestandsgefährdet. Im Bliesgau gibt es beständige Vorkommen, z.B. im Orchideengebiet bei Gersheim sowie bei Habkirchen.

Pyramiden-Orchis oder Pyramiden-Hundswurz (*Anacamptis pyramidalis*)

Anacamptis pyramidalis ist eine Art der Trocken- und Halbtrockenrasen. Sie ist deutschlandweit selten und kommt (zerstreut) nur im Südwesten vor. Die Art ist wärmeliebend und kommt in den klimatischen Gunsträumen des Saarlandes (z.B. im Bliesgau) noch relativ häufig vor. Großräumig betrachtet ist die Art dagegen in ganz Mitteleuropa selten.

Affen-Knabenkraut (*Orchis simia*)

Das submediterran verbreitete Affen-Knabenkraut *Orchis simia* kommt außerhalb des Saarlandes in Deutschland fast nur noch im Oberrhein-Kaiserstuhlgebiet und punktuell in der Schwäbischen Alb vor (vgl. MEISBERGER 2017). Die Wärme liebende Art dürfte aus dem benachbarten Lothringen eingewandert sein und hat sich im Bliesgau erst seit Ende der 1980er Jahre fest etabliert. Sie gedeiht vorzugsweise in nicht zu flachgründigen Halbtrockenrasen oder im Saum lichter Gebüsche, allerdings nur an wenigen Stellen. Ein besonderes Kennzeichen der Affenorchis ist, dass sie als einzige heimische Orchideenart von oben nach unten aufblüht.

Purpur-Knabenkraut (*Orchis purpurea*) und Helm-Knabenkraut (*Orchis militaris*)

Die beiden Knabenkräuter sind nicht unbedingt „bliesgautypisch", d.h. kommen auch in den Muschelkalkgebieten des nordwestlichen Saarlandes vor. Sie gehören auch nicht zu den bundesweit bedeutenden Arten mit Vorkommen im Biosphärenreservat Bliesgau. *Orchis militaris* z.B. ist eine Art der Kalk-Magerrasen und extensiv bewirtschafteten Mähwiesen, die zuweilen auch außerhalb

Sie ist eine der spät aufblühenden Orchideen im Bliesgau: Pyramiden-Orchis (*Anacamptis pyramidalis*). Ab Ende Mai mischt sich das leuchtende Purpur dieser Orchidee mit dem Gelbgrün der Kalk-Halbtrockenrasen.

Sie ist noch nicht lange Bestandteil der heimischen Orchideenflora – Affenknabenkraut (*Orchis simia*). (Foto: Peter Steinfeld)

der Muschelkalkgebiete des Saarlandes angetroffen werden kann, während *Orchis purpurea* eher den Kalk-Magerrasen zugeordnet werden kann und dort auch dem wärmeliebenden Gebüsch (vgl. SAUER 1993).

In den Kalk-Halbtrockenrasen des Bliesgaus regelmäßig anzutreffen: Purpur-Knabenkraut (*Orchis purpurea*).

Eine der häufigsten Orchideen im Bliesgau: Helm-Knabenkraut (*Orchis militaris*).

Beide Arten spielen aber innerhalb der Hybrid-Bildung der Orchideen im Bliesgau eine nicht unerhebliche Rolle, auf die in einem der nachfolgenden Kapitel noch eingegangen wird.

Feld-Mannstreu (*Eryngium campestre*)

Eryngium campestre ist deutschlandweit nicht häufig und hat Verbreitungsschwerpunkte bei Mainz sowie im Elbtal im Bundesland Sachsen-Anhalt. Die von Weidetieren verschmähte und sich vegetativ durch Kletten ausbreitende Pflanze ist eine Art der Kalk-Halbtrockenrasen und kommt saarlandweit im Saar-Moselgau und im Saar-Nied-Gau vor. Aus den Kalk-Halbtrockenrasen des Bliesgaus sind nur vier Fundpunkte bekannt. Die beiden ersten sind der „Homerech" bei Reinheim sowie die „Sperr" bei Niedergailbach, die beiden anderen sind bei Gersheim (Zwiebelberg sowie ein – mit Pferden beweideter – Halbtrockenrasenhang im Hetschenbachtal) (vgl. STEINFELD 2016a).

„Die auffallende Pflanze, zäh und mit kräftigen Stacheln ausgerüstet, sieht auf den ersten Blick aus wie eine Distel. Sie gehört aber zu den Doldengewächsen. Im Hochsommer, wenn die Muschelkalkhänge bereits braun gefärbt sind, fängt der Feld-Mannstreu unbeeindruckt von Hitze und Trockenheit an zu blühen. Die holzig-verzweigten Blütenstände erinnern an kugelförmige Büsche. Im Spätsommer knicken sie um, brechen ab und werden dann als sogenannte ‚Steppenläufer' oder ‚Steppenhexen' vom Winde verweht – ähnlich wie man es gelegentlich von alten Westernfilmen her kennt" (STEINFELD 2016a, S. 17).

Interessanterweise gibt bereits der Botaniker F. W. Schultz in seiner „Flora der Pfalz" (gedruckt 1845) die beiden letztgenannten Orte als Fundstellen für die Art an. „Demnach hält sich der Feld-Mannstreu seit mindestens 170 Jahren an der unteren Blies. Ob die bizarre Pflanze allerdings hier eine Zukunft hat, hängt vom Erhalt der Offenland-Biotope ab. Am zweckmäßigsten ist eine extensive Beweidung, da das Vieh die Pflanzen verschont, konkurrierende Gräser und Büsche aber zurückdrängt. Eine Mahd kommt nur in Frage, wenn sie nicht zu früh erfolgt oder Teilflächen stehen bleiben, damit nicht alle Individuen dem Schnitt zum Opfer fallen. Es soll-

Es gibt nur wenige Standorte dieser Steppenhexe im Bliesgau: Feld-Mannstreu (*Eryngium campestre*).

Eine Klee-Art der Kalk-Halbtrockenrasen: Berg-Klee (*Trifolium montanum*). (Foto: Anita Naumann)

Die Kalk-Kreuzblume (*Polygala calcarea*) ist eine Halbtrockenrasenart. Außer im Bliesgau gibt es deutschlandweit nur wenige Vorkommen. (Foto: Ulf Heseler)

In den Kalk-Halbtrockenrasen des Bliesgaus häufig anzutreffen, die Stängellose Kratzdistel (*Cirsium acaule*). (Foto: Anita Naumann)

ten zumindest einige Exemplare bis zur Samenreife gelangen, damit sie später, wie beschrieben, von stürmischen Herbstwinden vor sich hergetrieben werden können" (STEINFELD 2016a, S. 17).

Berg-Klee (*Trifolium montanum*)

Deutschlandweit kommt der Berg-Klee im mittleren und südlichen Teil vor und fehlt im Norden. Der Berg-Klee ist eine Art der trockenen Trespen-Glatthaferwiesen bzw. Kalk-Magerrasen und kommt im Saarland schwerpunktmäßig in den Kalk-Halbtrockenrasen des Bliesgaus vor. Relativ stetig ist die Art z. B. im Orchideengebiet Gersheim und auf der Höhe des Buchenbergs zwischen Nieder- und Obergailbach.

Kalk-Kreuzblume (*Polygala calcarea*)

Das Kalk-Kreuzblümchen ist eine Art der Trocken- und Halbtrockenrasen und ist in den Muschelkalkgebieten im Bliesgau verbreitet. In den übrigen saarländischen Muschelkalkgebieten ist *Polygala calcarea* sehr selten. Die Kalk-Kreuzblume gilt als subatlantisch-südwestsubmediterrane Art und erreicht östlich Zweibrücken die Ostgrenze ihres geschlossenen Verbreitungsareales (Sauer 1980, 1993). In Mitteleuropa gibt es (außer im Bliesgau) nur wenige Vorkommen, so z. B. in der Eifel, in der Südpfalz und am Kaiserstuhl.

Stängellose Kratzdistel (*Cirsium acaule*)

Cirsium acaule ist eine Art der Halbtrockenrasen und in Deutschland in der Mitte und im Südwesten verbreitet. Auch im Saarland ist der Verbreitungsschwerpunkt in den Muschelkalkgebieten. In den Kalk-Halbtrockenrasen des Bliesgaus gehört *Cirsium acaule* zu den charakteristischen Arten.

Purgier-Lein (*Linum catharticum*)

Der Purgier-Lein kommt deutschlandweit sowohl in den Feucht- und Frischwiesen als auch in den Trocken- und Halbtrockenrasen vor. Im Saarland meidet er die Buntsandsteingebiete und kommt im Muschelkalk des Bliesgaus sowie der Merziger Muschelkalkplatte vor. Die kleine, zierliche Pflanze wird gerne übersehen und oftmals erst beim nochmaligen genaueren Hinschauen wahrgenommen.

Schmalblättriger Lein (*Linum tenuifolium*)

Linum tenuifolium ist deutschlandweit selten und kommt außer im Saarland noch in den Tälern von Mosel, Nahe und Main vor. Aber auch im Saarland ist die submediterrane Art nicht häufig und in ihrem Vorkommen auf die Magerrasen-Gebiete des Unteren Muschelkalkes im Naturraum Zweibrücker Westrich beschränkt. Bekannte Vorkommen sind z. B. das Gebiet „Großbirkel-Hungerberg" bei Peppenkum bzw. der Kalk-Halbtrockenrasen am „Kuckucksberg" bei Altheim.

Bergaster (*Aster amellus*)

Aster amellus ist in den Kalk-Halbtrockenrasen des Bliesgaus eine ausgesprochen seltene Pflanze. Die Art galt hier sogar als ausgestorben (vgl. Sauer 1993) bis sie im September des Jahres 1995 im (damaligen) Naturschutzgebiet „Am Weißrech/Zwischen den Lachen" bei Gersheim (heute: Naturschutzgebiet „Südlicher Bliesgau/Auf der Lohe") wieder gefunden wurde (Dorda 1998d).

Zusammen mit den bekannten Vorkommen auf der deutschen Seite des Hammelsbergs bei Perl, ist dies das einzig bekannte Vorkommen der Art im Saarland. Paul Haffner (zitiert in Sauer 1993) nannte zwar für die 1960er Jahre noch Vorkommen bei Riesweiler („Hungerberg") und Peppenkum („Schlosshübel"). Die Art wurde bis dato an diesen häufig besuchten Stellen aber nie mehr gesehen, so dass das Vorkommen in Gersheim derzeit das einzige bekannte Vorkommen der Art im Bliesgau ist.

Knolliger Hahnenfuß (*Ranunculus bulbosus*)

Ranunculus bulbosus ist im Süden und der Mitte Deutschlands verbreitet, im nordöstlichen Teil Deutschlands zerstreut und im nordwestlichen Teil fehlend. Der Knollige Hahnenfuß ist eine Art extensiv genutzter magerer Wiesen und Weiden. Die Art kommt saarlandweit vor – mit einem Schwerpunkt der Verbreitung im Bliesgau. Ihren Namen hat die Pflanze von dem am Grunde knollenartig verdickten Stängel.

Gewöhnliche Küchenschelle (*Pulsatilla vulgaris*)

Pulsatilla vulgaris ist eine Art der Trocken- und Halbtrockenrasen und deutschlandweit in ihrem Vorkommen auf den südwestlichen und südlichen Teil beschränkt. Auch im Saarland ist die Art selten und kommt hier an nur wenigen Standorten vor (so am Hammelsberg bei Perl, am Nackberg bei Hilbringen, in der „Badstube" bei Mimbach sowie am Kalbenberg bei Ballweiler). Weitere Vorkommen gibt es darüber hinaus im Bickenalbtal bei Altheim von denen der bekannteste mit Sicherheit der Wacholderberg bei Peppenkum ist. Hier steht die Art fast flächendeckend und prägt im Frühjahr den kompletten Hang.

Weiße Schwalbenwurz (*Vincetoxicum hirundinaria*)

Die zu den Hundsgiftgewächsen zählende kalkliebende Schwalbenwurz ist deutschlandweit zerstreut, besiedelt den Süden und die Mitte und fehlt großenteils im Norden Deutschlands. Im Saarland

Der kleine, unscheinbare Purgier-Lein (*Linum catharticum*) gehört nicht gerade zu den auffälligsten Pflanzen in den Kalk-Halbtrockenrasen.

Der schmalblättrige Lein (*Linum tenuifolium*) ist in seinem Vorkommen auf die Trockenrasen des Unteren Muschelkalks in der Parr beschränkt. (Foto: Anita Naumann)

Die Bergaster (*Aster amellus*) wurde erst 1995 im Orchideengebiet Gersheim von Dieter Dorda wiederentdeckt. Sie galt bis dato als ausgestorben.

Charakteristisches Merkmal sind die umgestülpten Kelchblätter: Knolliger Hahnenfuß (*Ranunculus bulbosus*). Der Knollige Hahnenfuß hat am Grunde einen verdickten, knollenartigen Stängel; daher der Name.

Das größte Vorkommen der Küchenschelle (*Pulsatilla vulgaris*) ist am Wacholderberg zwischen Peppenkum und dem französischen Guiderkirch.

Die Schwalbenwurz (*Vincetoxicum hirundinaria*) steht relativ zahlreich im Orchideengebiet bei Gersheim.

Der Kriechende Hauhechel (*Ononis repens*) ist eine Art der verbrachten Kalk-Magerrasen.

gibt es vereinzelte Vorkommen auf Muschelkalk und Vulkanit und zwar bevorzugt „an steinigen und heißen Hängen" (Sauer 1993, S. 109). Im Biosphärenreservat Bliesgau gibt es einen großen Bestand im „Orchideengebiet" bei Gersheim. Die Art steht hier auf den Kalk-Halbtrockenrasenflächen, im Saum der Gebüsche und Baumhecken. Eine kleine Population gibt es auch im Kalksteinbruch am „Sommerberg" bei Gräfinthal (nördlich von Bliesmengen-Bolchen).

Fransenenzian (*Gentianella ciliata*)

Der Fransenenzian kommt in der Mitte und im äußersten Westen Deutschlands vor. Er ist eine Art der Kalk-Magerrasen und kommt saarlandweit sowohl in den Muschelkalkgebieten des „Mosel-Saar-Gaus" und des „Saar-Nied-Gaus" sowie des Bliesgaus vor. Bekannte Vorkommen gibt es z. B. am Kalbenberg bei Ballweiler bzw. am Zwiebelberg bei Gersheim.

Kriechende Hauhechel (*Ononis repens*)

Ononis repens ist deutschlandweit verbreitet mit Ausnahme Nordwest-Deutschlands. Sie ist eine Art der ungenutzten Halbtrockenrasen und verschwindet bei häufigem Schnitt. Die holzige Art blüht im Spätsommer und ist insbesondere für die Fauna ein wichtiger Strukturparameter in den ansonsten homogenen Kalk-Halbtrockenrasen. Im Bliesgau ist die Art in allen Halbtrockenrasen zu finden. Insbesondere das Weinhähnchen (*Oecanthus pellucens*) versteckt sich tagsüber gerne in den Hauhechel-Büschen.

Edel-Gamander (*Teucrium chamaedrys*)

Der Edel-Gamander ist eine Art der steinigen, warmen Kalk-Magerrasen. Sie kommt vor allem auf den gebankten Kalken des Unteren Muschelkalkes und demzufolge (fast) ausschließlich im Naturraum „Zweibrücker Westrich" vor. In der „Badstube" bei Mimbach sowie in den Halbtrockenrasen des Bickenalbtals kann die Art in schöner Regelmäßigkeit – allerdings immer nur in wenigen Exemplaren – beobachtet werden.

Nach Hard (1964) ist der Edelgamander eine der Kennarten der gamanderreichen Trespenrasen des Bickenalbtales, die landschaftsgeschichtlich älter als die (Trespenrasen) im Naturraum Saar-Blies-Gau sind. Die Trespenrasen im Bickenalbtal des Zweibrücker Westrichs sind reicher an submediterranen Arten als die im Bliesgau (vgl. Hard 1964).

Bemerkenswerte Orchideenhybride

Manche Naturfreunde können gar nicht genug von Orchideen bekommen, für sie sind deshalb Orchideen-Hybriden das Non-Plus-Ultra. So verwundert es nicht, dass vielerorts (offensichtlich auch

Nicht nur in den Alpen, auch im Bliesgau gibt es Enziane. Im Bild der Fransenenzian (*Gentiana ciliata*). Die Art hat bewimperte Blüten; daher der Name. (Foto: Hartmut Dorda)

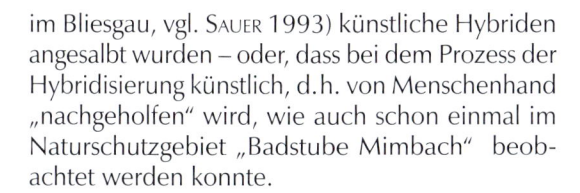

In den Kalk-Magerrasen des Bickenalbtales und in der Badstube bei Mimbach zu finden: Edel-Gamander (*Teucrium chamaedrys*)

im Bliesgau, vgl. Sauer 1993) künstliche Hybriden angesalbt wurden – oder, dass bei dem Prozess der Hybridisierung künstlich, d.h. von Menschenhand „nachgeholfen" wird, wie auch schon einmal im Naturschutzgebiet „Badstube Mimbach" beobachtet werden konnte.

Trotz allem sind (natürlich) vorkommende Orchideen-Hybriden eine ästhetische Bereicherung eines jeden Halbtrockenrasens, „denn in der Evolution der Orchideen kommt der Hybridisierung eine große Bedeutung zu" (Klüber 2009, S. 38). Nach Klüber können etablierte Hybridsippen eine eigene Entwicklung einschlagen und sich zu selbstständigen Arten entwickeln, wie man es z.B. für *Dactylorhiza majalis* vermutet. Auf der anderen Seite muss für eine erfolgreiche Kreuzbestäubung die Voraussetzung erfüllt sein, dass die beiden beteiligten Pflanzen genetisch kompatibel sind. Ist dies gewährleistet, kann die Pflanze zur Blüte kommen und sogar fertil sein. Nicht selten sind Hybriden im Habitus kräftiger als ihre Eltern oder die Hybriden verdrängen die Eltern sogar, so dass am Standort nur noch die Hybridsippe vorkommt – und nicht mehr das Ausgangsglied, die Eltern-Generation (vgl. Klüber 2009).

Für den Bereich des Biosphärenreservats Bliesgau hat z.B. Steinfeld (2013) über das Vorkommen von Orchideen-Hybriden berichtet. Erwähnenswert ist auch die Publikation des AHO (Arbeitskreis Heimische Orchideen Rheinland-Pfalz/Saarland e.V.) die den Orchideen-Hybriden des Bliesgau eine besondere Aufmerksamkeit schenkt. Eine detaillierte Übersicht über die Orchideengattung *Ophrys* und deren Hybriden liefern auch Herr-Heidtke/Heidtke (2010).

Nach Steinfeld (2013) setzt die sichere Bestimmung von natürlichen Kreuzungen gute Kenntnisse über die Elternsippen, deren arttypische Merkmale und Variationsbreite voraus. Für eine verlässliche Aussage sollte man immer die gesamte Fundsituation vor Ort mit einbeziehen. Nur so kann man sich einen Eindruck vom fundortspezifischen Umfeld und Erscheinungsbild der vorhandenen Elternpopulationen und deren mutmaßlicher Bastarde machen (Steinfeld 2013).

Orchiaceras bergonii, eine seltene Hybride zwischen *Aceras anthropophorum* und *Orchis simia*. (Foto: Peter Steinfeld)

Orchiaceras spurium, die Hybride zwischen *Aceras anthropophorum* und *Orchis militaris*. (Foto: Peter Steinfeld)

Nachfolgend eine Zusammenschau der wichtigsten Orchideen-Hybriden im Biosphärenreservat Bliesgau.

Die Hybride x *Orchiaceras bergonii*

STEINFELD (2013) berichtet über das Auftreten dieser seltenen Hybride am Kreuzberg bei Bliesmengen-Bolchen. Es handelt sich um einen Bastard zwischen *Orchis anthropophora* (Ohnsporn) und *Orchis simia* (Affen-Knabenkraut).

Die Orchideenhybride war früher als sogenannte intergenerische Hybride (Gattungsbastard) zwischen *Aceras anthropophorum* (Ohnsporn) und der Gattung *Orchis* – im vorliegenden Fall *Orchis simia* (Affen-Knabenkraut) – eingestuft. Inzwischen wurde aufgrund molekularbiologischer Erkenntnisse *Aceras* in die Gattung *Orchis* eingeordnet, sodass der Bastard nun kein intergenerischer Bastard mehr ist, sondern nur ein interspezifischer. Die alte Schreibweise mit dem vorangestellten „x" (was einer Kreuzung zwischen verschiedenen Gattungen entspricht) wird in der vorliegenden Arbeit aber noch beibehalten.

Diese Hybride ist sehr selten, da das Affen-Knabenkraut nur wenige Fundpunkte im Bliesgau und auch in Deutschland aufweist.

Die Hybride ist außerordentlich variabel – dies betrifft insbesondere die Lippenform und die Färbung der Blüten. Bedingt durch die Hybridisierung tritt gelegentlich der sogenannte Heterosis-Effekt auf. In diesen Fällen sind die Mischlingsformen stattlicher als ihre Elternarten (vgl. STEINFELD 2013).

Die Hybride x *Orchiaceras spurium*

Diese Hybride ist weiter verbreitet und häufiger als die o. g. Hybride mit *Orchis simia*. Es handelt sich um einen Bastard zwischen *Aceras anthropophorum* (Hängender Mensch) und *Orchis militaris* (Helm-Knabenkraut). Peter Steinfeld (briefl.) nennt Vorkommen in der „Himsklamm" sowie am Buchenberg in Niedergailbach, im Orchideengebiet Gersheim, Walsheim – Erzental (oberhalb der Fischweiher; „früher sogar über 40 Stück"), Walsheim – Zwiebelberg („oben über den Wein-

Orchis x hybrida, Hybride zwischen *Orchis purpurea* und *Orchis militaris*. (Foto: Peter Steinfeld)

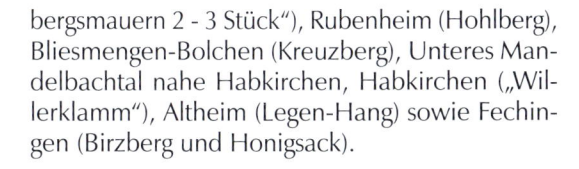

Orchis x beyrichii, Bastard zwischen *Orchis militaris* und *Orchis simia*. (Foto: Peter Steinfeld)

bergsmauern 2 - 3 Stück"), Rubenheim (Hohlberg), Bliesmengen-Bolchen (Kreuzberg), Unteres Mandelbachtal nahe Habkirchen, Habkirchen („Willerklamm"), Altheim (Legen-Hang) sowie Fechingen (Birzberg und Honigsack).

Auch hier handelt es sich eigentlich nicht mehr um einen intergenerischen Bastard, denn folgt man den Ergebnissen neuerer genetischer Untersuchungen, wonach die monotypische Gattung *Aceras* der Gattung *Orchis* sehr nahe steht, dann muss, wie bereits o.a., *Aceras anthropophorum* in *Orchis anthropophora* umbenannt werden, weshalb die Kreuzung mit *Orchis militaris* dann nur noch ein Artbastard (interspezifischer Hybrid) wäre, der dann *Orchis x spuria* hieße. Der Einfachheit halber wird aber hier – genau wie oben – die alte Schreibweise, die einen intergenerischen Bastard generiert, beibehalten.

Die Hybride *Orchis x hybrida*

Es handelt sich um einen Bastard zwischen Purpur-Knabenkraut (*Orchis purpurea*) und Helm-Knabenkraut (*Orchis militaris*). Dieser Bastard ist regelmäßig im Bliesgau zu beobachten und ist die häufigste Hybride in der Region. Peter Steinfeld (briefl.) nennt besonders schöne Bestände bei Gräfinthal (nördlich von Bliesmengen-Bolchen), im unteren Mandelbachtal zwischen Habkirchen und Wittersheim, im Bereich der „Willerklamm" bei Habkirchen, am Kloppberg bei Reinheim, ebenso auf der Lohe (sowohl im Steinbruch als auch oberhalb des Steinbruchs), bei Rubenheim („Hanickel"), Mimbach („Badstube") sowie Altheim (Rußtal). „Südlich der Blies finden sich sowohl *Orchis purpurea* wie auch der Bastard mit *militaris* nur vereinzelt, aber immer wieder" (Peter Steinfeld, briefl.).

Die Hybride *Orchis x beyrichii*

Dieser Bastard ist eine Kreuzung zwischen Helm-Knabenkraut (*Orchis militaris*) und Affen-Knabenkraut (*Orchis simia*). „Wo beide Arten gemeinsam vorkommen, tritt er regelmäßig auf; im Bliesgau bei Kleinblittersdorf, Bliesmengen-Bolchen und Habkirchen. Es besteht grundsätzlich die Gefahr, dass dadurch die reine *Orchis simia* verdrängt wird. Der Bastard wird immer wieder mit der reinen *Or-*

Ophrys x albertiana, Bastard zwischen *Ophrys apifera* und *Ophrys holoserica*. (Foto: Peter Steinfeld)

chis simia verwechselt, die Lippensegmente sind aber am Ende etwas verbreitet (Einfluss von *Orchis militaris*). Zudem blüht der Bastard von unten nach oben auf (Einfluss von *Orchis militaris*)" (Peter Steinfeld, briefl.).

Die Hybride *Ophrys* x *devenensis*

Es handelt sich um einen Bastard zwischen Hummel-Ragwurz (*Ophrys holoserica*) und Fliegen-Ragwurz (*Ophrys insectifera*). Dieser Bastard ist fast jedes Jahr im Orchideengebiet Gersheim zu beobachten sowie regelmäßig auch in der „Badstube" bei Mimbach.

Die Hybride *Ophrys* x *albertiana*

Diese Hybride ist ein Bastard zwischen Bienen-Ragwurz (*Ophrys apifera*) und Hummel-Ragwurz (*Ophrys holoserica*). Wie STEINFELD (schriftl.) anmerkt, ist die Hybride „nicht ganz einfach zu bestimmen". Es kommt dabei auf das Lippenanhängsel (Appendix) an, welches bei der Kreuzung *Ophrys apifera* x *Ophrys holoserica* schräg abwärts gerichtet ist und damit eine Mittelstellung einnimmt (vgl. STEINFELD 2011, S. 29).

Nach Peter Steinfeld (briefl.) ist diese Hybride „aber zweifelsfrei an einigen Stellen im Bliesgau" vorhanden und häufiger als allgemein vermutet. Zu finden ist sie im Orchideengebiet bei Gersheim, auf dem

Ophrys x devenensis, Bastard zwischen *Ophrys holoserica* und *Ophrys insectifera*. (Foto: Peter Steinfeld)

„Hanickel" bei Rubenheim, in der „Badstube" bei Mimbach, auf dem „Kreuzberg" bei Bliesmengen-Bolchen, im „Lochfeld" bei Wittersheim, im Rußtal und auf dem „Großbirkel" zwischen Peppenkum und Altheim im „Scheidgrund" bei Böckweiler und „vereinzelt auch an anderen Stellen".

Die Hybride *Dactylorhiza* x *aschersoniana*

Bislang schenkte man *Dactylorhiza*-Bastarden im Saarland nur wenig Beachtung. Nach DIERSTEIN/STEINFELD (2017) gehen weder Paul Haffner, der sich in zahlreichen Publikationen mit der saarländischen Orchideenflora beschäftigt hat, noch Erhard Sauer in seinem umfangreichen Werk über die Gefäßpflanzen des Saarlandes (SAUER 1993) auf Vorkommen solcher Kreuzungen ein. Auch der Apotheker Ruppert, der im letzten Jahrhundert die Orchideenflora im Saarland ausgiebig studierte, erwähnt das Vorkommen von *Dactylorhiza*-Hybriden nur am Rande (vgl. DIERSTEIN/STEINFELD 2017). Peter Steinfeld (briefl.) weist darauf hin, dass allein für das Saarland sechs *Dactylorhiza*-Bastarde beschrieben

Dactylorhiza x *aschersoniana*, Hybride zwischen *Dactylorhiza incarnata* und *Dactylorhiza majalis*. (Foto: Peter Steinfeld)

Die apochrome Hummelragwurz *Ophrys holoserica* var. *flavescens*.

sind. Davon ist *Dactylorhiza* x *aschersoniana* für die Region Bliesgau zweifelsohne die wichtigste. Wie Steinfeld weiter mitteilt, nimmt diese grundsätzlich nicht seltene Hybride zwischen Fleischfarbenem Knabenkraut (*Dactylorhiza incarnata*) und Breitblättrigem Knabenkraut (*Dactylorhiza majalis*) sogar zu und verdrängt zum Teil durch Introgression auch die reine *Dactylorhiza incarnata* zunehmend. „Hybride [die Hybride *Dactyolorhiza aschersoniana*, Anm. d. Autors] finden sich bspw. bei Gersheim, bei Rubenheim (oberes Rohrental) und bei Fechingen" (Peter Steinfeld, briefl.). Die Hybride ist regelmäßig zu beobachten, wenn beide Elternarten gemeinsam vorkommen. Ein gutes Feldkennzeichen ist der hellgrüne Stängel. Weitere typische Merkmale für alle im Saarland vorkommenden *Dactylorhiza*-Hybriden werden in der Arbeit von DIERSTEIN/STEINFELD (2017) ausführlich beschrieben.

Bemerkenswerte Orchideenvarianten

Wie bei keiner zweiten Pflanzenartengruppe tauchen bei den Orchideen eine Vielzahl von Varianten mit einer beeindruckenden Farben- und Formenvielfalt auf. Am häufigsten können farbliche Varianten beobachtet werden. Ursache ist ein Defekt in der Kette der chemischen Farbstoffsynthese (vgl. KLÜBER 2009), was zu Unterpigmentierung (Hypochromie) oder aber auch Überpigmentierung (Hyperchromie) führen kann. Bei der Gattung *Ophrys* z. B. gehören zu den auffälligsten Erscheinungen zweifellos Pflanzen mit gelbem oder grünlich gelbem Labellum. Solche apochromen Mutationen entstehen bei verminderter oder gehemmter Bildung des dunkelrotbraunen Anthocyaninfarbstoffes. Je nachdem wie stark die Anthocyansynthese unterdrückt ist, entwickeln sich Exemplare mit gelblichen, grünlich oder bräunlich gelben Blütenlippen (STEINFELD 2015). Derartige Mutationen können über die Jahre hinweg erstaunlich persistent sein. So erscheint seit Jahrzehnten z. B. eine blassgelbe Variante der Hummel-Ragwurz im „Erzental" oberhalb der Fischweiher bei Walsheim. Aber auch von der Bienen-Ragwurz und der Fliegen-Ragwurz sind derartige Varianten beschrieben (siehe z. B. STEINFELD 2015).

Die Variante *Ophrys holoserica* var. *scolopaxioides*. (Foto: Peter Steinfeld)

Neben den Farb-Varianten können auch sogenannte „Struktur-Varianten" unterschieden werden. Dabei reicht die Palette der Strukturvariationen von einfachen Abweichungen der Lippenform und des Lippenreliefs über dimensionale Anomalien bis hin zu extremen Fehlbildungen (vgl. KLÜBER 2009). Je nach Auffassung der verschiedenen Fachleute werden solche Pflanzen taxonomisch als *lusus, forma* oder *varietas* bewertet und meistens auch mit Namen belegt (vgl. STEINFELD 2015).

Nachfolgend eine – mit Sicherheit nicht vollständige – Zusammenschau von Orchideen-Varianten aus dem Biosphärenreservat Bliesgau.

Die Variante *Ophrys holoserica* var. *flavescens* (= apochrome Hummel-Ragwurz)

Es handelt sich um eine gelbblühende Variante der Hummel-Ragwurz (*Ophrys holoserica*). Wie bereits o.a. entstehen solche apochromen Mutationen bei verminderter oder gehemmter Bildung des dunkelrotbraunen Anthocyaninfarbstoffes. Die Perigonblätter sind weiß, die Lippe gelb oder gelbgrün (vgl. STEINFELD 2012).

Die hier genannte Variante der Hummel-Ragwurz kann außer im Erzental bei Walsheim, auch am Zwiebelberg bei Gersheim, in der „Badstube" bei Mimbach sowie bei Altheim und Utweiler beobachtet werden.

Die apochrome Bienenragwurz *Ophrys apifera* var. *immaculata*. (Foto: Peter Steinfeld)

Die Variante Ophrys *holoserica* var. *scolopaxioides*

Diese Variante erinnert in ihren blütenmorphologischen Merkmalen stark an die mediterrane Schnepfen-Ragwurz (*Ophrys scolopax*). Die Lippe ist dreilappig, der Mittellappen stark gewölbt. Die Seitenlappen sind zurückgeschlagen und gehöckert. In der Region Bliesgau sind in den letzten Jahren vor allem Nachweise in Altheim, Mimbach, Rubenheim, Gersheim, Walsheim und Habkirchen gemacht worden (Peter Steinfeld, briefl.).

Die Variante *Ophrys apifera* var. *immaculata* (= apochrome Bienen-Ragwurz)

Auch bei der Bienen-Ragwurz gibt es gelbblühende Varianten. STEINFELD (2015) berichtet von einem Vorkommen (30 Exemplare) bei Altheim. Kennzeichen dieser Farbvarianten ist eine gelbliche, grünlich oder bräunlich gelbe Lippe mit einer (meist) weißlichen Malzeichnung (vgl. STEINFELD 2017b).

Die Variante *Ophrys apifera* var. *friburgensis*. (Foto: Peter Steinfeld)

Der Erdbeerklee (*Trifolium fragiferum*) wächst auf steinigen Kalk-Magerrasen. Der Fruchtstand erinnert an die Form einer Erdbeere; daher auch der Name. (Foto: Ulf Heseler)

Die Variante *Ophrys apifera* var. *friburgensis*

Es handelt sich um eine Variante der Bienen-Ragwurz mit sepaloiden Petalen, d.h. eine Mutation bei der die beiden seitlichen Kronblätter in Farbe und Form den Kelchblättern (Sepalen) ähnlich sind. Die Sippe findet sich im Bliesgau u.a. bei Altheim, bei Wittersheim, bei Wecklingen (Ortsteil von Ballweiler) und bei Mimbach (Peter Steinfeld, biefl.).

Bemerkenswerte Moosarten

Auffälliger und wegen ihres Orchideenreichtums bekannter als die Wälder sind die Kalk-Halbtrockenrasen. Neben den dort vorkommenden Orchideen und anderen wärmeliebenden Blütenpflanzen wachsen auf diesen meist besonnten und vergleichsweise trockenen Flächen typische Moose. Dazu zählen die Laubmoose *Brachythecium glareosum*, *Ctenidium molluscum*, *Didymodon fallax*, *Entodon concinnus*, *Homalothecium lutescens*, *Thuidium abietinum* und *Thuidium philibertii*.

4.4.3.3 Sonderstandort Erdwege

Innerhalb des Vegetationstyps „Kalk-Halbtrockenrasen" können nochmals einzelne Strukturtypen als charakteristische Elemente des Bliesgaus hervorgehoben werden. Ein solcher Strukturtyp sind z.B. die Erdwege.

Erdwege sind nicht befestigte, aufgrund des Befahrens mit landwirtschaftlichem Gerät aber dennoch verdichtete lineare Strukturen, teils als Parzellengrenzwege in den Kalk-Halbtrockenrasen. Sie beherbergen Arten, die bevorzugt hier vorkommen. Eine solche Art ist z.B. der Erdbeer-Klee (*Trifolium fragiferum*).

Bemerkenswerte Gefäßpflanzenart

Erdbeer-Klee (*Trifolium fragiferum*)

Der Erdbeer-Klee ist ein submediterranes Florenelement, das deutschlandweit zerstreut vorkommt. Verbreitungsschwerpunkte gibt es an den Küsten im Norddeutschen Tiefland sowie entlang größerer Flüsse. Im Saarland kommt der Erdbeer-Klee „auf wenig betretenen Wegen im Bliesgau und Westrich" (SAUER 1993, S. 79) vor – so z.B. im Orchideengebiet bei Gersheim. MEISBERGER (2017) ordnet den Erdbeer-Klee den von ihm beschriebenen *Carex panicea*-Trespenrasen zu.

4.4.3.4 Sonderstandort Kalksteinbrüche, steinige Kalk-Magerrasen-Standorte

Kalksteinbrüche entwickeln sich nach ihrer Nutzungsaufgabe zu bedeutenden Sekundärstandorten für Kalk-Halbtrockenrasen-Spezialisten.

Bemerkenswerte Gefäßpflanzenarten

Trauben-Gamander (*Teucrium botrys*)

Teucrium botrys ist eine Art geröllhaltiger Steinbrüche, Weinbergmauern und Kalk-Scherben-Äcker. Deutschlandweit kommt die Art zerstreut, im Süden und in der Mitte vor. Im Saarland ist die Art sehr selten und eigentlich nur noch für den Bliesgau zu erwähnen, wo sie vor allem im offengelassenen Abraum alter Kalksteinbrüche vorkommt. Im Orchideengebiet bei Gersheim z. B. wächst die Art auf einer alten Weinbergmauer. Besonders stetig und sogar häufig kommt sie im alten Steinbruch auf dem „Hanickel" bei Rubenheim sowie im Naturschutzgebiet „Badstube Mimbach" vor.

Frühblühender Thymian (*Thymus praecox*)

Keine ausschließliche Art der Kalksteinbrüche – aber auf lückigen und steinigen Kalk-Magerrasen-Standorten vorkommend (wie sie eben im Umfeld von Kalksteinbrüchen ausgebildet sind), ist der Frühblühende Thymian *Thymus praecox*.

Thymus praecox ist eine Art der Trockenrasen. Die Art ist deutschlandweit selten mit Verbreitungsschwerpunkten in der Mitte, im Süden und äußeren südwestlichen Deutschland. Im Saarland beschränkt sich das Vorkommen der Art auf den Bliesgau.

4.4.3.5 Sandrasen, Silbergras- und Kleinschmielenfluren

Wenn von Sandrasen die Rede ist, denkt man unweigerlich an die Meeresküsten der Nord- und insbesondere Ostsee mit deren natürlichen Sanddünenflächen. Aber auch im Binnenland gibt es Sandrasen und Silbergrasfluren, so z. B. im Biosphärenreservat Bliesgau.

Bei den Sandrasen, Silbergras- und Kleinschmielenfluren handelt es sich um mehr oder weniger kleinflächig ausgebildete Vegetationstypen an extrem mageren, sauren oder oberflächlich ausgelaugten flachgründigen Standorten. Auffallend ist der hohe Therophytenanteil und die geringe Wuchshöhe der Bestände. Bestandsbestimmend sind milde Winter und ausreichend Frühjahrsniederschläge.

Primäre Standorte sind in der Region selten. Mit eines der größten zusammenhängenden Sandfelder ist zweifelsohne das Naturschutzgebiet „Limbacher Sanddüne" bei Kirkel-Limbach. Eine richtige Binnendüne, deren Sand äolisch (also durch Wind) herantransportiert wurde, ist dagegen die Sanddüne hinter dem Hauptfriedhof in Homburg.

Sekundärstandorte (Sandabbauflächen, sonstige Böden, die durch Zerstörung der Pflanzendecke ständig offen gehalten werden) sind auch im Biosphärenreservat Bliesgau wichtige Standorte dieser Pflanzengesellschaften, denn Sandrasen, Silbergras- und Kleinschmielenfluren sind auf ständig neu bereitgestellte offene Flächen, d. h. auf Störungen angewiesen, da sich ihre Lebensbedingungen an nicht bewegten Standorten infolge Sukzession immer rasch verschlechtern. Wichtige Sekundärstandorte für Sandrasen sind offen gelassene Sandgruben. Eine Fläche, auf der früher Moto-Cross-Rennen stattfanden (Zollbahnhof bei Homburg) ist nach Einstellen der Motorradrennen bis auf einen kleinen Sandrasen-Rest geschrumpft.

„Gemeinsam sind allen Sandrasen-Standorten die sandigen Böden, die mit wenigen Ausnahmen auf Mittlerem Buntsandstein liegen. Sandböden bedeuten extreme Standortbedingungen für die sie besiedelnden Pflanzenarten und ermöglichen nur Spezialisten, sich zu etablieren. Sie müssen in erster Linie gegen zeitweise auftretende Trockenheit, Erwärmung und ausgesprochene Nährstoffarmut resistent sein. Meist sind diese Arten auf feuchteren und nährstoffreicheren Standorten im Konkurrenzkampf gegen andere unterlegen, was die Seltenheit und die Gefährdung vieler typischer Sandrasen-Arten erklärt" (SANDER 2002, S. 222).

Bemerkenswerte Gefäßpflanzenarten

Silbergras (*Corynephorus canescens*)

Das Silbergras *Corynephorus canescens* ist eine Art der Sandrasen, Silbergras- und Kleinschmielenfluren. Es wächst auf trockenen, basenarmen und sau-

Mit den blauen Blüten eine auffällige Erscheinung in den Sand-Magerrasen: Das Berg-Sandglöckchen (*Jasione montana*). (Foto: Anita Naumann)

Das Pendant zu den Kalk-Halbtrockenrasen der Kalkflächen sind die Sandrasen der Buntsandsteingebiete. Im Bild die Limbacher Sanddüne.

Eine Art der Sand-Magerrasen: das Silbergras (*Corynephorus canescens*).

ren Sandböden. Deutschlandweit kommt die Art vor allem in den Sandgebieten Norddeutschlands vor. Im Saarland sind es zwei Schwerpunkte des Vorkommens: das eine sind die Sandgebiete des Mittleren Saartals und des Naturraumes Warndt, das andere sind die Sande der Naturräume St. Ingberter Senke und Homburger Becken, wo gleichzeitig auch die für das Silbergras bedeutendsten Biotope liegen, nämlich das Naturschutzgebiet „Limbacher Sanddüne" sowie die Binnendüne bei Homburg.

Das Silbergras kann dichte Horste bilden und hat ein Wurzelwerk, das bis zu 60 cm Tiefe ins Erdreich dringen kann. Einen erheblichen Konkurrenzvorteil auf Lockersanden hat das Silbergras durch die Fähigkeit, Sandüberwehungen durch neue seitliche Triebe zu überwachsen (SANDER 2002).

Berg-Sandglöckchen (*Jasione montana*)

Das Berg-Sandglöckchen *Jasione montana* ist eine Art der trockenen Sand-Magerrasen und kommt in Deutschland mit einem deutlichen Schwerpunkt in den Sandgebieten des Nordens vor. Im Saarland ist die Art ebenfalls häufig in den Sandgebieten. Im Biosphärenreservat Bliesgau ist das Vorkommen der Art auf den buntsandsteingeprägten nördlichen Teil beschränkt. Wie viele andere sandliebende Arten geht das Berg-Sandglöckchen auch in den urbanen Bereich, so z. B. im Stadtbereich von St. Ingbert und Homburg.

Der Frühlings-Spark (*Spergula morisonii*), eine Art der Sandrasen. (Foto: Ulf Heseler)

Frühlings-Spark (*Spergula morisonii*)

Abgesehen von wenigen Stellen im Südwesten und der Mitte Deutschlands ist der Frühlings-Spark *Spergula morisonii* in seinem Vorkommen fast ausschließlich auf die nördlichen Teile Deutschlands beschränkt. Im Saarland gibt es Vorkommen dieser bundesweit bedeutenden Art im Homburger Raum - z.B. „in recht großer Anzahl" (SANDER 2002, S. 240), im Naturschutzgebiet „Limbacher Sanddüne" daneben auch auf der Binnendüne bei Homburg - sowie bei St. Ingbert-Hassel.

Spergula morisonii ist eine Pionierpflanze, die auf extrem mageren und sauren, lockeren Sandböden gedeiht. Die ungünstige Sommerjahreszeit überdauert sie als Samen (vgl. SANDER 2002).

Früher und Gewöhnlicher Nelkenhafer (*Aira praecox* und *Aira caryophyllea*)

Auch die beiden Haferschmielen-Arten Früher Nelkenhafer (*Aira praecox*) und Gewöhnlicher Nelkenhafer (*Aira caryophyllea*) haben deutschlandweit einen Verbreitungsschwerpunkt in den sandigen Gebieten der Norddeutschen Tiefebene. Im Saarland ist das Vorkommen beider Arten auf die Sand-Magerrasen bzw. Vulkanit-Magerrasen beschränkt. Dabei ist die im Saarland mit der Gefährdungskategorie 2 eingestufte *Aira praecox* seltener als die ebenfalls auf der Roten Liste stehende *Aira caryophyllea*. *Aira praecox* tritt an den Stellen, an denen sie bislang regelmäßig anzutreffen war (Limbacher Sanddüne, Binnendüne bei Homburg), nur noch sporadisch auf. *Aira caryophyllea* ist dagegen weiter verbreitet (zerstreut) auf den Sand-Magerrasen-Bereichen der Region, so z.B. im St. Ingberter und im Homburger Raum.

Nackstängeliger Bauernsenf (*Teesdalia nudicaulis*)

Deutschlandweit ist die Art schwerpunktmäßig im Norden verbreitet. In der Region Bliesgau kommt der Bauernsenf vorwiegend im Bereich des Mittleren Buntsandsteins von der Homburger Moorsenke bis zur St. Ingberter Senke vor (vgl. SAUER 1993).

Kleiner Vogelfuß (*Ornithopus perpusillus*)

Auch diese sandliebende Art ist in ihrem Vorkommen schwerpunktmäßig im Norden Deutschlands verbreitet. Im Saarland gibt es Schwerpunkträume der Verbreitung im östlichen und im westlichen Saarland (entlang der Saarschiene). Im Gebiet des Biosphärenreservats Bliesgaus ist die Art insbesondere im Bereich des Mittleren Buntsandsteins zu finden (vgl. SAUER 1993).

Zwerg-Filzkraut (*Filago minima*)

Deutschlandweit ist das Zwerg-Filzkraut vor allem im Norden anzutreffen. Im Gebiet des Biosphärenreservats Bliesgaus ist die Art zerstreut auf den Sandfeldern des Homburger Raumes (vgl. SAUER 1993). SANDER (2002) beschreibt eine eigene pflanzensoziologische Gesellschaft des Kleinen Filzkrauts – die *Filago mimima*-Gesellschaft, vor allem in den Sandrasen-Gebieten des westlichen Saarlandes.

Platterbsen-Wicke (*Vicia lathyroides*)

Deutschlandweit kommt diese sandliebende Art vor allem in Nordosten vor. Im Gebiet des Biosphärenreservats Bliesgaus ist die Platterbsen-Wi-

Der Nackstängelige Bauernsenf (*Teesdalia nudicaulis*) ist ausschließlich in den von Buntsandstein geprägten Teilen der Region zu finden. (Foto: Ulf Heseler)

Das Zwerg-Filzkraut (*Filago minima*) kommt zerstreut auf den Sandfeldern des Homburger Raumes vor. (Foto: Ludwig Kraut)

Die Platterbsen-Wicke (*Vicia lathyroides*) ist eine Art junger Sandmagerrasen-Brachen. (Foto: Anita Naumann)

Auch der Kleine Vogelfuß (*Ornithopus perpusillus*) ist eine reine Sandart. (Foto: Ludwig Kraut)

Borstgrasrasen im Closenbruch bei Homburg; typisch auch die Kiefer (*Pinus sylvestris*), die im Homburger Raum autochthon ist.

Charakteristisches Merkmal des Borstgrases (*Nardus stricta*) sind die borstenartigen Ährchen. Die Art ist namensgebend für die Borstgrasrasen, einem Magerrasentyp auf sauren Böden.

cke zerstreut, aber nicht häufig im Bereich der Geologischen Formation des Mittleren Buntsandsteins (Sauer 1993). Es handelt sich um eine Art dichterwüchsiger Sandrasen (vgl. Sander 2002).

4.4.3.6 Borstgrasrasen

Borstgrasrasen sind kleinflächig auf Sauerhumus-Böden ausgebildete Rasenstellen in Weiden und Wiesen, die besonders im Frühjahr und Herbst durch die eigenartige Wuchsform und blaugrüne Färbung des namengebenden Borstgrases (*Nardus stricta*) auffallen. In der Regel ist eine Rohhumus-Moderauflage vorhanden, die infolge gehemmter Zersetzungsaktivität, z. B. aufgrund von Staunässe, niedrigem pH-Wert und fehlender Bodenwärme entstanden ist.

Die im Biosphärenreservat Bliesgau anzutreffenden Borstgrasrasen wachsen auf sauren und ausgehagerten Böden, wobei die Aushagerung in der Regel auf historische Nutzungsformen (z. B. Beweidung, Streunutzung) zurückgeführt werden kann. Primäre Standorte wie waldfeindliche Randzonen von Mooren, Felsen und lockere Sandböden sind in unserer Region selten, so dass davon ausgegangen werden kann, dass die Borstgrasrasen durch menschliche Einwirkung entstanden sind.

Im Gebiet des „Closenbruchs" bei Homburg gibt es einen der wenigen größeren Bestände an Borstgrasrasen im Biosphärenreservat Bliesgau, welche auch Gegenstand eines EU-Life-Projektes zur Pflege und Entwicklung dieser Gesellschaft sind.

Bemerkenswerte Gefäßpflanzenarten

Borstgras (*Nardus stricta*)

Die namengebende Art der Borstgrasrasen, das Borstgras (*Nardus stricta*), ist deutschlandweit verbreitet, mit Verbreitungslücken in der Mitte und im äußersten Nordosten. Im Saarland kommt die Art vor allem in den montan geprägten Bereichen des nördlichen Saarlandes vor. Daneben gibt es aber auch Vorkommen am westlichen Ausläufer der Westpfälzischen Moorniederung bei Homburg: Als bedeutende Standorte hervorzuheben sind hier besonders die beiden Niedermoorgebiete „Closenbruch" und „Königsbruch". Daneben kann die Art im Homburger Raum aber auch (kleinflächig) an Waldrändern und Waldwegen auf nicht allzu nährstoffarmen Sandböden angetroffen werden.

Heilziest (*Betonica officinalis*)

Der Heilziest, der vom Mittelalter bis zur Neuzeit als Heilpflanze sehr geschätzt war, ist im Süden und der Mitte Deutschlands verbreitet – und fehlt im Norden. Im Saarland hat die Art ihren

Der Heil-Ziest (*Betonica officinalis*) besitzt eine ganze Reihe pharmazeutisch bedeutender Inhaltsstoffe.

Der Name „Teufelsabbiss" kommt von der wie „abgebissen" aussehenden Wurzel – Gewöhnlicher Teufelsabbiss (*Succisa pratensis*)

Verbreitungsschwerpunkt in den Lehm- und Vulkanitgebieten in der Mitte und im Norden. In der Region Bliesgau kommt *Betonica officinalis* in den Borstgrasrasen des „Closenbruchs" und des „Königsbruchs" vor, daneben aber auch auf den Mergeln des muschelkalkgeprägten südlichen Teils des Biosphärenreservats.

Teufelsabbiss (*Succisa pratensis*)

Der in der Volksmedizin u.a. auch wegen seiner wie „abgebissen" aussehenden Wurzel mystifizierte Teufelsabbiss (seinerzeit wurde der Wurzel eine dämonisierende Wirkung zugeschrieben) ist deutschlandweit verbreitet und hat im Saarland seinen Verbreitungsschwerpunkt im Norden. Im Bliesgau kommt der Teufelsabbiss insbesondere auf den wechselfeuchten Wiesen der Kalkgebiete sowie den Borstgrasrasen im Homburger Raum vor. Je nach Standort bildet die Art sogar große Bestände aus und wird dann – insbesondere im Spätsommer zur Blütezeit – aspektbildend.

4.4.4. Grünland mit Gehölzstrukturen

Das Vorhandensein vertikaler Strukturelemente (z. B. Streuobst, Baumhecken) im Verbund mit Grünland ist insbesondere für die Artengruppe der Vögel von Bedeutung. Insofern ist das „Grünland mit Gehölzstrukturen" keine vegetationstypologisch abgrenzbare Einheit, sondern ein Strukturtyp, vornehmlich aus dem Blickfeld der Avifauna.

4.4.4.1 Charakteristische Tierarten

Steinkauz (*Athene noctua*)

Der Steinkauz bevorzugt offenes, übersichtlich gegliedertes Gelände mit alten Bäumen. Im Saarland und im Biosphärenreservat Bliesgau findet er diese Lebensraumelemente in alten Streuobstgebieten. Wichtig ist dabei ein reichhaltiges Angebot an großen Bruthöhlen, Tagesverstecken und Ansitzwarten. Da jedoch im Laufe der Zeit viele alte Höhlenbäume durch natürlichen Abgang, Abholzung nach Flurbereinigungen, Ausweisen von Streuobstflächen als Baugebiete usw. verschwunden sind, haben Naturschützer bereits in den 1970er Jahren im Bliesgau künstliche Brutröhren oder -kästen in der Landschaft aufgehängt (vgl. SCHWARZENBERG 1970) und so einen nicht unerheblichen Steinkauzbestand hier aufgebaut. Der Steinkauzschutz war regelrecht zur Lebensaufgabe des St. Ingberter

Eine Art der Streuobstwiesen – der Grünspecht (*Picus viridis*). (Foto: Robert Groß / Saarland, Ministerium für Umwelt und Verbraucherschutz)

Der zu den Spechten gehörende Wendehals (*Jynx torquila*) ist nicht in der Lage, seine Bruthöhle selbst zu zimmern. Er braucht alte Streuobstbestände mit natürlichen Bruthöhlen und ist insofern auf die Vorarbeit anderer (Spechte) angewiesen. (Foto: Robert Groß / Saarland, Ministerium für Umwelt und Verbraucherschutz)

Grünspecht frei gewordenen Lebensraum genutzt hat.

Heute entgeht einem bei kaum einem Frühlingsspaziergang im Bliesgau das sogenannte „Lachen" des Grünspechts, der nach dem Buntspecht wohl zweithäufigsten Spechtart im Saarland.

Wendehals (*Jynx torquila*)

Im Saarland liegen heute die Schwerpunkte des Vorkommens der Art in den Muschelkalk- und Buntsandsteingebieten im Westen und Süden des Landes (BUCHHEIT 2005b). Bei allerdings nur noch landesweit 50 bis 100 Paaren gehört der Wendehals zu den sehr seltenen Brutvögeln. Noch im 19. Jahrhundert war der Wendehals auch in Mitteleuropa weit verbreitet, sein Verbreitungsschwerpunkt liegt allerdings in Osteuropa (BAUER/BEZZEL/FIEDLER 2005a). Die Ursachen für den starken Rückgang dieser Spechtart dürften im Zusammenspiel vieler Faktoren zu suchen sein, z. B. ungünstige Klimaeinflüsse, großflächiger Stickstoffeintrag in die Böden, mit in der Folge höherer und dichterer Vegetation auch auf mageren Standorten, was zur Verschlechterung der Lebensverhältnisse z. B. vieler Ameisenarten führte. Diese stellen zur Brutzeit des Wendehalses dessen Hauptbeutetiere dar. Die hingegen positive Bestandsentwicklung beim Grünspecht, der sich ebenfalls hauptsächlich von Ameisen ernährt, zeigt allerdings wie problematisch die Versuche der Erklärung solcher Bestandsveränderungen sein können.

Neben Flächen mit schütterer Vegetation oder sogar offenem Boden als Lebensraum für seine Beutetiere benötigt der Wendehals auch Rufwarten und Deckung sowie natürliche oder künst-

Auch das im Bliesgau nachgewiesene Winzige Habrodon-Moos (*Habrodon perpusillus*) ist ein in Deutschland extrem seltenes Laubmoos. Die Art wurde im Bliesgau an einem Roten Hartriegel (*Cornus sanguinea*) gefunden (Foto: Ulf Heseler)

Bei Bebelsheim wurde 2008 das Laubmoos *Leptodon smithii* (= Smiths Leptodon-Moos) zum ersten Mal nach 80 Jahren in Deutschland wiedergefunden. (Foto: Ulf Heseler)

Im südlichen Bliesgau ist die Art besonders häufig, aber auch in der Umgebung von St. Ingbert kommt sie vor. In Wolfersheim, Bebelsheim, Bliesmengen-Bolchen, Habkirchen, Ballweiler, Breitfurt, Biesingen und in Sengscheid wurde die Art bereits nachgewiesen.

4.4.4.2 Bemerkenswerte Moosarten

Streuobstwiesen sind für die Muschelkalkgebiete des Bliesgaus typische Strukturelemente. Besonders an alten Hochstamm-Apfelbäumen findet man licht- und wärmeliebende Moose, z.T. auch andere Arten als in den eher dunklen und feuchten Buntsandsteinwäldern. Zu den „Streuobstarten" zählen mehrere *Orthotrichum*-Arten; genannt seien hier *O. diaphanum, O. lyellii, O. obtusifolium, O. pulchellum, O. speciosum* und *O. striatum*. Weiterhin sind für solche Baumbestände folgende Laubmoose typisch: *Cryphaea heteromalla, Homalothecium sericeum, Platygyrium repens, Pylaisia polyantha* und *Tortula laevipila*.

liche Nistgelegenheiten. Feldgehölze, insbesondere Streuobstwiesen, zählen dabei zu den günstigsten Habitaten. Der streuobstgeprägte Bliesgau mit seinen teils noch vorhandenen Magerwiesen bildet daher eines der wichtigsten Rückzugsgebiete für die Art im Saarland.

Glänzender Blütenprachtkäfer (*Anthaxia nitidula*)

Der thermophile Glänzende Blütenprachtkäfer fühlt sich insbesondere in extensiv genutzten mit Zwetschgen- und Kirschbäumen bestandenen Wiesen wohl. Auch in aufgegebenen Obstgärten mit abgestorbenen Bäumen zählt er zu den häufigen Prachtkäferarten. Die Larven entwickeln sich im morschen Holz von baumförmigen *Rosaceen*, wie Kirsche, Schlehe oder Zwetschge (NIEHUIS 2004).

Ganz allgemein sind gehölzartige *Strukturelemente* für die Moosflora bedeutende Standorttypen.

In Zusammenhang mit der epiphytischen Moosflora konnte von Ulf Heseler 2008 erstmals für das Saarland bei Bebelsheim (am Ast einer Weide) das Laubmoos *Leptodon smithii* nachgewiesen werden, das in Europa seine Hauptverbreitung im

Das Einseitswendige Verstecktfruchtmoos (*Cryphaea heteromalla*), ein wärmeliebendes Laubmoos, ist an Bäumen und Sträuchern zu finden. Im Saarland hat – seit der Wiederentdeckung der Art Mitte der 1980er Jahre – die Zahl der Nachweise stark zugenommen. Nach Heseler (1998) ist im südöstlichen Saarland der Schwarze Holunder (*Sambucus nigra*), das „bei weitem am häufigsten von *Cryphaea heteromalla* besiedelte Substrat" (Foto: Ulf Heseler)

Das Zwerg-Viellappenmoos (*Cololejeunea minutissima*) ist ein kleines Lebermoos, das an der Borke von Bäumen – zum Teil auf anderen Moosen – wächst. Aus Deutschland sind nur sehr wenige Fundorte bekannt, darunter einer im südlichen Bliesgau. (Foto: Gerhard Weitmann)

Mittelmeergebiet hat und aus Deutschland zuvor nur einmal bekannt war (vgl. Heseler 2008; Meinunger/Schröder 2007).

Ein weiteres, auch hauptsächlich im europäischen Mittelmeergebiet vorkommendes Laubmoos, die Art *Habrodon perpusillus*, hat Heseler im Jahre 2010 im Bliesgau an einem Roten Hartriegel (*Cornus sanguinea*) gefunden. Die Art war zuvor in der Region nur aus der Nähe der „Moulin d'Eschviller" bei Volmunster am Nordrand des französischen Teils des grenzüberschreitenden Biosphärenreservats „Pfälzer Wald - Vosges du Nord" bekannt, wo sie Heseler ebenfalls nachgewiesen hatte (vgl. Heseler 2010b). Inzwischen liegen weitere Nachweise aus Ommersheim und Ensheim vor. Die Art ist extrem selten und war zuvor nur von einem Standort in Deutschland bekannt (vgl. Meinunger/Schröder 2007).

Ebenfalls 2010 gelang Ulf Heseler in Reinheim an der Borke einer Esche erstmalig für das Saarland der Fund des mediterran-atlantisch verbreiteten (und wie aus dem Artnamen *minutissima* abzuleitenden) kleinsten Lebermooses Europas *Cololejeunea minutissima* (Heseler 2010a). Inzwischen wurde die Art ein weiteres Mal an der Borke einer Hainbuche bei Großrosseln entdeckt (Steffen Caspari, mdl.). Aus Deutschland war bis dato nur ein Fundort bekannt (vgl. Meinunger/Schröder 2007).

Die genannten Funde unterstreichen die günstigen klimatischen Bedingungen im Bliesgau und sind auch ein Indiz auf den gegenwärtig stattfindenden Klimawandel, denn lange bevor die Klimaerwärmung in den Medien diskutiert wurde, lieferten Veränderungen in der Moosflora den Bryologen (Mooskundlern) erste Hinweise, dass es einen langfristigen Trend zu höheren Temperaturen geben wird. Ein in diesem Zusammenhang gutes Beispiel ist das bereits o. g. epiphytische Laubmoos *Cryphaea heteromalla*, welches lange Zeit im Saarland verschollen war und erst Mitte der 1980er Jahre bei Niederwürzbach wiederentdeckt worden ist. Seitdem hat die Art bei uns eine beispiellose „Ausbreitungskarriere" hingelegt und dürfte in unserer Region zwischenzeitlich genauso häufig sein, wie in ihrem Ursprungsgebiet in Südwesteuropa. Zweifellos hat das Moos nicht nur von der verbesserten Luftqualität profitiert, sondern vor allem auch vom Klimawandel (nähere Informationen zu *Cryphaea heteromalla* finden sich bei Heseler 1998).

4.5 Gewässer

Die Biotoptypen-Obergruppe „Gewässer" umfasst die Quellen, die Fließgewässer und die Stillgewässer. Stillgewässer sind standortökologisch gut abgrenzbar. Demgegenüber ist die Grenze zwischen den Biotoptypen Quelle und Fließgewässer buchstäblich fließend.

4.5.1 Quellen und Fließgewässer

Je nach Kalkgehalt lassen sich im Biosphärenreservat Bliesgau kalkarme Weichwasserquellen von kalkreichen Hartwasserquellen unterscheiden, die jeweils dem bunstandsteingeprägten Norden bzw. dem muschelkalkgeprägten Süden zuzuordnen sind. Die in klassischen Lehrbüchern vorgenommene Gliederung der Quellen in Sturzquellen, Tümpelquellen und Sickerquellen (vgl. THIENEMANN 1918) ist heute obsolet. Zu sehr hat sich das Bild der Quellen durch das Einwirken des Menschen geändert. Ein Großteil der Quellen wurde in der Vergangenheit gefasst und ausgebaut.

Durch den Bau von Quellfassungen wurden die ursprünglichen Quellbiotope in der Regel zerstört. Gleichwohl können gefasste Quellen – einen ausreichend langen Zeitraum ohne erneute Störungen vorausgesetzt – von der Natur zurückerobert werden und sich zu relativ hochwertigen Sekundärlebensräumen entwickeln. So können sie z. B. wieder Standort quelltypischer Pflanzengesellschaften (Quellfluren) werden. Zudem werden die alten Quellbauwerke gerne von feuchteliebenden Moosen und Flechten überwachsen.

Im Gebiet des Biosphärenreservats sind mehrere naturnahe Fließgewässer erhalten. Das bedeutendste ist zweifelsohne die Blies mit ihrer großen, intakten Überschwemmungsaue zwischen Neunkirchen-Wellesweiler und Blieskastel-Blickweiler. Aber auch Bickenalb, Hetschenbach, Erzentaler Bach, Lambsbach und Kirkeler Bach – um nur die wichtigsten zu nennen – sind naturnah ausgebildet und stellen für die Flora und Fauna herausragende Biotope dar. Die Artenzusammensetzungen werden durch eine Vielzahl von Parametern (Fließgeschwindigkeit, Sau-

Auch „gefasste" Quellen, wie hier die Karlsbergquelle bei Homburg, können sich zu hochwertigen Sekundärlebensräumen, z. B. mit typischen Quellkrautfluren, entwickeln.

Der Erzenbach bei Walsheim, ein Beispiel für ein naturnahes Fließgewässer der Region.

erstoffhaushalt, Wasserchemismus, Saprobie des Gewässers u.a.) bestimmt.

Entlang von Bächen und Flüssen sind darüber hinaus Biotoptypen zu finden, die nicht unbedingt an den Lebensraum Fließgewässer selbst gebunden sind, sondern – infolge der Nutzung angrenzender Flächen – an nicht nutzbare Gewässerränder zurückgedrängt wurden (z.B. Bach- und Fluss-Röhrichte, Großseggenriede, Brennnesselfluren und andere Hochstaudenfluren).

Die Vorkommen des Bibers (*Castor fiber*) im Saarland sind Ergebnis einer gelungenen Wiedereinbürgerungsaktion. (Foto: Thomas Reinhardt, www.treinhardt.de)

Man sieht ihn kaum – dafür aber sein Werk. Insbesondere die Weichhölzer werden vom Biber gefällt.

4.5.1.1 Charakteristische Tierarten der Quellen und Fließgewässer

Die spezifischen Bedingungen in den Quellen bedingen eine eigenständige Quellfauna. Vorsichtige Schätzungen gehen (bundesweit) von etwa 400–500 quellbewohnenden Tierarten aus. Aufgrund der im Jahresverlauf weitgehend gleichbleibenden niedrigen Wassertemperaturen (ca. 7°C) sind Quellen hierzulande *der* Lebensraum für kaltstenotherme Tierarten. In unseren Quellen leben unter anderem verschiedene Arten von Köcherfliegen- und Steinfliegenlarven, Schwimmkäfern und Springschwänzen (*Collembola*).

Die Fließgewässerfauna lässt sich nach vielerlei Gliederungsprinzipien ordnen. Eine gängige Gliederung ist die auf ILLIES (1971) zurückgehende limnologische Längszonierung der Fließgewässer in eine Quellregion und fünf aufeinanderfolgende Fließgewässerzonen (Fischregionen), die jeweils nach einer Leitfischart benannt sind. Standortökologisch bestehen die Fließgewässer aus mehreren Biotoptypen (freie Wasserfläche, Uferböschung, Gehölzsaum etc.), an die unterschiedliche Tierarten in ihrem Vorkommen gebunden sind. Im Falle mancher Biotoptypen (z. B. Steilwand im Prallhang) können funktional vergleichbare Ersatzlebensräume durchaus auch anderswo (z. B. in Sandgruben) entstehen.

Nachfolgend wird eine Auswahl charakteristischer Tierarten der Quellen und Fließgewässer im Biosphärenreservat Bliesgau näher vorgestellt.

Europäischer Biber (*Castor fiber*)

Alle aktuellen Vorkommen des Bibers im Saarland resultieren aus Wiederansiedlungsprojekten. Die ersten Überlegungen, den Biber im Saarland wieder heimisch zu machen, stammen aus den 1980er Jahren. Die Umsetzung begann jedoch erst im Jahr 1994, als parallel zum Naturschutzgroßprojekt „Gewässerrandstreifenprogramm ILL" die ersten fünf frei lebenden Biber von der Elbe in Sachsen-Anhalt im Projektgebiet ausgesetzt wurden (bis zum Jahr 2000 wurden insgesamt 23 Biber an die Ill und deren Nebenbäche umgesiedelt). Im Jahre 1996 wurden sieben Elbe-Biber an der Bist ausgesetzt. Weitere Ansiedlungen erfolgten 1998 an der Prims und später auch an der Blies. Alle diese Gewässer sind heutzutage weitgehend vom Biber besetzt. Es ist zu erwarten, dass der Biber selbsttätig sämtliche geeigneten Biotope im Saarland besiedeln wird.

Wasserspitzmaus (*Neomys fodiens*)

Spitzmäuse sind keine Mäuse, sondern gehören, wie z. B. Maulwürfe und Igel, zur Säugetierordnung der Insektenfresser (= *Insectivora*). In Mitteleuropa

Als Brutvogel ist der Eisvogel (*Alcedo atthis*) an den Prallhängen der Blies zuhause. (Foto: Robert Groß / Saarland, Ministerium für Umwelt und Verbraucherschutz)

Sie in ihrem Lebensraum zu beobachten, gelingt nur selten: die Wasserspitzmaus (*Neomys fodiens*). (Foto: Stefan Resch, www.kleinsaeuger.at)

sind zahlreiche Spitzmausarten verbreitet. Eine besonders interessante Art ist sicherlich die Wasserspitzmaus, die an den Ufern von zumeist ruhig fließenden Gewässern lebt und hervorragend zu schwimmen und zu tauchen vermag.

Genaue Angaben über ihre Verbreitung im Saarland gibt es nicht. Es ist anzunehmen, dass die Art – in geeigneten Biotopen – saarlandweit vorkommt, nirgends aber häufig sein dürfte. Trockenlegung von Feuchtgebieten, Uferverbauungen und Verrohrung dürften zu Bestandsrückgängen, lokal auch zum Erlöschen ganzer Bestände geführt haben. Aktuelle Meldungen gibt es aus dem Bereich der Bliesaue zwischen Blieskastel und Reinheim/Bliesbruck.

Eisvogel (*Alcedo atthis*)

Der Eisvogel ist in seinem Vorkommen auf nicht verbaute Bach- und Flussabschnitte mit natürlichen Prallhängen angewiesen. Geeignete Bereiche gibt es im Bliesgau vor allem entlang der Blies, wo sich in sandigem Substrat immer wieder Abbruchkanten bilden, in die der Eisvogel seine Brutröhren leicht graben kann. Aber auch an allen anderen größeren Bächen bieten sich dem Eisvogel Brutmöglichkeiten an kleineren Steilufern. Hier finden sich Bruthöhlen manchmal nur wenige Dezimeter über der Wasserlinie.

Landesweit ist die Art heute mit 80 – 120 Brutpaaren (Roth, N./Klein, R./Kiepsch, S. 2020) selten und darüber hinaus bisher immer wieder starken Bestandsschwankungen unterworfen. Über frühere Bestandsverhältnisse im Saarland oder im Bliesgau wissen wir wenig, aber in den 1950er Jahren wurde der Rückgang des Eisvogels in der saarländischen Regionalpresse immer wieder thematisiert. Vor dem Hintergrund des bereits rückläufigen Bestands hatte dann der äußerst extreme Winter 1962/63 für den Eisvogel katastrophale Folgen: Fast der komplette deutsche und damit auch saarländische Bestand brach zusammen (Weyers 1964, Glutz von Blotzheim/Bauer 1980) und es dauerte fast 20 Jahre, bis er sich landesweit wieder erholt hatte (vgl. Buchheit 2005a, Roth 2009). Weyers (1964) berichtet weiter, dass ausgerechnet in jenem verlustreichen Extremwinter allein an einem kleinen Fischteich im Bliestal 14 Eisvögel mittels Fallen gefangen und getötet wurden. Hier sammelten sich vermutlich Eisvögel aus der näheren und weiteren Umgebung auf der Suche nach letzten offenen Gewässern. Unter solchen Nachstellungen hatte der Eisvogel nach Berichten

Die Wasseramsel (*Cinclus cinclus*) hat in ihrem Bestand zugenommen. (Foto: Konrad Funk)

von Zeitzeugen lokal auch noch später zu leiden. Weitere Gefährdungen brachten gewässerbauliche Maßnahmen, Gewässerverschmutzung u. a. Durch Begradigungen verursachtes schnelles und hohes Ansteigen der Pegel von Bächen und Flüssen bei starken Regenfällen führt im Frühjahr immer wieder zu Brutausfällen. So ist der Mensch für den Rückgang und niedrigen Bestand des Eisvogels mit verantwortlich. Von allen exogenen Faktoren treffen allerdings Extremwinter (wie z. B. 1928/29, 1939/40, 1946/47, 1956/57, 1962/63, 1977/78, 1986/87, 1996/97) die Art immer wieder besonders stark.

Nach dem Extremwinter 1962/63 war der Eisvogel im Bliesgau aber wohl weniger hart getroffen als in anderen Landesteilen – bzw. sein Bestand erholte sich hier schneller wieder. Aus unpublizierten Aufzeichnungen von Günter Nicklaus geht bereits für den Zeitraum 1975 – 1978 das erneute Vorhandensein mehrerer Brutplätze in der Region hervor: im Jahr 1975 sechs, 1976 fünf, 1977 sechs bis sieben und 1978 sogar acht. Die erfassten Brutplätze lagen jedoch an lediglich fünf Fließgewässern – an der unteren Blies ab Breitfurt, an der Bickenalb, am Gailbach, am Mandelbach und am Ransbach – und betrafen somit nur einen Teil des Bliesgaus; insgesamt wurden im genannten Zeitraum jeweils 13 geeignete Bach- und Flussabschnitte innerhalb der Region kontrolliert.

Heute geht es der Art wesentlich besser, wobei die an fast allen in Frage kommenden Gewässern durchgeführten infrastrukturellen Verbesserungen (Kläranlagenbau) Wirkung zeigten. Wie sich der Klimawandel auswirkt, bleibt abzuwarten. Geringeren Winterverlusten stehen vielleicht vermehrte Brutverluste durch Hochwasser gegenüber.

Wasseramsel (*Cinclus cinclus*)

Auch die Wasseramsel ist eine Art der Fließgewässer. Sie war bis in die 1970er Jahre nur aus dem nördlichen Saarland bekannt (Roth/Nicklaus/Weyers 1990). Zwar gab es auch in den frühen 1970er Jahren bereits Hinweise auf ihr Vorkommen im Bliesgau, konkret am Mandelbach, doch war man zunächst skeptisch, da die Wasseramsel bis dato im Bliesgau nicht beobachtet wurde. Das könnte mit der damaligen Wasserqualität in den Bächen oder auch noch mit dem Kältewinter 1962/63 in Verbindung stehen (vgl. Creutz 1986). 1977 wurde dann tatsächlich der erste Brutnachweis am Mandelbach erbracht. Ludwig Schwarzenberg, der saarländische Vogelschutzpraktiker schlechthin, installierte in dieser Zeit zahlreiche Nisthilfen für Wasseramseln an Bachläufen im Bliesgau. Er hatte dafür sein sogenanntes Brückennest konstruiert (Schwarzenberg 1973). Auf diese Weise wurden dann recht schnell an zahlreichen weiteren Bächen Wasseramseln nachgewiesen. Doch erst im Jahr 1998 untersuchte Andreas Ney im Rahmen seiner Diplomarbeit (Ney 1999) den Bestand der Wasseramsel saarlandweit und ermittelte dabei für die 1990er Jahre Wasseramselvorkommen an allen größeren und einigen kleinen Fließgewässern im Bliesgau. Den Gesamtbestand für das Saarland veranschlagte er damals auf maximal 150 Paare. Ob sich der Bestand bis heute so gehalten hat, ist ungewiss, denn viele der damals ausgebrachten Nisthilfen existieren heute nicht mehr, was eine Bestandskontrolle erschwert. Zu vermuten ist im Bliesgau eher ein Rückgang. Aufgrund der Ungewissheit wird der Bestand heute in einer relativ weiten Spanne von 100 – 200 Paaren angegeben (Roth, N./Klein, R./Kiepsch, S. 2020). Gründe für die positive Bestandsentwicklung waren einerseits sicher die Verbesserungen bei der Wasserqualität, z. B. durch den Bau von Kläranlagen. Darüber hinaus nimmt die Wasseramsel ausgesprochen gerne künstliche Nisthilfen an, konkret, 83% der 1998 erfassten Bruten fanden in solchen statt (Ney 1999). Die Hilfsmaßnahmen für die Wasseramsel dürften sich also positiv auf die Bestände ausgewirkt haben.

Der Schwarzmilan (*Milvus migrans*) ist ein Kosmopolit und kommt weltweit vor. Im Bliesgau ist die Art dagegen noch nicht lange Brutvogel. (Foto: Daniel Spohn)

Die Mühlkoppe (*Cottus gobio*) ist kein guter Schwimmer. Diese Fischart hat eine zurückgebildete Schwimmblase und bewegt sich eher robbend auf dem steinigen Untergrund fort. (Foto: Robert Groß / Saarland, Ministerium für Umwelt und Verbraucherschutz)

Schwarzmilan (*Milvus migrans*)

Der Schwarzmilan ist noch nicht lange regelmäßiger Brutvogel im Saarland. Nach wahrscheinlich unregelmäßigem Brüten Ende des 19./Anfang des 20. Jahrhunderts an Mosel und Nied, vielleicht in den 1950er Jahren auch im Westteil des Schwarzwälder Hochwaldes, wurde lange nichts mehr über Brutvorkommen dieses Greifvogels bekannt. Erst nach einem Brutnachweis 1986 an der Blies bei Reinheim breitete sich die Art allmählich vom Bliestal ausgehend weiter aus und hat mittlerweile fast alle Landesteile besiedelt (NICKLAUS 1992, BOS 2005d). Bemerkenswert ist die Neigung des Schwarzmilans, in Gesellschaft mit dem Rotmilan zu brüten. Das geht so weit, dass der Schwarzmilan oft mit dem Rotmilan umzieht, wenn dieser, aus welchen Gründen auch immer, einen neuen Horstplatz belegt. Im Bliesgau, wo noch immer der Verbreitungsschwerpunkt der Art im Saarland liegt, wurden Horstabstände von unter 50 Metern beobachtet.

Der Gesamtbestand im Saarland wird inzwischen mit 25 – 50 Paaren veranschlagt (ROTH, N./KLEIN, R./KIEPSCH, S. 2020), im Biosphärenreservat Bliesgau könnten aktuell ca. 15 Paare brüten. Doch trotz seiner quantitativen und qualitativen Expansion gehört der Schwarzmilan immer noch zu den seltenen Brutvogelarten hierzulande. Dies steht im Gegensatz zu seiner Populationsdichte im benachbarten Lothringen, von wo aus die Besiedlung des Saarlandes vermutlich ausging, und seiner kosmopolitischen Verbreitung und Häufigkeit, denn der Schwarzmilan ist weltweit eine der häufigsten Greifvogelarten.

Mühlkoppe (*Cottus gobio*)

Von ihrer Ökologie her ist die Mühlkoppe eine Begleitart der Bachforelle und daher vor allem in der Forellenregion von Fließgewässern anzutreffen. Als Grundfischart braucht sie schnell fließende, klare, sauerstoffreiche Bäche mit guten Versteckmöglichkeiten. Saarlandweit ist die Art stark zurückgegangen und kommt derzeit überwiegend in den Oberläufen der Fließgewässer vor. Die einzelnen Populationen der Art sind deshalb stark isoliert. Eine natürliche Rückbesiedlung des potenziellen Lebensraumes wird durch Wanderhemmnisse (z. B. Wehre, Rohrdurchlässe) erschwert.

Bedeutende Vorkommen in der Region gibt es im Lambsbach sowie im Hetschenbach. Bei letzterem allerdings ist die Population genetisch isoliert, weil das Freibad Walsheim, unter dem der Bach verrohrt durchgeführt wird, eine Ausbreitung verhindert.

Das Bachneunauge (*Lampetra planeri*) hat eine sehr verborgene Lebensweise. (Foto: Robert Groß / Saarland, Ministerium für Umwelt und Verbraucherschutz)

Eine Art der verkrauteten Bäche und Gräben: der Dreistachelige Stichling (*Gasterosteus aculeatus*). (Foto: Robert Groß / Saarland, Ministerium für Umwelt und Verbraucherschutz)

Bachneunauge (*Lampetra planeri*)

Die Larven des Bachneunauges wachsen zwischen 3 und 6 Jahre lang im Sediment vergraben heran. Erst danach entwickeln sie sich zu fertigen adulten Tieren.

Aufgrund der verborgenen Lebensweise sind die Kenntnisse über die Vorkommen der Art im Saarland äußerst lückenhaft. Die bekannten Bachneunaugengewässer befinden sich hauptsächlich im Norden des Landes. Einzelbeobachtungen sind aber auch aus dem Bereich der Buntstandsteingebiete im östlichen Saarland bekannt, z. B. am Lambsbach bei Homburg-Kirrberg.

Dreistacheliger Stichling (*Gasterosteus aculeatus*)

Der Dreistachlige Stichling ist ein typischer Bewohner von verkrauteten Gräben mit sandigem oder schlammigem Grund. Insbesondere in der Bliesaue, wo es viele Be- und Entwässerungsgräben gibt, ist dieser Kleinfisch häufig. Der Dreistachelige Stichling kommt aber auch in stehenden Gewässern (Teichen) vor.

Die Art besitzt ein sehr interessantes Laichverhalten. Das Männchen baut eine Laichgrube und übernimmt auch die Brutpflege. Die Art avancierte deshalb zu einem beliebten Untersuchungsobjekt in der Verhaltensforschung.

Zweigestreifte Quelljungfer (*Cordulegaster boltonii*) und Gestreifte Quelljungfer (*Cordulegaster bidentata*)

Lebensraum beider Großlibellen-Arten sind waldgeprägte, naturnahe Quellbäche mit stetiger Wasserführung. Der Lebensraum beider Arten ist selten, jedoch kommen sie in den für sie geeigneten Fließgewässern durchaus stetig vor. Es sind mit die größten Libellen in Deutschland.

Beide Arten sind wegen ihrer hauptsächlich schwarzen Körperzeichnung in ihrem oftmals dunklen Lebensraum schwer zu entdecken. Zur Hauptflugzeit im Juni/Juli patrouillieren die Männchen stetig am Bachlauf bergauf und zumeist abseits des Baches wieder bergab. Besonders interessant ist das Eiablageverhalten der Quelljungfer-Weibchen. Wenige Zentimeter über dem Bach stehend stoßen sie ihren Hinterleib immer und immer wieder senkrecht in den sandigen Bachgrund, ein Verhalten, das an eine Nähmaschine erinnert. Bei jedem Stoß wird ein Ei in das Substrat platziert. Wegen des eingeschränkten Nahrungsangebots in den kalten bis kühlen Quellbächen haben die Quelljungfern mit bis zu sieben Jahren die längste Larvalzeit unter den in Deutschland vorkommenden Libellenarten.

Die Gestreifte Quelljungfer (Cordulegaster bidentata) wurde als Erstfund für das Saarland im Kirkeler Bachtal nachgewiesen. (Foto: Martin Lemke)

Auch die Zweigestreifte (Quelljungfer Cordulegaster boltonii) ist eine Art der Quellbäche. (Foto: Martin Lemke)

Die Gestreifte Quelljungfer ist anspruchsvoller, kommt quellnäher vor und ist deutlich seltener als ihre Schwesterart. Sie wurde 1983 erstmals im Saarland von Volker Wild im Kirkeler Bachtal nachgewiesen (WILD 1984).

Grüne Flussjungfer (*Ophiogomphus cecilia*)

Blies und Nied sind die beiden aus der Sicht des Libellenartenschutzes bedeutendsten saarländischen Fließgewässer. Hier lebt auch die in den Anhängen II und IV der FFH-Richtlinie aufgeführte Grüne Flussjungfer. Während die Nied mit ihren ausgedehnten Teichrosenbeständen schon länger als bedeutender Lebensraum für Fließgewässerlibellen bekannt ist, hat sich die Blies erst in letzter Zeit als ein solcher entwickelt. Grund ist die verbesserte Gewässergüte durch den Bau von Kläranlagen.

Die Grüne Flussjungfer, deren Vorkommen in der Blies seit etwa 2004 vielfach und zunehmend bestätigt werden können, benötigt saubere, sauerstoffreiche Verhältnisse mit sandigem Untergrund. Während sich die Larve gerne im Sand vergräbt und damit besonders anfällig auf Störungen (Wasserbau, Gewässerunterhaltung usw.) reagiert, ist die Imago recht mobil und kann bei der Nahrungssuche auch weiter ab vom Gewässer angetroffen werden. Deshalb ist sie im Spätsommer auf den hellen, mit Muschelkalkschotter befestigten Wegen, z.B. am Kahlenberg, regelmäßig anzutreffen.

Aufgrund der verbesserten Gewässergüte kommt die Grüne Flußjungfer (Ophiogomphus cecilia) mittlerweile auch an der Blies vor. (Foto: Bernd Trockur)

Gemeine Keiljungfer (*Gomphus vulgatissimus*)

Die Art heißt zwar „gemein" im Sinne von „verbreitet", sie ist es aber nicht: Früher war die Gemeine Keiljungfer häufiger anzutreffen. Im

Auch die Gemeine Keiljungfer (*Gomphus vulgatissimus*) ist aufgrund der verbesserten Gewässergüte wieder häufiger. (Foto: Martin Lemke)

Ihren Namen hat sie von den großen, zangenartigen Hinterleibsanhängen – Kleine Zangenlibelle (*Onychogomphus forcipatus*). (Foto: Hartmut Dorda)

Zusammenhang mit der allgemeinen Gewässerverschmutzung, die in den 1960er und 1970er Jahren ihren unrühmlichen Höhepunkt hatte, war die Art jedoch stark zurückgegangen. Heute erholen sich die Bestände wieder – langsam, aber stetig. Wie bei allen Fließgewässerarten zeigen auch hier die Investitionen in den Kläranlagenbau Wirkung. In den letzten Jahren kam es jedoch erneut zu einem starken Einbruch der Populationen, deren Ursache noch unbekannt ist. Vermutet wird die Vernichtung durch invasive Krebsarten, wie den Kamberkrebs (*Orconectes limosus*) oder den Roten Amerikanischen Sumpfkrebs (*Procambarus clarkii*).

Die Gemeine Keiljungfer ist eine Charakterart der Nied, kommt aber auch an der Blies vor. Sie kann lokal auch an Stillgewässern beobachtet werden. Solche Beobachtungen im Saarland beruhen aber auf vagabundierenden Tieren, die von den nahen Flüssen stammen. In Ostdeutschland z. B. kommt die Art auch an Seen vor.

Kleine Zangenlibelle (*Onychogomphus forcipatus*)

Wie alle reinen Fließgewässerlibellen ist auch die Kleine Zangenlibelle trotz Zunahme in jüngster Zeit immer noch eine ausgesprochen seltene Art. Vorkommen sind von dem Blies-Abschnitt oberhalb von Bierbach und bei Webenheim bekannt.

Mit ihren großen, zangenförmigen Hinterleibsanhängen, die der Art ihren deutschen Namen geben, ist diese Libelle eine imposante Erscheinung.

Blauflügel-Prachtlibelle (*Calopteryx virgo*) und Gebänderte Prachtlibelle (*Calopteryx splendens*)

Mit den beiden Prachtlibellen kommen im Bliesgau zwei weitere Fließgewässerarten vor. Beide sind in Bezug auf das präferierte Habitat aber eurytop: d. h. sie können sowohl in kleineren Gräben als auch im Uferbereich von Bächen oder Flüssen vorkommen. Von den beiden Arten ist die Blauflügel-Prachtlibelle die anspruchsvollere. Während die Gebänderte Prachtlibelle auch schlechtere Wasserqualität toleriert, besitzt die Blauflügel-Prachtlibelle hinsichtlich der Gewässergüte eine eher engere Amplitude. Syntope Vorkommen sind selten.

Auffallend ist das Verhalten beider Arten. Die Männchen sind recht territorial, besetzen Kleinreviere entlang der Ufer und balzen die Weibchen an. Ihr flatternder Flug lässt sie auf den ersten Blick wie Schmetterlinge wirken.

Helm-Azurjungfer (*Coenagrion mercuriale*)

Die Helm-Azurjungfer, eine im Anhang II der FFH-Richtlinie aufgeführte Art, ist eigentlich eine

Die Blauflügelige Prachtlibelle (*Calopteryx virgo*) (oben: Männchen links, Weibchen rechts) ist anspruchsvoller als ihre Schwesterart, die Gebänderte Prachtlibelle (*Calopteryx splendens*) (unten: Männchen links, Weibchen rechts). Lebensraum beider Arten sind die Gräben und Bäche der Region. (Fotos: oben links, oben rechts und unten rechts: Martin Lemke; unten links: Hartmut Dorda)

Libellenart fließender Gewässer, die jedoch die Flüsse und breiten Bäche meidet. Im Saarland sind es eher kleinere, vom Grundwasser beeinflusste, krautige Grabenbiotope, die von der Art besiedelt werden (vgl. LINGENFELDER 2011).

Die Art ist selten, galt lange Zeit als verschollen und wurde erst in jüngster Zeit in Gräben und Bächen entlang von Bist und Blies wiedergefunden. Schon länger bekannt ist sie von einem schmalen Bach bei Neunkirchen-Heinitz. Wichtig für die Art ist, neben einer ständigen Wasserführung, eine gut ausgeprägte aquatische Vegetation, in der sich auch die Larve aufhält. Die Imagines sind relativ stationär und entfernen sich meist kaum mehr als 10 – 25 m vom Larvalhabitat weg.

Im Bliesgau gibt es bekannte Vorkommen in den Gräben der Bliesaue bei Bierbach („Gerhardsgraben") und Webenheim („Naugraben"). Unerwartet kam im Sommer 2018 ein neues Vorkommen hinzu, das Hartmut Dorda am Medelsheimer Mühlbach bei Peppenkum entdeckte.

Die Helmazurjungfer (*Coenagrion mercuriale*) ist eine seltene Libellenart der verkrauteten Gräben und Bäche im Bliesgau. (Foto: Hartmut Dorda)

Die Kleine Flußmuschel (*Unio crassus*) ist sehr anspruchsvoll und liebt klare, schnellfließende Bäche. (Foto: Steffen Potel)

Bachtaumelkäfer (*Orectocilus villosus villosus*)

Aus dem Saarland sind drei Taumelkäferarten bekannt, von denen der Bachtaumelkäfer derjenige ist, der am stärksten an Fließgewässer gebunden ist. Im Bliesgau ist er nicht selten. Er wurde im Hetschenbach in Walsheim, im Pfänderbach bei Schwarzenacker, im Kirkeler Bach bei Kirkel und Lautzkirchen, im Wogbach bei Ensheim und in der Saar bei Hanweiler gefunden und ist grundsätzlich auch an weiteren Stellen zu erwarten. Im Pfänderbach und im Kirkeler Bach wurde mit dem Gemeinen Taumelkäfer (*Gyrinus substriatus*) eine weitere Taumelkäferart nachgewiesen, die jedoch neben langsam fließenden Gewässern auch Stillgewässer besiedelt.

Wegen seiner überwiegenden Nachtaktivität wird die Art leicht übersehen und ist sicher im Bliesgau weiter verbreitet. Durch die behaarte Oberseite ist der Bachtaumelkäfer leicht von allen anderen mitteleuropäischen Taumelkäferarten zu unterscheiden. Einzigartig unter den Käfern sind die bei den Taumelkäfern geteilten Augen, mit denen das Insekt gleichzeitig sowohl unter als auch über Wasser scharf sehen kann. Mit den besonders flach gestalteten Ruderbeinen erreichen Taumelkäfer beim Schwimmen die absolut und relativ zur Körperlänge höchsten Geschwindigkeiten unter allen Wasserinsekten (NACHTIGALL 1961).

Kleine Flussmuschel (*Unio crassus*)

Die auch im Saarland ehemals häufigste heimische Fließgewässermuschel gilt heute als vom Aussterben bedroht. Grund ist vielerorts die Zerstörung (Nährstoffeintrag, Gewässerausbau, Begradigung usw.) ihres Lebensraumes: Bäche und Flüsse mit klarem, schnell fließendem Wasser über sandigem oder kiesigem Substrat. Hinzu kommt, dass viele der verbliebenen Vorkommen überaltert sind und sich nicht mehr reproduzieren.

Die Art ist von europaweiter Bedeutung und steht in den Anhängen II und IV der FFH-Richtlinie der EU. Saarlandweit gibt es nur wenige bestätigte Vorkommen. Schalenfunde dieser Muschelart sind aus der Nied, der Blies und der Bickenalb bekannt. Ein wahrscheinlich sich noch ausreichend reproduzierender Bestand ist von einem kleinen Zufluss der Bickenalb im Naturraum Zweibrücker Westrich bekannt. Hier konnten Muscheln aller Größen – und damit offensichtlich auch Reproduktion – nachgewiesen werden.

Auch der Steinkrebs (*Austropotamobius torrentium*) ist eine Art, die schnellfließende, klare Bäche bevorzugt. (Foto: Harald Groß)

Früher nicht selten, sind die Bestände des Edelkrebses (*Astacus astacus*) insbesondere wegen der Krebspest stark zurückgegangen. (Foto: Robert Groß / Saarland, Ministerium für Umwelt und Verbraucherschutz)

Steinkrebs (*Austropotamobius torrentium*)

Der Steinkrebs braucht als Lebensraum schnell fließende, klare und sauerstoffreiche kleinere Bäche. Da dem Steinkrebs nie wirtschaftliches Interesse galt, finden sich am Fundort ausschließlich autochthone Bestände. Im Saarland ist aktuell nur noch ein Vorkommen bekannt. Dieses befindet sich im Biosphärenreservat Bliesgau (Holger Zeck, mdl.).

Edelkrebs (*Astacus astacus*)

Wie im gesamten Mitteleuropa sind auch im Saarland die ursprünglichen Vorkommen des Flusskrebses stark zurückgegangen. Hauptgrund ist sicherlich die Krebspest, eine Pilzinfektion. Schlechte Wasserqualität, Verbau von Ufern und invasive Arten, die unabhängig vom Thema Krebspest einfach konkurrenzstärker als der Edelkrebs sind, haben ihren Teil zur desolaten Lage beigetragen.

Gab es bis in die 1960er Jahre noch ausgedehnte Bestände in fast allen geeigneten Fließgewässern (im Gegensatz zum Steinkrebs besiedelte der Edelkrebs die siedlungsnäheren Gewässer), war seit den 1970er Jahren ein steter Rückgang zu verzeichnen.

Heutige Vorkommen (fast ausschließlich in Teichen bzw. deren Zuläufen) sind großenteils auf Besatzmaßnahmen zurückzuführen. „Wildvorkommen", das heißt Bestände, die sich ohne Zutun des Menschen gehalten haben, sind – wenn überhaupt – nur noch in stark isolierten Gewässerabschnitten zu erwarten, in die der Krebspesterreger bislang nicht übertragen wurde. Ein kleines Vorkommen gibt es z. B. noch in der Bickenalb (Holger Zeck, mdl.).

4.5.1.2 Bemerkenswerte Gefäßpflanzenarten der Quellen

Wechselblättriges Milzkraut (*Chrysosplenium alternifolium*) und Gegenblättriges Milzkraut (*Chrysosplenium oppositifolium*)

Zwei Milzkrautarten sind in Deutschland heimisch: das Wechselblättrige Milzkraut (*Chrysosplenium alternifolium*) und das Gegenblättrige Milzkraut (*Chrysosplenium oppositifolium*). Erstgenannte Art ist häufiger und kommt deutschlandweit vor, letztere besitzt insgesamt eine lückenhaftere Verbreitung mit Schwerpunkten in der Mitte und im Norden Deutschlands. Im Saarland tritt dagegen in größerer Zahl das Gegenblättrige Milzkraut auf.

Beide Milzkräuter sind Arten der Quellfluren, benötigen von (Quell-)Wasser durchtränkte Standorte und geben ihrem Vegetationstyp sogar einen speziellen Namen: „Milzkrautflur". Nach Sauer (1993) scheint *Chrysosplenium alternifolium* basenarme Böden zu meiden, während *Chrysosplenium oppositifolium* auch auf basenärmeren Unterlagen gut gedeihen kann. Im Biosphärenreservat Bliesgau gibt es schöne, repräsentative Milzkrautfluren insbesondere in den Quell-Erlen-Eschenwäldern, so z. B. im Karlsberg-Wald bei Homburg und in der „Guldenschlucht" südlich von Einöd.

4.5.1.3 Bemerkenswerte Flechtenart

Blassgrüne Kernflechte (*Pseudosagedia chlorotica*)

Keine ausgesprochene Art der Tümpel-Quellen (Limnokrene), aber kleinräumig dem Standorttyp „vernässtes Substrat" und damit im weiteren Sinne dem einer Fließquelle (Rheokrene) zuordenbar, ist die Blassgrüne Kernflechte. Die Flechte braucht immer einen feuchten Wuchsort, ob Sickerwasser oder Substratfeuchte.

Sie ist eine unscheinbare Krustenflechte, die Perithecien als Fruchtkörper besitzt. Die Art überzieht periodisch überrieselte und feuchte Steine und Felsen.

An Bunkern, auch außerhalb des Biosphärenreservates, wächst *Pseudosagedia chlorotica* z. B. auf den verrosteten Moniereisen; hier wird die Feuchtigkeit von dem im Rost gebundenen Wasser hergestellt.

4.5.2 Stillgewässer

Im Gebiet des Biosphärenreservats Bliesgau gibt es nur wenige größere Stillgewässer. Alle sind künstlich angestaut bzw. durch Abgrabungen vor allem von Kiesen entstanden, keines ist natürlichen Ursprungs. Unter den kleineren Stillgewässern sind die in den Muschelkalkgebieten der Region auftretenden Mardellen (vgl. Kap. 3.8) besonders hervorzuheben. Eine der schönsten ist die Mardelle „Schwefelspfuhl" im „Klosterwald" westlich von Medelsheim: eine vegetationsreiche Mardelle mit einem natürlich ausgeprägten Verlandungsbereich, der von Seggen und Binsen besiedelt ist.

4.5.2.1 Charakteristische Tierarten

Die einzigen größeren Stillgewässer im Bliesgau, die eine nennenswerte faunistische Relevanz aufweisen, sind naturnah ausgebildete Teiche mit entsprechenden Verlandungszonen, die bestimmten Tierarten – vor allem Amphibien – als Teillebensraum dienen. In ihrer Gesamtheit faunistisch bedeutsamer sind hingegen die vielen naturraumtypischen Kleingewässer, vornehmlich die zuvor erwähnten Mardellen, die einer Reihe von Amphibien- und Libellenarten Lebensraum bieten.

Zwergtaucher (*Tachybaptus ruficollis*)

Unter den wassergebundenen Vogelarten ist der Zwergtaucher zu nennen. Die Art ist mit 20 – 40 Brutpaaren zwar ein seltener Brutvogel im Saarland (vgl. Buchheit 2005c), als Pionierart aber in der Lage, neu entstandene Stillgewässer relativ rasch zu besiedeln. Leider ist die Art sehr störungsanfällig, sodass Ansiedlungen oft nicht von Dauer sind. Das Lebensraumspektrum reicht von relativ naturnahen Teichen bis hin zu anthropogenen Kleingewässern, z. B. in Sand-, Kies- oder Lehmgruben, aber auch langsam fließende Bäche und Flüsse werden gelegentlich besiedelt. Ein Vorkommensschwerpunkt bilden die Teiche im Umland von Homburg. In weiter südlich gelegenen Teilen der Region brütet der Zwergtaucher nur ausnahmsweise bzw. extrem selten. Ehemalige und rezente Vorkommen sind hier z. B. aus der Bliesaue bei Blickweiler, von den Lehmgruben bei Aßweiler und den Kiesweihern bei Reinheim und Bliesmengen-Bolchen bekannt.

Gelbbauchunke (*Bombina variegata*)

Die Gelbbauchunke bevorzugt flache, gut besonnte Gewässer, die sich rasch erwärmen. Die räumlich nur wenig gebundene Art sucht gerne Gewässer in vom Menschen geschaffenen Geländevertiefungen oder ehemaligen Abgrabungsflächen auf, deren Entstehung bzw. Nutzungsaufgabe erst wenige Jahre zurückliegt. Entsprechende Sekundärbiotope wie z. B. Lehm-, Sand- oder Kiesweiher sind üblicherweise durch eine noch lockere Vegetation und eine weitgehend ungehinderte Sonneneinstrahlung gekennzeichnet.

Eigentlich ist die Gelbbauchunke eine charakteristische Art für den Bliesgau. Potenziell ist die Art im gesamten Saarland verbreitet, aktuell kommt sie jedoch nur noch in kleinen Beständen bzw. vereinzelt vor (Wagner et al. 2020). Ein Schwerpunktraum (wenngleich von hier in jüngster Zeit nur noch wenige Meldungen stammen) sind die muschelkalkgeprägten Naturräume Saar-Blies-Gau und Zweibrücker Westrich mit den dortigen

Eine der schönsten Mardellen der Region: die Mardelle „Schwefelspfuhl" im Klosterwald zwischen Walsheim und Medelsheim.

Der Zwergtaucher (*Tachybaptus ruficollis*) besiedelt Teiche und Kleingewässer. (Foto: Anita Naumann)

Eine Art der Quellfluren: das Milzkraut. In der Region gibt es zwei Arten, das Gegenblättrige und das Wechselblättrige Milzkraut, welche sich durch die Anordnung der Blätter um den Stängel (gegenständig oder wechselständig) unterscheiden. Im Bild das Gegenblättrige Milzkraut (*Chrysosplenium oppositifolium*). (Foto: Aloysius Staudt)

Die Gelbbauchunke (*Bombina variegata*) ist sehr selten geworden. Im unteren Bliestal gibt es noch Vorkommen auf dem Gelände des ehemaligen Kalkwerkes in Gersheim, in der Nähe davon auf einem Privatgelände in einem Löschteich, ferner bei Bliesmengen, Walsheim und Niederwürzbach sowie im nördlichen Teil des Biosphärenreservates am Zollbahnhof bei Homburg. (Foto: Robert Groß / Saarland, Ministerium für Umwelt und Verbraucherschutz)

Mardellen bzw. ephemeren Kleinstgewässern (z. B. wassergefüllte Wagenspuren) im Wald und in der offenen Landschaft. Ein früheres (großes) Vorkommen im Bereich des heutigen Europäischen Kulturparks Bliesbruck-Reinheim ist hingegen erloschen.

In jüngerer Zeit mehren sich Hinweise auf Vorkommen in privaten Gartenanlagen mit Gartenteichen bzw. sonstigen wassergefüllten (teilweise auch künstlichen) Behältnissen. In Walsheim z.B. ist nach fast 30 Jahren die Gelbbauchunke wieder in einer privaten Gartenanlage aufgetaucht, nachdem sie zuvor (ca. 800 m Luftlinie davon entfernt) aus dem Habitat einer periodisch wassergefüllten Wagenspur verschwunden war (Bernhard Lehnert, mdl). Nach WAGNER et al. (2020, S. 63) „kann davon ausgegangen werden, dass (im Saarland,

Die Wechselkröte (*Bufo viridis*) ist eine Pionierart und kann neu entstandene Lebensräume relativ rasch besiedeln. (Foto: Hans-Jörg Flottmann)

Auch die Kreuzkröte (*Bufo calamita*) ist eine Pionierart. (Foto: Hans-Jörg Flottmann)

Der Kamm-Molch (*Triturus cristatus*) ist die größte und seltenste der vier heimischen Molcharten. (Foto: Randolf Manderbach, www.deutschlands-natur.de)

Anm. d. Verf) auch weitere Nachweise in privaten Gartenteichen getätigt werden können, besonders in der Nähe ehemals bekannter Populationen".

Wechselkröte (*Bufo viridis*)

Durch die Regulierung von Flüssen und den Verlust der natürlichen Überschwemmungsdynamik kommt es heute nicht mehr zur Bildung von Tümpeln, Sand- und Kiesflächen in den Auen, welche früher viele Wechselkröten-Populationen beherbergt haben. Die Art ist demzufolge in ihrem Vorkommen heute ausschließlich auf Sekundärbiotope angewiesen. Als Pionierart ist die Wechselkröte jedoch in der Lage, neu entstandene Lebensräume rasch zu besiedeln.

Als Lebensraum bevorzugt die Wechselkröte hierzulande Kohleschlammweiher, Bergehalden und Industrieflächen. Daneben kommt sie auch in Lehm-, Sand- und Kiesweihern vor. Deutlich ist der Bezug zu periodischen Gewässern auf Sekundärstandorten im Bereich bergbaulicher Betriebsflächen, die allerdings im Bliesgau keine große Rolle spielen.

Aktuelle Vorkommen gibt es im Europäischen Kulturpark Bliesbruck-Reinheim sowie bei St. Ingbert („Drahtwerk-Nord-Areal").

Kreuzkröte (*Bufo calamita*)

Im Gegensatz zur Wechselkröte scheint die Kreuzkröte in ihrem Vorkommen eher auf die Lehm-, Sand- und Kiesgruben sowie Steinbrüche beschränkt zu sein.

Wie die Wechselkröte kann auch die Kreuzkröte als Pionierart neu entstandene Lebensräume rasch besiedeln. Im Gegensatz zu jener lassen sich bei der Kreuzkröte allerdings keine eindeutigen Schwerpunkträume ableiten.

Im Homburger Raum z.B. war die Kreuzkröte fast schon verschwunden, bis sie vor Kurzem in einer ehemaligen Sandgrube bei Beeden wiedergefunden wurde.

Kamm-Molch (*Triturus cristatus*)

Der Kamm-Molch ist eine FFH-Anhang II-Art, das heißt eine europaweit bedeutende Art, für die besondere Schutzgebiete ausgewiesen werden müssen. Als seltenste der vier saarländischen Molcharten weist diese größte einheimische Molchart eine insgesamt lückenhafte Verbreitung auf, was aber wohl eher auf das beschränkte Angebot an geeigneten Laichgewässern zurückzuführen ist. So besiedelt der Kamm-Molch stehende Gewässer ab einer Mindestfläche von 150 m² und einer Wassertiefe von mindestens 50 cm. Des Weiteren besitzt die Art auch spezielle Anforderungen hinsichtlich der Struktur der Gewässer und stellt insgesamt höhere Ansprüche an ihre Lebensräume als die drei Arten Berg-, Faden- und Teichmolch. Der Kamm-Molch benötigt ausreichend mit von Vegetation gesäumte, aber nicht vollständig beschattete Gewässer, die zudem einen hohen Bestand an Unterwasserpflanzen aufweisen. Er verbringt den größten Teil des Jahres im Wasser. Aber selbst während der winterlichen Lebensphase an Land verbleiben die Tiere oftmals in unmittelbarer Nähe ihrer Laichplätze.

Der Kamm-Molch ist deutschlandweit die seltenste Molchart. Im Bliesgau kommt er allerdings vergleichsweise häufig vor. Hier bieten sich ihm mit den für die Muschelkalkgebiete der Region typischen Mardellen eine Reihe geeigneter Laichbiotope. Von herausragender Bedeutung ist dabei die Mardelle „Schwefelspfuhl" östlich von Walsheim. In keiner anderen Mardelle im Bliesgau kommt der Kamm-Molch in solch einer großen Bestandsdichte vor.

Grünfrösche des „Wasserfrosch-Komplexes": Kleiner Wasserfrosch (*Rana lessonae*), Teichfrosch (*Rana kl. esculenta*) und Seefrosch (*Rana ridibunda*)

Die Unterscheidung der einheimischen Grünfrösche (= Wasserfrösche) in Kleiner Wasserfrosch, Teichfrosch und Seefrosch nach rein morphologischen Merkmalen ist im Gelände nicht zweifelsfrei möglich. Seefrosch und Kleiner Wasserfrosch werden als echte Arten betrachtet, im Gegensatz zum Teichfrosch, der eine Hybridform (= Bastard) darstellt (vgl. GÜNTHER 1996, NÖLLERT/NÖLLERT 1992). Der Teichfrosch steht in seinen äußeren Merkmalen zwischen seinen Elternarten Seefrosch und Kleiner Wasserfrosch.

Hybriden können sich in der Regel nur dann fortpflanzen, wenn sie die Geschlechtszellen einer Elternart „stehlen". Genau dies ist beim Teich-

Kleiner Wasserfrosch (*Rana lessonae*) (oben), Teichfrosch (*Rana kl. esculenta*) (Mitte) und Seefrosch (*Rana ridibunda*) (unten) bilden zusammen den sog. „Wasserfrosch-Komplex", wobei *Rana kl. esculenta* eine sog. „Hybridform" (Bastard) darstellt. (Fotos: Hans-Jörg Flottmann)

Auch bei den Libellen gibt es wärmeliebende Arten, die offensichtlich von den klimatischen Veränderungen profitieren und ihr Areal ausdehnen – Feuerlibelle (*Crocothemys erythraea*). (Foto: Martin Lemke)

Lestes virens – die seltene Kleine Binsenjungfer. (Foto: Hartmut Dorda)

frosch häufig der Fall. Die Abkürzung „kl." im wissenschaftlichen Namen des Teichfroschs steht für „klepton", abgeleitet vom griechischen Wort „kleptes" (= Dieb) bzw. „kleptein" (= stehlen).

Aufgrund der bislang nicht zweifelsfrei geklärten Verwandtschaftsverhältnisse und der auch grundsätzlich schwierigen Unterscheidung im Gelände werden im saarländischen Amphibienkataster die Grünfrösche des sogenannten „Rana-esculenta-Komplexes" gemeinsam behandelt. Insbesondere die Differenzierung zwischen Kleinem Wasserfrosch und Teichfrosch hat – systematisch betrachtet – hierzulande keine Tradition.

Neuere Untersuchungsergebnisse (mündliche Auskunft von Hans-Jörg Flottmann) zeigen nun, dass es offensichtlich im östlichen Saarland „phänotypisch reine Bestände" des Kleinen Wasserfroschs gibt und dieser – im Gegensatz zum Teichfrosch – saarlandweit relativ selten ist. Der Seefrosch, der am besten noch anhand des Rufes unterschieden werden kann, scheint dagegen, ähnlich wie der Teichfrosch, alle potenziell besiedelbaren Tümpel und Teiche auch tatsächlich zu besetzen.

Feuerlibelle (*Crocothemis erythraea*)

Die ursprünglich in Südeuropa, Afrika und Westasien beheimatete leuchtendrote Feuerlibelle hat sich in den letzten Jahrzehnten nach Norden ausgebreitet und wurde im Saarland zum ersten Mal Anfang der 1990er Jahre nachgewiesen. Die Art besiedelt hier größere Weiher mit relativ geringer Vegetation, wie z.B. die Kiesweiher bei Reinheim. Das Vorkommen und die Zunahme der Art ist im Zusammenhang mit der Einwanderung bzw. Etablierung weiterer wärmeliebender Arten im Saarland zu sehen.

Sie gilt als eine der ersten Tierarten, deren Verbreitungsgebiet sich infolge des Klimawandels deutlich nach Norden ausbreitete (vgl. OTT 1996, 2008). Mittlerweile hat sie Dänemark und Litauen erreicht (WILDERMUTH/MARTENS 2019).

Weitere wärmeliebende, südlich verbreitete Arten konnten in den letzten Jahren auch im Saarland nachgewiesen werden.

Kleine Binsenjungfer (*Lestes virens*)

Die zur Familie der Teichjungfern zählende Kleine Binsenjungfer ist im Saarland sehr selten. Sie bewohnt sonnige, anmoorige Gewässer mit Seggen- und Binsenbeständen. Aktuelle Vorkommen gibt es im Raum Homburg (Taubental bei Limbach, zwei Waldgewässer östlich von Jägersburg).

Die Glänzende Binsenjunger (*Lestes dryas*) – eine Art der Mardellen. (Foto: Hartmut Dorda)

Die Torf-Mosaikjungfer (*Aeshna juncea*) besiedelt nährstoffarme Kleingewässer. (Foto: Martin Lemke)

Glänzende Binsenjungfer (*Lestes dryas*)

Ein wichtiger Biotop für *Lestes dryas* sind die Mardellen in den Wäldern des Bliesgaus. An deren typischen stark schwankenden Wasserständen ist die Art hervorragend angepasst. Hier ist sie nicht selten anzutreffen.

Torf-Mosaikjungfer (*Aeshna juncea*)

Das Saarland hat keine Moorlandschaften. Entsprechend artenarm ist die Moorlibellenfauna. Eine typische, im Saarland jedoch gar nicht so seltene Moorlibellenart ist die Torf-Mosaikjungfer, die auch dystrophe Teiche mit flutenden Torfmoos-Polstern besiedelt. Verbreitungsschwerpunkt der Art ist das Nord- und Ostsaarland (im letzteren Fall speziell der Homburger Raum).

Gemeine Winterlibelle (*Sympecma fusca*)

Die Gemeine Winterlibelle kommt im Bliesgau regelmäßig an Teichen, in Ton- und Sandgruben vor. Als einzige Libelle im Bliesgau überwintern bei dieser Art die Imagines, im Gegensatz zu den anderen Libellenarten, die den Winter als Ei oder Larve überdauern.

Es war lange Zeit nicht klar, wo die Überwinterungsgebiete der Winterlibelle im Bliesgau liegen. Denn mit Verlassen der Brutgewässer im Juli/August hatte man bislang immer die Tiere aus den Augen verloren. Erst die Untersuchungen von Martin Lemke brachten Licht ins Dunkel. Lemke fand gemeinsam mit anderen Libellenkundlern (eher zufällig) im Herbst Winterlibellen-Imagines fernab der Brutgewässer in Hochstauden-Säumen am Waldrand und auf brachliegenden Wiesen, so z. B. oberhalb des Kirchheimer Hofes bei Breitfurt. Aufbauend auf diesen Erkenntnissen konnte er in der Folge neben weiteren Herbsthabitaten in ähnlichen Strukturen auch ein Wintervorkommen im Bliesgau finden: eine Brachfläche im Kirchheimer Wald, die heute innerhalb einer Kernzone des Biosphärenreservats liegt.

Hartmut Dorda konnte im Spätherbst 2017 eine am Rubenheimer Weiher überwinternde Winterlibelle lokalisieren und fotografisch deren Verbleib bis ins zeitige Frühjahr des darauffolgenden Jahres dokumentieren.

Die Überwinterungsbiotope der Winterlibelle (*Sympecma fusca*) im Bliesgau sind noch nicht lange bekannt. (Fotos: Hartmut Dorda)

Schlammschwimmer (*Hygrobia hermanni*)

Einer der spektakulärsten im Wasser lebenden Käfer Europas ist der Schlammschwimmer. Nicht, weil er besonders groß oder farbenfroh wäre. Er ist als einer von nur wenigen Käferarten in der Lage, Töne zu produzieren. Dies gelingt durch das Reiben der Flügeldeckenunterseite gegen die Hinterkante des letzten Hinterleibsegments. In England wurde der Käfer Ende des 19. Jahrhunderts als Kinderspielzeug unter dem Namen „squeak beetle" verkauft (KLAUSNITZER 1996).

Im Saarland ist die Art sehr selten. Bisher wurde sie erst in wenigen Gewässern nachgewiesen: 1985 bei Karlsbrunn im Warndt, 2013 und 2014 im zwischenzeitlich ausgetrockneten Himmelsteich auf der Halde Reden, 2014 im Brönnchestalweiher auf der selben Halde sowie an deren Fuß, im Saarpfalz-Kreis trat der Schlammschimmer 2007 im Karlsbergweiher bei Homburg-Sanddorf und 2013 in einem Teich im Europäischen Kulturpark Bliesbruck-Reinheim auf.

Im Karlsbergweiher wurde im Jahr nach dem Nachweis (LILLIG/POTEL 2010) sowie im Jahr 2018 vergeblich nach dem Schlammschwimmer gesucht. Die Art, die meist in sandigen, dicht mit Wasserpflanzen bewachsenen Stillgewässern lebt, tritt in sehr warmen Jahren verstärkt auf. Ansonsten wird sie oft jahrelang nicht beobachtet.

4.5.2.2 Bemerkenswerte Gefäßpflanzenart

Gewöhnlicher Wasserhahnenfuß (*Ranunculus aquatilis*)

Der Gewöhnliche Wasserhahnenfuß ist eng an den Standort „stehendes oder leicht fließendes Gewässer" gebunden. Da entsprechende Gewässer hierzulande von Natur aus nicht häufig sind, ist das Vorkommen der Art allein schon aus diesem Grund limitiert. Im Saarland ist die Art vom Aussterben bedroht und nach SAUER (1993) in den letzten Jahren nur noch sporadisch gefunden worden. Umso bedeutender ist das Vorkommen dieser Schwimmblattpflanze im Biosphärenreservat Bliesgau, z. B. in den beiden Mardellen im „Großen Wald" bei Altheim. Der Gewöhnliche Wasserhahnenfuß steht hier gemeinsam mit dem Großen Wasserfenchel (*Oenanthe aquatica*). Nach WOLFF (2002) ist diese Ausbildung von Wasservegetation charakteristisch (oder „typisch") für die Mardellen auf den bewaldeten verlehmten Hochflächen des Unteren Muschelkalks im Bliesgau. Ferner beschreibt WOLFF auch die Tatsache, dass einige Mardellen im Bliesgau im Jahre 1981 als Naturschutzmaßnahme ausgeräumt wurden, woraufhin sich die Wasservegetation erst richtig entfalten konnte.

Der Gewöhnliche Wasserhahnenfuß (*Ranunculus aquatilis*) ist eine Art der Schwimmblattgesellschaften. Einen sehr schönen Bestand des Wasserhahnenfußes gibt es in der Mardelle im „Großen Wald" bei Altheim. (Foto: Ludwig Kraut)

4.6 Moore und Sümpfe

Ein Großteil der im Biosphärenreservat Bliesgau vorkommenden Moore und Sümpfe liegt im Bereich der Bach- und Flussauen und stellt damit eine Verbindung zwischen eigentlichem Fließgewässer und dem angrenzenden bewirtschafteten Grünland dar. Die meisten Moore und Sümpfe in der Region unterliegen keiner landwirtschaftlichen Nutzung mehr (bestenfalls der Beweidung) und sind Brachestadien früherer Grünlandnutzung.

Tallandschaft mit Großseggen und Binsen bei Jägersburg.

Früherer Brutvogel im Homburger Raum – die Bekassine (*Gallinago gallinago*). (Foto: Rosemarie Kappler)

4.6.1 Charakteristische Tierarten der Moore und Sümpfe

Moore und Sümpfe sind Lebensraum spezieller, an die Bedingungen hohen Grundwasserstandes bzw. ausreichender Wasserversorgung angepasster Tierarten und daher für die Erhaltung dieser stenöken (anspruchsvollen) Arten von herausragender Bedeutung.

Für das Biosphärenreservat Bliesgau können folgende charakteristische Tierarten genannt werden:

Bekassine (*Gallinago gallinago*)

Da es im Saarland kaum Feucht- und Nasswiesen gibt, war die Bekassine seit jeher hier nur sehr selten. Eine 1990 erstellte Verbreitungskarte (BRAUNBERGER 1990) fasst den Kenntnisstand für die Jahre 1977-1990 zusammen. Danach lag der Verbreitungsschwerpunkt im Nordsaarland und im südöstlichen Saarland im Raum Homburg, genauer gesagt in der Bliesaue bei Beeden. Der Gesamtbestand wurde damals auf maximal 40 Brutpaare geschätzt.

Im Zeitraum 1996-2000 gab es mit den Schutzgebieten „Noswendeler Bruch" und „Höllengraben" (bei Homburg-Beeden) nur noch zwei Gebiete im Saarland mit nachweislich mehreren Brutpaaren – geschätzt 5-10 (BRAUNBERGER/BUCHHEIT 2005), was eine dramatische Abnahme der Art bedeutet. Auch bei Beeden ist die Bekassine heute nur noch Nahrungsgast und nicht mehr Brutvogel. Durch biotopverbessernde Maßnahmen erhofft man sich hier eine Wiederansiedlung. Ob dies gelingt, bleibt abzuwarten.

Rohrweihe (*Circus aeruginosus*)

Als Bodenbrüter besiedelt diese Greifvogelart traditionell ausgedehnte nasse Schilfgebiete (Verlandungszonen von Gewässern), an denen es in der Region Bliesgau mangelt. Entsprechend selten wurde diese Weihenart hier als Brutvogel nachgewiesen. In neuerer Zeit wurde bei der Rohrweihe – wie auch schon bei ihren Verwandten Kornweihe und Wiesenweihe – ein Trend zum Habitatwechsel, hin zu trockenem Kulturland (z. B. Raps- und Getreidefelder), festgestellt, allerdings noch nicht im Bliesgau.

Die Kurzflügelige Beißschrecke (*Metrioptera brachyptera*) ist eine Art der Moore und Pfeifengraswiesen und kommt nur im Homburger Raum vor.

Auch die Rohrweihe (*Circus aeruginosus*) ist in der Region sehr selten. Aus dem Jahr 2018 gibt es für die „Rohrblies" bei Blieskastel noch eine konkrete Brutzeitbeobachtung. (Foto: Rosemarie Kappler)

In der Region wurde 1985 erstmals ein Brutpaar der Rohrweihe in einem Schilfareal zwischen Kirkel-Altstadt und Homburg-Beeden gefunden, nachdem dort bereits im Vorjahr ein Weibchen beim Nestbau beobachtet worden war (Meldung: Hubert Weyers). Danach gab es an weiteren Stellen in der Bliesaue Bruten, Brutversuche bzw. Revierverdachtsfälle (nachfolgend mit Fragezeichen kenntlich gemacht): 1985 bei Blieskastel (Meldung: Herbert Carius, Hubert Weyers); 1988–1993 bei Blickweiler (Meldung: Klaus Walter; 1991 ging man hier sogar von zwei Revieren aus); 1989, 1990(?) und 1994(?) erneut zwischen Altstadt und Beeden (Meldung: Hubert Weyers); 2000 wiederum bei Blickweiler (vgl. auch Bos 2005b).

Die Blickweiler Bliesaue war demnach über den längsten Zeitraum besiedelt. Wenn auch nicht in jedem Jahr ein Brutnachweis gelang, so bestand aber dennoch Brutverdacht. In der Folge blieb es lange Zeit still um die Rohrweihe im Bliesgau. Erst 2018 wurde wieder ein Paar in einem Schilfhabitat beim Nestbau beobachtet, doch wurde dieser leider nach wenigen Tagen abgebrochen (Martin Süßdorf, briefl.). Es blieb also bei einem Brutversuch.

Am ehesten sind Rohrweihen im Bliesgau als Durchzügler in den Spätsommer- und Herbstmonaten in der offenen Agrarlandschaft über Stoppelfeldern zu beobachten, wo einzelne Tiere je nach Nahrungsangebot auch einige Tage verweilen.

Kurzflügelige Beißschrecke (*Metrioptera brachyptera*)

Bei der Kurzflügeligen Beißschrecke handelt es sich um eine Art der Feuchtbereiche. Die Art ist saarlandweit extrem selten. Die wenigen Fundstellen liegen allesamt im westlichen Ausläufer der Westpfälzischen Moorniederung bei Homburg (vgl. Dorda/Maas/Staudt 1996). Als typischer Lebensraum gelten die Pfeifengraswiesen im „Königsbruch" nördlich von Homburg-Bruchhof (Teil des Naturschutzgebietes „Jägersburger Wald/Königsbruch"), wo die Kurzflügelige Beißschrecke in einer offensichtlich stabilen Population zu finden ist. Die Art kommt aber auch im

Pfeifengrasbulte im Königsbruch bei Homburg. Das Königsbruch beherbergt den saarlandweit bedeutendsten Pfeifengrasbestand.

Bereich des „Jägersburger Moores" (ebenfalls im Naturschutzgebiet „Jägersburger Wald/Königsbruch"), an zwei Stellen bei Homburg-Erbach (Trasse der ehemaligen Glantal-Bahn) sowie in einer Feuchtwiese östlich von Homburg an der Grenze zu Rheinland-Pfalz vor.

4.6.2 Pfeifengraswiesen auf Niedermoor-Standorten

Die Pfeifengraswiesen auf Niedermoor-Standorten sind nicht zu verwechseln mit den in Kap. 4.4.1.3 beschriebenen Pfeifengraswiesen auf Kalk, die auf ganz anderen Standorten (Kalk-Flachmoor-Standorten) wachsen und nicht durch die Artengruppe *Molinia caerulea* agg. (Gewöhnliches Pfeifengras), sondern durch das Rohr-Pfeifengras (*Molinia arundinacea*) und demzufolge auch durch eine andere Begleitflora gekennzeichnet sind.

Die sich im nordöstlichen Teil der Region Bliesgau auf Niedermoor-Standorten ausgebildeten Pfeifengraswiesen sind Pflanzengesellschaften auf nährstoffarmen Sicker- bzw. Grundwasserböden mit gut durchlüftetem Oberboden. In früherer Zeit wurden die hiesigen Pfeifengraswiesen sehr extensiv als sogenannte Streuwiesen genutzt. Diese dienten nicht der Futtergewinnung, sondern ausschließlich der Produktion von Einstreu für die Stallungen und wurden lediglich im Herbst gemäht. Heute ist dieser historische Nutzungstyp „Streuwiese" aus dem Landschaftsbild verschwunden.

Die Pfeifengraswiesen sind entweder in genutzte Feuchtwiesen übergegangen oder sie liegen als Sümpfe brach (Pfeifengrasbrache) und werden demzufolge nicht mehr genutzt. Ein anschauliches Beispiel sind die bereits erwähnten Pfeifengraswiesen im „Königsbruch", die infolge ausbleibender Nutzung richtige Bulte ausbilden.

Bemerkenswerte Gefäßpflanzenart

Lungen-Enzian (*Gentiana pneumonanthe*)

Der Lungen-Enzian ist eine Charakterart des FFH-Lebensraumtyps 6410 „Pfeifengraswiesen", ein europaweit bedeutender Vegetationstyp, der auch im Anhang I der FFH-Richtlinie gelistet ist. Der bundesweit in Folge des Trockenfallens von Feuchtwiesen bzw. des Absinkens des Grundwasserspiegels bestandsgefährdete Lungen-Enzian ist deutschlandweit selten und hat Verbreitungsschwerpunkte lediglich im äußersten Nordwesten und im Alpenvorland. Auch im Saarland ist die Art selten und vom Aussterben bedroht. Frühere Vorkommen am Fuße des Litermont bei Dillingen, in der „Beierwies" bei Fechingen, im Homburger Raum zwischen Erbach und Bruchhof, im Mündungsbereich des Lindenweihertales sowie am Nordwestrand des „Hummelwäldchens" sind erloschen. Auch ein von der Homburger Botanikerin Charlotte Brütting für den Bereich des „Closenbruchs" bei Homburg im Jahr 1962 genanntes Vorkommen existiert nicht mehr, so dass aktuell nur noch der weiter nördlich davon gelegene „Königsbruch" für den Lungen-Enzian als Vorkommen bestätigt werden kann.

WEICHERDING hat 2010 das Vorkommen im „Königsbruch" pflanzensoziologisch untersucht und hierzu Folgendes festgehalten: „Der Standort des Vorkommens im Homburger Königsbruch ist eine 6 Hektar große, verbrachte Pfeifengrasbultfläche auf Torf anstelle eines ausgetrockneten Niedermoores. Zwischen den Bulten kommen die Lungen-Enzian-Pflanzen vereinzelt vor. Kleinere Gruppen von Stöcken mit durchschnittlich 5 – 7 Pflanzen wachsen in kurzzeitig flach überstauten Geländesenken und an einem Entwässerungsgraben. Die Zusammensetzungen der Vegetation

Ausläufer der Kaiserslauterer Senke: Niedermoor-Komplex bei Homburg-Bruchhof

Das derzeit einzige Vorkommen des Lungen-Enzians (*Gentiana pneumonanthe*) in der Region ist östlich von Homburg im Königsbruch in einer Pfeifengrasbrache. (Foto: Aribert Laub)

der Fundstellentypen zeigen aber keine Unterschiede. Die Aufnahmefläche ist wie das restliche Wiesengelände von *Molinia caerulea* dominiert. Nur Lungen-Enzian und Draht-Schmiele (*Avenella flexuosa*) treten in der dichten Grasdecke noch mit Deckungen über 2% auf. Andere Wiesengrasarten werden vom Pfeifengras offenbar noch stärker verdrängt. Auch Gehölzsämlinge haben dort kaum Entwicklungschancen" (WEICHERDING 2010, S. 352).

Der Lungen-Enzian hat im Homburger „Königsbruch" die Sukzession vom ursprünglichen Moor zum Pfeifengrasbestand offensichtlich gut überdauert – jedenfalls ist die Art nicht wie andernorts verschwunden. Will man die Art auch künftig im Homburger „Königsbruch" erhalten, ist es wichtig, dass der Grundwasserstand nicht – wie in der Vergangenheit – weiter absinkt. Ein von der WVO (Wasser Versorgung Ottweiler) ins Leben gerufenes Ökologisches Grundwasserkonzept geht dabei in die richtige Richtung.

4.6.3 Hochstaudenfluren, Großseggen-Bestände und Röhrichte

Auch die unter „Hochstaudenfluren, Großseggen-Bestände und Röhrichte" zusammengefassten Sümpfe des Biosphärenreservats Bliesgau liegen großenteils brach und unterliegen keiner landwirtschaftlichen Nutzung mehr. Ein Großteil findet sich in den Auenbereichen der Bäche und Flüsse. Der wohl bedeutendste Nassbrachen-Komplex liegt im nordöstlichen Teil der Region und entspricht geographisch betrachtet einem Ausläufer der Westpfälzischen Moorniederung, die sich im Saarland bis nach Homburg erstreckt. Neben dem Lungen-Enzian (*Gentiana pneumonanthe*), der im „Königsbruch" vorkommt, ist hier als typische Art auch das Schmalblättrige Wollgras (*Eriophorum angustifolium*) zu nennen. Mit dem weiter oben beschriebenen und auf den Bereich der Kalk-Flachmoore beschränkten Breitblättrigen Wollgras (*Eriophorum latifolium*) ist dies die zweite Wollgras-Art im Biosphärenreservat Bliesgau. Eine dritte – das Scheidige Wollgras (*Eriophorum vaginatum*) – ist hierzulande ausgestorben; sie kam früher im Bereich des Moorbirken-Bruchwaldes im „Jägersburger Moor" vor.

Bemerkenswerte Gefäßpflanzenart

Schmalblättriges Wollgras (*Eriophorum angustifolium*)

Diese Art der nährstoffarmen Moore und Moorwälder tritt über weite Teile Deutschlands zerstreut auf, mit einem Schwerpunkt des Vorkommens in den norddeutschen Moorgebieten. Im Saarland ist das Schmalblättrige Wollgras relativ selten und mit seinem hiesigen Standort (saure Flachmoore) sogar gefährdet (vgl. SAUER 1993). Verbreitungsschwerpunkte sind hier die Taunusquarzite im Hochwald sowie die Ausläufer der Westpfälzischen Moorniederung bei Homburg.

Das Schmalblättrige Wollgras (*Eriophorum angustifolium*) ist mit seinem Standort „Moor" in der Region sehr selten.

4.7 Anthropogene Sonderstandorte

4.7.1 Bemerkenswerte Tierarten

In den vorausgegangenen Kapiteln fanden bereits einige anthropogene Sonderstandorte Erwähnung (z. B. Waldwege, Erdwege, Weinbergmauern). Im vorliegenden Kapitel werden zunächst einige charakteristische Tierarten anderer Sonderstandorte aus Menschenhand (Steinbrüche, Sand- und Kiesgruben, Industrieanlagen, Schienenwege usw.) vorgestellt. Anschließend wird noch ein Blick auf ausgewählte bemerkenswerte Moos- und Flechtenarten geworfen.

Anthropogene Sonderstandorte, wie hier ehemalige Bahnkörper, können sich zu bedeutenden Sekundärlebensräumen entwickeln.

Großes Mausohr (*Myotis myotis*)

Die FFH-Art Großes Mausohr ist ganz entscheidend auf die Nähe des Menschen angewiesen.

Als Wochenstubenquartiere dienen warme, thermisch stabile Dachräume oder Scheunen, während als Winterquartiere großräumige Höhlen oder Stollen aufgesucht werden, wo die Art in – gegenüber der Außentemperatur – relativ warmen (7 – 10 °C) Abschnitten überwintert.

Eine große Wochenstube mit rund 150 Tieren existiert im alten Schwesternwohnheim des Uniklinikums in Homburg. Winterquartiere befinden sich im ehemaligen Kalkstein-Bergwerk in Gersheim, in der „Schlangenhöhle" bei Schwarzenacker, in den Buntsandsteinhöhlen am Schlossberg in Homburg sowie in einem Bunker nördlich Bruchhof (Eichelscheid). Es sind aber immer nur wenige Individuen, die beobachtet werden können. Die Zeiten, in denen die Winterquartiere von mehreren hundert Exemplaren bezogen wurden, sind offensichtlich vorbei.

Das Große Mausohr (*Myotis myotis*) ist auf menschliche Siedlungen angewiesen. Auf dem Gelände der Universitätskliniken Homburg im alten Schwesternhaus existiert eine große Wochenstube mit bis zu 150 Tieren. (Foto: Marko König, www.koenig-naturfotografie.com)

Wanderfalke (*Falco peregrinus*)

Die 1970er Jahre dokumentieren sowohl saarland- als auch bundesweit einen absoluten Tiefpunkt des Wanderfalkenbestandes (vgl. ROTH/NICKLAUS/WEYERS 1990). Erst nach dem flächendeckenden Verbot von DDT, welches einen verheerenden Einfluss auf den Bruterfolg vieler Greifvogelarten und damit auch auf die gesamte Wanderfalkenpopulation hatte, stieg der Bestand wieder an. Begleitet von Artenschutzmaßnahmen, im Saarland durch die „Arbeitsgruppe Wanderfalkenschutz im Saarland (AGW-Saar)", wuchs der Bestand hierzulande auf aktuell 18 Revierpaare an (GEIB 2017). Positiv wirkte sich dabei aus, dass die Art relativ problemlos angebotene Nisthilfen – z. B. an Brücken, Kraftwerken, Türmen usw. – annimmt und damit an verschiedenen Orten im Saarland angesiedelt werden konnte.

Der Turmfalke (*Falco tinnunculus*) nistet gerne in bzw. an Gebäuden; Bruten (z. B. in verlassenen Krähennestern) sind in der Region jedoch eher die Ausnahme. Im Bild eine Beuteübergabe. (Foto: Jörn Radeck)

Der Wanderfalke (*Falco peregrinus*) hat sich erst seit einigen Jahren wieder als Brutvogel in der Region etabliert. (Foto: Robert Groß / Saarland, Ministerium für Umwelt und Verbraucherschutz)

Auch der Uhu (*Bubo bubo*) ist erst seit einigen Jahren wieder Brutvogel in der Region. (Foto: Robert Groß / Saarland, Ministerium für Umwelt und Verbraucherschutz)

So brüten knapp außerhalb des Biosphärenreservats am alten Kraftwerk bei Bexbach seit 1993 Wanderfalken – allerdings hier nicht in der angebotenen Nisthilfe, sondern an einer selbstgewählten Stelle in dem Gebäudekomplex. Auch an der Autobahntalbrücke Fechingen gibt es seit mindestens 2016 ein Paar. Leider sind Wanderfalken an allen Brutplätzen nicht nur natürlichen Gefahrenquellen, sondern auch der Gefahr von Abschüssen oder Vergiftungen ausgesetzt, so z. B. 2017 an der Brücke bei Fechingen, wie die AGW-Saar berichtete.

Bei ihren Jagdflügen können Wanderfalken ganzjährig und überall im Biosphärenreservat auftauchen – besonders aber außerhalb der Brutzeit.

Uhu (*Bubo bubo*)

Nach einer Zusammenstellung historischer Daten (ROTH/NICKLAUS/WEYERS 1990) war der Uhu sehr wahrscheinlich bereits in den 1920er Jahren im Saarland ausgestorben. Erst seit den 1970er Jahren baute sich wieder ein Bestand auf, anfangs gestützt durch die Aussetzung von rund 175 Junguhus aus Volierenzucht durch die „Aktionsgemeinschaft Uhu" unter Artur Klimbingat und Ludwig Schwarzenberg (KLIMBINGAT 1990). Auch natürliche Zuwanderung aus Nachbarregionen, dürfte im Laufe der Jahre eine Rolle gespielt haben. Der Bestand ist heute auf ca. 30–50 Brutpaare (ROTH, N./KLEIN, R./ KIEPSCH, S. 2020) angewachsen. Brutplätze sind in der Regel anthropogen geschaffene Lebensräume wie Steinbrüche und Sandgruben mit Steilwänden, als Ersatz für im Saarland seltene natürliche Felsbiotope. Aber auch Baum- und Gebäudebruten

Es ist wohl eher das geringe Angebot an Habitatstrukturen (gut grabbare Vertikalstrukturen, wie sie gewöhnlich in Sandgruben ausgebildet sind), die den Bienenfresser (*Merops apiaster*) an einer stärkeren Besiedlung des Bliesgaus hindern. Die Art besiedelt auch die Prallhänge von Flüssen. In einer Sandgrube im östl. Saarland gab es 2017 einen Brutversuch. In den Jahren 2019 und 2020 brüteten mehrere Bienenfresser in der Region. (Foto: Rosemarie Kappler)

Sekundärstandorte, wie z. B. Schotterkörper von Bahngleisen, werden gerne von der Schlingnatter (*Coronella austriaca*) besiedelt. Aber auch alte Gemäuer können Lebensraum der Schlingnatter sein: Das Kloster Wörschweiler brannte im Jahre 1614 nieder, weil – wie es überliefert ist – „ein Knecht die dort vorkommenden Schlangen ausräuchern wollte". Nach heutigem Kenntnisstand kann es sich dabei nur um die Schlingnatter gehandelt haben, die auch heute noch an der Klosterruine vorkommt. (Foto: Hans-Jörg Flottmann)

wurden inzwischen im Bliesgau festgestellt. Mit Bodenbruten in Wäldern, wie sie in der Umgebung des Saarlandes, in der Pfalz oder im benachbarten Lothringen vorkommen, ist auch hier zu rechnen.

In der Region Bliesgau ist derzeit von 5-10 Brutpaaren des Uhus auszugehen.

Bienenfresser (*Merops apiaster*)

Der extrem Wärme liebende Bienenfresser war in Deutschland ausgestorben. Nach einer langen Phase von Brutvorstößen unterschiedlicher Dauer hat er sich jedoch in Deutschland seit den 1990er Jahren fest als Brutvogel etabliert (vgl. Nicklaus 2017). Auch im Saarland versuchte die Art bereits Fuß zu fassen: 1984 brütete mindestens eines von vier Paaren in einer Sandgrube bei Ludweiler erfolgreich, 1990 bestand Brutverdacht in einer Sandgrube bei Lebach und 2017 gab es einen Brutversuch in einer Sandgrube im östl. Saarland. Auch die Einzelnachweise durchziehender Bienenfresser nahmen im Saarland und Bliesgau deutlich zu (vgl. Nicklaus 2017, 2018).

Der deutschlandweit – wohl auch als Folge des Klimawandels – ab Anfang der 2000er Jahre zu beobachtende überaus positive Bestandtrend lässt auf eine dauerhafte Ansiedlung im Saarland hoffen. Sandgruben sind hierzulande der optimale Sekundärlebensraum der Art, doch gibt es im Bliesgau nicht viele solcher Habitate. Auch abgegrabene Sand- oder Erdhaufen auf Deponien, Baustellen o.ä. sowie Abbruchkanten entlang von Fließgewässern können zur Anlage von Bruthöhlen genutzt werden (vgl. Bach 2018).

In den Jahren 2019 und 2020 brüteten mehrere Bienenfresser an einem im Rahmen der EU-WRRL renaturierten Abschnitt der Blies (Nicklaus in Vorber., Froehlich-Schmitt/Schmitt 2021).

Schlingnatter (*Coronella austriaca*)

Als wärmeliebende Art findet die Schlingnatter insbesondere in der Region Bliesgau eine Reihe geeigneter Lebensräume wie Kalk-Halbtrockenrasen, aufgelassene Kalksteinbrüche oder trockene, sonnige Wegeböschungen, Lesesteinhaufen und Weinbergmauern. Ein exaktes Verbreitungsbild lässt sich schwer zeichnen. Dies hängt auch mit der versteckten Lebensweise der Art zusammen. Im Homburger Raum tritt die Art verstärkt an Bahngleisen mit den dazugehörigen Schotterkörpern auf.

Nachweise der Art sind per se äußerst schwierig; die Art lebt sehr versteckt. Im Stadtgebiet von Homburg z. B. sind seit den 1980er Jahren 12 Fundpunkte bekannt geworden. Neben älteren Angaben (z. B. Vorkommen im Bereich der Klosterruine Wörschweiler bzw. Friedhof Einöd) gibt es auch jüngere Angaben über das Vorkommen der Art. Allein 6 der bekannten 12 Vorkommen (also die Hälfte) beschränken sich auf Bahnkörper. Dies zeigt die Bedeutung derartiger Bahnschotterflächen für das Vorkommen der Art.

Mauereidechse (*Podarcis muralis*)

Als mediterrane Art in vorgeschichtlicher Zeit über das Rhônetal, die Burgundische Pforte, das Rhein- und Moseltal in unsere Region eingewandert (vgl. GASSERT 2000, 2005), ist die Mauereidechse heute ein Relikt früherer Nutzung und in ihrem Überleben auf den besonderen Schutz des Menschen (Erhaltung der Sekundärbiotope) angewiesen.

Die Mauereidechse kommt deutschlandweit vor allem im wärmebegünstigten Südwesten vor. Im Saarland gibt es drei Schwerpunkträume des Vorkommens: das Saartal mit den entsprechenden Sekundärbiotopen, der Saarbrücker Raum sowie Teile des Ostsaarlandes (hier insbesondere im Raum Homburg). Die drei saarländischen Teilpopulationen besitzen möglicherweise untereinander keinen ausreichenden genetischen Kontakt (mehr). Umso wichtiger ist die Erkenntnis, dass alte Bahnanlagen offensichtlich geeignete Wander-Korridore für die Art darstellen (vgl. auch WEICHERDING 2006). Der Bestandstrend der Art im Saarland ist derzeit eindeutig positiv. Die Mauereidechse scheint gegenwärtig sogar die Zauneidechse in ihrer Bestandsentwicklung zu überholen.

Geburtshelferkröte (*Alytes obstetricans*)

Fast alle Vorkommen der Geburtshelferkröte sind in irgendeiner Weise mit Steinbrüchen, Sandgruben (respektive mit deren Folgenutzung) in Zusammenhang zu bringen, sofern die betreffenden Standorte auch geeignete Fortpflanzungsgewässer

Die Mauereidechse (*Podarcis muralis*) scheint gegenwärtig in ihrem Bestand zuzunehmen.

bieten. Wichtig ist zudem, dass Verstecke in Form von Steinen und Geröll, alternativ auch Erdlöcher, vorhanden sind, in denen die Tiere tagsüber Schutz und Deckung suchen können. In der Region ist die Art von aufgelassenen Kalksteinbrüchen – z. B. auf dem Birzberg bei Fechingen – bekannt.

Blauflügelige Sandschrecke (*Sphingonotus caerulans*)

Das Primärhabitat der Blauflügeligen Sandschrecke (Schotterbänke der Flüsse) ist im Saarland bedeutungslos. Die Art kommt demzufolge nur noch in Sekundärlebensräumen vor. Dies sind Abraumhalden, Industriebrachen, Bahnanlagen usw. Ein Vorkommen gibt es z. B. am alten Zollbahnhof bei Homburg.

Blauflügelige Ödlandschrecke (*Oedipoda caerulescens*)

Wesentlich häufiger als die Rotflügelige Ödlandschrecke (*Oedipoda germanica*) (vgl. Kap. 4.8.1) ist die Schwesterart, die Blauflügelige Ödland-

Die Geburtshelferkröte (*Alytes obstetricans*) zeigt ein bemerkenswertes Brutverhalten: Das Männchen trägt die Eier bis zum Schlupf der Larven auf dem Rücken. (Foto: Hans-Jörg Flottmann)

Die Schwarze Mörtelbiene (*Megachile parietina*) konnte 2011 erstmals auf dem Gelände des ehemaligen Kalkwerkes in Gersheim nachgewiesen werden. (Foto: Paul Westrich)

Die Blauflügelige Sandschrecke (*Sphingonotus caerulans*) ist in der Region wesentlich seltener als ihre Schwesterart, die Blauflügelige Ödlandschrecke. (Foto: Axel Didion)

Die geophile Blauflügelige Ödlandschrecke (*Oedipoda caerulescens*) kommt mittlerweile auf einem Großteil geeigneter Flächen in der gesamten Region vor. Die Art ist auch in der Lage kurzfristig, z. B. infolge Windwurfs, freigewordene Flächen im Wald zu besiedeln – was biogeographisch von besonderer Bedeutung ist. (Foto: Robert Groß / Saarland, Ministerium für Umwelt und Verbraucherschutz)

schrecke. Die Art ist ein echter Kulturfolger und besiedelt ausschließlich Sekundärhabitate wie Abraumhalden, Bahnanlagen, Gewerbegebiete, Industriebrachen und Steinbrüche. In den Muschelkalkgebieten des Bliesgaus kommt die Art zwar (vereinzelt) vor, ist hier aber insgesamt selten.

Nach den Frühjahrsstürmen der 1990er Jahre war die Blauflügelige Ödlandschrecke vielerorts auch auf spontan frei gewordenen Windwurfflächen im Wald zu finden und ist heute (rund 20 Jahre später) von dort wieder verschwunden.

Schwarze Mörtelbiene (*Megachile parietina*)

Die Schwarze Mörtelbiene ist eine mediterrane Art – nördlich der Alpen kommt die Art an ins-

Das Kalk-Kurzbüchsenmoos (*Brachythecium laetum*) ist im Bliesgau auf Kalk-Lesesteinhaufen zu finden. (Foto: Ulf Heseler)

Das Laubmoos *Entodon schleicheri* (= Schleichers Zwischenzahnmoos) wurde im Bliesgau erstmals 2005 auf einem Lesesteinhaufen bei Habkirchen entdeckt. (Foto: Ulf Heseler)

gesamt nur sieben Standorten vor, vier davon in Deutschland. Der Bliesgau beherbergt das jüngste bekannt gewordene Vorkommen und gleichzeitig auch das (mitteleuropaweit) nördlichste.

Rainer Ulrich konnte 2011 in einem alten Steinbruch bei Gersheim den Erstnachweis der Art für das Saarland erbringen.

Die Weibchen der Schwarzen Mörtelbiene heften ihre Nester an die Felswände im Steinbruchgelände. Die 2011 entdeckte Minipopulation scheint auf den ersten Blick persistent zu sein und wird seitdem jährlich festgestellt.

4.7.2 Bemerkenswerte Moosarten anthropogener Sonderstandorte: Kalk-Lesesteinaufhäufungen und Bunkeranlagen

Ein besonders seltenes Moos ist das Laubmoos *Brachythecium laetum*. Die Art ist ein Bewohner alter, meist beschatteter Kalk-Lesesteinaufhäufungen (vgl. Kap. 3.3) bzw. Kalkstein-Blockhalden. Die Verbreitung dieser Art in der Region wurde insbesondere von Ulf Heseler untersucht. Demnach ist davon auszugehen, dass das in Süddeutschland zerstreut vorkommende Laubmoos einen vom übrigen Verbreitungsgebiet isolierten westlichen Vorposten im Bliesgau hat.

Weitere charakteristische Vertreter auf schattigen Kalkstein-Blockhalden, Lesesteinhaufen und -wällen sind – neben *Anomodon attenuatus*, *Anomodon viticulosus*, *Neckera complanata* und *Neckera crispa* – unter anderem *Cirriphyllum tommasinii* und *Plasteurhynchium striatulum*. Letztere haben in den Muschelkalkgebieten des Bliesgaus einen Verbreitungsschwerpunkt im Saarland.

Die beschatteten Lesesteinaufhäufungen und Blockhalden sind als Sonderstandorte für Moose unbedingt schützenswert und sollten von jedem forstlichen Eingriff (Auslichtung oder Entfernung des Schatten spendenden Baum- und Gebüschbestandes) verschont bleiben. Besonnte Lesesteinhaufen und -wälle, die anderen Moosarten Lebensraum bieten und Eidechsen und Schlingnattern als Unterschlupf dienen, sollten dagegen freigehalten werden.

Eine ebenfalls bemerkenswerte Moosart ist das submediterran-atlantisch verbreitete Laubmoos *Entodon schleicheri*, eine im Gebiet extrem seltene Art, die von Ulf Heseler erstmals im Jahre 2005 auf einem halbschattig liegenden Lesesteinhaufen bei Habkirchen nachgewiesen wurde. Ein weiterer Fund gelang 2006 bei Gräfinthal (nördlich von Bliesmengen-Bolchen), ebenfalls auf einem nur wenig besonnten Lesesteinhaufen. Aus den Nachbarregionen sind von dem in Lothringen und Luxemburg fehlenden Moos lediglich aus der Pfalz einige wenige Nachweise auf anthropogenen Standorten bekannt (vgl. LAUER 2005).

Neben den Kalk-Lesesteinhaufen und -wällen sind die hauptsächlich im Buntsandstein gelegenen ehemaligen Bunkeranlagen ebenfalls wichtige Sonderstandorte für die Moosflora. Sie stellen in den Buntsandsteingebieten praktisch Refugien für Kalk-Moose dar und weisen ähnliche Moosgesellschaften auf wie die Lesesteinaufhäufungen und Blockhalden in den Muschelkalkgebieten des Biosphärenreservats.

Vor diesem Hintergrund ist es eigentlich nicht verwunderlich, dass im Jahre 2017 die zuvor genannte Laubmoos-Art *Entodon schleicheri* auch auf einem Bunkertrümmer am Nordhang des „Großen Stiefels" bei St. Ingbert-Sengscheid entdeckt wurde. Der Fund unterstreicht die Schutzwürdigkeit der meist im Waldschatten liegenden Bunker, die als wertvolle Moosstandorte erhalten werden sollten.

4.7.3 Bemerkenswerte Flechtenarten

Im Siedlungsgebiet bilden Mauern als anthropogene Standorte das wichtigste Substrat. Da oft verschiedenste Baumaterialien verwendet werden und fast immer Mörtel oder Beton zugesetzt wird, ist auch das Artenspektrum entsprechend reichhaltig. So können regelmäßig an einem kurzen Mauerabschnitt zwischen 10 und 20 Flechtenarten beobachtet werden, darunter die Weiße Kuchenflechte (*Myriolecis albescens*), die Kreisförmige Schwielenflechte (*Phaeophyscia orbicularis*), die Gewöhnliche Mauerflechte (*Protoparmeliopsis muralis*), die Fleck-Schwarznapfflechte (*Lecidella stigmatea*), den Ganzfrüchtigen Schönfleck (*Athallia holocarpa*), die Goldfarbene Dotterflechte (*Candelariella aurella*) und die Schwärzliche Warzenflechte (*Verrucaria nigrescens*), um nur einige zu nennen.

Die sehr seltene Kugelförmige Leimflechte (*Enchylium coccophorum*), eine Gallertflechte, hat einen von zwei saarländischen Fundorten im Biosphärenreservat Bliesgau. Ulf Heseler fand die Flechte 1999 im Kalksteinbruch am „Sommerberg" bei Gräfinthal (JOHN 2018).

4.8 Kurzer Blick auf weitere Arten

4.8.1 Früher dagewesen, bereits seit längerem nicht mehr beobachtet bzw. nur sehr lokal einzeln vorkommend

Der Begriff „ausgestorben" hat immer so etwas Absolutes, Endgültiges und wird deshalb in der Folge nicht verwendet, wenngleich das, was zum Ausdruck gebracht werden soll („früher dagewesen ...") eigentlich genau das sagt: „ausgestorben". Es ist fraglich, ob bei flächenmäßig überschaubaren Gebieten wie dem Bliesgau überhaupt davon gesprochen werden soll, dass eine Art ausgestorben sei.

Tatsächlich gibt (oder besser: gab) es im Biosphärenreservat Bliesgau Arten, von denen man zwischenzeitlich annehmen muss, dass sie wohl nicht mehr vorkommen – wenngleich die Hoffnung natürlich nicht aufgegeben werden kann, dass sie in irgendeiner Ecke des Biosphärenreservats Bliesgau überdauern und in absehbarer Zeit wieder festgestellt werden können.

In den 1980er Jahren gab es bei Medelsheim noch ein Brutvorkommen der Wiesenweihe (*Circus pygargus*). (Foto: Frank Hecker, Naturfoto Hecker, Panten-Hammer, www.naturfotohecker.de)

Haubenlerche (*Galerida cristata*)

Als ursprünglicher Steppenvogel hat die Haubenlerche über Jahrhunderte eine bewegte Siedlungsgeschichte (vgl. BAUER/BEZZEL/FIEDLER 2005b). Teile Mitteleuropas, auch das Saarland, hat sie um die Wende des 19. zum 20. Jahrhundert erreicht. Erste Hinweise auf ihr Auftauchen im Saarland gaben zu jener Zeit KIEFER (1877), CLEVISCH (1901) und Theo Schmidt (in LE ROI/GEYR VON SCHWEPPENBURG 1912).

Ihr Bestandsmaximum dürfte die Haubenlerche im Saarland erst um die Mitte des 20. Jahrhunderts erreicht und dann für einige Jahrzehnte gehalten haben. Sie besiedelte als Kulturfolger vor allem Industrie- und Bahnanlagen, unbefestigte Parkplätze, Schulhöfe, Reitplätze usw., Räume, die dem Lebensraum Steppe entsprachen. In den 1980er Jahren setzte dann ein rapider Rückgang ein, vermutlich in erster Linie wegen zunehmendem Lebensraumverlust durch die Befestigung und Überbauung sandiger Areale. Die letzten Brutvorkommen in der Saarpfalz bestanden in den 1990er Jahren noch in Homburg und bis in die 2000er Jahre bei den Ortschaften Mimbach und Webenheim (Gewerbegebiet „Auf Scharlen" und Reitanlage/Bauernfestplatz). Letztmalig wurden hier 2005 Haubenlerchen festgestellt. Seither ist dieses isolierte Vorkommen erloschen und die Art gilt im Saarland als ausgestorben (siehe auch WEYERS/BRAUNBERGER 1991, BOS/BUCHHEIT 2005, GEDEON et al. 2014).

Wiesenweihe (*Circus pygargus*)

Die Wiesenweihe, ursprünglich in Mitteleuropa eine Art feuchter Niederungen, Verlandungszonen und Mooren (z. B. in der norddeutschen Tiefebene), hat ihre ökologischen Ansprüche im Laufe der Zeit geändert, d. h. sie besiedelt ab etwa Mitte des vorigen Jahrhunderts auch Gebiete südlich ihres angestammten Verbreitungs-

Über mehrere Jahre gab es ein beständiges Vorkommen der Haubenlerche (*Galerida cristata*) auf dem Gelände der ehemaligen Kreisrealschule in Homburg (heute: Robert Bosch Schule). (Foto: Peter Hellenthal)

Jüngere Nachforschungen nach dem Vorkommen des Moorfroschs (*Rana arvalis*) blieben bislang alle ergebnislos. (Foto: Hans-Jörg Flottmann)

gebietes und nicht mehr nur Feuchtgebiete. Heute brütet sie vorwiegend in trockenem Kulturland, insbesondere in Gerste- und Weizenfeldern. So auch im benachbarten Lothringen, wo sich bis zu Beginn der 1990er Jahre eine stattliche Population (200 – 220 Paare) aufbaute (vgl. NICKLAUS/LOTZ/WEISS 1994, NICKLAUS 2004), deren Ausstrahlen sich bald auch im saarländischen Bisttal bemerkbar machte (hier 1958 erster Gelegefund, 1966 erster Brutnachweis) (WEYERS 1968). Im Bliesgau wurden dann erstmals 1979 zwei Brutpaare festgestellt. Der Bestand erhöhte sich 1982 auf drei Paare (bis 1984), nahm dann wieder ab, nach 1990 wurden keine Brut und kein Bruthinweis mehr bekannt. Auch aus dem übrigen Saarland ist die Art seit 1996 als Brutvogel wieder verschwunden (vgl. NICKLAUS 2005f). Als Durchzügler kann sie alljährlich im Frühjahr (April) und Herbst (August bis Mitte September) in der offenen Feldflur beobachtet werden.

Kiebitz, Wiesenschafstelze, Braunkehlchen, Bekassine und Rotkopfwürger

Eigentlich kommen (die Wiesenvögel) Kiebitz, Wiesenschafstelze, Braunkehlchen, Bekassine sowie der Rotkopfwürger – zumindest als Brutvögel – im Bliesgau gegenwärtig nicht mehr vor. Sie hätten deshalb ohne Weiteres auch an dieser Stelle unter der Rubrik „bereits seit längerem nicht mehr (als Brutvogel) beobachtet" behandelt werden können. Da das Verschwinden dieser Arten allerdings noch nicht so lange her ist, finden sich die betreffenden Artbeschreibungen – auch als Reminiszenz an das frühere Vorkommen dieser Arten als Brutvogel im Bliesgau – bereits in vorausgehenden Kapiteln. Die weitere Entwicklung der hier genannten fünf Vogelarten bleibt abzuwarten.

Moorfrosch (*Rana arvalis*)

Der Status des Moorfrosches im Saarland ist unsicher. Verschiedene Meldungen aus der Biotopkartierung lassen frühere Vorkommen für den Bereich des Ostsaarlandes (Lambsbachtal, Jägersburg) wahrscheinlich werden. Seit 20 Jahren jedoch liegen keine gesicherten Nachweise mehr für diesen Bereich vor.

Der Moorfrosch ist kein eigentliches Hochmoortier, sondern lebt vielmehr im Bereich der Hochmoorränder, in Niedermooren, in anmoorigem Grünland, allgemein in Flächen mit gleichmäßig hohem Grundwasserstand. Als Laichgewässer werden flache, besonnte Tümpel und Weiher mittlerer Größe bevorzugt, die vegetationsreiche Ufer und Flachwasserzonen aufweisen. Solche Biotope sind im Saarland grundsätzlich selten, weshalb auch ein Vorkommen des Moorfrosches nur lokal zu erwarten wäre.

Von der Rotflügeligen Ödlandschrecke (*Oedipoda germanica*) gibt es von Eckhard Bell einen belegten Fund vom Zollbahnhof bei Homburg aus den 1980er Jahren. (Foto: Jürgen Fischer)

Der auffällige Rundblättrige Sonnentau (*Drosera rotundifolia*) ist in der Region verschwunden. (Foto: Ludwig Kraut)

Hierzulande erfüllen am ehesten noch Teile des Nordsaarlandes (mit den dort vorhandenen anmoorigen Bachtälern) sowie der Bereich um Homburg diese Anforderungen. Insbesondere die Niedermoorsenke des Homburger Raumes kommt als potenzieller Lebensraum des saarlandweit als „ausgestorben" eingestuften Moorfrosches in Frage.

Die ökologischen Voraussetzungen für das Überleben des Moorfrosches sind auf den Niedermoor-Standorten im Homburger Raum durchaus erfüllt. Dies kommt auch im Ergebnis des saarländischen Amphibienschutzprogrammes zum Ausdruck, in dem ganz besonders darauf hingewiesen wird, dass die Ausläufer der Westpfälzischen Moorniederung im Bereich „Königsbruch" bei Homburg-Bruchhof, wo außer Feucht- und Nasswiesen auch wasserführende Gräben vorhanden sind, als Laichplatz für den Moorfrosch durchaus in Frage kommen. Wenn also im Saarland noch mit Restvorkommen des Moorfrosches zu rechnen ist, dann wohl im „Königsbruch".

Rotflügelige Ödlandschrecke (*Oedipoda germanica*)

Auf die mediterrane Rotflügelige Ödlandschrecke gibt es im Saarland nur wenige Hinweise. WEITZEL (1986) beobachtete sie in einem Steinbruch am Hammelsberg bei Perl. Streng genommen liegt dieser Steinbruch jedoch auf französischer Seite, weshalb der Fund eigentlich nicht dem Saarland zuzurechnen ist. Aber auch im Ostsaarland ist die Art nachweislich schon einmal aufgetaucht: Eckhard Bell (Homburg) fing zusammen mit Schülern seines Biologie-Leistungskurses ein Exemplar am Zollbahnhof bei Homburg und konnte den Fund auch belegen. Trotz mehrmaligen Nachsuchens wurde die Art seitdem allerdings nicht mehr gefunden. Gegenwärtig ist auch nicht davon auszugehen, dass die Art dort noch vorkommt, denn der Standort wurde von der Deutschen Bundesbahn für eine Schotteraufbereitungsanlage „revitalisiert". Jüngere Meldungen über ein potenzielles Vorkommen im Bereich des Johanneums bei Homburg haben sich nicht bestätigt. Der Walsheimer Arzt Jürgen Ziegler hat vor wenigen Jahren ein rotflügeliges Exemplar auf seinem Reitplatz in Walsheim beobachtet. Eine Nachsuche in 2018 blieb aber auch dort erfolglos.

Eremit (*Osmoderma eremita*)

Unweit der nordwestlichen Grenze des Biosphärenreservats konnte EISINGER (1993) im St. Ingberter Forst „Lindscheid" den Eremiten (auch „Juchtenkäfer" genannt) nachweisen. Dies war damals der einzige Fund der Art im Saarland; die Art wurde aber später dort nicht wiederentdeckt. Das Vorkommen scheint inzwischen wohl erloschen zu

Im Gegensatz zur Schwesterart (*Cephalanthera damasonium*) ist das Rote Waldvöglein (*Cephalanthera rubra*) sehr unstet und nur „alle paar Jahre" in den Orchideenbuchenwäldern des Biosphärenreservates Bliesgau zu finden. Aktuell ist kein Standort bekannt, wo die Art über Jahre beobachtet werden könnte. (Foto: Ludwig Kraut)

sein. Inzwischen wurde bei Saarhölzbach (Kreis Merzig-Wadern) ein weiteres Vorkommen festgestellt (MÖLLER 2016).

Der Eremit ist eine prioritäre Art der Fauna-Flora-Habitat-Richtlinie und gilt als Urwaldreliktart. Er benötigt als Larvallebensraum große Mulmhöhlen. Häufig verbringen Eremiten ihr gesamtes Leben in der Geburtshöhle. Auf Ausbreitungsflügen werden im Mittel nur 100 Meter zurückgelegt.

Scheidiges-Wollgras (*Eriophorum vaginatum*)

Das letzte Vorkommen des Scheidigen Wollgrases in der Region, im „Jägersburger Moor", ist erloschen – wohl infolge Grundwasserabsenkung. Auch wenn sich gegenwärtig die Grundwasserverhältnisse im Naturschutzgebiet „Jägersburger Wald/Königsbruch" wieder zu bessern scheinen, ist fraglich, ob die Art in absehbarer Zeit wieder auftauchen wird.

Rundblättriger Sonnentau (*Drosera rotundifolia*)

Auch der Sonnentau kam früher im „Jägersburger Moor" vor. Er ist jedoch genauso wie das Scheidige Wollgras von dort verschwunden. Auf rheinland-pfälzischer Seite, im Gebiet des US-Army-Munitionsdepots Miesau, gibt es dagegen noch Vorkommen.

Rotes Waldvöglein (*Cephalanthera rubra*)

Die Schwesterart des Weißen Waldvögleins war früher in den Kalk-Buchenwäldern des Bliesgaus zerstreut verbreitet; in alten Florenwerken werden mehrere Fundstellen erwähnt. Der Biologe Hans-Jörg Pfeiffer (schriftl.) hat das Rote Waldvöglein vor ca. 25 Jahren noch im Kalk-Buchenwald „Kleine Hohl" zwischen Medelsheim und Walsheim sowie am Südrand des „Koppelwalds" zwischen Ormesheim und Gräfinthal gefunden. Peter Steinfeld, der einen sehr guten Überblick über die regionale Flora besitzt, hat die ihm bekannt gewordenen ehemaligen Vorkommen der Art im südöstlichen Saarland zusammengestellt[14]. Seit Längerem ist die Art hier jedoch nicht mehr aufgetaucht. Da sie oft nur in wenigen Exemplaren erscheint und somit auch übersehen werden könnte, ist ein rezentes Vorkommen irgendwo in den Kalk-Buchenwäldern der Region nicht gänzlich auszuschließen.

Violetter Dingel (*Limodorum abortivum*)

Relativ neu sind Fundangaben über den Violetten Dingel an einem Halbtrockenrasenhang zwischen Habkirchen und Bliesmengen-Bolchen, auf die der Biologe Andreas Schmidt (mdl.) hingewiesen hat. Diese Orchideenart ist bundesweit extrem selten und wurde im Bliesgau bisher nur an dieser einen Stelle entdeckt. Die nächsten bekannten Vorkommen liegen in der Westpfalz bei Hornbach.

Genfer Günsel (*Ajuga genevensis*)

Der Genfer Günsel ist in den Muschelkalkgebieten des Bliesgaus von Natur aus sehr selten. Im Rahmen der Erhebungen zum Naturschutzgroßvor-

[14] www.delattinia.de/node/847

Der Genfer Günsel (*Ajuga genevensis*) ist in den Muschelkalkgebieten der Region sehr selten. (Foto: Anita Naumann)

4.8.2 Datenlage unklar, verschollen oder noch nie so richtig dagewesen

Zwar ist die allgemeine Kenntnis über das Vorkommen bestimmter Pflanzen- und Tierarten in der Region Bliesgau in den vergangenen Jahren gestiegen – dennoch gibt es auch heute noch, in der von der Flächengröße her durchaus überschaubaren Region, bei etlichen Artengruppen (insbesondere Insekten) einen mangelhaften Kenntnisstand. Aber auch bei der für gewöhnlich gut untersuchten Artengruppe der Kleinsäuger gibt es Lücken, was einerseits Ausdruck der schlechten Bearbeitbarkeit der Artengruppe ist, andererseits aber auch Ausdruck des Mangels an geeigneten Bearbeitern.

Vom **Feldhamster** (*Cricetus cricetus*) gibt es für das Gebiet der Kreisstadt Homburg einen älteren (1972) mündlichen Hinweis auf ein Vorkommen im Bereich der Bruchwiesen. Der Zoologe Hermann Ellenberg fand 1981 nahe der saarländischen Grenze bei Waldmohr einen überfahrenen Feldhamster.

Die letzten Meldungen der **Feldspitzmaus** (*Crocidura leucodon*) sind nun schon ein halbes Jahrhundert alt (Meldung für die „Badstube" bei Mimbach, vgl. MÜLLER 1964) und die **Gartenspitzmaus** (*Crocidura suaveolens*) ist wahrscheinlich nie vorgekommen.

Ebenfalls nicht zufriedenstellend untersucht ist der **„Waldspitzmaus-Komplex"**, bestehend aus der **Waldspitzmaus** (*Sorex araneus*) und der sehr ähnlichen Geschwisterart **Schabrackenspitzmaus** (*Sorex coronatus*). Im Naturschutzgebiet „Closenbruch" z. B. kommen beide Arten syntop, also nebeneinander vor (Dieter Dorda, unveröffentlicht).

Aber auch Angaben über das Vorkommen bestimmter Amphibienarten in der Region sind unzureichend. So dürfte z. B. beim **Springfrosch** (*Rana dalmatina*) ein Großteil der früheren Meldungen auf einer Verwechslung mit dem Grasfrosch (*Rana temporaria*) beruhen; bestätigt ist allerdings ein aktuelles Vorkommen des Springfroschs in der Bliesaue bei Blickweiler. Und beim **Europäischen Laubfrosch** (*Hyla arborea*), der über ein Ansiedlungsprojekt wieder heimisch gemacht werden sollte, muss man davon ausgehen, dass die neu entstandenen kleinen Populationen

haben „Saar-Blies-Gau/Auf der Lohe" wurde die Art Anfang der 1990er Jahre an einem Feldweg oberhalb des Lohhofes bei Gersheim gefunden. Mittlerweile ist sie „Auf der Lohe" jedoch verschwunden. Der Botaniker Rüdiger Mues (mdl.) berichtet von aktuellen Vorkommen auf dem „Buchenberg" bei Niedergailbach und auch zwischen Altheim und Brenschelbach, wo die Art 2006 noch reichlich gesehen wurde. Peter Steinfeld (briefl.) nennt ein Vorkommen bei Altheim „im hinteren Halbtrockenrasen des Rußtales" sowie „am SE-Hang unterhalb Legen" (= „Katzenbrunner Dell").

Grauschorfige Lungenflechte (*Lobarina scrobiculata*)

Aus der ersten Hälfte des 19. Jahrhunderts, als der Buntsandstein um Homburg und Kirkel noch dem Vogesengebiet zugerechnet wurde, liegt ein Beleg dieser großen ozeanischen Blattflechte aus Kirkel vor (MÜLLER 1953). Die Flechte muss in der Region als ausgestorben angesehen werden.

Im Rahmen eines Wiederansiedlungsprojektes wurde versucht, den Laubfrosch (Hyla arborea) in der Bliesaue wieder heimisch zu machen. (Foto: Robert Groß / Saarland, Ministerium für Umwelt und Verbraucherschutz)

Die Brutzeitbeobachtungen beim Wiedehopf (Upupa epops) häufen sich. (Foto: Martin Lillig)

inzwischen erloschen und die Versuche der Wiederansiedlung somit gescheitert sind.

Sebst bei der gewöhnlich gut untersuchten Artengruppe der Vögel gibt es Arten, hinter deren Vorkommen ein dickes Fragezeichen steht – so wie z. B. beim **Wiedehopf** (Upupa epops), der eigentlich im Saarland als ausgestorben gilt. Nach der älteren regionalen vogelkundlichen Literatur war er hier immer schon selten. Aus dem Bliesgau und dessen unmittelbarer Umgebung sind Brutvorkommen bzw. Revierpaare noch bis in die 1980er Jahre bekannt: Bliesdalheim 1986, St. Ingbert-Schüren 1988. Aus früheren Jahren sind weitere Brut- bzw. Brutverdachtsfälle überliefert: Beeden 1954-1957, Habkirchen 1959, Fechingen 1966, Limbach 1968 und Altheim 1970 (vgl. Roth/Nicklaus/Weyers 1990).

Die Beobachtungen von Einzelvögeln nahmen in den letzten Jahren besonders in den Frühjahrsmonaten auch im Saarland zu. Hierbei könnte es sich zum einen um Zugprolongationen (Zugvögel fliegen über ihr angestammtes Brutgebiet hinaus) handeln, zum anderen um Durchzug in nördlichere Brutgebiete, etwa in solche im Osten Deutschlands, wo der Wiedehopf aktuell wieder deutlich zugenommen hat (vgl. Gedeon et al. 2014). Von positiven Bestandsentwicklungen wird auch aus dem badischen und elsässischen Oberrheingebiet berichtet (Christian Stange und Bruno Frey, mdl.), was dort neben dem Ausbringen zahlreicher künstlicher Nisthilfen auch auf die Klimaentwicklung zurückzuführen sein dürfte. Sollte sich die lokal und regional positive Bestandsentwicklung festigen und ausweiten, ist ein Wiederauftreten als Brutvogel auch im Bliesgau mit seinen noch weiträumigen Streuobstbeständen nicht völlig unwahrscheinlich.

Von der Familie der **Ölkäfer** wurden aus dem Saarpfalz-Kreis bisher vier Arten bekannt. Von ihnen ist lediglich der Veilchenfarbene Ölkäfer (Meloe violaceus) heute noch verhältnismäßig regelmäßig anzutreffen. Der einzige Nachweis des Runzeligen Ölkäfers (Meloe rugosus) stammt aus dem Jahr 1986 aus Habkirchen. Die Spanische Fliege (Lytta vesicatoria) wurde 1894 und 1910 aus Homburg gemeldet. Von dem Schwarzblauen Ölkäfer (Meloe proscarabaeus) liegen aus dem 19. Jahrhundert Meldungen aus Blieskastel und Homburg vor, der letzte saarländische Nachweis stammt aus dem Jahr 1961 aus Bexbach (Lückmann/Niehuis 2009).

Noch nicht abschließend bewertet ist auch der Fund eines fangschreckenähnlichen Insekts, das Jürgen Wiesmeier vom NABU Heckendalheim im August 2020 hinter seinem Haus an einer Mauer gefangen und fotografisch dokumentiert hat und das von Andreas Werno vom Zentrum für Biodokumentation als **Steirischer Fanghaft** (Mantispa styriaca) bestimmt wurde.

Veilchenfarbiger Ölkäfer (*Meloe violaceus*). (Foto: Martin Lillig)

Der Steirische Fanghaft (*Mantispa styriaca*) wurde im August 2020 von Jürgen Wiesmeier bei Heckendalheim gefunden. Dies ist „eine kleine Sensation" (Andreas Werno, mdl.) und nach exakt 42 Jahren die erste Beobachtung dieser Art in Deutschland. Der Fund von *Mantispa styriaca* passt in den anhaltenden Trend des Einwanderns wärmeliebender Arten in den Bliesgau. (Foto: Edgar Müller, Zentrum für Biodokumentation)

Die gemachte Beobachtung ist einmalig. Andreas Werno (schriftl.) bewertet sie als ersten rezenten und belegbaren Fund dieser vor allem im Mittelmeergebiet vorkommenden Art in Deutschland seit 42 Jahren. In der Roten Liste der Netzflügler, zu denen die Fanghafte zählen, wird *Mantispa styriaca* als in Deutschland verschollen oder ausgestorben eingestuft. Nach HANNEMANN/KLAUSNITZER/SENGLAUB (2000; zitiert in NIEHUIS 2006) ist der Steirische Fanghaft bereits seit Mitte des 20. Jahrhunderts in Deutschland verschollen.

Die Beobachtung könnte in den Trend eines derzeit gehäuften Auftretens wärmeliebender Arten in unserer Region passen und wäre insofern ein weiterer Hinweis auf eine Klimaerwärmung.

NIEHUIS (2006) bewertet alte Angaben über das Vorkommen des Steirischen Fanghafts in Rheinland-Pfalz kritisch, gibt es mit einer zweiten Mantispa-Art, dem Verwechselten Fanghaft (*Mantispa aphavexelte*), doch ein neues Taxon, das aus östlicher Richtung über die Schweiz und das Elsass in unsere Region eingewandert sein könnte und aufgrund seiner Ähnlichkeit durchaus in der Vergangenheit auch zu einer Verwechslung beider Arten beigetragen haben könnte (NIEHUIS 2006).

Der hier in Rede stehende Fund von *Mantispa styriaca* im Bliesgau ist jedoch belegt. Insofern ist die Beobachtung von Jürgen Wiesmeier durchaus geeignet, die Einschätzung von NIEHUIS, wonach die Angaben über die Beobachtungen des Steirischen Fanghafts in Rheinland-Pfalz zu hinterfragen sind, zu relativieren.

Der Fund lässt sich derzeit nicht abschließend bewerten, was durch den mit Sicherheit nicht typischen Biotop (Gartenmauer) keinesfalls erleichtert wird – auch wenn dieser Biotop an einen extensiv mit Pferden beweideten Kalk-Magerrasen grenzt, auf dem weitere wärmeliebende Arten wie z.B. die Blauflügelige Ödlandschrecke (*Oedipoda caerulescens*) vorkommen. Wie dem auch sei: Im Saarland sind mit dem Verwechselten Fanghaft (*Mantispa aphavexelte*), den Andreas Werno bereits für das Saarland nachgewiesen hat, und dem Steirischen Fanghaft (*Mantispa styriaca*) nun aktuell beide nördlich der Alpen bekannten Arten der Fanghafte belegt.

4.8.3 „Gute" Nachbarn – über den Tellerrand des Biosphärenreservats geschaut

Eurasischer Luchs (*Lynx lynx*)

Unter „Gute Nachbarn" soll hier der Vollständigkeit halber auch das Luchs-Auswilderungsprojekt im Pfälzerwald erwähnt werden. Der am 7. März

Die Wälder der Region taugen für den Luchs (*Lynx lynx*) bestenfalls als Korridor, nicht als Jahreslebensraum. Im benachbarten Pfälzer Wald läuft ein Wiedereinbürgerungsprojekt. (Foto: Robert Groß / Saarland, Ministerium für Umwelt und Verbraucherschutz)

Auch die Brutzeitbeobachtungen des Schwarzstorches (*Ciconia nigra*) nehmen zu. Im Bliesgau fand zudem bereits die erste Brut statt. Der Bliesgau ist damit um eine spektakuläre Vogelart reicher. (Foto: Peter Hellenthal)

2017 im Pfälzerwald freigelassene Luchs „Arcos" hatte zunächst einen kurzen Ausflug ins Nordpfälzer Bergland unternommen, orientierte sich dann jedoch zielstrebig Richtung Süden. Auf seinem weiteren Weg durchwanderte er einen Teil des Bliesgaus und überschritt bei Reinheim/Bliesbruck die Grenze nach Frankreich. Rund drei Wochen nach seiner Freilassung erreichte „Arcos" bereits die Südvogesen.

Schwarzstorch (*Ciconia nigra*)

Der Schwarzstorch ist ein scheuer Bewohner alter, geschlossener Wälder, die Still- und Fließgewässer – zur Nahrungssuche – aufweisen, so zumindest die gängige Lehrmeinung. Verschiedene Autoren beschreiben allerdings auch Brutplätze in Wäldern, die eben keine Gewässer aufweisen und bei denen die Nahrungshabitate demzufolge mehrere Kilometer vom Horst entfernt liegen (vgl. JANSSEN/HORMANN/ROHDE 2004). Derartige Verhältnisse sind im Bliesgau, mit den typischen Wäldern auf den Höhenrücken durchaus gegeben.

Im Saarland ist der Schwarzstorch seit 2012 offiziell Brutvogel; die ersten Brutnachweise stammen aus dem Nordsaarland. Zuvor häuften sich hier die Brutzeitbeobachtungen, wie zeitweise auch im Homburger Raum, wo allerdings nie ein Brutverdacht konkretisiert werden konnte. Aktuell sind mehrere Brutplätze im Saarland bekannt und es wird ein Brutbestand von 5 bis womöglich 10 Paaren angenommen, teilweise in den Grenzregionen rund um das Saarland (Norbert Roth, mdl).

Auch im Bliesgau mehren sich seit Jahren Brutzeitbeobachtungen in den größeren Bachtälern und im unteren Bliestal, wo die Vögel regelmäßig zur Nahrungssuche auftauchen. Ein Brutvorkommen (Neststandort) konnte jedoch lange Zeit nicht festgestellt werden.

Ganz aktuell gelang die Entdeckung eines besetzten Horstes. Damit ist der Schwarzstorch nun auch im Bliesgau Brutvogel.

Kreuzotter (*Vipera berus*)

Die Art ist bislang nicht im Saarland und damit auch nicht im Bliesgau nachgewiesen. Die Literatur nennt als dem Saarland am nächsten liegende Vorkommen welche im Pfälzerwald und im Nordpfälzer Bergland.

Über das Vorkommen der Kreuzotter als dritter Schlangenart wurde in der Vergangenheit immer wieder spekuliert, ohne dass ein gesicherter Nachweis hätte erbracht werden können.

Auch wenn es mancherorts behauptet wird: die Kreuzotter (*Vipera berus*) wurde bislang nie in der Region nachgewiesen. Im Saarland und damit auch im Bliesgau gibt es keine giftigen Schlangenarten. (Foto: Robert Groß / Saarland, Ministerium für Umwelt und Verbraucherschutz)

Der Marderhund (*Nyctereutes procyonoides*) kommt mittlerweile in der Region vor; es werden bei weitem aber nicht jene hohen Bestandsdichten wie z. B. in Mecklenburg-Vorpommern erreicht. (Foto: Robert Groß / Saarland, Ministerium für Umwelt und Verbraucherschutz)

Möglicherweise handelte es sich stets um Verwechslungen mit der Schlingnatter (vgl. auch FLOTTMANN et al. 2008). Dennoch ist in Sachen „Kreuzotter" Aufmerksamkeit angebracht.

So gibt es jüngste, durchaus konkrete, aber dennoch nicht zweifelsfrei bestätigte Meldungen für die Westpfälzische Moorniederung in einer Entfernung von gerade mal 15 km von der saarländischen Grenze: unweit der Landesgrenze zum Saarland wurde vor Jahren im Bereich der Kaiserslauterer Moor-)Senke bei Landstuhl von der Geologin Eva Schillo eine Beobachtung gemacht, die nach der Beschreibung eigentlich eindeutig ist (senkrechte Pupillen, gedrungener Körper), aufgrund fehlender Belegfotos bislang aber als unbestätigt gelten muss, auch wenn das Habitat (Niedermoor) in das Biotopschema der Art passt.

4.8.4 Neobiota

Neben den für den Bliesgau charakteristischen Arten soll an dieser Stelle auch noch ein Augenmerk auf die Neobiota gerichtet werden, d.h. also auf gebietsfremde Arten, die durch menschlichen Einfluss – beabsichtigt oder unbeabsichtigt – in ein neues Gebiet eingebracht wurden, in dem sie zuvor nicht heimisch waren. Neobiotische Tiere werden als Neozoen, neobiotische Pflanzen als Neophyten bezeichnet.

Bei den Neobiota ist ferner zwischen unbeständigen und etablierten Arten zu unterscheiden: Unbeständige gebietsfremde Arten treten nur gelegentlich und zerstreut auf. Wenn sich Neobiota hingegen in Gebieten, in denen sie von Natur aus nicht vorkommen, über mehrere Generationen bzw. über eine lange Zeit ohne Zutun des Menschen vermehren, gelten sie als etabliert.

Die meisten etablierten Neulinge haben keine oder nur geringe ökologische Folgen bzw. Auswirkungen auf den Menschen. Ein Teil von ihnen – geschätzt werden etwa 10% – kann aus Naturschutzsicht jedoch durchaus erhebliche Probleme verursachen, insbesondere aufgrund unerwünschter Einflüsse auf einheimische Arten, Lebensgemeinschaften oder Lebensräume. Solche Neobiota werden im Naturschutz als invasiv bezeichnet. Ein bekanntes Beispiel hierfür ist der Japanische Staudenknöterich (*Reynoutria japonica*).

4.8.4.1 Neozoen

Marderhund (*Nyctereutes procyonoides*)

Der Marderhund stammt ursprünglich aus Sibirien, China und Japan. Im 19. Jahrhundert führte man Marderhunde in Westrussland und später in der Ukraine zur Pelzgewinnung ein. Von dort aus hat sich die Art weiter nach Westen ausgebreitet. Seit 1960 ist der Marderhund ein Bestandteil der deutschen Fauna. Im Jahr 2006 betrug die Zahl der erlegten Tiere in der Bundesrepublik Deutschland 27 512 Stück. Dies zeigt, dass die Art endgültig in Deutschland angekommen ist (vgl. STUBBE/BÖHNING 2009).

Auch im Saarland wird die Art gelegentlich beobachtet, wenngleich nicht so häufig wie z. B. in Mecklenburg-Vorpommern oder in Brandenburg. Im Bliesgau (bei Niedergailbach) wurde bereits ein Tier erlegt (mdl. Auskunft von German Becker) und – nach Aussagen der Niedergailbacher Jägerschaft – können gelegentlich Tiere im deutsch-französischen Grenzgebiet zwischen Nieder- und Obergailbach beobachtet werden. Auch bei Walsheim sind wohl schon Marderhunde mehrfach gesehen worden (Norbert Zöller, mdl.). Die jüngste Beobachtung (2018) stammt aus der Umgebung vom Neukahlenbergerhof bei Böckweiler (Matthias Beidek, mdl.).

Es bleibt abzuwarten, welche weitere Entwicklung die Art in der Region Bliesgau nehmen wird. Es ist derzeit nur schwer abzuschätzen, welche tatsächlichen Auswirkungen eine Bestandszunahme des Marderhundes auf die heimische Fauna haben wird.

Waschbär *(Procyon lotor)*

Im Vergleich zum Marderhund ist die Etablierung des Waschbären in Deutschland und damit auch im Saarland wohl abgeschlossen. Ursprünglich aus Nordamerika kommend, hat sich die Art in ganz Deutschland ausgebreitet, wobei im Bereich des hessischen Edersees die bundesweit höchsten Bestandsdichten festgestellt werden können.

Dieser zur Ordnung der Raubtiere gehörende Kleinbär wurde teils absichtlich, teils unabsichtlich in mehreren europäischen und asiatischen Ländern wiederholt freigesetzt. Seitdem breitet sich diese gebietsfremde Art immer weiter aus, wobei in Europa der Vorkommensschwerpunkt in Deutschland liegt (vgl. NEHRING 2018).

Der aktuelle Waschbärbestand wird in Deutschland auf mindestens 1,3 Mio. Tiere geschätzt, verbunden mit einer kontinuierlichen Erhöhung der Dichte und einer expansiven Areal-Erweiterung.

Der Waschbär (*Procyon lotor*) ist mittlerweile ein Bestandteil der Wildtierfauna des Bliesgaus. (Foto: Robert Groß / Saarland, Ministerium für Umwelt und Verbraucherschutz)

Der Waschbär ist damit in Deutschland heute eines der häufigsten wildlebenden Raubtiere (vgl. NEHRING 2018).

Wie bei allen Neozoen wird auch beim Waschbär heftigst über die Folgen für die heimische Fauna diskutiert. Zum einen mehren sich die Stimmen, wonach die „negativen Auswirkungen auf die Biodiversität" stärker zu hinterfragen sind, zum anderen wird festgestellt, dass der Waschbär eine invasive Art ist und naturschutzfachliche Auswirkungen hat (vgl. NEHRING 2018). So gibt es in Deutschland eine in den letzten Jahren zu verzeichnende Zunahme von Berichten, die einen spürbar negativen ökologischen Einfluss des Waschbären auf einheimische Arten direkt oder durch Indizien belegen.

Eine Versachlichung der Debatten auf Grundlage von Fakten und transparenten, den Bewertungen zu Grunde liegenden Kriteriensystemen muss das Ziel für einen angemessenen Umgang mit gebietsfremden Arten wie dem Waschbär sein (vgl. NEHRING 2018).

Die letzte aktuelle Meldung eines Waschbären im Biosphärenreservat Bliesgau stammt aus Gersheim, wo ein Waschbär 2015 in einem Hühnerstall beobachtet werden konnte. Nach Auskünften lokaler Ortskenner können auch an dem ehemaligen Heckenplatz am Hetschenbach Waschbären beobachtet werden.

Verglichen mit der Kanadagans (*Branta canadensis*) (links) ist die Nilgans (*Alopochen aegyptia*) (rechts) erfolgreicher, was ihr Ausbreitungsverhalten anbelangt. Die Nilgans weitet ihr Areal ständig aus. (Fotos: Anita Naumann)

Nutria (*Myocastor coypus*)

Die Nutria (*Myocastor coypus*) stammt aus Südamerika und wurde in Deutschland vielfach absichtlich und unabsichtlich freigesetzt. Die Art kommt heute bundesweit vor und unterliegt in vielen Bundesländern dem Jagdrecht (vgl. KIESS 2018).

Im Biosphärenreservat Bliesgau kann die Nutria regelmäßig im Beeder Biotop beobachtet werden. Aber auch schon an den Kiesweihern in Reinheim wurde die Nutria beobachtet. Die letzte aktuelle Meldung stammt aus Breitfurt.

Kanadagans (*Branta canadensis*) und Nilgans (*Alopochen aegyptia*)

Auch aus der Artengruppe der Vögel sind Neozoen bekannt. Erwähnenswert sind die nordamerikanische Kanadagans und die afrikanische Nilgans. Letztere hat inzwischen wohl endgültig im Saarland Fuß gefasst.

Kanadagänse halten sich seit einiger Zeit im Beeder Bruch und am Jägersburger Weiher auf. Bei einer Teichanlage im Bliesgau bei Pinningen werden Kanadagänse frei fliegend gehalten, von wo aus sie auch gelegentlich in die Umgebung verstreichen. Ob sich diese Vögel in der freien Landschaft etablieren werden, bleibt abzuwarten. Im Nordwestsaarland, bei Besseringen, entwickelte sich aus einem ausgesetzten Brutpaar ein Bestand von mehr als 100 Gänsen, von denen jedoch nur ein Bruchteil dort auch brütet (vgl. BUCHHEIT/PINTER 2005).

Die Nilgans kommt gegenwärtig schon an vielen Fließ- und Stillgewässern im gesamten Bliesgau vor, auch an kleinen Teichen und Bächen wurde sie in den letzten Jahren festgestellt.

Asiatischer Marienkäfer (*Harmonia axyridis*)

Der Asiatische Marienkäfer wurde zur Bekämpfung von Blattläusen nach Nordamerika und nach Europa eingeführt. Inzwischen ist er in vielen Teilen der Erde nachgewiesen. In Deutschland wurde er in den 1990er Jahren in Gewächshäusern gegen Blattläuse an Rosen eingesetzt. In Frankfurt und in Hamburg wurden die ersten Freilandexemplare 1999 entdeckt, im Saarland ist die Art seit 2004 bekannt. Die ersten Funde aus dem Bliesgau stammen aus dem Jahr 2008 (LILLIG 2008). Die Art hat den Bliesgau aber sicher schon früher besiedelt. Inzwischen zählt er überall im Biosphärenreservat zu den häufigsten Marienkäferarten.

Die ursprünglich aus Südamerika stammende Nuria (*Myocastor coypus*), eine Nagetierart, kann zwischenzeitlich an mehreren Stellen in der Region beobachtet werden. (Foto: Peter Hellenthal)

Der Japanische Staudenknöterich (*Reynoutria japonica*) ist ein Neophyt, der sich im Bliesgau auf allen geeigneten Standorten ausbreitet. (Foto: Anita Naumann)

4.8.4.2 Neophyten

Japanischer Staudenknöterich (*Reynoutria japonica*)

Der aus Ostasien stammende, zu der Familie der Knöterichgewächse (*Polygonaceae*) gehörende Japanische Staudenknöterich hat sich im Bliesgau massiv ausgebreitet. Die Art ist sehr konkurrenzstark. Hat die Pflanze erst einmal auf den sandigen, nährstoffreichen, gut durchlüfteten Böden Fuß gefasst, bildet sie in kurzer Zeit große Bestände aus. Da sie schnellwüchsig ist und ihr dichtes Blattwerk rasch den Boden beschattet, unterdrückt sie die Begleitflora. Im Winter sterben die oberirdischen Sprosse ab und im Boden überdauern die Rhizome, die zwar tief in den Boden reichen, aber dennoch, z. B. bei Hochwasser, freigespült und verdriftet werden können. Ist dort, wo die Rhizome angespült werden, gut durchwurzelbarer Boden vorhanden, kann der Japanische Staudenknöterich umgehend einen neuen Standort besiedeln.

Die Bliesinsel bei Gersheim, die heute flächendeckend vom Japanischen Staudenknöterich bewachsen ist, ist ein Beispiel für eine solch rasante Vermehrung. Die Insel war früher als Grasland ausgebildet, mit Schafen beweidet und es gab noch keinen Japanischen Staudenknöterich. Später wurde die Beweidung aufgegeben. Vor Jahren schließlich wurde die Insel überschwemmt. Dabei sind offensichtlich Rhizome angespült worden, denn im nächsten Jahr bereits war der angelandete Schwemmsand mit Jungpflanzen des Japanischen Staudenknöterichs bestanden.

Ein weiteres Beispiel ist der „Gerhardsgraben" bei Bierbach. Auch hier hat sich der Japanische Staudenknöterich massiv ausgebreitet und die standorttypische Grabenvegetation massiv zurück gedrängt. Das ist hier insofern von Bedeutung, als an dem Graben die FFH-Anhang-IV-Art *Coenagrion mercuriale* (Helm-Azurjungfer) vorkommt und der Staudenknöterich den Standort so devastiert hat, dass der Libelle kaum mehr Lebensraum bleibt.

Es muss davon ausgegangen werden, dass der Japanische Staudenknöterich Bestandteil der heimischen Flora geworden ist. Vor diesem Hintergrund ist interessant, dass die Pflanze seinerzeit in ihrer Heimat für medizinische Zwecke (blutdrucksenkend) verwendet wurde. Auch kann man die jungen Sprosse essen. Es ist jedoch fraglich, ob diese Eigenschaften ausreichen, die Nachfrage nach der Pflanze derart zu steigern, dass sie in den Focus der Öffentlichkeit rückt und als Nutzpflanze geerntet wird.

An dieser Stelle sei erwähnt, dass grundsätzlich alle Neophyten, sofern sie an Standorten wachsen, wo sie unerwünscht sind (z. B. weil sie heimische Arten unterdrücken), immer dadurch auf Dauer entfernt

Das mit seinen purpurroten Blüten sehr auffällige Indische Springkraut (*Impatiens glandulifera*) breitet sich vor allem entlang der Fließgewässer aus, so z. B. an der Blies. (Foto: Anita Naumann)

Der imposante Riesenbärenklau (*Heracleum mantegazzianum*) hat sich als Neophyt im Bliesgau etabliert. Ursprünglich kommt die Art aus dem Kaukasus. (Foto: Ulf Heseler)

Indisches Springkraut (*Impatiens glandulifera*)

Das aus dem Himalaya stammende, zur Familie der Balsaminengewächse zählende Indische Springkraut hat sich in Mitteleuropa, so auch im Bliesgau vor allem entlang der Fließgewässer stark ausgebreitet. Da die Pflanze schnell wächst und auch Wuchshöhen bis 2 m erreichen kann, ist sie in der Lage, die Begleitvegetation zu unterdrücken.

Der Name „Springkraut" weist auf einen besonderen Mechanismus der Samenausbreitung hin, bei der die Kapselfrüchte aufspringen und die Samen bis mehrere Meter weit wegschleudern. Neben der Samenausbreitung ist aber auch eine vegetative Vermehrung in Form einer Verdriftung der Wurzel-Rhizome möglich.

Riesen-Bärenklau (*Heracleum mantegazzianum*)

Der aus dem Kaukasus stammende Riesen-Bärenklau ist ein invasiver Neophyt, der sich auch im Bliesgau etabliert hat. Ursprünglich als Bienenweide angepflanzt, ist die konkurrenzstarke Pflanze in der Lage, die Begleitvegetation massiv zu verdrängen. Hinzu kommt, dass die Pflanze photosensibilisierende Substanzen enthält, die – sind sie denn mit der Haut in Berührung gekommen – zu heftigen Hautreaktionen mit Quaddelbildung führen können (sogenannte „Wiesendermatitis").

Von Standorten, auf denen sich die Pflanze etabliert hat, ist sie nur schwer wieder weg zu bekommen und es bedarf schon eines erheblichen Pflegeaufwandes, will man die Pflanze zurückdrängen.

Einen recht großen Bestand des Riesen-Bärenklaus gibt es z. B. bei Blieskastel-Webenheim an der Blies. Aber auch im Homburger Raum, z. B. am Jägersburger Weiher bzw. weiter oben am „Hammerloch" ist die Art anzutreffen und zu einem echten Problemfall geworden.

Der Riesen-Bärenklau ist eine Pflanze, die auf ihren großen doldigen Blütenständen einer Vielzahl von Insekten Nahrung durch ihren Nektar gibt. Insofern ist der Riesen-Bärenklau zweifellos eine attraktive Pflanze.

Der Riesen-Bärenklau lässt sich bekämpfen durch mehrmaliges Abmähen im Frühjahr, wenn die grünen Triebe an der Erdoberfläche erscheinen. Die Pflanze hat keinerlei unterirdische Vermehrungs-

werden können, wenn sie, sobald sie im Frühjahr aus dem Boden kommen, abgemäht werden und das Mähgut entfernt wird. Bei Neophyten, die Überdauerungsorgane im Boden haben, müssen deren Überdauerungsorgane entfernt werden und später die „Reste" ständig gemäht werden. Nur so können alle diese Pflanzen natürlich, d. h. ohne Chemie dauerhaft entfernt werden. Das ist einige Jahre Arbeit – aber es lohnt sich.

organe. Durch ständiges Abmähen sterben die Wurzeln ab, die Pflanze kommt nicht mehr zur Blüte und damit ist eine Vermehrung durch Samen ausgeschlossen.

Spätblühende Traubenkirsche (*Prunus serotina*)

Die aus Nordamerika stammende Spätblühende Traubenkirsche ist eine invasive Wald-Art, insbesondere im nördlichen Teil des Biosphärenreservats Bliesgau. Hier, z.B. im Homburger Raum, kommt die Art mittlerweile in fast allen Beständen vor und breitet sich ständig weiter aus, offenbar begünstigt durch den Korridor der Autobahn A8 durch den Wald. Das Vorkommen der Art ist insofern problematisch, weil sie bei uns – im Gegensatz zur ihrem Ursprungsgebiet, wo sie eher hochwüchsig ist – besonders die Strauchschicht dominiert und damit die Naturverjüngung erschwert.

Spätblühende Traubenkirsche – *Prunus serotina*.

5 Anker der Identität

Der Begriff „Anker der Identität" geht auf eine am „Institut für Landeskunde im Saarland" erstellte, Anfang 2007 erschienene Publikation zurück[15] und findet hier Anwendung für die nachfolgende Zusammenstellung der – aus der Sicht des Autors – auffälligsten und schönsten Landschaftsbilder im Biosphärenreservat Bliesgau. Die ausgewählten Gebiete und Landschaftsbestandteile sind repräsentativ für die Region und beschreiben damit eindrucksvoll die Eigenart des Biosphärenreservats.

[15] Näheres hierzu unter www.iflis.de/index.php/saarland/anker-der-identitaet (letzter Aufruf: 10.04.2019).

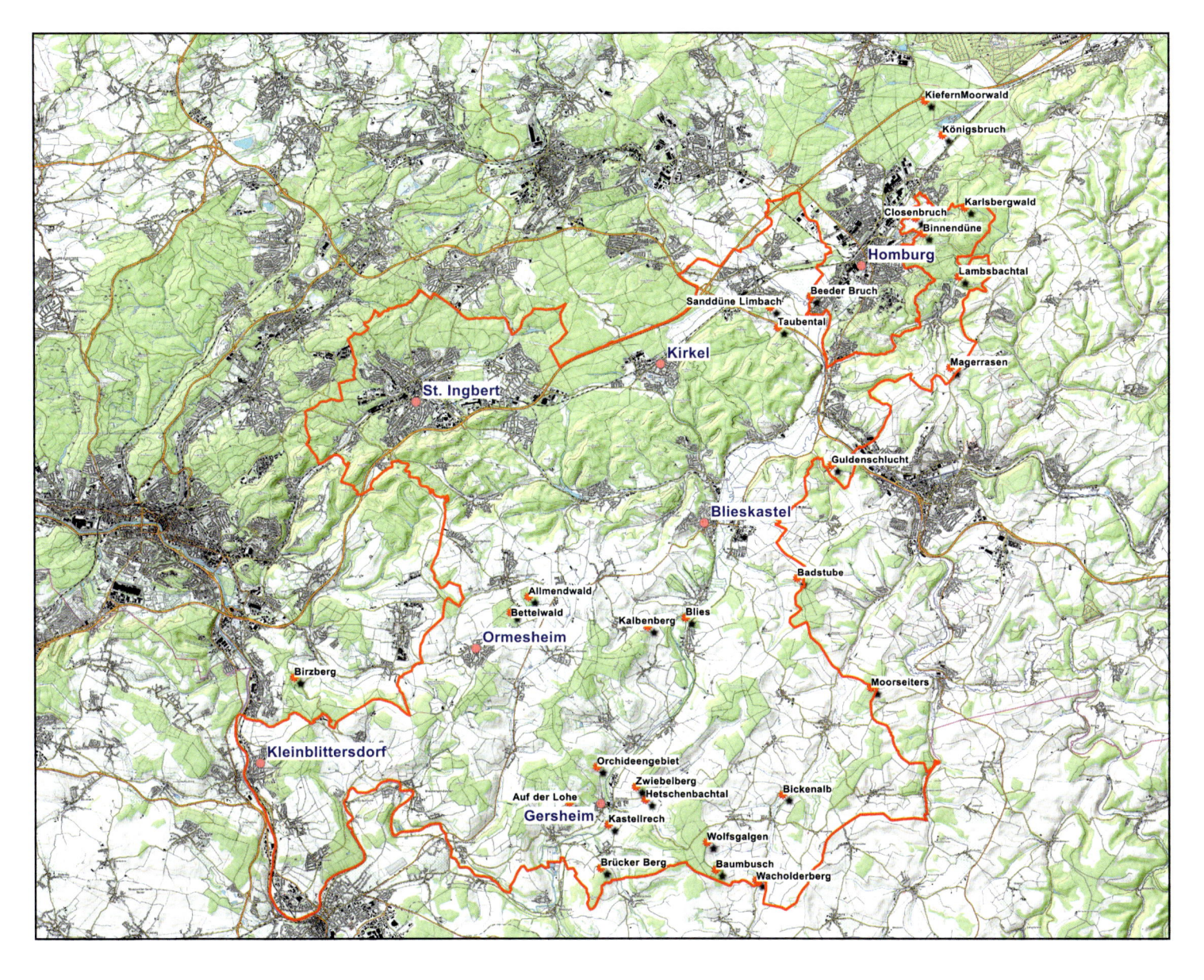

Der „Kastellrechswald"

Etwa auf halber Strecke zwischen Gersheim und Reinheim wächst links der Blies am steilen Prallhang, der heute durch den „Bliestal-Freizeitweg" (auf der ehemaligen Trasse der „Bliestalbahn") vom Fluss abgetrennt ist, der „Kastellrechswald". Es handelt sich um einen kleinen, an Frühjahrsgeophyten reichen Wald, welcher insbesondere während der Blütezeit (vornehmlich im April) durch den in großer Anzahl vorkommenden Hohlen Lerchensporn (*Corydalis cava*) auffällt.

Christoph Stark[16] hat das Wäldchen 1976 – noch in Anlehnung an GRADMANN (1898) – als „Kleebwald" bezeichnet und wollte diesen Begriff, der in Süddeutschland für mit Wald bestandene Prallhänge größerer Flüsse gebräuchlich ist, eigentlich auch auf das Saarland bezogen wissen (STARK 1976); ein Vorschlag, der sich allerdings nicht durchgesetzt hat. STARK (1976) beschreibt auch den Bestand des Gefingerten Lerchensporns (*Corydalis solida*) im „Kastellrechswald" und gibt dazu näher an, dass *Corydalis solida* für den trockeneren Oberhang typisch ist, während *Corydalis cava* hauptsächlich im Unterhang auftritt.

Neben den beiden Lerchensporn-Arten blühen hier noch sieben weitere Frühjahrsgeophyten, darunter der Zweiblättrige Blaustern (*Scilla bifolia*) und das Gelbe Windröschen (*Anemone ranunculoides*). Mit seinem überdurchschnittlichen Geophytenreichtum stellt der „Kastellrechswald" eine Besonderheit unter den Wäldern der saarländischen Gaulandschaften dar (vgl. BETTINGER 2017).

Bemerkenswert ist außerdem ein Vorkommen der Hirschzunge (*Asplenium scolopendrium*) in der Nähe der Einmündung des Gailbachs in die Blies. Diese Streifenfarn-Art ist im Bliesgau äußerst selten. Nur rund 2 km in südwestlicher Richtung vom „Kastellrechswald" entfernt, konnte die Hirschzunge vor einigen Jahren gleichfalls noch in einem restaurierten Brunnen auf der französischen Seite des Europäischen Kulturparks Bliesbruck-Reinheim gefunden werden. Des Weiteren wächst im „Kastellrechswald" auch der Gelappte Schildfarn (*Polystichum aculeatum*) – eine Art, die wie die Hirschzunge für Eschen-Ahorn-Schluchtwälder kennzeichnend ist.

Weiterführende Literatur:

STARK, C. (1976): Das Kastellrechswäldchen, ein Kleebwald im südlichen Saarland. – In: Abhandlungen der Arbeitsgemeinschaft für tier- und pflanzengeographische Heimatforschung im Saarland e.V., H. 6, S. 3-38. (zugleich: Untersuchungsergebnisse aus Landschafts- und Naturschutzgebieten im Saarland, Bd. 8).

---

[16] Christoph Stark, heute wohnhaft in Speyer, hat an der Universität des Saarlandes Lehramt an Realschulen studiert und bei Dr. Erhard Sauer, Dozent am Botanischen Institut der Universität des Saarlandes, eine Staatsarbeit über den „Kastellrech" verfasst.

Kastellrechswald – Frühjahrsaspekt mit Hohlem Lerchensporn (*Corydalis cava*).

Aufgeschlossener Kalkfels im Kastellrechswald – Standort der Hirschzunge (*Asplenium scolopendrium*) und des Gelappten Schildfarns (*Polystichum aculeatum*). (Foto: Martin Baus)

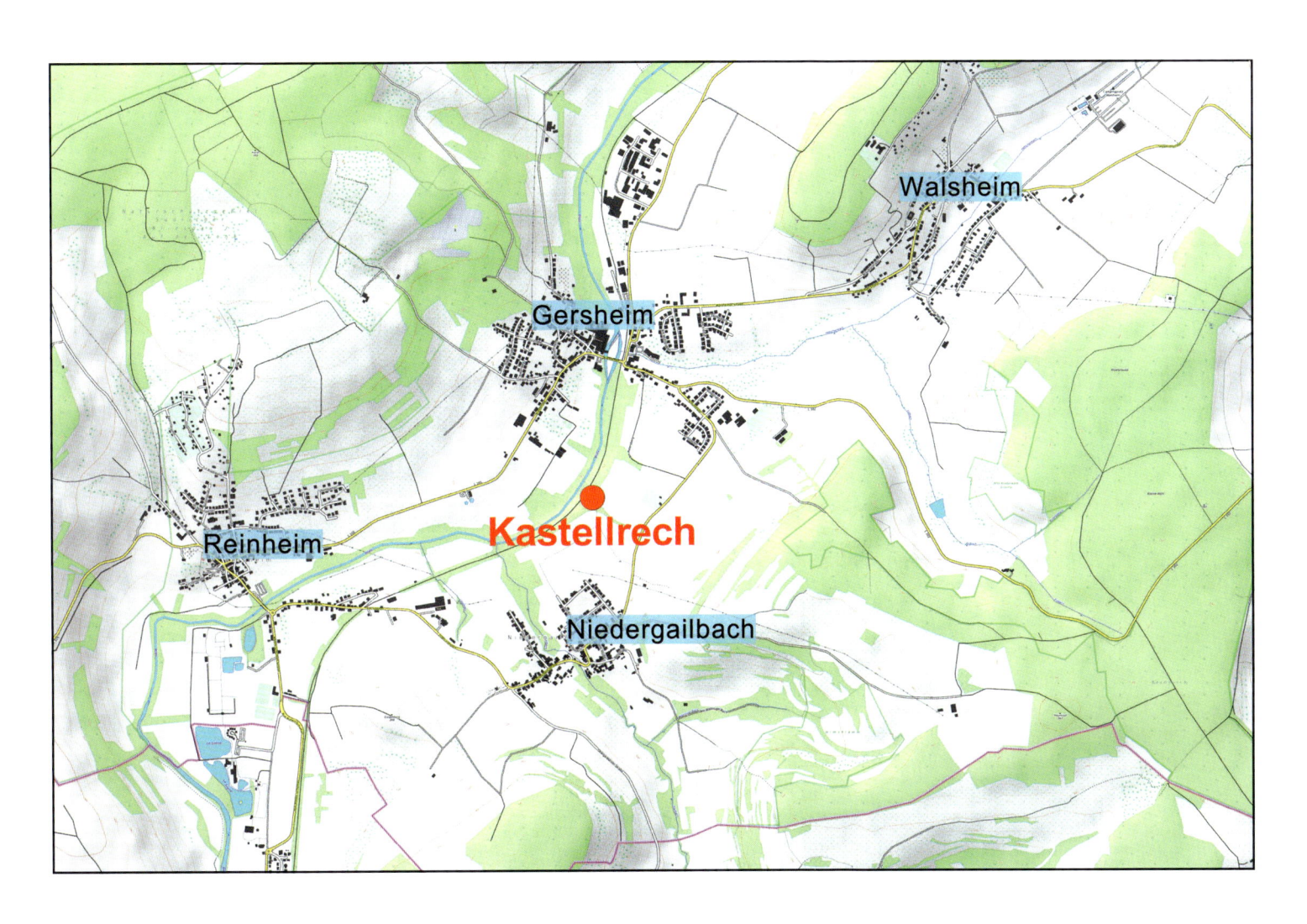

Das Gebiet „Auf der Lohe"

Die „Lohe" erstreckt sich am westlichen Talhang der Blies zwischen Gersheim und Reinheim. Es handelt sich um einen repräsentativen Landschaftsausschnitt mit Kalk-Halbtrockenrasen und wärmeliebendem Gebüsch.

Ab Mitte der 1990er Jahre wurde das Gebiet „Auf der Lohe" – zusammen mit weiteren Flächen wie z. B. die „Willerklamm" östlich von Habkirchen und das damalige Naturschutzgebiet „Zwischen den Lachen – Am Weißrech – Hardt"[17] nordnordwestlich von Gersheim – als gesamtstaatlich repräsentatives Naturschutzgroßvorhaben unter dem Titel „Saar-Blies-Gau/Auf der Lohe" gefördert[18]. Im Mittelpunkt der Förderung standen vor allem der Flächenankauf sowie biotoplenkende und -ersteinrichtende Pflegemaßnahmen.

Zwei räumliche Merkmale des Gebietes „Auf der Lohe" sind besonders auffallend: seine Größe – allein die Fläche der Kalk-Halbtrockenrasen beträgt rund 40 ha – und seine landschaftliche Offenheit, welche den Blick hangabwärts über die Blies nach Niedergailbach und weiter auf die französische Seite bis nach Obergailbach lenken lässt.

In der „Lohe" leben bestandsbedrohte Vogelarten wie z. B. die Heidelerche (*Lullula arborea*), die Grauammer (*Emberiza calandra*) und der Neuntöter (*Lanius collurio*). In einer Feld-Mardelle wurde vor einigen Jahren von dem Biologen Axel Didion der Kamm-Molch (*Triturus cristatus*) nachgewiesen.

Insbesondere im Sommer verströmen in den Kalk-Halbtrockenrasen die ätherischen Öle der Kriechenden Hauhechel (*Ononis repens*) einen unverwechselbaren Geruch, der in gewisser Weise an die Macchie im Mittelmeerraum erinnert. Nicht umsonst wird der Bliesgau auch als „Toskana Deutschlands" bezeichnet. Die Kalk-Halbtrockenrasen sind außerdem ein bedeutender Lebensraum des Weinhähnchens (*Oecanthus pellucens*): Nirgendwo anders im Bliesgau weist diese Heuschreckenart größere Bestandsdichten auf als im Gebiet „Auf der Lohe", wo sie in den Sommernächten den gesamten Hang mit ihrem flötenden Gesang erfüllt.

Im Gebiet „Auf der Lohe" wurden Bestandsdichten von 110 Individuen pro 25 m² festgestellt. Dies ist auch bundesweit einmalig (vgl. DORDA 1995).

In den Lesesteinhaufen, die vor Jahren von Landwirten zusammengetragen wurden, kann regelmäßig die Schlingnatter (*Coronella austriaca*) beobachtet werden. An Schmetterlingen ist der Goldene Scheckenfalter (*Euphydryas aurinia*) zu nennen. Im Gebiet kommen auch etliche Orchideenarten vor, so z. B. *Orchis militaris, Orchis purpurea, Ophrys holoserica*, um nur die wichtigsten zu nennen. Gegen Reinheim zu wächst ein Pfeifengrasbestand – einer der wenigen auf Muschelkalk.

[17] Zum früheren Naturschutzgebiet „Zwischen den Lachen – Am Weißrech – Hardt" siehe auch den nachfolgenden Text über das „Orchideengebiet bei Gersheim".

[18] Das Naturschutzgroßprojekt „Saar-Blies-Gau / Auf der Lohe" startete Ende 1995 und besaß zunächst eine Gebietsgröße von ca. 840 ha. Während des Förderzeitraums, der Mitte des Jahres 2011 endete, erfuhr das Projektgebiet eine zweimalige Erweiterung. Die Fördersumme in der rund fünfzehneinhalbjährigen Projektlaufzeit betrug annähernd 8,6 Mio. Euro, die zu 75 % vom Bund, zu 15 % vom Land und zu 10 % vom „Zweckverband Naturschutzgroßvorhaben Saar-Blies-Gau / Auf der Lohe" getragen wurden.

Das Gebiet „Auf der Lohe" – zentraler Teil des Naturschutzgroßvorhabens „Saar-Blies-Gau/Auf der Lohe"; Blick vom Brücker Berg bei Niedergailbach.

Die Lohe beherbergt die wohl größte zusammenhängende Kalk-Halbtrockenrasen-Fläche der Region.

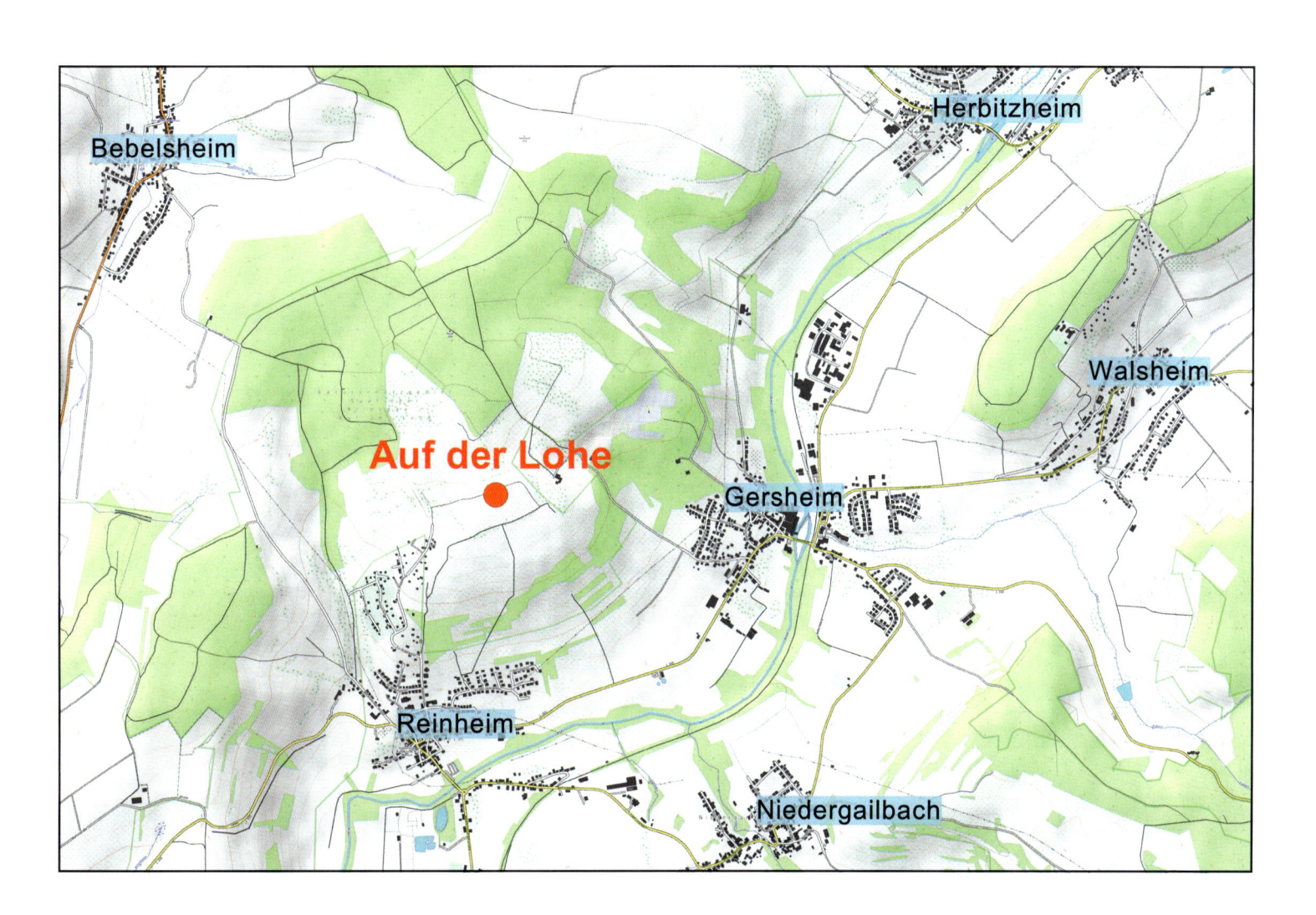

Das Orchideengebiet bei Gersheim

Wenn es um Orchideen im Bliesgau geht, dann ist fast immer auch vom Orchideengebiet bei Gersheim die Rede. Überregional bekannt wurde das Gersheimer Orchideengebiet vor allem nachdem im Jahr 1962 zwei relativ kleine Bereiche mit einer Gesamtfläche von etwas mehr als 3 ha als Naturschutzgebiete „Am Weißrech" und "Zwischen den Lachen" unter Schutz gestellt worden waren[19]. Bereits damals standen als Schutzzweck die Orchideen im Mittelpunkt, von denen es hier ca. 30 Arten gibt. Auf Biotopniveau sind hervorzuheben: zwei Kalk-Flachmoore mit Vorkommen von Breitblättrigem Wollgras (*Eriophorum latifolium*), Sumpf-Stendelwurz (*Epipactis palustris*) und Breitblättrigem Knabenkraut (*Dactylorhiza majalis*) sowie ein Orchideen-Buchenwald, der seinem Namen alle Ehre macht und Lebensraum des Weißen Waldvöglein (*Cephalanthera damasonium*) ist.

Besagter Orchideen-Buchenwald hat genauso wie eine „Gipsgrube", welche heute Lebensraum zahlreicher wärmeliebender Pflanzen- und Tierarten ist, seinen Ursprung in der früheren Nutzung von Teilen des Areals als Rohstoffgewinnungsstätte (Kalkstein) für das damals in Betrieb befindliche Gersheimer Kalkwerk. Große Teile des Gebietes sind also nicht natürlichen Ursprungs, sondern anthropogen überformt, was auch an bestimmten Zeitzeugen im Gebiet nach wie vor zu erkennen ist, so z. B. die Weinbergmauern, die auf eine frühere Nutzung als Wingert (Weinberg) hindeuten. Schwer vorzustellen, dass, wo heute die Kalk-Halbtrockenrasen mit den Orchideen sind, es früher einen Weinberg gab, in dem Weinbau betrieben wurde. Die Wingerte wurden schließlich aufgelassen (an dem Niedergang spielte auch die Reblaus eine nicht unbedeutende Rolle) und die Standorte wurden folglich von Kalk-Magerrasen eingenommen.

Letztere sind im Orchideengebiet Gersheim aber nicht nur wegen der Orchideen bedeutend. In Gersheim blüht z. B. ab Anfang September die Bergaster (*Aster amellus*). Das ist das einzige Vorkommen in der Region. Saarlandweit gibt es noch ein weiteres Vorkommen am Hammelsberg bei Perl. Ebenfalls erwähnenswert, aber nicht so selten, ist die Schwalbenwurz (*Vincetoxicum hirundinaria*) eine weißblühende Staude, die als Saumart einen gleitenden Übergang zum Orchideen-Buchenwald bildet.

[19] Dreißig Jahre später wurden die beiden Gebiete in das 1992 ausgewiesene, rund 66 ha große Naturschutzgebiet „Zwischen den Lachen – Am Weißrech – Hardt" einbezogen, das seinerseits im Jahr 2004 in das Naturschutzgebiet „Südlicher Bliesgau / Auf der Lohe" integriert wurde.

Zentraler Teil des Orchideengebietes Gersheim; Blick von der Gipsgrube über den Taleinschnitt des Lachenbaches hinüber in den Magerrasen-Hang, wo im Frühjahr die Orchideen blühen.

Das Orchideengebiet Gersheim ist weit über die Grenzen der Region hinaus bekannt. Es zieht jedes Frühjahr Hunderte von Orchideenliebhaber an.

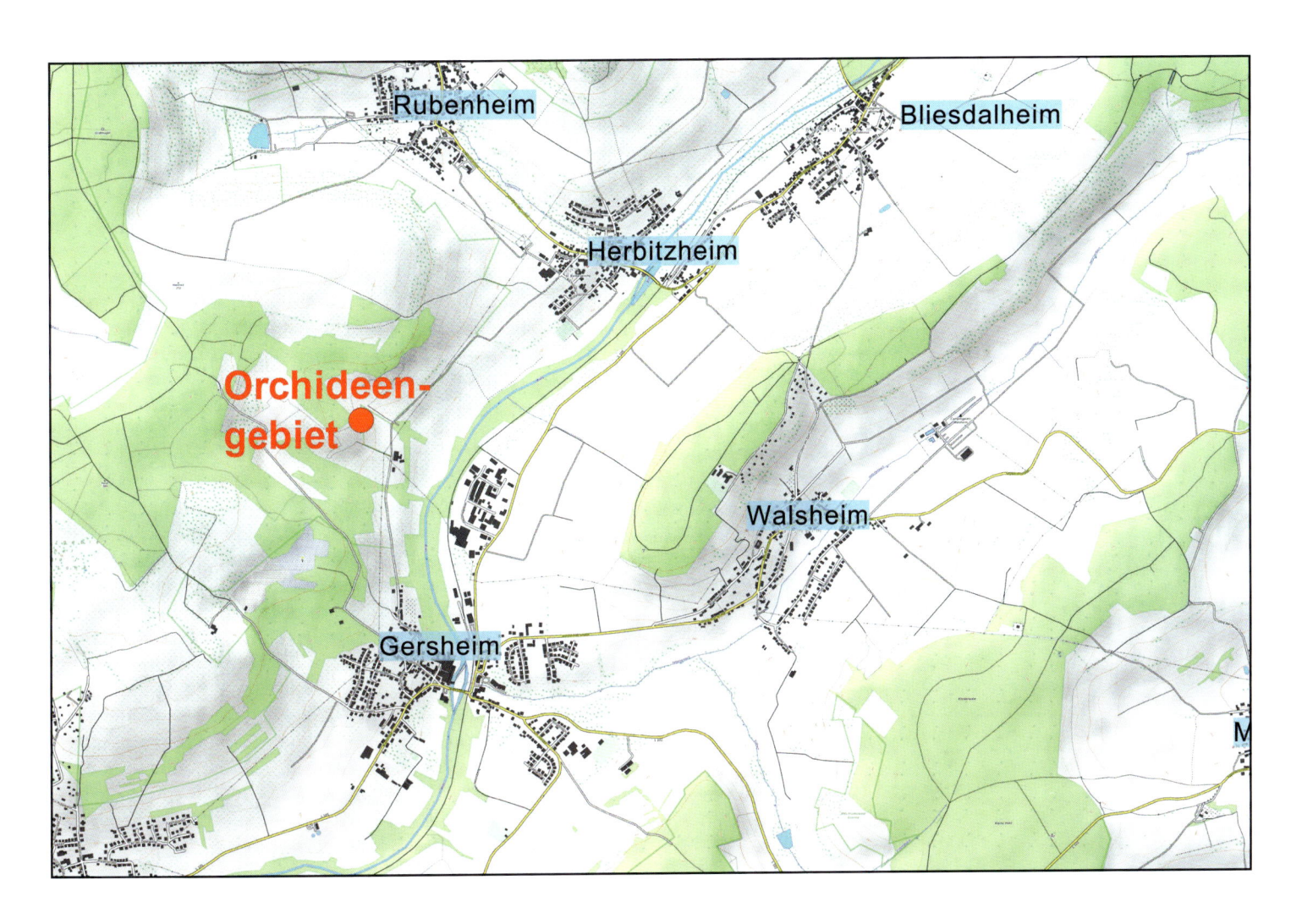

Brücker Berg bei Niedergailbach

Zwischen dem saarländischen Nieder- und dem französischen Obergailbach befindet sich rechter Hand der „Brücker Berg". Es handelt sich um eine mit Wald bestandene Bergkuppe an deren Hängen artenreiche Salbei-Glatthaferwiesen ausgebildet und Bestandteil des FFH-Gebietes „Brücker Berg bei Niedergailbach" sind. Während der überwiegende Teil der Wälder des Biosphärenreservats Bliesgau Staats- oder (zu einem kleineren Teil) Gemeindewald sind, ist der Brücker Berg Privatwald. Die einzelnen Privatwaldparzellen sind nicht groß und bei genauem Hinsehen erkennt man Markierungen unterschiedlicher Art und Intensität, die die ursprünglichen Parzellengrenzen erahnen lassen.

Insgesamt macht der Wald einen etwas unaufgeräumten Eindruck. Er entspricht ganz und gar nicht der Vorstellung eines typischen Wirtschaftswaldes. Dies ist wohl der Anzahl der unterschiedlichen Waldbesitzer geschuldet, von denen jeder für sich seinen eigenen Wirtschaftsplan hat und diesen auch, ungeahnt aller damit verbundenen Schwierigkeiten, umsetzt – was unschwer im Gelände nachzuvollziehen ist. Aus der Sicht des Naturschutzes ist dies allerdings kein Nachteil und es entsteht das Bild eines vielfältig strukturierten Buchen-Mischwalds, mit einer Vielzahl von Nischen und Kleinhabitaten.

Vom Standort her handelt es sich um den eines Kalk-Buchenwaldes, es sind aber auch viele Eichen und Hainbuchen eingestreut, so dass insgesamt das Bild eines Eichen-Hainbuchenwaldes entsteht. Wertbestimmend sind mehrere alte Eichen, die offenbar aus einer Art „Mittelwaldung" hervorgegangen sind und einen hohen Anteil an natürlichen Bruthöhlen aufweisen.

Der Brücker Berg ist Lebensraum des Halsbandschnäppers (Ficedula hypoleuca), einer ziemlich seltenen Vogelart aus der Familie der Fliegenschnäpper, die von Frankreich kommend hier die östliche Grenze ihres Verbreitungsgebietes vorfindet. Es war der saarländische Ornithologe Günter Nicklaus, der in den 1990er Jahren erstmals den Halsbandschnäpper in Niedergailbach festgestellt hat. Das Vorkommen des Halsbandschnäppers am Brücker Berg ist insofern bedeutend, als die Art sonst praktisch nicht im Saarland vorkommt (neben einer Brutzeitbeobachtung bei Karlsbrunn und einem sporadischen Vorkommen im „Baumbusch" südlich von Medelsheim, gibt es keine weiteren Nachweise) und am Brücker Berg in schöner Regelmäßigkeit beobachtet werden kann.

Brücker Berg – Blick vom Gebiet „Auf der Lohe" oberhalb Reinheim.

Brücker Berg – Blick von oberhalb des französischen Ortes Bliesbruck aus.
(Foto: Hartmut Dorda)

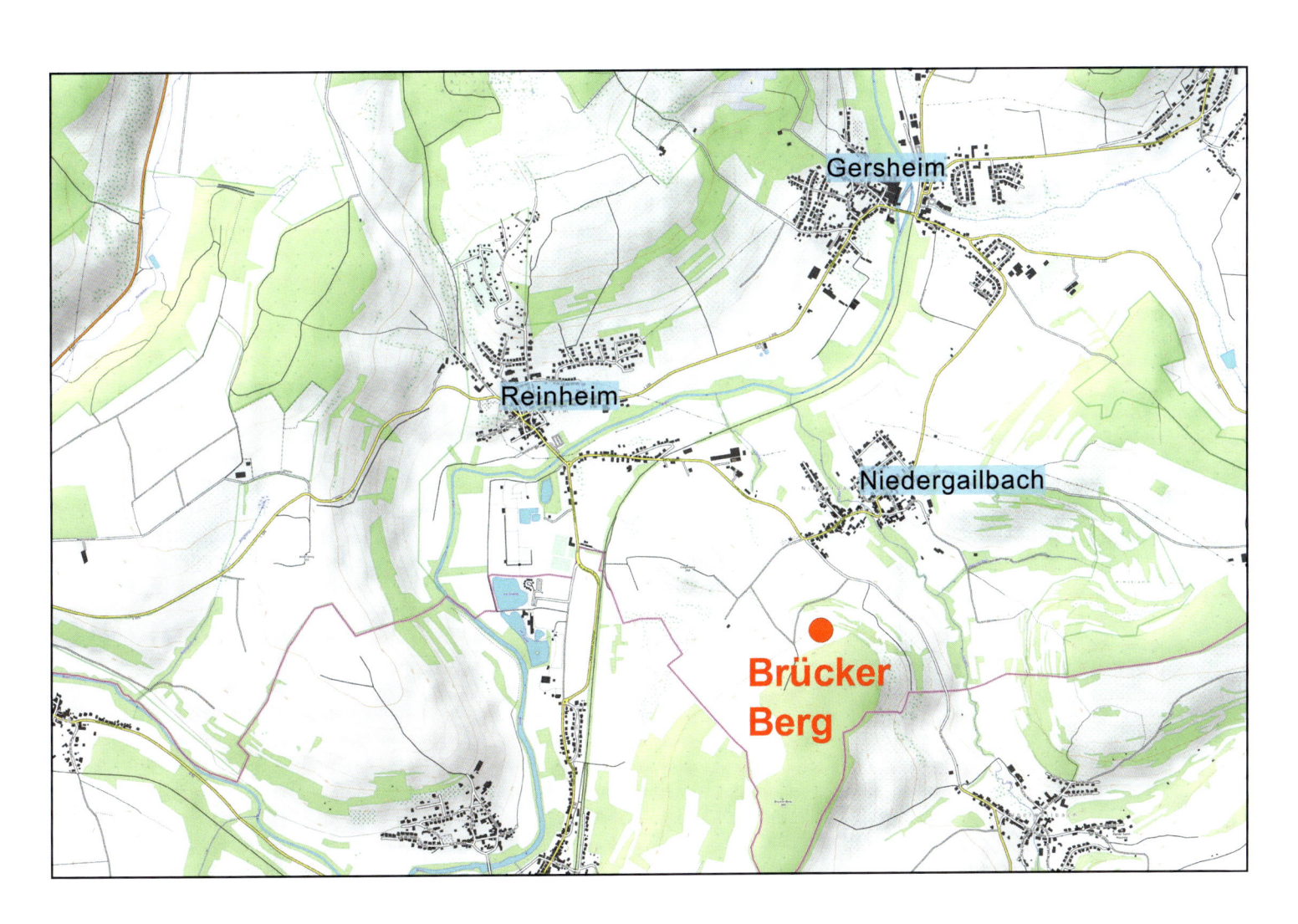

Hetschenbachtal bei Walsheim

Im Biosphärenreservat Bliesgau gibt es eine Reihe von naturnahen Bachtälern. Nicht alle sind jedoch so repräsentativ wie der Hetschenbach bei Walsheim oder etwa der Lambsbach bei Kirrberg, von dem später noch die Rede sein wird. Beide, der hier in Rede stehende Hetschenbach, bzw. der nachfolgend noch zu behandelnde Lambsbach, gehören zu den typischsten Fließgewässern des Muschelkalks einerseits (Hetschenbach) bzw. des Buntstandsteins andererseits (Lambsbach).

Der Hetschenbach ist aufgrund seiner Gewässermorphologie ein sogenannter „Referenzbach". Dies ist das Ergebnis einer Bestandsaufnahme zur Erstellung des Gewässertypenatlas des Saarlandes. Hier ist u.a. festgehalten: „Der Hetschenbach ist ... ein Vertreter der kleinen Sohlenkerbtalbäche. Er fließt unter teilweise starker Krümmungsbildung in einer durch zahlreiche Hangrutschungen sehr unregelmäßig gestalteten schmalen Talsohle. Der außerordentlich große Strukturreichtum des kleinen Baches ist an die reichliche Krümmung in der schmalen Talniederung, den großen Gehölzanteil und die häufige Kontaktierung des anstehenden Fels' gebunden. Diese einzelnen Faktoren verursachen bei dem kleinen Sohlenkerbtalbächlein einen großen Strukturreichtum, der bei sonst keinem Gewässertypus im Muschelkalk derart vielgestaltig ist" (KINSINGER/LÖFFLER 1998, S. 176).

Der Hetschenbach (der Name „Hetschen" ist übrigens eine altdeutsche Bezeichnung für Wildschweine) entspringt im Böckweiler Wald und mündet bei Gersheim in die Blies. Bis auf ein im Oberlauf vorhandenes Freibad (unter dem der Bach verrohrt ist) sind keine Wanderbarrieren vorhanden.

So gibt es im Oberlauf (hinter dem Schwimmbad) einen größeren Bestand der Mühlkoppe (*Cottus gobio*), der allerdings vom restlichen Gewässer abgeschnitten ist, wie Bestandsaufnahmen des Fischereiverbandes zeigen. An Vogelarten ist die Wasseramsel erwähnenswert, von der früher (vor ca. 30 Jahren) noch keine Vorkommen bekannt waren und die heute in 1 – 2 Brutpaaren am Hetschenbach vorkommt.

Die von der Gemeinde Gersheim im Rahmen der Umsetzung der Wasserrahmenrichtlinie der Europäischen Union (EG-WRRL) wiederhergestellte Durchgängigkeit im Bereich der Mündung in die Blies hat sich als äußerst wichtig erwiesen. So ist der Hetschenbach heute wieder ein intaktes Bachforellenlaichgewässer, denn die stenöke Fließgewässerart Bachforelle kann nun wieder vom Unterlauf der Blies in den Quellbereich aufsteigen – ganz so wie in den Lehrbüchern beschrieben.

Frühere Fischsterben, deren Ursachen nie ganz geklärt werden konnten (wohl aber immer im Zusammenhang mit Einträgen aus der Landwirtschaft standen) gehören der Vergangenheit an und es ist erwiesen, dass die Bachforelle heute auch tatsächlich wieder im Hetschenbach ablaicht – zumindest zeigen dies Beobachtungen des Fischerei-Sachverständigen Hartmut Dorda.

Wie alle naturnahen Systeme ist das Tal des Hetschenbachs einer großen Dynamik unterworfen. Es ändert sein Erscheinungsbild, auch im Zusammenhang mit Arten, die den bachbegleitenden Saum besiedeln. So ist früher im bachbegleitenden Baumbestand regelmäßig der Pirol vorgekommen, eine Vogelart die heute nur noch im Wald (z.B. im „Baumbusch" südlich von Medelsheim oder im „Sangenwald" östlich von Walsheim) angetroffen werden kann. Auf der anderen Seite brütet z.B. am Erzenbach (ein Zufluss des Hetschenbachs) der Rotmilan, eine Art, die früher fast ausschließlich im Wald vorkam.

Oberer Abschnitt des Hetschenbaches im Böckweiler Tal.

Der Hetschenbach nach dem Zufluss von Erzenbach und vor der Mündung in die Blies bei Gersheim.

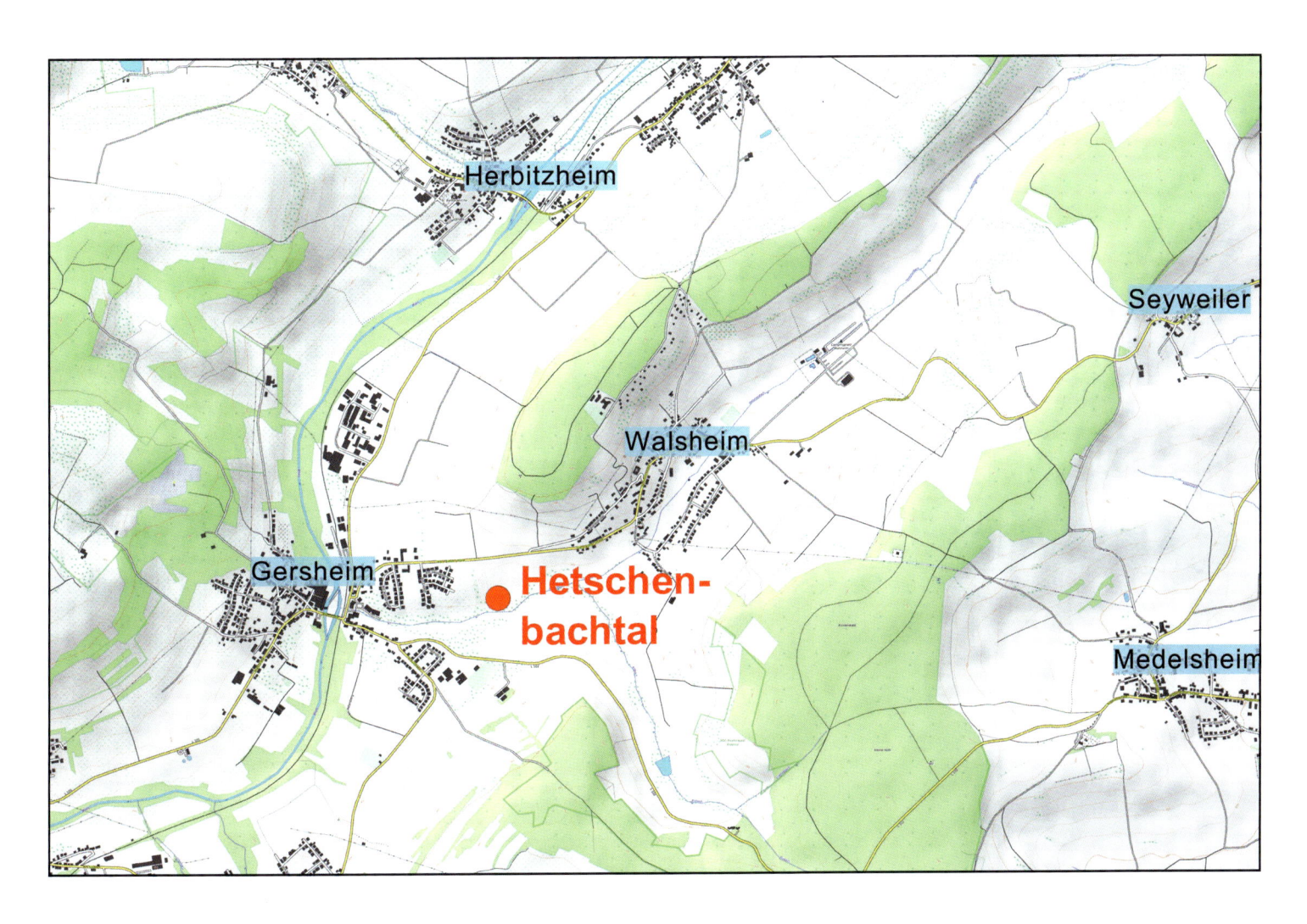

Die Blies – sie gibt der Region (Bliesgau) ihren Namen

Die Blies ist der größte Nebenfluss der Saar. Die Blies-Quelle liegt am Schaumberg im St. Wendeler Land. Bis zu ihrer Mündung in die Saar im französischen Sarreguemines (Saargemünd) durchfließt die Blies mehrere Naturräume. Bei Homburg-Einöd wächst die Blies allein durch den Zufluss des Schwarzbaches auf das Doppelte ihrer Größe an. Zwischen Einöd und Webenheim hat sich eine breite, intakte Überschwemmungs-Aue erhalten. Sie ist die größte und bedeutendste im Saarland. Die Auenbereiche der Blies werden landwirtschaftlich genutzt (Grünland) bzw. liegen brach. Weite Bereiche der Blies sind als Fauna-Flora-Habitat-Gebiet (FFH) ausgewiesen und damit von europäischer Bedeutung. Es ist folgerichtig, dass diese Gebiete auch als Überschwemmungsgebiet ausgewiesen worden sind.

Flussabwärts, unterhalb Blieskastel, ist ein großer, flächiger Schilfbestand vorhanden. Es handelt sich um die „Rohrblies", ein von Blieskastel bis Breitfurt sich erstreckender Bereich der Blies mit ausgedehntem Röhrichtbestand, der auch Lebensraum etlicher schilfgebundener Arten ist. An Vogelarten (jeweils Beobachtungen, keine Brutvögel) sind z.B. Rohrdommel, Rohrweihe und Schilfrohrsänger zu nennen. Bekannt ist auch das Vorkommen der Wasserspitzmaus. Ansonsten deutet das Vorkommen des Eisvogels auf teilweise naturnahe Fließgewässerabschnitte mit Prallhängen hin, in die diese Vogelart ihre Brutröhren gräbt.

Auch zeigt das Vorkommen von anspruchsvollen Fließgewässer-Libellen, dass sich die Gewässergüte im Vergleich zu früher wieder gebessert hat. In den 1970er Jahren wurden die Ufer der Blies noch mit Wasserbausteinen gesichert und im Zuge der Umsetzung von Straßenbauprojekten (Autobahn) teilweise Mäander abgeschnitten. So verringerte sich der Gewässerlauf der Blies von 120 km auf 100 km.

Die Bliesaue ist seit Jahren wieder Lebensraum des Weißstorches und in den „Storchenwiesen" zwischen Homburg und Blieskastel versammeln sich heute wieder, genau wie früher, die Jungstörche, um ihren gemeinsamen Flug in die Überwinterungsgebiete anzutreten. Mit dem Vorkommen des Weißstorches identifiziert sich ein Großteil der Bevölkerung. Es ist folgerichtig, dass sich diese „Willkommens-Kultur" auf den Begrüßungsschildern im nördlichen Teil der Biosphäre mit dem Weißstorch als Sympathie-Träger wiederfindet.

Bliesaue zwischen Blickweiler und Breitfurt.

Die Blies oberhalb Blieskastel mit Schwemmsandbereichen und natürlichen Prallhängen.

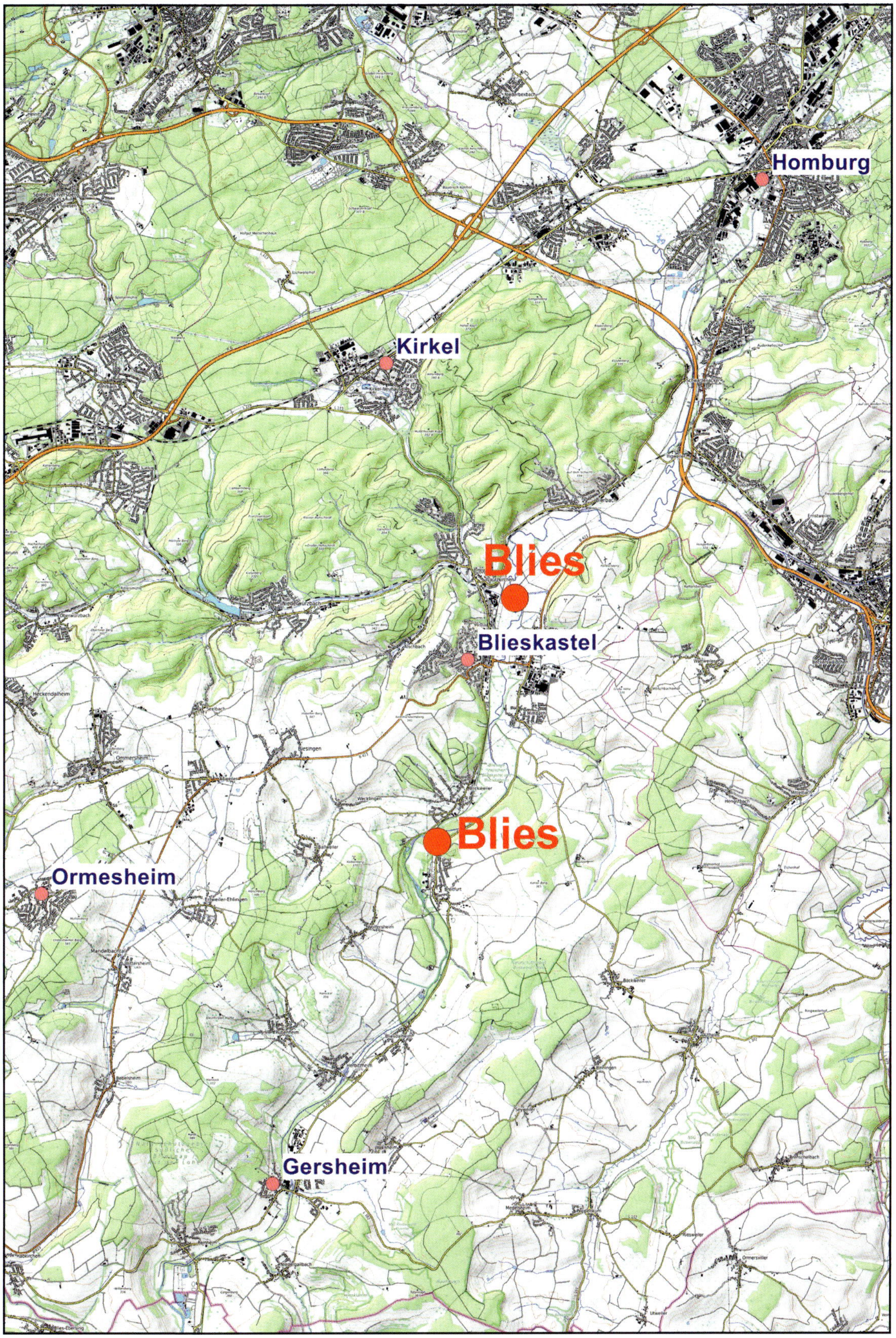
Homburg
Kirkel
Blies
Blieskastel
Blies
Ormesheim
Gersheim

Pfeifengrasrasen im „Wolfsgalgen" bei Medelsheim

Südwestlich von Medelsheim, und zwar in der Flur „Wolfsgalgen" am Waldrand zur Forst-Abteilung „Rehbrunnnen", wachsen auf wechselfeuchten Muschelkalk-Standorten die sogenannten „Pfeifengrasrasen". Während das Pfeifengras im vom Buntsandstein geprägten nördlichen Teil des Biosphärenreservats Bliesgau nicht selten ist, sind die Pfeifengrasrasen auf Kalk durchaus etwas Besonderes in der Region. Pflanzensoziologisch entsprechen sie dem Typus eines wechselfeuchten Kalk-Halbtrockenrasens; sie sind daher ganz und gar nicht mit den Pfeifengraswiesen auf Niedermoor-Standorten (z.B. im „Königsbruch" bei Homburg-Bruchhof) zu vergleichen.

Paul Haffner, ein saarländischer Vegetationsgeograph, der vor nunmehr 60 Jahren die „Kalktriften im Bliesgau und Zweibrücker Westrich" (HAFFNER 1960, S. 89 ff) pflanzensoziologisch bearbeitete, wies in seinen Arbeiten immer wieder auf die pflanzensoziologische Eigenart dieser Pfeifengraswiesen auf Muschelkalk hin und erwähnte das Vorkommen kalkholder Begleitarten wie z.B. die Kalk-Kreuzblume (*Polygala calcarea*) oder die Blaugrüne Segge (*Carex flacca*). Die Pfeifengrasrasen bei Medelsheim entsprechen diesem Typus und zeichnen sich ferner durch das Vorkommen bestimmter Orchideen aus, so z.B. das Helm-Knabenkraut (*Orchis militaris*), um nur die auffälligste Orchideenart zu nennen oder das Gefleckte Knabenkraut (*Dactylorhiza maculata*). Bemerkenswert ist auch der Wechsel in der jahreszeitlichen Physiognomie dieses durchaus seltenen Vegetationstyps, der erst im Spätsommer, wenn das Pfeifengras in seiner ganzen ausgewachsenen Größe im Bestand steht, so richtig zur Geltung kommt und dann ganz und gar nicht mehr dem Bild eines kurzrasigen Muschelkalk-Rasens entspricht.

MEISBERGER (2017) beschreibt diesen Typus als *Carex panicea*-Trespenrasen und stellt dessen Besonderheit heraus, weil hier die für Silauwiesen typischen Arten Silau (*Silaum silaus*) und Hirse-Segge (*Carex panicea*) eindringen. Überregional sind solche Bestände pflanzensoziologisch kaum beschrieben.

Der Wolfsgalgen bei Medelsheim, wechselfeuchter Kalk-Halbtrockenrasen-Komplex mit Pfeifengras.

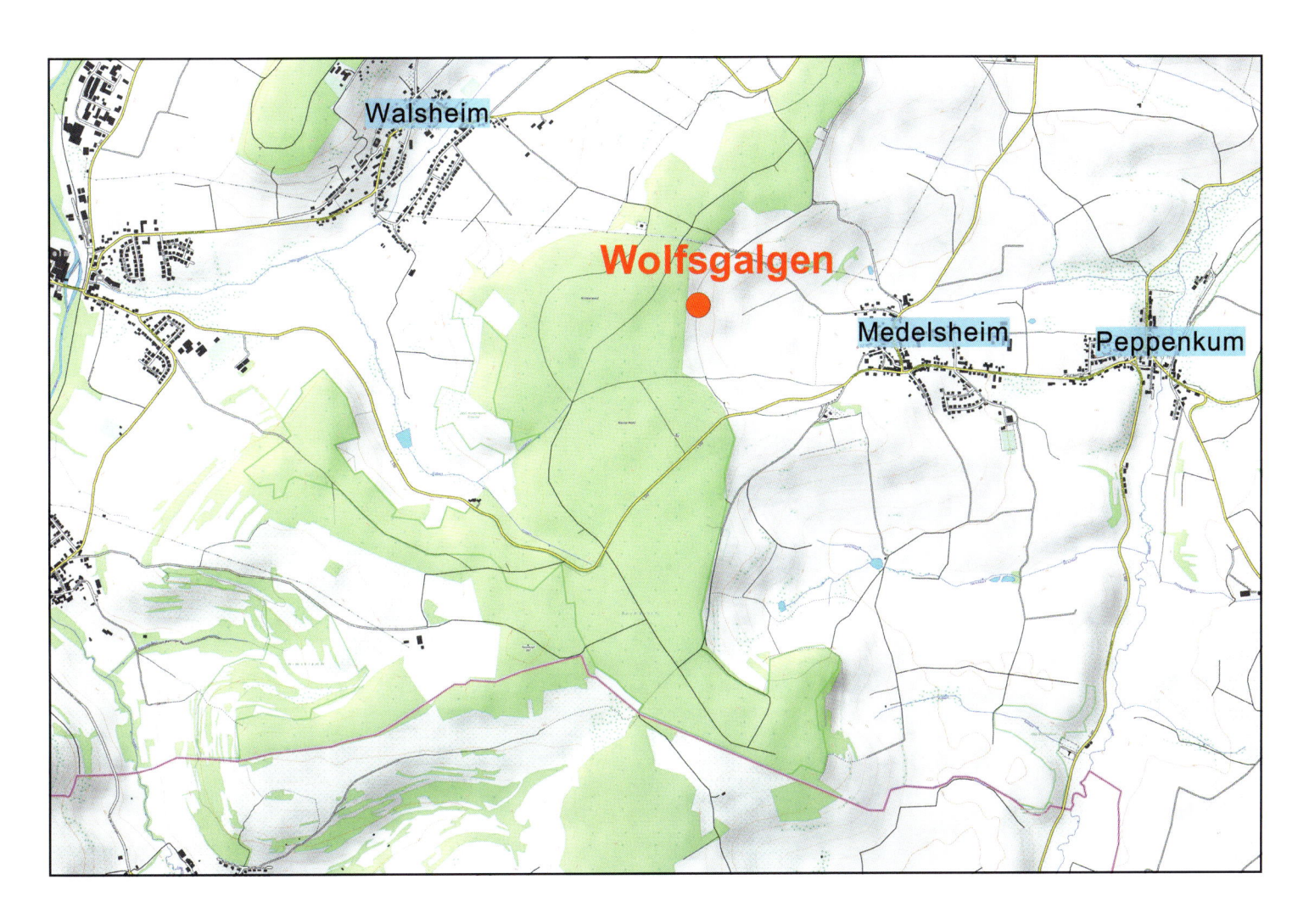

Zwiebelberg zwischen Gersheim und Walsheim

Am Ortsausgang Gersheim in Richtung Walsheim steigt linker Hand ein markanter Bergrücken an. Es ist der Zwiebelberg, der bereits von Weitem zu sehen ist und seinerseits (steht man am Gipfel) einen weiten Blick in die Täler von Blies und Hetschenbach bietet. Der Zwiebelberg ist Teil des FFH-Gebietes FFH-N-6809-303 „Naturschutzgebiet zwischen Bliesdalheim und Herbitzheim", in dem die den Bliesgau so prägenden „Salbei-Glatthaferwiesen" wachsen. Für die Orchideenfreunde ist der Zwiebelberg ein Insider-Tipp – gibt es doch in der gesamten Region kaum einen zweiten Standort, auf dem auf kleiner Fläche so viele Orchideenarten, teils dazu in so großer Zahl vorkommen. Zu nennen sind etwa die Bocks-Riemenzunge (*Himantoglossum hircinum*), welche sich in den vergangenen Jahren enorm ausgebreitet hat, die Hummel-Ragwurz (*Ophrys holoserica*) - auch die blassgelbe apochrome Variante -, die Bienen-Ragwurz (*Ophrys apifera*), die Pyramiden-Orchis (*Anacamptis pyramidalis*), das Helm-Knabenkraut (*Orchis militaris*) und – im Wald – das Weiße Waldvöglein (*Cephalanthera damasonium*) sowie die Vogel-Nestwurz (*Neottia nidus-avis*). Der Halbtrockenrasen beherbergt eines der wenigen im Bliesgau bekannten Vorkommen des Feld-Mannstreu (*Eryngium campestre*). Ein weiteres Vorkommen ist unten im Hetschenbachtal bzw. auf dem Homerech bei Reinheim sowie „Sperr" bei Niedergailbach. Im Frühsommer ist am Zwiebelberg das Tausendgüldenkraut (*Centaurium erythraea*) auffällig und im Herbst ist hier der Fransenenzian (*Gentiana ciliata*) zu finden. Aber nicht nur für die Flora, auch für die Fauna ist der Zwiebelberg etwas Besonderes, z.B. für die Artengruppe der Heuschrecken. Vom Zwiebelberg stammt auch die bisweilen einzige Meldung des Rotleibigen Grashüpfers (*Omocestus haemorrhoidalis*) in der Region auf Kalk (was auf absehbare Zeit wohl auch so bleiben wird). An Schmetterlingsarten, ist insbesondere der Silber-Bläuling (*Lysandra coridon*) zu nennen. Was die Avifauna betrifft, sind die Vorkommen von Neuntöter (*Lanius collurio)* und Schwarzkehlchen (*Saxicola torquata*) zu erwähnen. Insbesondere das Schwarzkehlchen kann schon seit Jahren ständig im Gebiet beobachtet werden und nutzt gerne auch die weiter unten am Hangfuß vorhandenen Gebüschsäume als Lebensraum.

Der Zwiebelberg – Panorama-Blick von der Gersheimer Seite aus über das Hetschenbachtal. (Foto: Hartmut Dorda)

Kalk-Magerrasen-Bereiche am Zwiebelberg; Blick vom Zwiebelberg hinunter ins Hetschenbachtal.

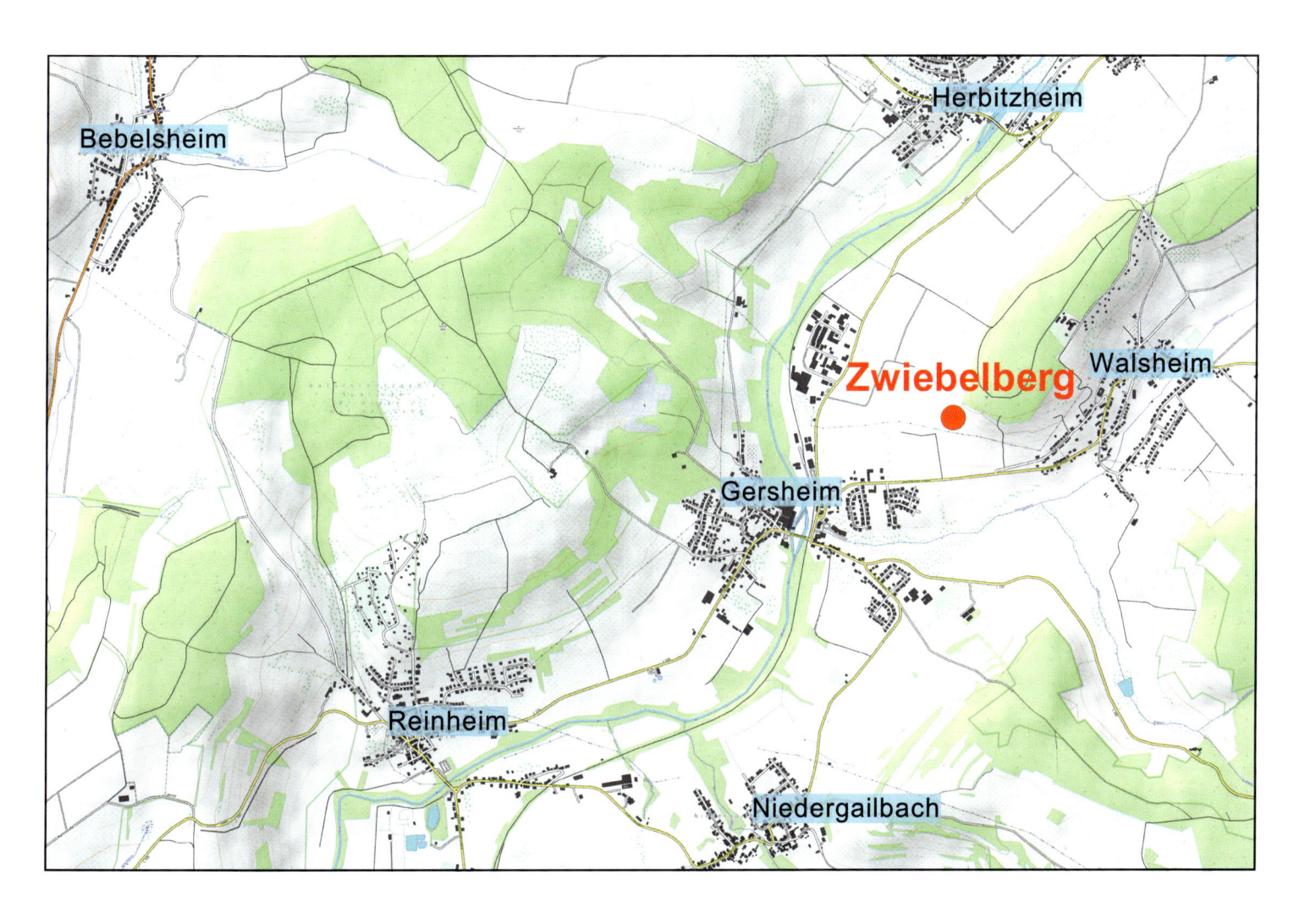

Die Naturwaldzelle „Baumbusch"

Die Naturwaldzelle „Baumbusch" südlich von Gersheim-Medelsheim ist ein Urwald in spe. Sie ist Naturschutzgebiet und Teil der Kernzone des Biosphärenreservats Bliesgau. Im Rahmen der Naturwaldzellen-Strategie der Landesforstverwaltung des Saarlandes wurde der „Baumbusch" in den 1970er Jahren gemeinsam mit (damals) 10 weiteren Flächen auf gutachterliche Empfehlung des Saarbrücker Vegetationsgeographen Josef Schmithüsen als Naturwaldzelle ausgewiesen. Seitdem wird die Fläche nicht mehr beförstert und ist in ihrer Waldentwicklung sich selbst überlassen. Naturwaldzellen sind Naturwaldreservate, also Naturwälder (jedenfalls sollen sie sich dahin entwickeln). „Naturwaldzellen" heißen sie im Saarland, in Baden-Württemberg sind es die „Bannwälder" und im „Rest der Republik" heißen sie „Naturwaldreservate". Naturwaldzellen dienen dem Studium des Waldbildungspotenzials. „Naturwaldzellen sind Waldflächen, die für alle Zeit aus der forstlichen Bewirtschaftung ausgeschlossen werden, um darauf unter möglichster Vermeidung aller direkten menschlichen Einwirkung der natürlichen Entwicklung des Waldes freien Lauf zu lassen" (SCHMITHÜSEN 1973, S. 1). Mit deren Einrichtung wurde – so SCHMITHÜSEN weiter – „die Möglichkeit geschaffen, das natürliche Wuchspotential der unterschiedlichen Standorte und die Vorgänge der Waldentwicklung und des Wachstums und der Konkurrenzkraft der einzelnen Baumarten besser kennenzulernen, als es jetzt in den seit Jahrhunderten bewirtschafteten Beständen möglich ist".

Naturwaldzellen sind Freilandlabore, in denen Wald-Sukzessionsforschung betrieben werden kann. Da es in Mitteleuropa – vielleicht bis auf den Bialowieza Nationalpark in Polen – keine echten Urwälder mehr gibt, bieten sich allein noch solche Naturwaldflächen als Freilandlaboratorien für die natürliche Sukzession – die Entwicklung und Abfolge von Tier- und Pflanzengesellschaften an einem bestimmten Standort – an.

Im Mittelpunkt der Betrachtung steht die Frage: Wie entwickelt sich Wald in Abhängigkeit von verschiedenen Standortbedingungen? Das ist auch der Grund, warum es im Saarland verschiedene Naturwaldzellen auf unterschiedlichen geologischen Formationen gibt. Eine davon ist der Muschelkalk und dies ist die Naturwaldzelle „Baumbusch".

Der Faktor „Zeit" bzw. „Alter" spielt im Zusammenhang mit Wäldern eine gewichtige Rolle. Naturschutzfachlich sind Standorte, die seit vielen Jahrhunderten von naturnahem Wald bestanden sind, von besonderem Interesse. Untersuchungen aus Großbritannien beispielsweise zeigen, dass die dortigen „ancient woodlands" unschätzbare Informationen über weit zurückliegende Naturprozesse liefern können (siehe hierzu z. B. WATKINS 1990). Auf derartigen Waldarealen lassen sich wertvolle Kenntnisse über das natürliche Zusammenspiel von Standort, Baumbestand, Bodenvegetation und Bodenentwicklung sowie über die natürlichen Ansprüche der jeweiligen Baumarten und deren Konkurrenzdynamik gewinnen. Ferner können Indikatorarten („indicators of ancient woodlands") ermittelt werden, die aufgrund bestimmter Eigenschaften auf diese alten Waldstandorte angewiesen sind.

In der ursprünglichen Konzeption von Josef Schmithüsen waren Naturwaldzellen vorrangig wegen Forschung und Lehre ausgewiesen. Da sie aber auch wichtige Aufgaben für den Naturschutz erfüllen, beispielsweise auch als Genreservoir, werden heute Naturschutz und Naturwaldforschung als durchaus gleichrangige Ziele angesehen. Diese Feststellung gilt auch für das Saarland, wo die im Rahmen des Naturwaldzellenprogramms entsprechend ausgewiesenen Waldflächen vor Nutzungen, Belastungen, Störungen und nicht natürlichen anthropogenen Veränderungen geschützt werden und im Rahmen einer Sammelverordnung im Jahr 2000 auch zu Naturschutzgebieten erklärt worden sind. Heute sind saarlandweit 17 Naturwaldzellen in unterschiedlichen geologischen Formationen (in der Forstsprache: „Standorttypen") ausgewiesen, darunter auch bekanntere, wie etwa die Naturwaldzellen „Jägersburger Moor", „Kahlenberg" bei Otzenhausen oder die „Saarsteilhänge bei Mettlach". Die Flächengröße schwankt zwischen knapp 10 und rund 370 Hektar. Dabei ist die Naturwaldzelle „Baumbusch" mit etwa 23 Hektar noch eine der kleineren.

Was ist nun das Besondere an der Naturwaldzelle „Baumbusch"? – In erster Linie ist die Strukturvielfalt zu nennen, die sich zwangsläufig ergibt, wenn ein Wald mehr als 40 Jahre nicht mehr bewirtschaftet wird und infolgedessen einen etwas

[20] Rendzina ist ein in der Bodenkunde gebräuchlicher Begriff für einen flachgründigen, skelettartigen Boden mit einem Ah/C Profil.

"unaufgeräumten" Eindruck macht. Es handelt sich bei diesem geschützten Areal in Medelsheim um einen ca. 150-jährigen Laubmischwaldbestand mit eingestreuten kleineren Nadelbaum- sowie Eschen-Buchen-Mischbeständen.

Die den „Baumbusch" prägenden Waldgesellschaften sind der Kalk-Buchenwald und der Orchideen-Buchenwald, letzterer im „Baumbusch" klassisch in sonnenexponierter leichter Hanglage (gegen den Bliesgau-Ort Medelsheim zu) auf einem Rendzina-Kalkboden[20]. Die Tatsache, dass die Fläche nicht mehr bewirtschaftet wird, führt natürlich dazu, dass der Wald ein etwas urtümliches Aussehen bekommt: „verwegen", nicht wie ein Wirtschaftswald. Es sei an dieser Stelle darauf hingewiesen, dass es noch kein Urwald im eigentlichen Sinne ist. Zur Entwicklung eines Urwaldes braucht es Zeit, viel Zeit, ca. 200–300 Jahre. Der „Baumbusch" steht erst am Anfang, wird sich aber in Richtung eines Urwaldes entwickeln, wenn man ihn denn lässt. Die Tatsache, dass der Wald sich selbst überlassen ist und sich praktisch ungestört entwickeln kann, schafft natürlich neue Lebensraumbedingungen, insbesondere für die Tierwelt. So war der Rotmilan einer der ersten, der auf das neue Lebensraumangebot geantwortet hat und sich als Brutvogel eingestellt hat. Auch der Pirol, der im Bliesgau eine Habitatveränderung durchmacht (weg von den Galeriewäldern entlang der Bäche und Flüsse, hin zu geschlossenen Waldbeständen) kann im „Baumbusch" beobachtet werden. Aufgrund des natürlichen Höhlenangebots, das jedes Jahr reicher wird, sind auch Arten wie Waldkauz (*Strix aluco*) und Hohltaube (*Columba oenas*) anzutreffen. Die St. Ingberter Ornithologin Barbara Fröhlich-Schmitt hat im „Baumbusch" auch bereits den Halsbandschnäpper als Brutvogel festgestellt, von dem sonst nur noch ein Brut-Vorkommen im Brücker Wald bei Niedergailbach bekannt ist. An Pflanzenarten kann *Dactylorhiza maculata*, das Gefleckte Knabenkraut, genannt werden. Im Frühjahr ist das Weiß des Buschwindröschens (*Anemone nemorosa*) auffallend; zu erwähnen auch das Gelb des Scharbockskrautes (*Ranunculus ficaria*) und überall dazwischen die Hohe Schlüsselblume (*Primula elatior*). Wenn dann im Laufe des Frühjahrs das Kronendach dichter wird und die Frühjahrsblüher verschwinden, wird die Krautschicht des „Baumbusches" zwar eintöniger, dafür aber einheitlich grün. Zu beobachten sind dann Wald-Segge (*Carex sylvatica*), Rasen-Schmiele (*Deschampsia cespitosa*), Einbeere (*Paris quadrifolia*) und Hainrispengras (*Poa nemoralis*). Im Hochsommer fällt dann entlang des Waldweges, zwischen Pappelbestand und eigentlicher Naturwaldzelle, die Wald-Trespe (*Bromus ramosus*) auf.

Das Gebiet gehört seit 2004 zum Naturschutzgebiet „Baumbusch bei Medelsheim.

Weiterführende Literatur:
Dorda, D. (2011): Die Naturwaldzelle Baumbusch bei Medelsheim – wo des Försters Axt für immer schweigt. – In: Saarpfalz-Kreis [Hrsg.]: Saarpfalz-Jahrbuch 2012. – Homburg, S. 63-69.

Wald-Sukzession. Im Lichtkegel umgestürzter Bäume entwickelt sich junger Wald.

Nicht standorttypische Fichten knickt der Wind reihenweise um.

Zwieselwuchs

Stehendes Totholz

Orchideen-Buchenwald-Bereiche in der Naturwaldzelle „Baumbusch" bei Medelsheim.

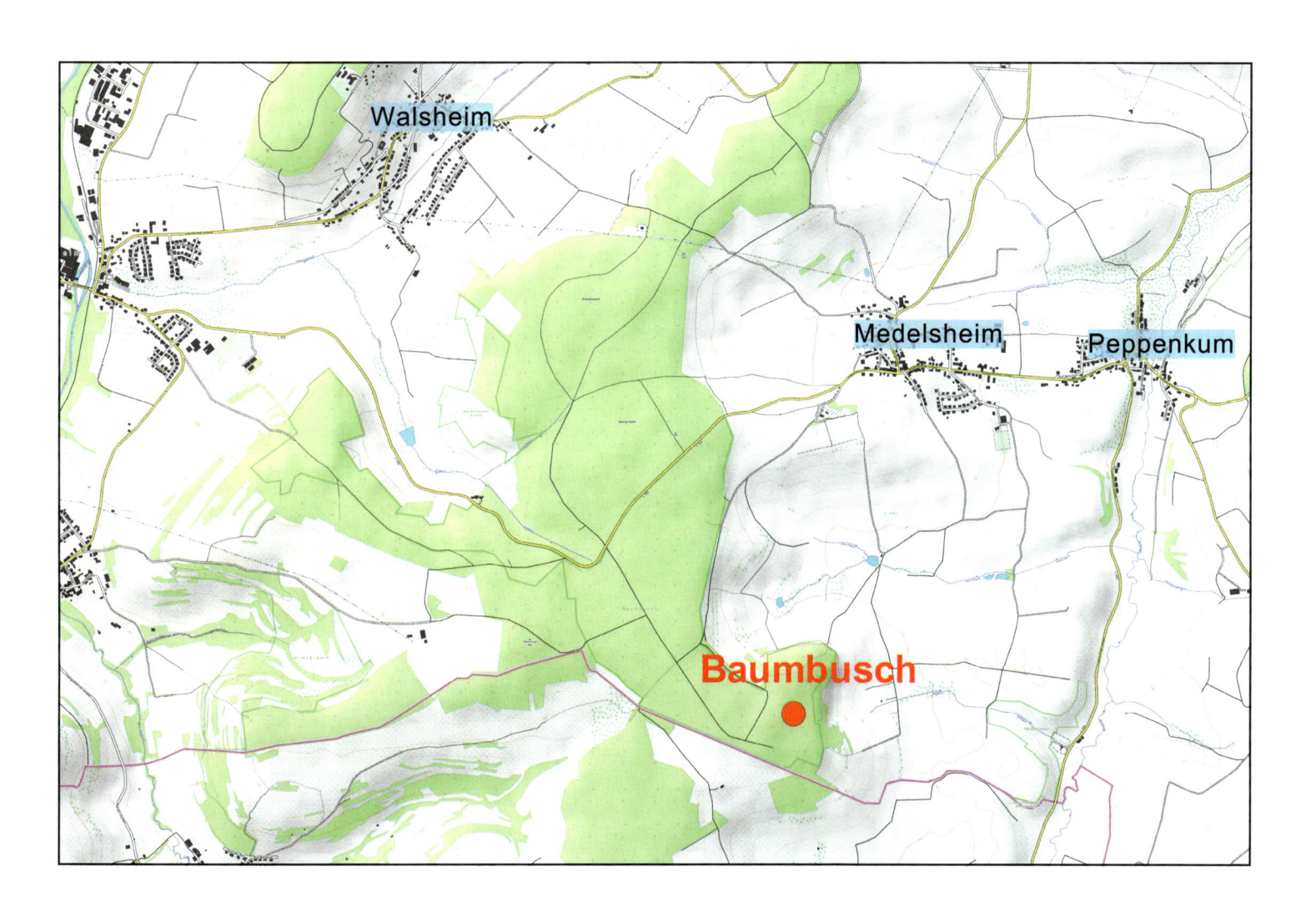

Naturwaldzelle Baumbusch. Repräsentativer Kalk-Buchenwald in der - gemäß Mosaik-Zyklen-Konzept - Optimal-Phase.

Küchenschellenhang bei Peppenkum

Im Bickenalbtal südlich von Peppenkum, (in dem von Westen kommenden Seitentälchen der Sauerquelle), direkt an der deutsch-französischen Grenze, liegt der weit über die Grenzen der Region bekannte „Wacholderberg", besser bekannt als „der Küchenschellenhang bei Peppenkum". Jedes Jahr, je nach Witterung gegen Ende März/Anfang April, verwandelt sich der Hang in ein blaues Blütenmeer. Nirgendwo in der ganzen Region kommt die Gewöhnliche Küchenschelle (*Pulsatilla vulgaris*) in einer solchen Bestandsdichte vor. Der Blumenteppich wirkt so unnatürlich, als seien die Pflanzen vom Menschen ausgesät worden. Auch wenn es nicht das einzige Vorkommen in der Region ist (kleinere Vorkommen gibt es auch in der „Badstube" bei Mimbach, am Kalbenberg bei Ballweiler und in einem Kalk-Halbtrockenrasen (Kuckucksberg) nördlich der L 201 zwischen Altheim und Hornbach) ist dieses Naturschauspiel einzigartig. Das Vorkommen ist mittlerweile weit über die Grenzen der Region bekannt und jedes Jahr pilgern Hunderte Besucher, jung und alt, von nah und fern, an den Wacholderberg – nur um die Küchenschelle dort in ihrer Blüte zu erleben. Sie kommt auch an anderen Standorten vor, aber keiner zieht die Naturfreunde in solchen Scharen an, wie der Wacholderberg.

Später im Jahr, wenn die Küchenschelle verblüht ist und nur noch die Samenstände im Abendlicht einen Kontrast glänzen, sieht der Hang wie jeder andere Halbtrockenrasen im Bliesgau aus. Schwer vorstellbar, dass hier noch vor Wochen ein blaues Blütenmeer vorhanden war.

Im Hang blühen auch das Frühlings-Fingerkraut (*Potentilla tabernaemontani*) und das Sonnenröschen (*Helianthemum nummularium*). Die Fläche ist als Naturschutzgebiet ausgewiesen und als solches auf eine ständige Pflege angewiesen. Die ist bei der steilen Hanglage nicht immer einfach.

Wacholderberg bei Peppenkum – größter Bestand der Küchenschelle (*Pulsatilla vulgaris*) in der Region. Nach dem Abblühen der Küchenschelle präsentiert sich der Wacholderberg im Sommer wie jeder andere gewöhnliche Halbtrockenrasenhang.

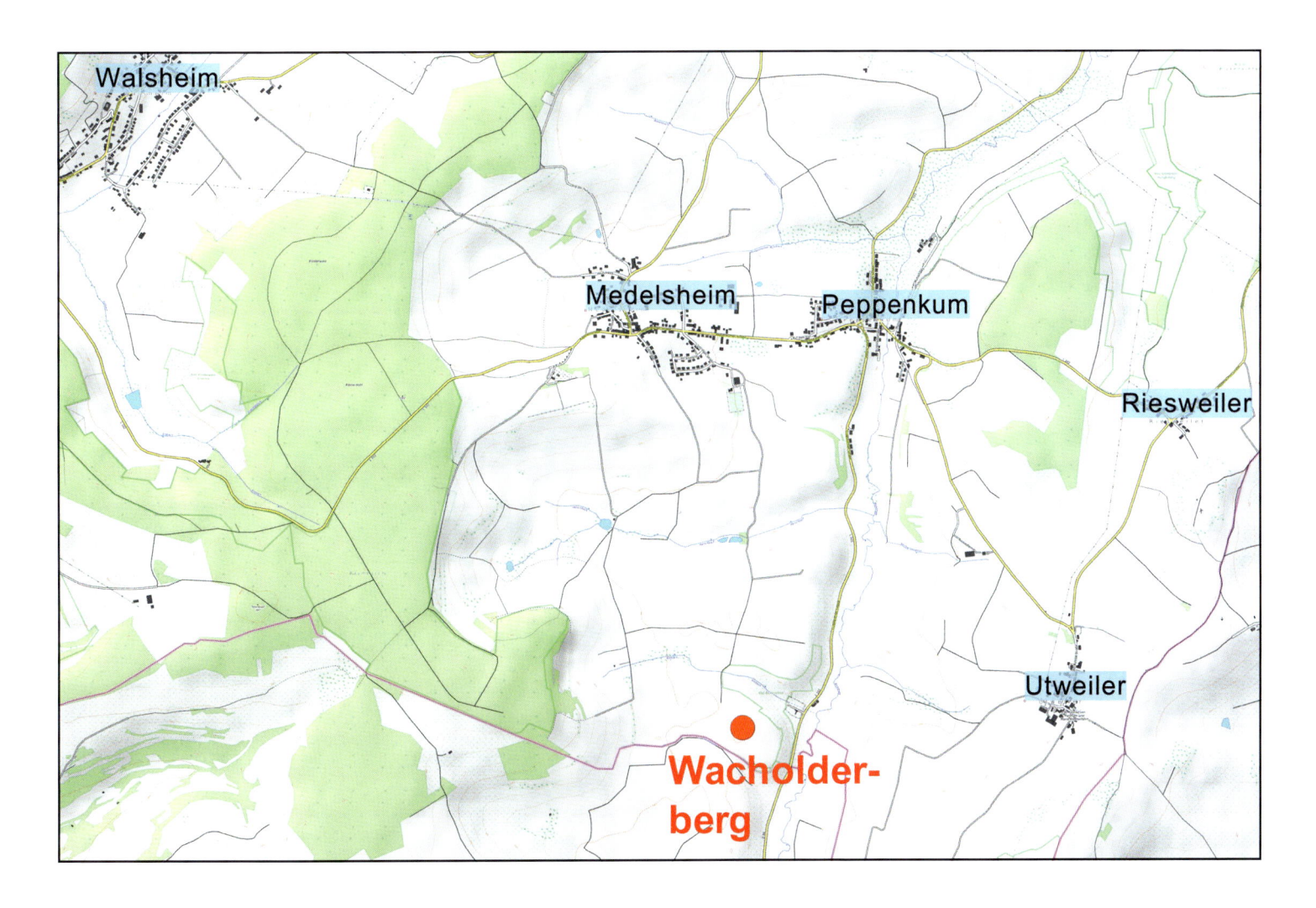

Bickenalb – von Peppenkum bis zur Landesgrenze bei Altheim

Auch wenn laut Gewässertypenatlas (Kinsinger/Löffler 1998) der Hetschenbach ein Referenzgewässer ist und die Blies mit ihrer intakten Überschwemmungsaue ein Lehrbeispiel eines funktionierenden Retentionsraumes, so ist die Bickenalb das Fließgewässer der Region, welches am meisten landschaftsbildprägend ist. Sie bildet mit der Parr, der Landschaftsraum, durch den sie fließt, eine Einheit, denn der Charakter der Bickenalb ist die zwar ausschließlich als Grünland genutzte, aber dennoch offene Auenlandschaft. Auf den ersten Blick landschaftsprägend sind die vielen alten bachbegleitenden Weiden und Pappeln, die von Weitem schon ins Auge stechen und ein knorriges, verwegenes Aussehen haben. An deren Stammfuß haben sich unzählige Kolke unterschiedlicher Größe und Tiefe gebildet. Sie sind Unterstand für die Bachforelle (*Salmo trutta f. fario*), die in der Bickenalb in großer Zahl vorkommt – allerdings auch von den örtlichen Fischereivereinen unterstützt. Die Bickenalb ist auch Lebensraum der FFH-Art Bachmuschel (*Unio crassus*), zumindest zeigen dies Schalenfunde des Biologen Frisch, der zeitweise in Altheim wohnte und dort Gelegenheit hatte, die Bickenalb freilandbiologisch zu erforschen. Die Bickenalb ist auch das Zuhause der FFH-Art Rotmilan, der regelmäßig jedes Jahr in mindestens 2 Brutpaaren an der Bickenalb angetroffen werden kann und insbesondere die hohen Pappeln zur Anlage seines Horstes, wobei er verlassene Nester von Rabenkrähen nutzt. In jüngster Zeit konnte an der Bickenalb auch vermehrt der Schwarzstorch beobachtet werden – ein Brutvorkommen ist allerdings nicht bekannt. Der Schwarzstorch nutzt aber die an Fischen reiche Bickenalb gerne als Nahrungshabitat.

Bickenalb zwischen Peppenkum und Altheim.

Bickenalbtal vor der Landesgrenze zu Rheinland-Pfalz.

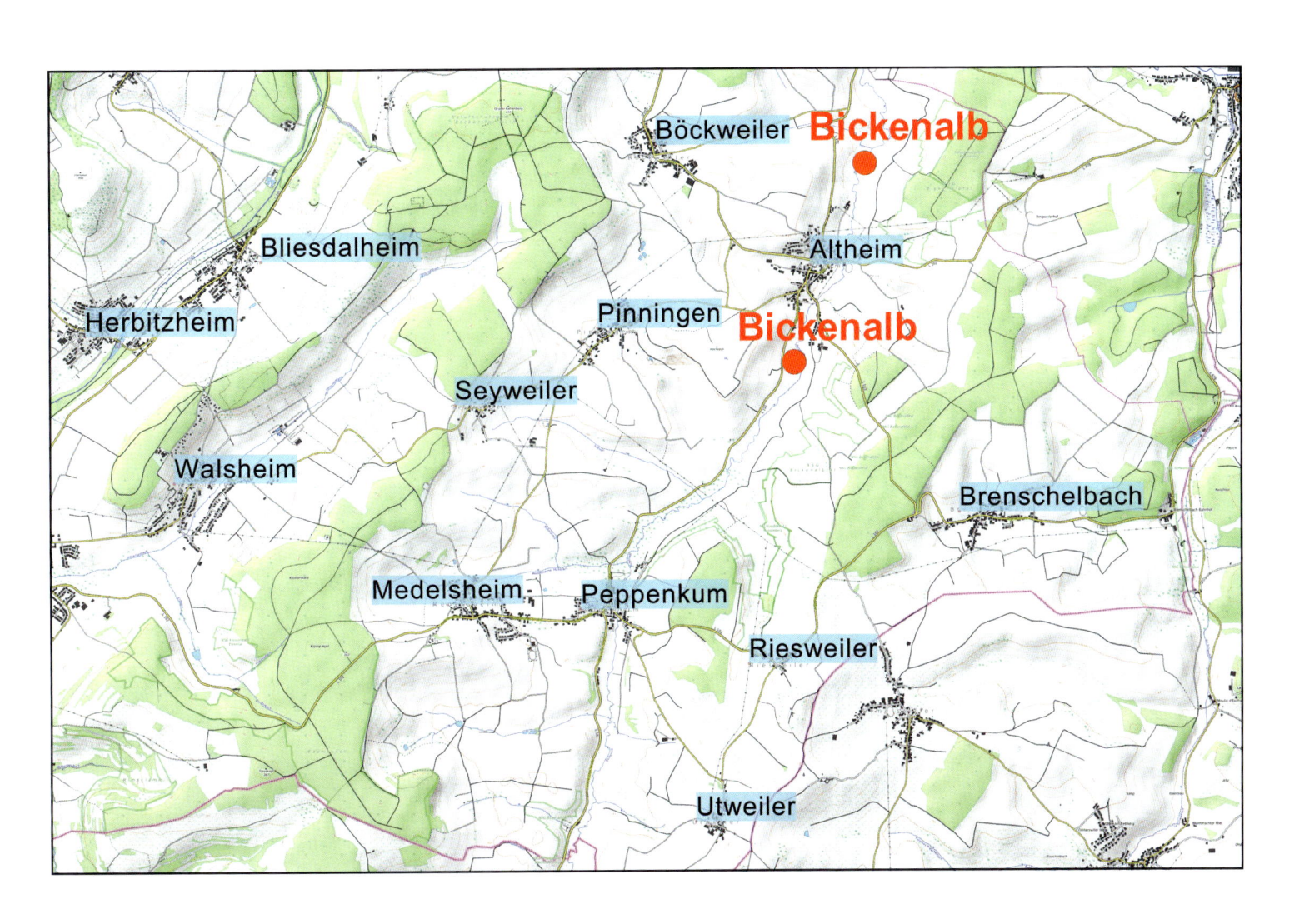

Der „Moorseiters Wald" bei Altheim

Die Biosphären-Anker der Identität sind eher Beispiele aus der Offenlandschaft. Wälder sind nur wenige dabei. Dies hängt damit zusammen, dass Wälder im Allgemeinen schwer einsehbar und damit auch kaum prägend sind. Wälder müssen schon etwas Besonderes bieten, z. B. das Vorkommen bestimmter Arten (Brücker Berg bei Niedergailbach – Halsbandschnäpper; verwegenes Aussehen – Wald im Orchideengebiet Gersheim bzw. Baumbusch bei Medelsheim). Am besten ist, sie bieten alles zusammen auf – eben wie der „Moorseiters Wald" bei Altheim. Der „Moorseiters Wald" ist nicht nur Naturschutzgebiet und Kernzonenfläche des Biosphärenreservats Bliesgau, er ist auch im Rahmen der landesweiten Biotopkartierung zur Ausweisung als Naturwaldzelle vorgeschlagen. Es handelt sich um einen historischen Waldstandort, also eine Fläche, die schon immer mit Wald bestanden ist. Bestandsbestimmend sind Buche und Eiche. Wertbestimmend ist der Anteil an Altholz. Potenziell natürlich wären „Kalk-Buchenwald" und „Mesophiler Buchenwald". An Sonderbiotopen ist ein kleiner Graben erwähnenswert, der wie in einem Schluckbrunnen plötzlich von der Bodenoberfläche verschwindet, unterirdisch weiter fließt und erst wieder in dem nach Westen geneigten Hang zum Bickenalbtal nordöstlich Altheim zu Tage tritt. Das Ganze erinnert an die Gegebenheiten einer Karst-Landschaft und hat bereits das Interesse vieler Geologen auf sich gezogen. Im „Moorseiters Wald", direkt an der Grenze zu Rheinland-Pfalz, steht eine Uralt-Eiche. Dort kommt der Trauerschnäpper vor, ebenso die Waldschnepfe.

Kalk-Buchenwald-Standort im „Moorseiters Wald" bei Altheim

Karst-Bedingungen im „Moorseiters Wald" bei Altheim – Schluckbrunnen: ein kleiner Waldbach verschwindet unterirdisch und tritt außerhalb des Waldes an einem Hang wieder zu Tage.

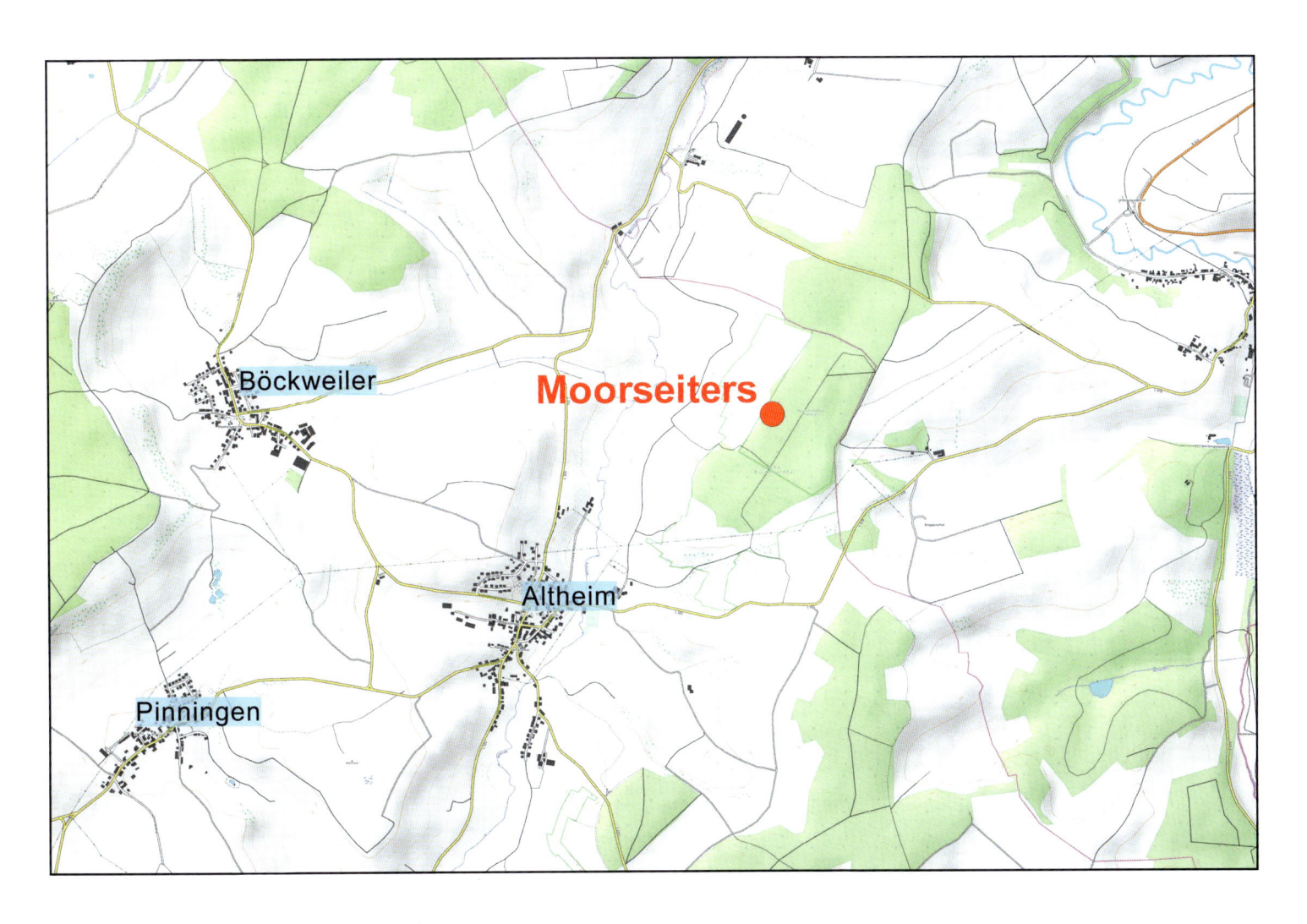

Die „Badstube Mimbach"

Die „Badstube" bei Mimbach ist ohne Zweifel eine der bedeutendsten Kalk-Halbtrockenrasenflächen im Bliesgau und zählt zu den arten- und individuenreichsten linksrheinischen Orchideenstandorten. Ähnlich wie das Orchideengebiet bei Gersheim zieht sie seit jeher die Orchideenfreunde an. Tatsächlich sind an Orchideen all die Arten zu finden, die im Bliesgau gewöhnlich in Kalk-Halbtrockenrasen vorkommen (*Orchis militaris, Orchis purpurea, Ophrys holoserica, Ophrys apifera, Ophrys insectifera, Anacamptis pyramidalis, Himantoglossum hircinum*) – um nur die auffälligsten zu nennen).

Nach HERR-HEIDTKE/HEIDTKE (2010) wurden dort bis heute etwa 25 Orchideenarten nachgewiesen, zuzüglich mehr als ein Dutzend hybridogener Taxa, die überwiegend zur Gattung Ophrys gehören. Den Autoren gelang es im Jahre 2010 auch eine neophytische Ophrys-Art nachzuweisen, deren Verbreitungsgebiet eigentlich an der südfranzösischen Côte d'Azur liegt. Nach der Morphologie der Blüten und deren Habitus handelt es sich um die Spinnenähnliche Ragwurz (*Ophrys arachnitiformis*). Diese Art wurde dort jedoch höchstwahrscheinlich angesalbt.

Bemerkenswert ist ferner – wenn auch nur als kleiner Bestand – das Vorkommen der Gewöhnlichen Küchenschelle (*Pulsatilla vulgaris*). Letztere kommt z.B. in den Kalk-Halbtrockenrasen des oberen Muschelkalkes nicht vor, dafür aber in Peppenkum, Riesweiler, Altheim, Ballweiler – also in den Halbtrockenrasenflächen im Mittleren Muschelkalk des Naturraumes Zweibrücker Westrich.

Über die Herkunft des Namens „Badstube" gehen die Meinungen auseinander. Der Saarbrücker Biogeograph Paul Müller mutmaßte, dass der Name eine Hommage an die sonnenexponierte Lage des Gebietes sei, und die Bauern, die früher bei der Heuernte regelmäßig ins Schwitzen kamen, sich dort in ihrem eigenen Schweiß „baden" konnten (MÜLLER 1964). „Die Bauern sagen dann jedem Besucher, der nach der Badstube fragt, dass das jenes Gebiet zwischen Schenkels- und Rabenberg sei, in dem man „baden" gehen kann. Selbstverständlich ist das bildlich gemeint und soll das Baden im eigenen Schweiß bedeuten, denn einen Bach, außer dem Schelmenbach im Südwesten, gibt es nicht" (Müller 1964, S. 95).

Andere Autoren meinen, dass der Name „Badstube" eher wörtlich zu nehmen sei, denn in dem südwestlich exponierten Gelände herrschen bei Sonnenschein bereits im Mai Temperaturen, die durchaus an eine gut beheizte Bad(e)stube erinnern.

Paul Müller war es auch, der der „Badstube" umgangssprachlich den Beinamen „Warzenbeißerhang" gab (MÜLLER 1964, S. 101), in Anspielung auf die vielen wärmeliebenden Heuschrecken (u.a. eben auch dem Warzenbeißer *Decticus verrucivorus*), die in der „Badstube" vorkommen; und es war derselbe Autor, der bei seinen Studien (vor mehr als 50 Jahren) in der „Badstube" als erster die Feldspitzmaus *Crocidura leucodon* nachweisen konnte. Neben Heuschrecken und eben Kleinsäugern ist die Fläche vor allem für wärmeliebende Tagfalterarten bedeutend. An erster Stelle zu nennen ist hier der Goldene Scheckenfalter (*Euphydryas aurinia*), der im Bliesgau stabile Populationen aufweist. Auch die Gottesanbeterin kann mittlerweile regelmäßig in der „Badstube" beobachtet werden.

Die „Badstube" ist eines der ältesten Naturschutzgebiete des Saarlandes. Aufgrund der Hanglage und der Exposition sicherlich auch eines der wärmsten. Die Fläche ist gleichzeitig auch FFH-Gebiet, für das es auch einen Pflege- und Entwicklungsplan (PEPL) gibt.

Halbtrockenrasenhang im Naturschutzgebiet „Badstube Mimbach"

Blick auf die Badstube von der Landstraße nach Böckweiler aus. Das Bild zeigt, wie isoliert doch die Halbtrockenrasen-Bereiche der Badstube sind – umgeben von, für wärmeliebende Arten, pessimalen Lebensräumen: Wald, Acker, Gebüsch. Es ist schon verwunderlich, dass solch extrem wärmebedürftige Arten wie z. B. die Gottesanbeterin auch derart isoliert liegende Flächen „finden" und besiedeln. Denn vor 25 Jahren kam die Gottesanbeterin definitiv nicht in der Badstube vor. Die Art ist eingewandert – es fragt sich nur *wie*.

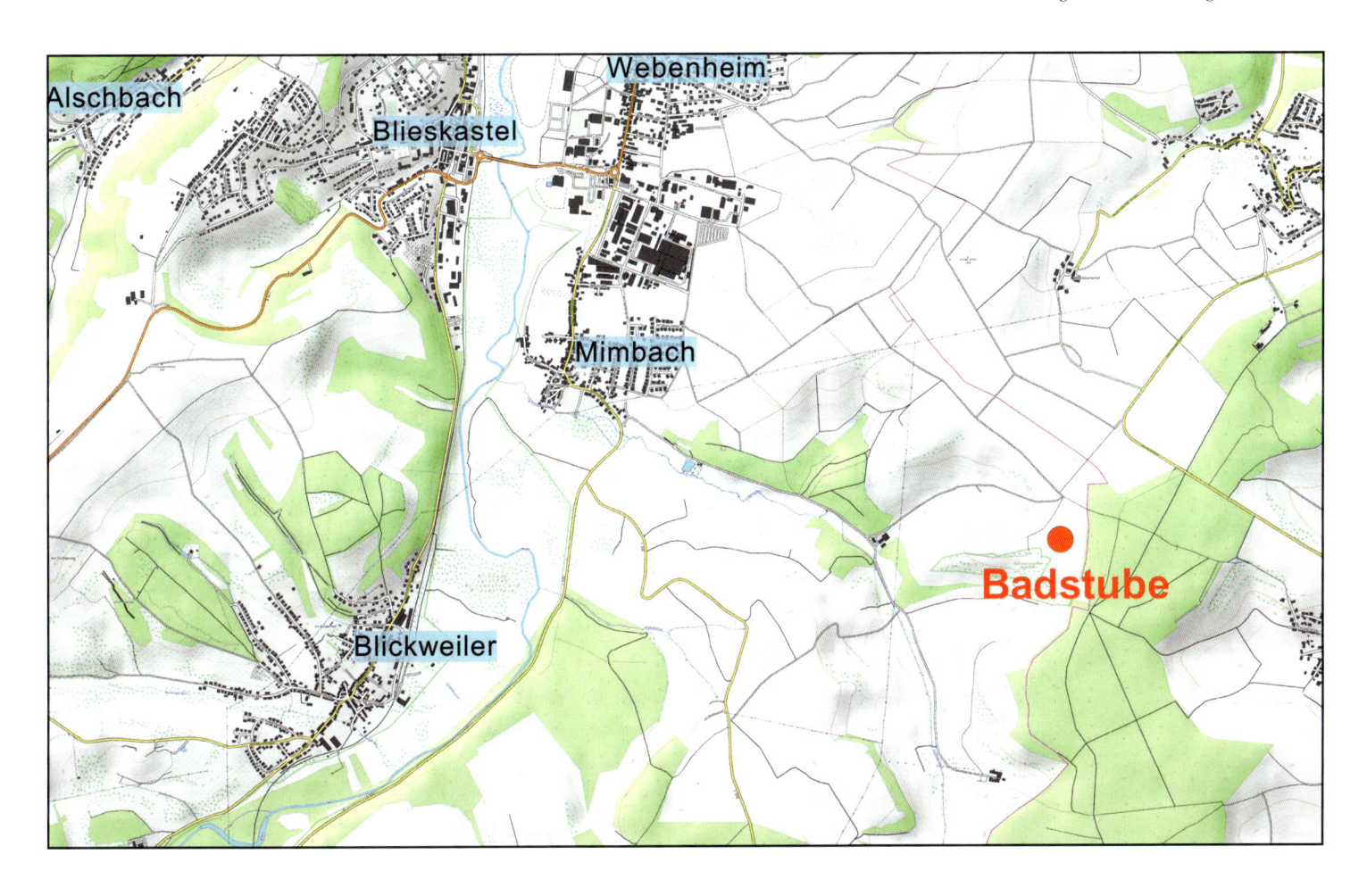

„Guldenschlucht" bei Einöd (im Wattweiler Tal)

Das lediglich 460 m lange und tiefeingeschnittene Kerbtal gilt wegen beeindruckender und mehrerer weitgehend vom Gebirgsverband isolierter Felsformationen des Buntsandsteins und dem kleinen teils über Felskaskaden stürzenden Bachlauf des Guldenbachs als wildromantische Schlucht. Der obere Schluchtbeginn mit der Quelle des Guldenbachs liegt wenige Meter unterhalb einer asphaltierten Anliegerstraße, die Ackerflächen und Aussiedlerhöfe an das öffentliche Verkehrsnetz anbindet. Mehrere Entwässerungsgräben aus der oberen Verebnungsfläche leiten das Oberflächenwasser über einen Durchlass in die Schlucht ab.

Insbesondere im mittleren Schluchtabschnitt schneidet sich der Guldenbach teils als tiefes v-förmiges Kerbtal ohne Sohlausbildung in das Festgestein flach lagernder Buntsandstein-Schichten ein. Der Einschnitt ist zum großen Teil postglazial unter wesentlich größerer Wasserführung entstanden. Im unteren Abschnitt wird das Gefälle mit Annäherung an das Sohlenkerbtal des Vorfluters, dem Hainbach als Nebenfluss der Blies, zunehmend geringer.

Die „Guldenschlucht" im Wattweiler Tal bei Einöd ist die auffälligste „Klamm" (= umgangssprachlich: Schlucht) in der Region. Der untere Teil liegt in Rheinland-Pfalz, der obere Teil gehört zum Saarland, wo die Quelle, die die Guldenschlucht formt, auch ihren Ursprung hat.

In der Guldenschlucht wird der zentrale Leitsatz der Geologie *„The present is the key to the past"* offenkundig. Über Jahrtausende haben Erosions- und Verwitterungsprozesse die großen Buntsandsteinfelsen so geformt, dass das Wasser heute stufenartig seinen Weg nach unten, ins Wattweiler Tal suchen kann. Die Guldenschlucht ist touristisch erschlossen, d.h. sie ist begehbar über Leitern und Treppen, was der Urtümlichkeit der Schlucht aber nicht schadet – im Gegenteil, die mehrere Meter großen, mit Moosen und Flechten bewachsenen, vor Wasser triefenden „Tränenfelsen" verleihen der Schlucht ein mystisches Aussehen. Die Guldenschlucht ist Kinderstube des Feuersalamanders, der dort bereits im Februar seine Larven in die kleinen Stillwasserbereiche absetzt (entgegen der landläufigen Meinung ist der Feuersalamander nicht vivipar – lebendgebärend – nur platzen die Eihüllen bei Berührung mit dem Wasser schnell auf, so dass es fast so aussieht, als würde der Feuersalamander seine Larven lebend gebären). In der Guldenschlucht kommt auch die Mondviole (*Lunaria rediviva*) vor, ebenso (allerdings nur als Gametophyt) der Prächtige Dünnfarn *Trichomanes speciosum*, eine der wenigen Pflanzen, die in unserer Region den Status einer FFH-Art haben. „Die Erscheinungsform des Farns im Gebiet ist aber alles andere als ‚prächtig', da der ansehnliche Sporophyt hier nicht zur Ausbildung kommt; lediglich die grünen Matten des Prothalliums sind in den Sandsteinhöhlen und -nischen nachweisbar" (Ulf Heseler und Rüdiger Mues, mdl.).

„The present is the key to the past" sagen die Geologen und meinen damit, dass man sich nur die rezenten Faktoren anschauen muss um zu verstehen, wie sich Landschaften entwickeln. Die wildromantische Guldenschlucht hat sich als Einschnitt im Buntsandstein entwickelt - postglazial, durch Einwirkung von Wasser.

Weiterführende Literatur:
DORDA, D. (2006): Steter Tropfen höhlt den Stein. Die Guldenschlucht bei Einöd – reich an Naturschätzen und Erdgeschichte. – In: SAARPFALZ-KREIS [Hrsg.]: Saarpfalz-Kalender 2007. – Homburg, S. 101-103.

Die Guldenschlucht im unteren Teil, bereits auf rheinland-pfälzischer Seite.

Mächtige Buntsandsteinfelsen weisen dem kleinen Guldenbach den Weg.

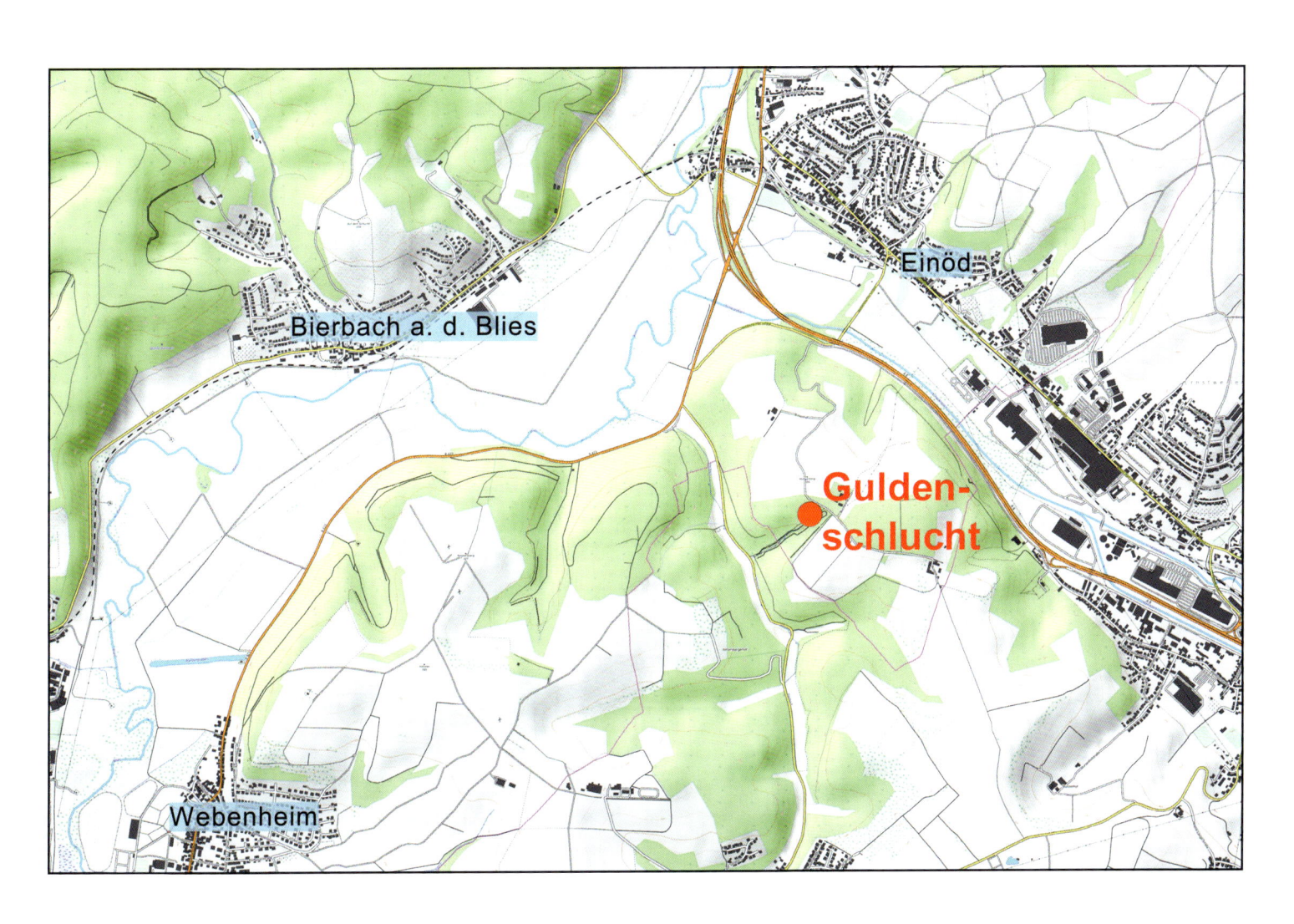

Beeder Bruch (Beeder Biotop)

Nordöstlich von Beeden ist im Beeder Bruch etwas ganz Besonderes entstanden: ein Biotopkomplex aus Naßbrachen, Weiden-Gebüsch und Tal-Glatthaferwiesen, zusammen mit künstlich angelegten Flutmulden: das Beeder Biotop, zumindest wird es von den Einheimischen so genannt und es ist auch so ausgeschildert, wenngleich das Wort „Biotop" ja nicht unbedingt auf ein Feuchtgebiet bezogen sein muss und eigentlich ganz allgemein „das Leben" (griechisch: bio) an einem Ort (griechisch: topos) beschreibt.

Die Entstehung des Beeder Biotopes ist eng mit der Ansiedlung des Weißstorchs in der Bliesaue verbunden. Denn hinter den künstlich angelegten Wasserflächen stand ursprünglich die Idee, dem Weißstorch Lebensraum und Auskommen zu bieten. Damit die Fläche offen bleibt (und sich die Nahrungsbedingungen für den Storch nicht verschlechtern), hat man sich für das Projekt einer großflächigen Beweidung entschieden. Beweidet wird mit Megaherbivoren. Das sind große Pflanzenfresser. Zu Beginn waren es Heckrinder (Heckrinder sind eine Rückzüchtung des Auerochsen); später kamen Wasserbüffel und Pferde (Konik-Pferde) hinzu.

„Man" heißt in diesem Fall: der Saarpfalz-Kreis, die Stadt Homburg und der Biotopverein, wobei letzterer auch der eigentliche „Macher" vor Ort ist. Beim Biotopverein laufen die Fäden zusammen und wird auch die eigentliche Arbeit geleistet. Der Biotopverein ist es auch, der mit der Betreuung der Tiere den ortsansässigen Landwirt Roland Lambert beauftragt hat, ohne dessen Engagement und Fachkenntnis das Projekt nicht denkbar wäre. Es ist ferner von grundlegender Bedeutung, dass sich im Beeder Biotopverein, „die Leute" aus dem Dorf engagieren. Damit wird auch in der Bevölkerung eine Identifizierung mit dem Projekt erreicht. Dies ist mit Sicherheit der Grund für die Erfolgsgeschichte des Beeder Biotops, die auch Nachahmer findet, denn das Beeder Biotop ist viel besucht und Ziel vieler Ausflüge. Ein Grund ist sicherlich auch die gute Aussicht – oben vom Sportplatz aus. Von einer Sitzbankgruppe und einer Aussichtsplattform aus lassen sich die Tiere, insbesondere Wasservögel, gut beobachten. Das sind nicht wenige und wenn man sich dann im Morgengrauen mit den grasenden Büffeln im Vordergrund in die Savannen Afrikas versetzt fühlt, hat das etwas von Abenteuer und Reiselust.

Das Beeder Biotop ist – außer für den Weißstorch (von dem in guten Jahren bis zu 3 Paare dort brüten) – insbesondere für wassergebundene Arten bedeutend und es können hier viele Rast- und Zugvogelarten der Europäischen Vogelschutzrichtlinie beobachtet werden, wie z. B. Silberreiher, Zwergsäger, Fischadler, Kranich, Kampfläufer, Bruchwasserläufer – um nur die auffälligsten zu nennen.

Durch Beweidung mit Megaherbivoren wird das „Beeder Biotop", wie es die Einheimischen identitätsstiftend nennen, offen gehalten. (Foto: Thomas Reinhardt, www.treinhardt.de)

Beeder Bruch. Vom Menschen geschaffene, offene Wasserflächen bilden Lebensraum für eine Vielzahl wassergebundener Arten. (Foto: Thomas Reinhardt, www.treinhardt.de)

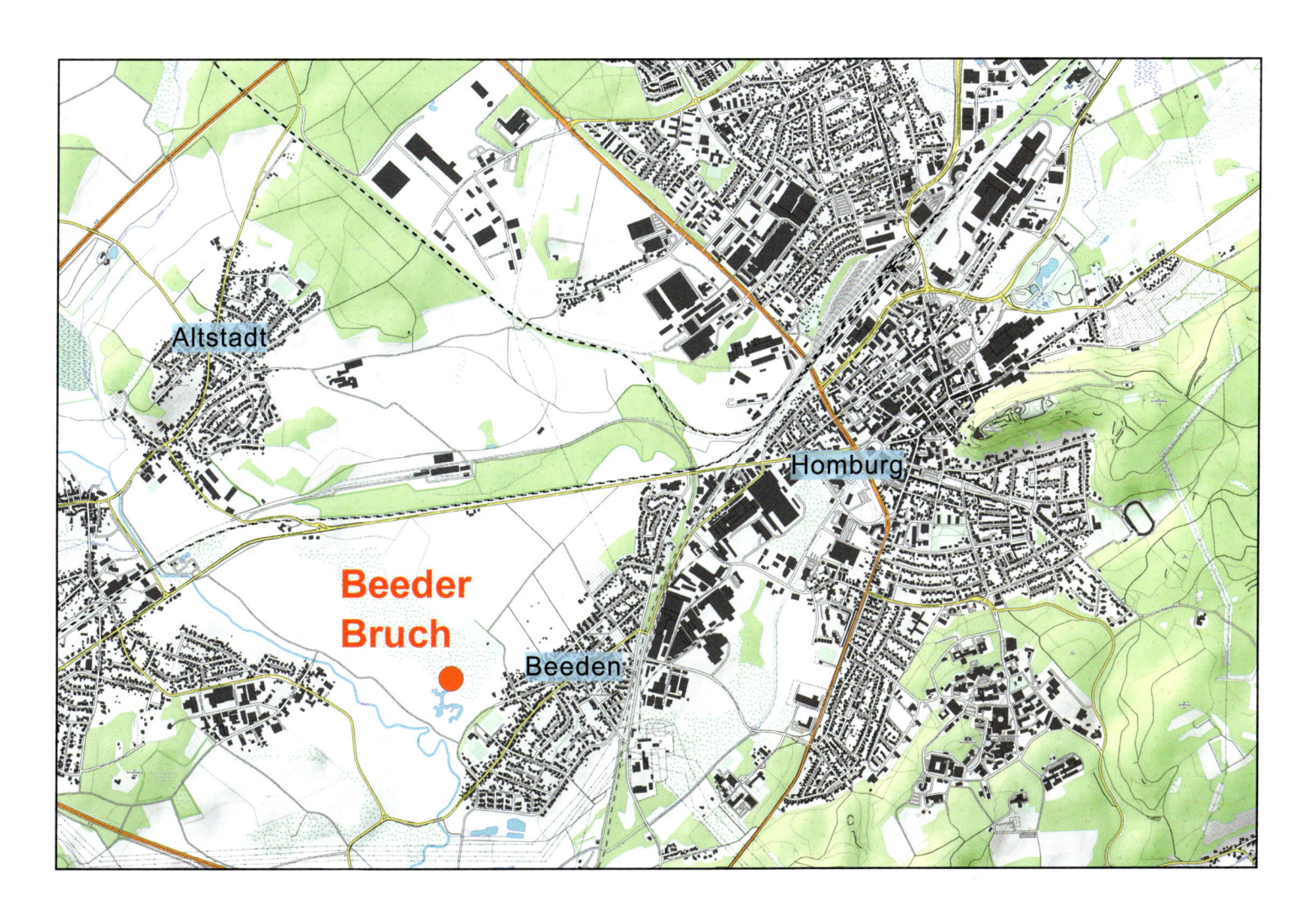

Taubental bei Wörschweiler

Zwischen Beeden und Wörschweiler geht es rechter Hand ins Taubental. Es ist im unteren Bereich ein halboffener Taleinschnitt in Richtung Kirkeler Wald. An dessen Anfang ist ein naturnahes Stillgewässer gelegen („Marksweiher"). Dieses Kleingewässer beherbergt eine Fülle seltener Pflanzen und Tiere und ist, was die Artenvielfalt anbelangt, sicherlich ein Hotspot im Biosphärenreservat Bliesgau. Es ist im Besitz der Naturlandstiftung Saar und hat schon früh das Interesse der Naturkundler auf sich gezogen. Im Rahmen der „Biotopkartierung Saarland I" (KAULE/SAUER et al. 1981-1983, KAULE/LÖSCH/SAUER 1984) wurde es bereits in den 1980er Jahren als schutzwürdig kartiert. Nicht zuletzt durch die Bestandsaufnahmen der Naturlandstiftung selbst hat sich die Kenntnis über das Arteninventar des Kleingewässers im Taubental gesteigert. Insbesondere für Libellenkundler ist das Kleingewässer ein lohnendes Ziel. Der Libellenkundler Bernd Trockur nennt z.B. für das Kleingewässer im Taubental so charakteristische Libellenarten wie Vierfleck und Blaupfeil. An Reptilien kommt die Ringelnatter vor und an Amphibien Gras- und Wasserfrosch. Weiter hinten in Richtung Limbach ist eine Sandgrube mit Vorkommen von Kreuzkröte und Zauneidechse. Auch mediterrane Arten können im Taubental beobachtet werden. Im Spätsommer des Jahres 2017 wurde z.B. von Hartmut Dorda eine Gottesanbeterin beobachtet.

Das Taubental bei Wörschweiler – ein Hotspot der Artenvielfalt.

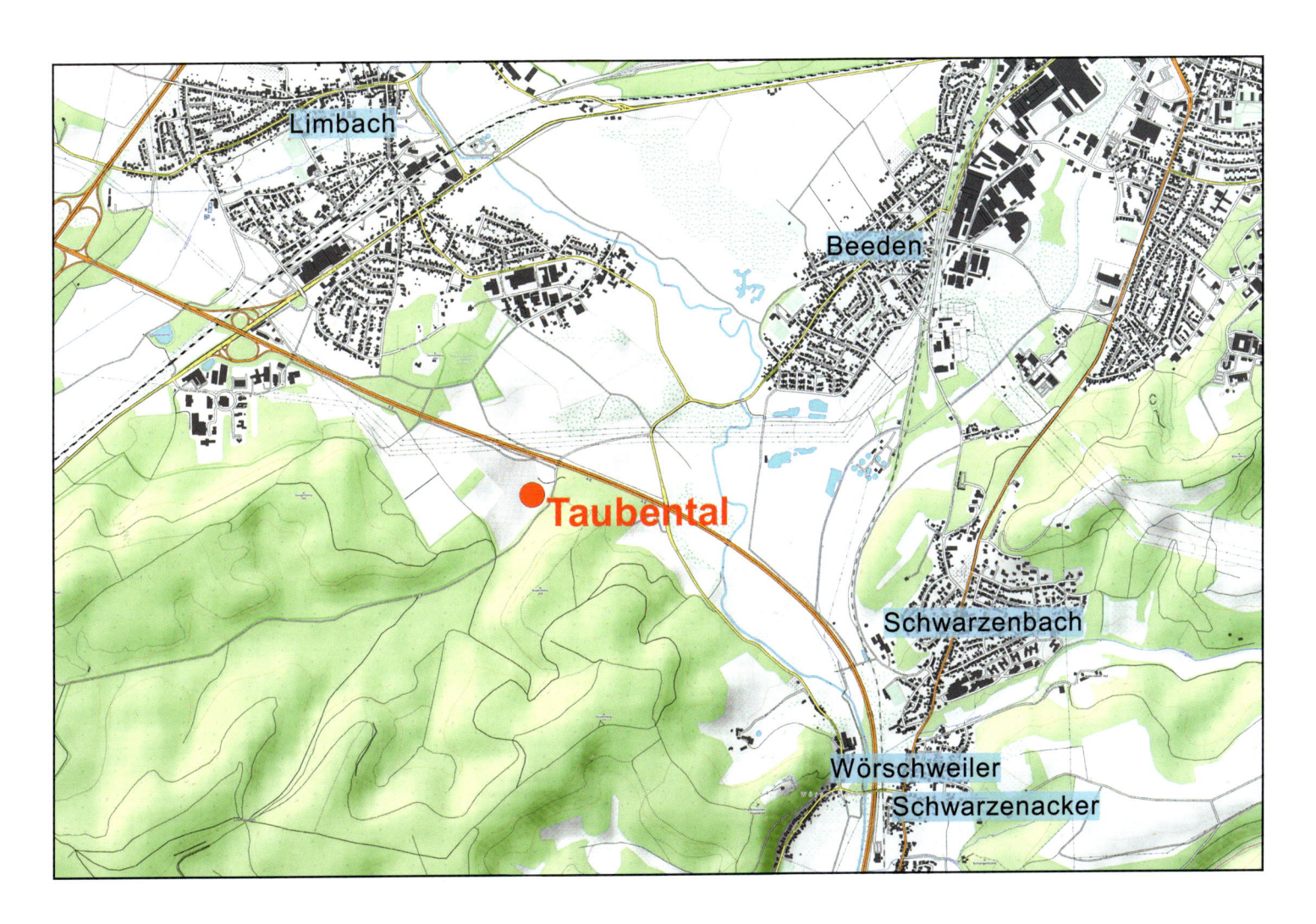

Der „Closenbruch" bei Homburg

Am Ortsausgang Homburg in Richtung Sanddorf fängt es an, das rund 80 Hektar große Areal des FFH- und Naturschutzgebietes „Closenbruch". Staubtrockene Dünen und wassertriefende Torfmoorböden bilden die beiden extremen Standorte, auf denen sich eine Vielzahl hochinteressanter Biotoptypen von Sandrasen, Silbergrasfluren, Borstgrasrasen und Nasswiesen bis hin zu Wasserschwaden-Gesellschaften und Schilfröhrichten entwickeln konnten. Der Closenbruch hat sich bis heute als offenes Bruchgelände erhalten. Naturräumlich betrachtet ist der Homburger Closenbruch ein Ausläufer der Westpfälzischen Moorniederung, die sich auch auf saarländischem Gebiet bis nach Homburg erstreckt und dabei auch so bedeutende Landschaftsteile einbezieht wie den „Königsbruch" bei Homburg-Bruchhof oder den „Höllengraben" bei Homburg-Beeden. Die Herkunft des Namens „Closenbruch" lässt sich nicht eindeutig klären. Im 18. Jahrhundert, etwa um 1760, erwarb Ludwig Baron von Closen den östlich des heutigen Stadtteils Bruchhof-Sanddorf gelegenen Buchenberg und errichtete dort den Louisenhof, aus dem später das Schloss „Karlsberg" entstand. Es ist anzunehmen, dass dieser Baron von Closen bei der Namengebung des „Closenbruchs" Pate stand.

Der Closenbruch hat bereits sehr früh das Interesse der Naturkundler auf sich gezogen, waren dort in der Vergangenheit doch immer wieder eine Reihe besonderer Arten anzutreffen. Aufzeichnungen der Homburger Botanikern Charlotte Brütting zufolge war beispielsweise noch in den 30er Jahren des vorigen Jahrhunderts die Arnika (*Arnica montana*) „in solchen Mengen vorhanden, dass viele Familien dieselbe sammelten" … Und weiter: „Am Fenster in der Sonne standen die Glasgefäße mit Arnikablüten als Ansätze für Tinkturen" – Arnika ist eine pharmazeutisch höchst bedeutende Heilpflanze, deren Wirkung schon seit Langem bekannt ist. Charlotte Brütting hat über zwei Jahrzehnte die Entwicklung in dem Gebiet protokolliert. Den Notizen zu „ihrem" Closenbruch ist es zu verdanken, dass man sich heute ein gutes Bild über dessen Entwicklung machen kann. Für das Jahr 1967 z. B. notierte sie ein sehr verstreutes Vorkommen von *Arnica montana*, daneben aber auch eine Vielzahl Lungen-Enziane (*Gentiana pneumonanthe*) sowie Borstgras (*Nardus stricta*), von dem nachfolgend noch die Rede sein soll. Drei Jahre später vermerkte Brütting anlässlich einer gemeinsamen Exkursion mit Erhard Sauer vom Botanischen Institut der Universität des Saarlandes, dass nur noch vereinzelt Lungen-Enziane vorhanden seien und keine Arnika mehr.

Untersuchungen im Rahmen eines EU-LIFE Projektes haben nun gezeigt, dass im Closenbruch neben den im Schutzgebietsgutachten genannten „Großseggenriedern, Feucht- und Nasswiesen, Pfeifengraswiesen, Sandrasen und Feldgehölzen" auch der Vegetationstyp „Borstgrasrasen" vertreten ist.

Borstgrasrasen verdanken ihre Entstehung einer historischen Grünlandnutzung durch extensive Beweidung und/oder Mahd. Bis vor wenigen Jahrzehnten waren sie in den Mittelgebirgsregionen Mitteleuropas noch zahlreich und weit verbreitet. Durch Aufgabe der Nutzung, Nutzungsintensivierung und Aufforstung haben die Borstgrasrasen europaweit mehr als 90 % ihrer ursprünglichen Fläche verloren und kommen heute nur noch auf kleinen Restflächen vor – so auch im Closenbruch, wenngleich es zugegebenermaßen für den Nicht-Botaniker schon einer gehörigen Portion Phantasie bedarf, will man in den mageren Wiesen Richtung Sanddorf einen Borstgrasrasen erkennen, bei dem – und das kommt erschwerend dazu – die namengebende Art Borstgras nur noch in Einzelexemplaren zu finden ist.

Wie bereits oben beschrieben, zeichnet sich der Closenbruch durch Gegensätze aus. Da sind zum einen die feucht-nassen, und zum anderen die trocken-warmen Biotope anzutreffen. Letztere werden im FFH-Standarddatenbogen als „Dünen mit offenen Grasflächen" beschrieben und sind pflanzensoziologisch den Sandrasen und Silbergrasfluren zuzuordnen. Sandrasen sind auf den nordwestlichen Teil des Closenbruchs beschränkt. Sie kommen dort im Bereich des Schwarzen Weges vor und sind Lebensraum charakteristischer, acidophiler Feldheuschreckenarten wie z. B. dem Rotleibigen Grashüpfer (*Omocestus haemorrhoidalis*) oder der Gefleckten Keulenschrecke (*Myrmeleotettix maculatus*). Das gleichzeitige Vorkommen extrem feuchter und extrem trockener Standorte macht die Eigenart des Closenbruchs aus. Diese ist einzigartig in der Region.

Weiterführende Literatur:
DORDA, D. (2009): Das Closenbruch, das Tor zum Moor – wo die Arnika zu neuen Ehren kommen soll. – In: SAARPFALZ-KREIS [Hrsg.]: Saarpfalz-Jahrbuch 2010. – Homburg, S. 73-79.

Sand-Magerrasen-Bereiche im Naturschutzgebiet „Closenbruch".

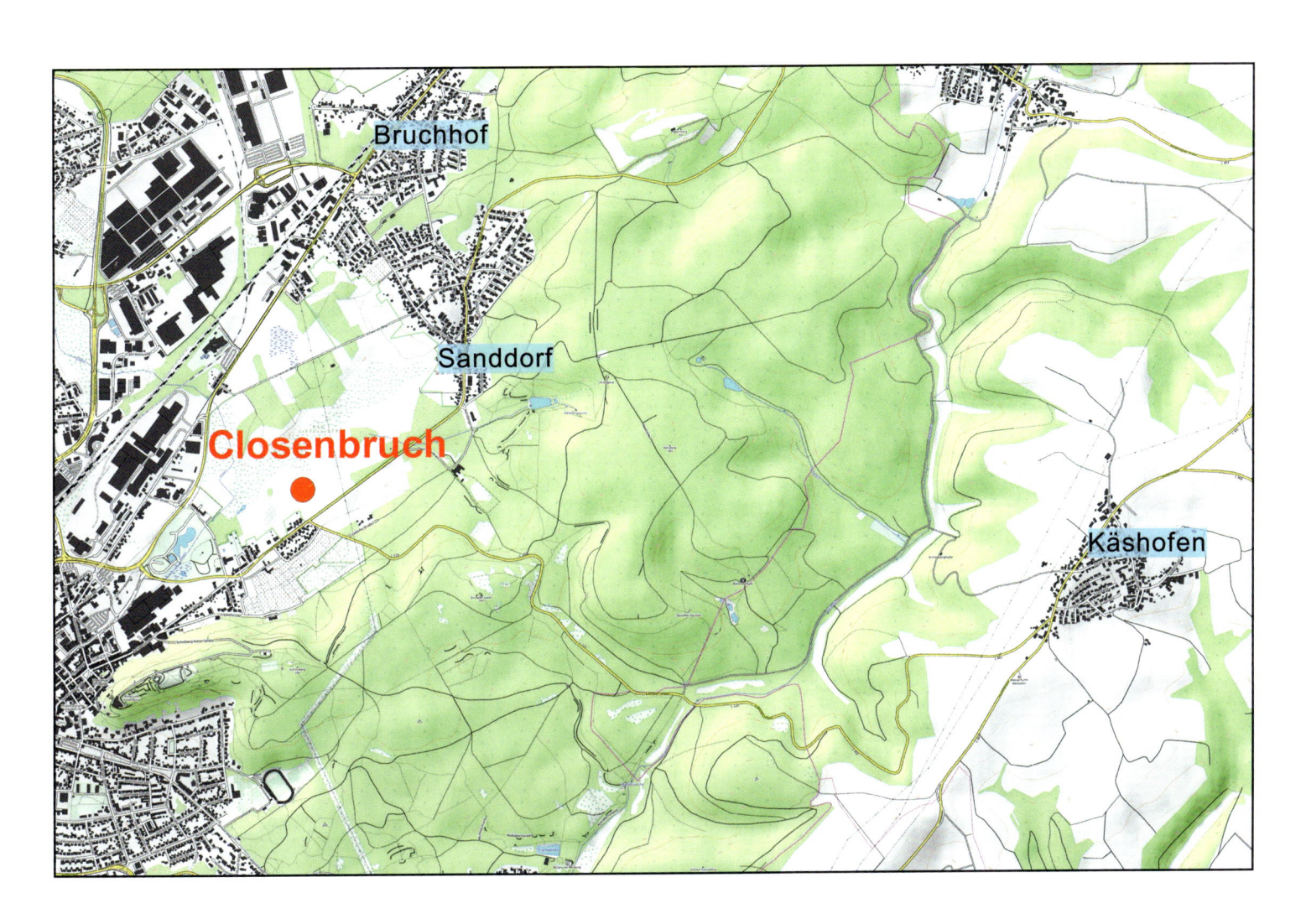

Binnendüne zwischen Homburg und Sanddorf

An der Käshofer Straße, direkt hinter dem Friedhof Homburg, erstreckt sich ein Dünen-Komplex aus vegetationsoffenen und bewaldeten Sandkuppen. Es handelt sich um die Homburger Binnendüne, ein stellenweise mehrere Meter mächtiger Sandkörper mit einer äußerst interessanten Vegetation und einer speziell daran angepassten Tierwelt.

Den Begriff „Dünen" verbindet man in Europa im Allgemeinen mit Meer und Strand und damit den Küstengebieten. Im Gegensatz dazu stehen die Binnendünen, welche – wie der Name bereits sagt – im Binnenland vorkommen.

Die Homburger Binnendüne gehört zu den atlantisch geprägten Dünen der Westpfälzischen Moorniederung, ist durchweg kalkfrei und ihre Vegetation acidophil. Die Pflanzen gedeihen also auf saurem Untergrund. Nach Untersuchung des Botanikers Peter Wolff kommen zwischen St. Ingbert und Kaiserslautern mindestens 22 Dünen-Komplexe vor. Die Binnendüne bei Homburg ist davon die größte und am besten erhaltene. Die Entstehung der Homburger Düne lässt sich in die geologische Epoche des Würmglazials einordnen. Die Würmeiszeit kann auf den Zeitraum von etwa 115 000 bis 10 000 Jahren vor heute datiert werden. Damals wurde die gesamte Buntsandstein-Niederung von Fließgewässern ausgeräumt und mit einer mächtigen Sandschicht aufgefüllt. Am Ende des Würms gab es keine Fließbewegungen mehr. Durch Sandstürme während trocken-kalter Perioden wurde der angehäufte Sand weggeweht und unweit der (erst später mit Torf angereicherten) Senke am heutigen Standort wieder abgelagert. Dies lässt sich aus der Zusammensetzung des abgelagerten Materials ableiten, denn die Homburger Binnendüne besteht aus relativ grobkörnigen Sanden. Es ist anzunehmen, dass das Ursprungsmaterial aus der unmittelbaren Nähe der Senke stammt. Denn je weiter die späteiszeitlichen Stürme das aufgewirbelte Material getragen haben, umso besser wurden die Fraktionen getrennt. Zuerst fielen also – wie am Beispiel der Homburger Düne – die größten Körner aus dem Sandsturm herab.

Das Homburger Dünensystem erstreckt sich auf einer Länge von rund 650 Meter. Die mittlere Düne ist zweifelsohne die höchste, breiteste und damit auffälligste, zumal sie einen Hochspannungsmast trägt, der allerdings unter heutigen Gesichtspunkten wohl nicht mehr genehmigungsfähig wäre.

Mit einer Mächtigkeit von rund 75 000 Kubikmeter Flugsand (rechnet man zu den Maßen der Dünen noch die 30 – 70 cm mächtigen Basisflächen hinzu) unterscheidet sich die Homburger Binnendüne ganz wesentlich von den ebenfalls im Gebiet, beispielsweise bei Kirkel-Limbach, vorhandenen Sandfeldern. Dünen sind also jene Flugsande, die der Wind zu lang gestreckten, mehrere Meter mächtigen Wällen aufgehäuft hat. Flugsand ist eher der Begriff für das Material und wird in dem Zusammenhang nur für die ebenen, morphologisch unauffälligen Vorkommen verwendet.

Laut Peter Wolff lässt sich die Homburger Binnendüne pflanzensoziologisch wie folgt beschreiben: Auf der höchsten Düne liegt der trockene Lockersand teilweise frei. Hier wächst die Frühlings-Spark – Silbergras-Gesellschaft (*Spergulo morisonii – Corynephoretum canescentis*) sowie die erst im Sommer entwickelte Sandstraußgras-Gesellschaft (*Agrostitetum vinealis*). Die übrige unbewaldete Fläche ist außer von Faulbaum (*Frangula alnus*) und Besenheide vor allem von Laubmoosen bedeckt.

Die Homburger Binnendüne ist außer von floristischer auch von faunistischer Bedeutung. Zu nennen ist die Artengruppe der Heuschrecken, aus der insbesondere die Blauflügelige Ödlandschrecke (*Oedipoda caerulescens*), der Rotleibige Grashüpfer (*Omocestus haemorrhoidalis*) sowie die Gefleckte Keulenschrecke (*Myrmeleotettix maculatus*) erwähnt werden müssen. Auffallend sind aber auch die zahlreich vorkommenden Sandlaufkäfer (*Cicindela hybrida*) sowie die frei im Sand oder unter Erd-/Sandüberhängen gelegenen, trichterförmigen Höhlengänge (Fangtrichter) des Ameisenlöwen (= Larve der Ameisenjungfer).

Weiterführende Literatur:
Dorda, D. (2007): Vom Winde angeweht – Die Binnendüne bei Homburg. – In: Saarpfalz-Kreis [Hrsg.]: Saarpfalz-Kalender 2008. – Homburg, S. 89-92.
Wolff, P. (2006): Die Dünen am Homburger Friedhof und die übrigen Flugsande von St. Ingbert bis Kaiserslautern: Zur Geologie und Vegetation. – In: Abhandlungen der Delattinia – Arbeitsgemeinschaft für tier- und pflanzengeographische Heimatforschung im Saarland e.V., Bd. 32, S. 11-59.

Die Binnendüne bei Homburg zählt zu den größten und mächtigsten Binnendünen im Südwesten Deutschlands

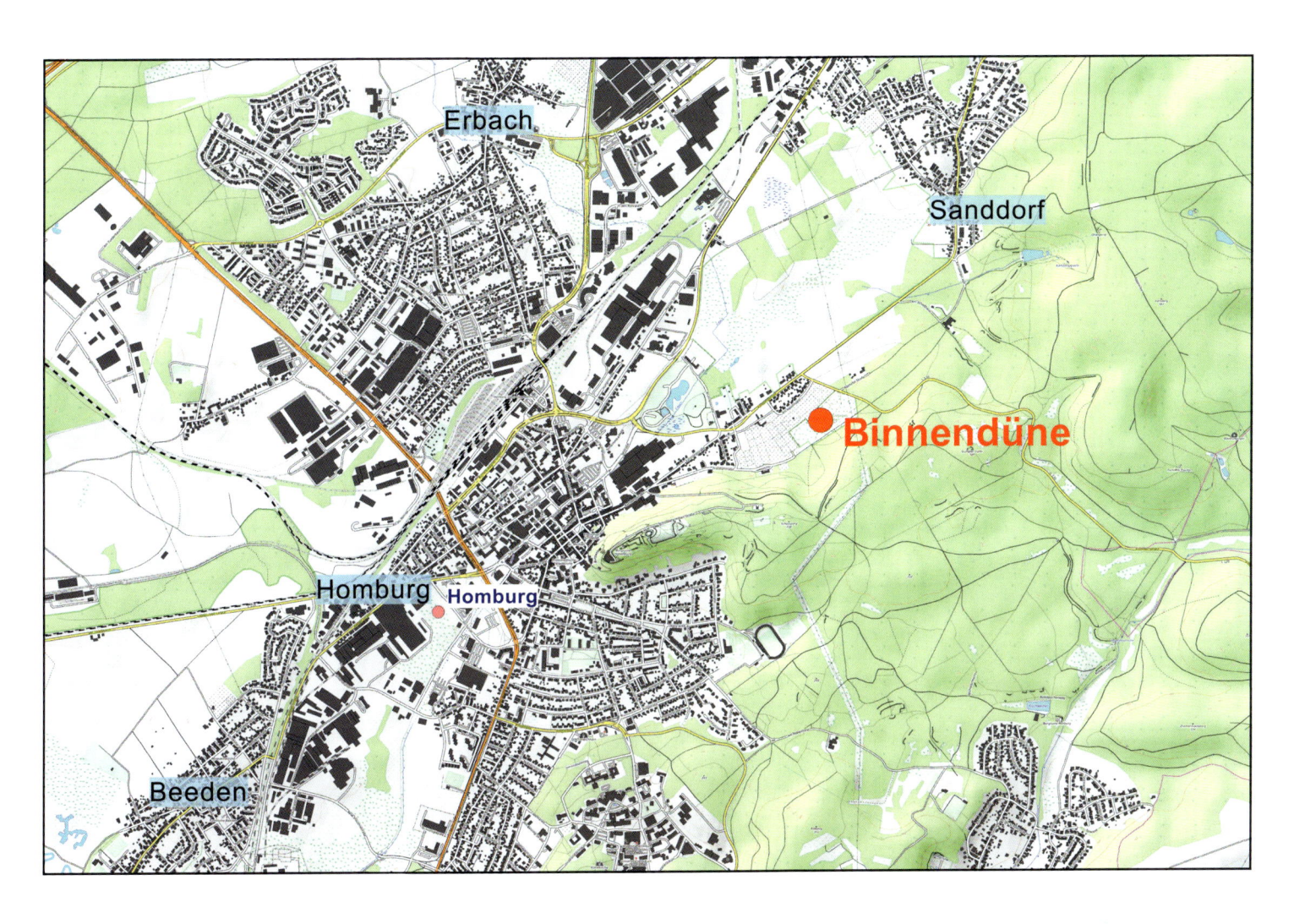

Karlsberg-Wald

Der Karlsberg-Wald bei Homburg ist einer der schönsten Wälder der Region. Wertbestimmend ist ein großer, zusammenhängender, fast unzerschnittener Laubmischwaldbestand mit etlichen kulturhistorisch bedeutenden Relikten aus der Zeit von Herzog Karl II. August von Pfalz-Zweibrücken. Herzog Karl II. August (1746 bis 1795) war Erbauer von Schloss „Karlsberg", welches in der Zeit der Französischen Revolution, deren Auswirkungen bis in unsere Region reichten, zerstört wurde.

Gerade diese kulturhistorisch bedeutenden Relikte (seien es nun einzelne, auch heute noch bestehende bzw. wiederhergestellte Wasserflächen wie etwa die Schwanenweiher, der Hirschbrunnen, der Karlsbergweiher, die Karlsberg-Quelle oder aber auch bauliche Reste wie die Orangerie), welche alle Teil des Ensembles Schloss Karlsberg waren, haben sich heute zu bedeutenden Rückzugsräumen für Fauna und Flora entwickelt.

Die Orangerie z. B. als Lebensraum der Mauereidechse (im Wald!), die Kleingewässer als Laichhabitat für Amphibien oder die Karlsberg-Quelle als Standort seltener Waldgesellschaften wie z. B. dem nach Bundesnaturschutzgesetz pauschal geschützten Quell-Erlen-Eschenwald oder aber auch von – ebenfalls pauschal geschützten – Quellfluren. Hinzu kommen die sogenannten „Herzogskastanien". Das sind uralte Esskastanien (*Castanea sativa*), die noch zu Zeiten des Herzogs gepflanzt wurden und bis in unsere heutige Zeit überdauert haben. Sie sind Alt- und Totholz und damit Habitat für etliche xylobionte Tierarten (insbesondere Käfer): Aus der Artengruppe der Vögel sind für den Karlsberg-Wald, der größtenteils dem FFH-Lebensraumtyp „Bodensauer Buchenwald" entspricht, der Mittel- und der Schwarzspecht zu nennen. Bei Kirrberg (in der Nähe des Sportplatzes) brütet der Wespenbussard. Ebenfalls zu erwähnen ist das Vorkommen der Europäischen Wildkatze.

„Herzogskastanien" im Karlsberg-Wald von Homburg

Das Karlsberg-Revier bei Homburg beherbergt mit die schönsten Waldbereiche der Region und ist auch kulturhistorisch von Bedeutung.

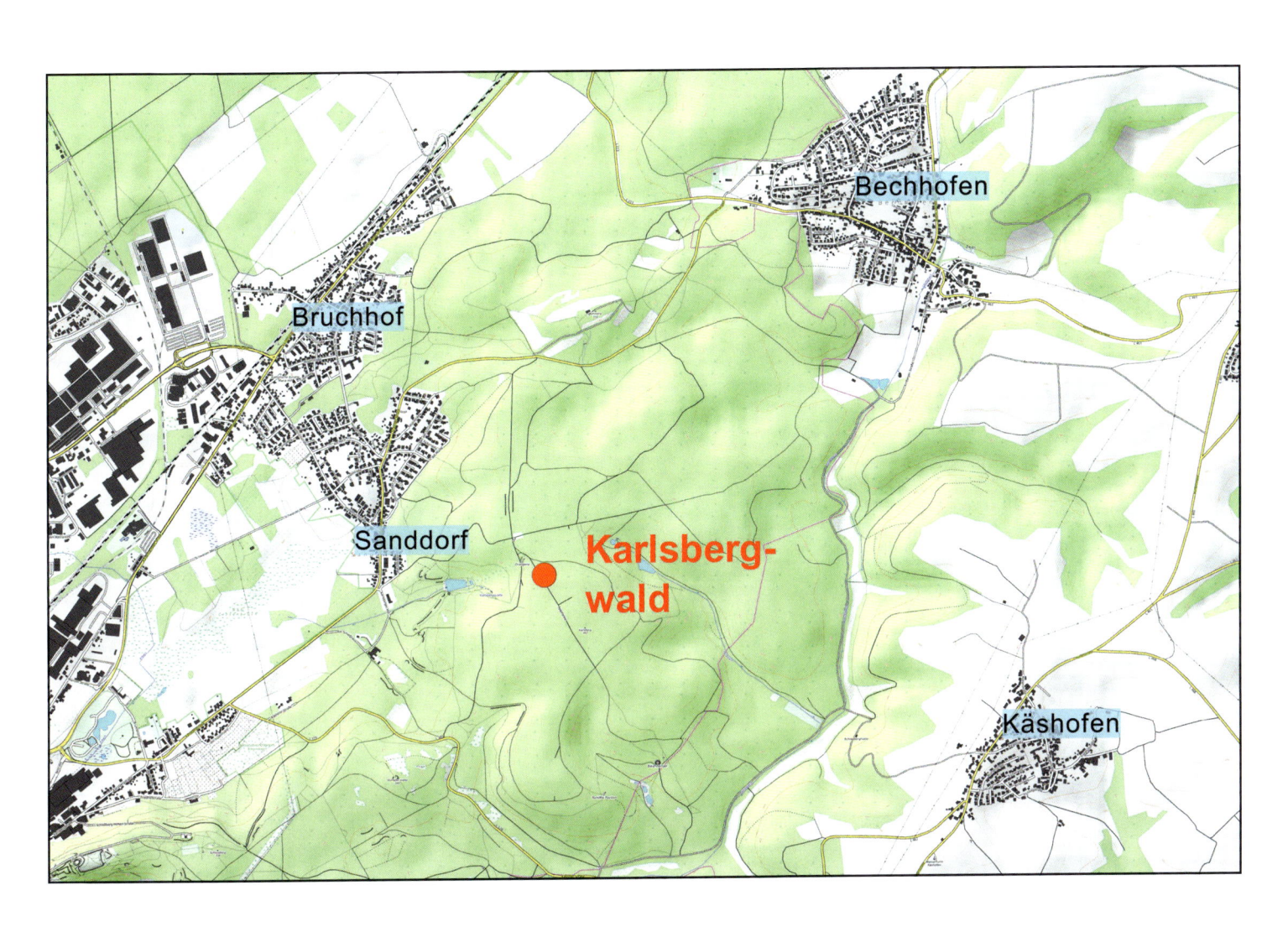

Der Rauschbeeren-Kiefern-Moorwald des (ehemaligen) „Jägersburger Moores"

Der Rauschbeeren-Kiefern-Moorwald des „Jägersburger Moores" wurde von Peter WOLFF und Johannes A. SCHMITT (2002) ausführlich bearbeitet. Das „Jägersburger Moor", an der Ostgrenze des Saarlandes gelegen, ist ein westlicher Ausläufer des Naturraums „Westpfälzische Moorniederung". Hier erreichen die Waldkiefer (*Pinus sylvestris*) und der Rauschbeeren-Kiefernmoorwald (*Vaccinio uliginosi-Pinetum sylvestris*) die absolute Westgrenze ihrer Areale.

Natürliche Kiefernwälder auf Moorstandorten sind eher kontinental verbreitete Gesellschaften. Bekannt ist der Rauschbeeren-Kiefernmoorwald eher aus Polen, Norddeutschland, der Oberpfalz, dem Alpenvorland und dem Ostschwarzwald.

Historische Schilderungen belegen allerdings schon um 1600 natürliche Kiefernbrücher in der Westpfälzischen Moorniederung. So ist speziell für die Jägersburger Gemarkung aus dem Jahr 1547 überliefert, dass der Wald „unten im Bruch" aus Kiefern bestand. Mit der Jägersburger Moorniederung ist das natürliche Kiefern-Areal also zungenförmig weit nach Westen vorgeschoben, d. h. im „Jägersburger Moor" steht der Kiefernmoorwald an der äußersten Westgrenze des Gesellschafts-Areals (vgl. WOLFF/SCHMITT 2002).

Kernstück des Gebietes ist ein ehemaliger Torfstich, der mit Verordnung vom 16. Mai 1961 unter der Bezeichnung „Jägersburger Moor" als Naturschutzgebiet ausgewiesen worden ist. Die jüngere Geschichte des „Jägersburger Moores" ist eng mit dessen zeitweiser Nutzung zur Torfgewinnung verbunden. In den Sommermonaten des Jahres 1904 geriet dieser alte Torfstich „durch die Unvorsichtigkeit einiger Wanderer", wie es der Schuldirektor Gerd BRAUN (1952, S. 76) beschrieb, in Brand. Dieser Schwelbrand war sehr heftig und die Löscharbeiten nicht einfach, „da die noch vorhandenen tieferen Torfschichten mit in Glut gerieten und zum Teil bis auf den festen Untergrund ausbrannten" (BRAUN 1952, S. 76). Um den hartnäckig schwelenden Torf zu löschen, leitete man schließlich einen Bach ein, der zu Beginn des Torfabbaus noch oberhalb des Stiches vorbeigeführt worden war. Das Feuer erlosch und der Torfstich füllte sich mit Wasser. Es entstand ein Moorweiher: der auch in den späteren Kartenwerken noch verzeichnete „Torfweiher". Bis zum Ende des Ersten Weltkrieges war der sich talaufwärts anschließende Wald noch so versumpft, dass in den Wintermonaten keine forstlichen Maßnahmen möglich waren. Danach begann aber eine Absenkung des Grundwasserspiegels. Die Gemeinde Waldmohr ließ den Glan „regulieren", also begradigen. Die geänderten Grundwasserverhältnisse wirkten sich bis ins „Jägersburger Moor" aus. Die Quellen begannen zu versiegen, die bis dato immer Wasser führenden Gräben wurden trockener. Der Torf sackte zusammen und die Bäume standen wie auf Stelzen. 1958/1959 wurde die Autobahn gebaut, die heute kaum 250 Meter entfernt vom „Jägersburger Moor" verläuft. Der Bau der Autobahn bewirkte eine Zäsur im Oberflächenabfluss und der nahe gelegene Spickelwald, der eine wichtige Grundwasser-Neubildungsfläche darstellt, wurde vom „Jägersburger Moor" praktisch abgetrennt. Um 1970 schließlich nahm – sicherlich auch im Zusammenhang mit der Trinkwasserentnahme in den umliegenden Brunnen – die Austrocknung des Gebietes weiter zu. Alle Waldgräben und der Lindenweiherbach trockneten aus und auch aus dem Torfstich verschwand das Wasser.

Mit dem Wasser verschwanden auch die Bodenfeuchtezeiger. So gingen Bergfarn (*Oreopteris limbosperma*) und Rippenfarn (*Blechnum spicant*) massiv zurück. Auch die Rauschbeere oder Sumpf-Heidelbeere (*Vaccinium uliginosum*) ist in ihrem Bestand stark zurückgegangen und kümmert. Typische Nässezeiger bzw. Hochmoorarten, die die Botanikerin Charlotte Brütting noch zwischen 1954 und 1971 nachweisen konnte, waren bei einer Inventur von WOLFF (1983) schon nicht mehr aufzufinden. Zu nennen sind hier etwa die Gewöhnliche Moosbeere (*Vaccinium oxycoccos*), das Scheidige Wollgras (*Eriophorum vaginatum*), der Wassernabel (*Hydrocotyle vulgaris*), der Fieberklee (*Menyanthes trifoliata*) oder das Wald-Läusekraut (*Pedicularis sylvatica*). Aber auch Arten, die Peter Wolff noch nachweisen konnte, etwa der Rundblättrige Sonnentau (*Dro-*

sera rotundifolia) oder das Schmalblättrige Wollgras (Eriophorum angustifolium) sind heute ausgestorben (Sonnentau) bzw. kommen nur noch in wenigen Exemplaren vor (Wollgras). Dabei war gerade der Sonnentau 1971 zu Tausenden auf den Torfmoos-Teppichen, z. T. in „Riesenexemplaren und reich blühend vorhanden" (Wolff 1983, S. 17).

Wenn auch das „Jägersburger Moor" heute praktisch keines mehr ist, so ist dennoch der es umgebende Rauschbeeren-Kiefern-Moorwald als etwas Besonderes hervorzuheben – und dies nicht nur, weil der Kiefern-Moorwald wie bereits oben beschrieben hier seine Westgrenze erreicht. Denn im Rahmen des Naturwaldzellenprogrammes des Saarlandes wurde der das „Jägersburger Moor" umgebende Wald im Jahre 1980 zur Naturwaldzelle „Jägersburger Moor" erklärt und im Jahre 2000 schließlich im Rahmen einer Generalverordnung die bis dahin bestehende Naturwaldzelle „Jägersburger Moor" auch als Naturschutzgebiet ausgewiesen. Spätestens seit den 1980er Jahren findet im Jägersburger Kiefern-Moorwald-Gebiet also keine Beförsterung mehr statt und der Wald ist sich selbst überlassen. Es findet eine Entwicklung in Richtung eines Naturwaldes (Urwaldes) statt, in dem abgestorbene Bäume im Bestand verbleiben und mit dem vermehrt anfallenden Totholz Lebensraum für holzbewohnende Insekten, holzzersetzende Pilze und Brutmöglichkeiten für die Höhlenbrüter unter den Vögeln bieten. Typisch ist eine vielfältige Struktur mit Baumarten der I. und II. Baumschicht, Nebenbaumarten und Pionierbaumarten, die gerade in dem Moorbirken-Kiefernwald bei Jägersburg außerordentlich hoch ist.

Im Wald brütet z. B. der Wespenbussard und auch Spechte (Schwarz-, Bunt-, Kleinspecht) kommen vor. In der Krautschicht wachsen Heidelbeere, Rauschbeere und Pfeifengras. Auch Moorbirken kommen noch vereinzelt durch, wenngleich nicht mehr in der Menge wie früher, als das „Jägersburger Moor" noch weitgehend intakt war.

Das Gebiet gehört seit 2004 zum Naturschutzgebiet „Jägersburger Wald/Königsbruch.

Weiterführende Literatur:

Braun, G. (1952): Die Moorlandschaft bei Jägersburg. – In: Kremp, W. [Hrsg.]: Naturdenkmäler und Landschaftsschutzgebiete im Saarland. – Saarbrücken, S. 76-79. (= Naturschutz und Landschaftspflege im Saarland, Bd. 1; Publikation der Landesstelle für Naturschutz und Landschaftspflege).

Dorda, D. (2008): Das Teufelsmoor bei Jägersburg existiert nicht mehr – Ein Naturschutzgebiet zwischen Mythos und Pflegefall. – In: Saarpfalz-Kreis [Hrsg.]: Saarpfalz-Kalender 2009. – Homburg, S. 105-111.

Wolff, P. (1983): Das Jägersburger Moor. Eine floristisch-soziologische und landschaftsökologische Untersuchung und ihre Konsequenzen für den Naturschutz. – In: Abhandlungen der Delattinia – Arbeitsgemeinschaft für tier- und pflanzengeographische Heimatforschung im Saarland e.V., Bd. 12, S. 5-74.

Wolff, P./Schmitt, J. A. (2002): Der Rauschbeeren-Kiefern-Moorwald des Jägersburger Moores. – In: Bettinger, A./Wolff, P. [Hrsg.]: Vegetation des Saarlandes und seiner Randgebiete – Teil I. – Saarbrücken, S. 261-278. (= Atlantenreihe des Ministeriums für Umwelt des Saarlandes, Bd. 2; zugleich: Aus Natur und Landschaft im Saarland – Sonderbände der Delattinia, Bd. 8).

Moorbirken

Liegendes Totholz in Form einer Moorbirke

Der Bereich des früheren Torfstichs im Jägersburger Moor. Nachdem der Grundwasserspiegel gefallen war, senkte sich der Moorboden stellenweise um einen halben Meter. Gespenstisch anmutende Stelzenwurzeln vermitteln den Eindruck, als ob sie die frühere Zeit festhalten wollen.

Zersetzungsphase an stehendem Altholz

Das Jägersburger Moor mit der gleichnamigen Naturwaldzelle ist einer der zentralen Teile des heutigen Naturschutzgebietes „Jägersburger Wald/Königsbruch", welches mit rund 600 ha für saarländische Verhältnisse fast schon die Dimension eines Großschutzgebietes erreicht. Hier wächst der Rauschbeeren-Kiefern-Moorwald, wie ihn der Botaniker Peter Wolff genannt hat.

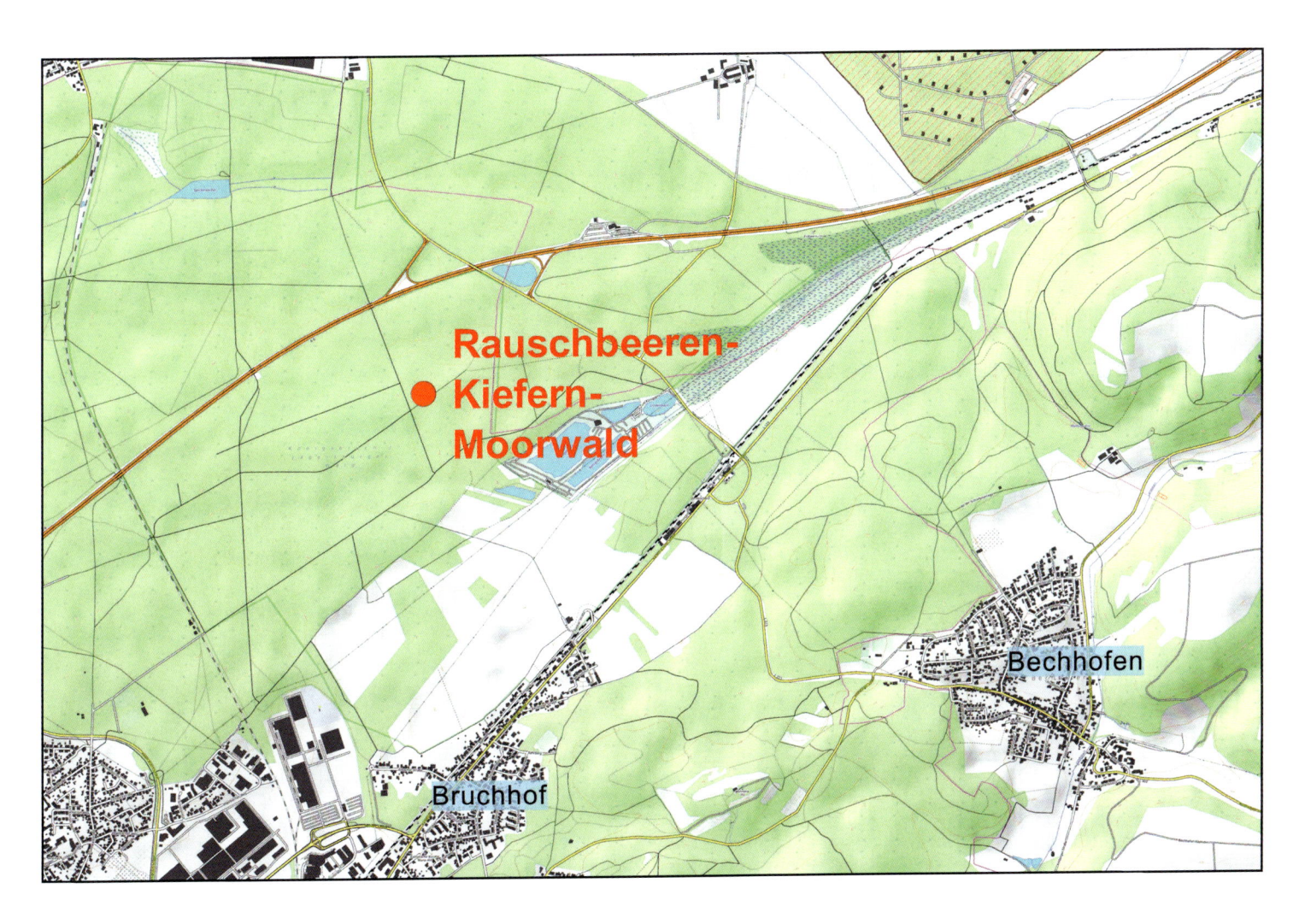

Der „Königsbruch" bei Homburg-Bruchhof

Südöstlich an den Jägersburger Wald anschließend eröffnet sich majestätisch (Name!) die Offenlandschaft des „Königsbruchs" am westlichen Ausläufer der Westpfälzischen Moorniederung. Standortökologisch handelt es sich um ein Niedermoorgebiet – ähnlich wie der „Closenbruch" vor den Toren der Stadt Homburg. Landschaftsbildprägend ist der Offenlandanteil mit einem nur geringen Gebüschanteil. An Biotoptypen sind in erster Linie der Pfeifengrasbestand zu nennen, der bereits in Kap. „Moore/Sümpfe" beschrieben wurde und saarlandweit der einzige Standort des Lungen-Enzians (*Gentiana pneumonanthe*) ist. Erwähnenswert ist aber auch der hohe Anteil an mageren Tal-Glatthaferwiesen, welche dem FFH-Typ „Magere Flachland-Mähwiesen" entsprechen. Im äußersten westlichen Teil, an der Grenze zum Jägersburger Wald, ist ein Borstgrasrasen ausgebildet. Dies ist der Bereich, wo vor Jahren noch der Helle Wiesenknopf-Ameisenbläuling (*Maculinea teleius*) nachgewiesen werden konnte.

Im Gebiet wurde früher (1935) Torf abgebaut. Dieser soll allerdings nur etwa einen halben Meter mächtig gewesen sein. Nach Ende des Abbaus und der Einebnung der Torfstiche hatte sich Nieder- und Übergangsmoorvegetation entwickelt. Zu dieser Zeit war die Gewöhnliche Moosbeere (*Vaccinium oxycoccos*) nicht selten; auch der Rundblättrige Sonnentau (*Drosera rotundifolia*) war vorgekommen. „Das Wasser stand bis in die 1960er Jahre zeit- u. stellenweise bis an die Oberfläche, obwohl der Reichsarbeitsdienst in den 1930er Jahren die ersten Entwässerungsmaßnahmen des 18. Jahrhunderts fortgesetzt und intensiviert hatte. Am hohen Grundwasserstand hat auch der Bleichsand-Abbau der 1960er Jahre im Südwesten und im Nordosten (wo er zu den Campingplatzteichen wurde) nicht viel geändert" (WOLFF 2017, S. 106).

Der Königsbruch ist mittlerweile FFH-Gebiet. Es wurde 2004 – für saarländische Verhältnisse mit 638 ha fast schon Großschutzgebiet – zusammen mit dem Jägersburger Wald (und damit auch dem „Jägersburger Moor") als Naturschutzgebiet ausgewiesen und gleichzeitig mit zwei nach dem Saarländischen Naturschutzgesetz pauschal geschützten Kiefernriegeln auf Binnendünenstandort als FFH-Gebiet nach Brüssel gemeldet.

Zum FFH-Gebiet gehört auch der Ausläufer des Königsbruchs an der Grenze zu Rheinland-Pfalz mit Vorkommen von Schmalblättrigem Wollgras (*Eriophorum angustifolium*), Breitblättrigem Knabenkraut (*Dactylorhiza majalis*) und Fleischfarbenem Knabenkraut (*Dactylorhiza incarnata*).

An weiteren Arten sind für den Königsbruch neben dem Lungen-Enzian (*Gentiana pneumonanthe*) auch das Vorkommen der Kurzflügeligen Beißschrecke (*Metrioptera brachyptera*) zu nennen, die im Saarland nur im Homburger Raum vorkommt. Der Königsbruch ist Winterrevier des Raubwürgers und Lebensraum des Baumfalken. Potenziell ist das Vorkommen des Moorfrosches (*Rana arvalis*), der sonst – wenn überhaupt – nur noch im Lambsbachtal bei Kirrberg erwartet werden könnte. An Amphibienarten ist außerdem der Kamm-Molch (*Triturus cristatus*) erwähnenswert. Mit 15 Libellenarten, wie eine Bestandserhebung des Libellenkundlers Bernd Trockur ergab, ist das Gebiet außerordentlich reich an Libellen, darunter so seltene, gebietstypische Arten wie die Schwarze Heidelibelle (*Sympetrum danae*) und Torf-Mosaikjungfer (*Aeshna juncea*).

Nach den teils dramatischen Grundwasserabsenkungen in Zusammenhang mit einer nicht nachhaltigen Grundwasserentnahme in den 1970er Jahren (teilweise wurde der Grundwasserspiegel um bis zu 4 m abgesenkt, vgl. WOLFF 2017) steigt heute der Grundwasserstand, dank der Umsetzung eines „Ökologischen Wasserversorgungskonzeptes", wieder langsam an und Vernässungszeiger wie die Flatterbinse (*Juncus effusus*) zeigen zumindest einen Anstieg des Grundwassers an, auch wenn oligotraphente Arten hier auf absehbare Zeit wohl nicht wieder gedeihen können (WOLFF 2017).

Der Königsbruch ist auch ein bedeutender Lebensraum für Käfer: Erdflöhe z. B. gehören trotz ihres (irreführenden) Namens nicht zu den Flöhen, sondern zu den Käfern, genauer zu den Blattkäfern. Sie sind gekennzeichnet durch ihre kräftigen Hinterschenkel, mit denen sie ähnlich den Flöhen hoch und weit springen können. Von einem der zahlreichen Erdfloharten ohne deutschen Namen, *Chaetocnema conducta*, wurde 1971 im Königsbruch ein Exemplar gefunden (LILLIG 2006). Damals war es der erste bekannte Nachweis der Art in Deutschland, mittlerweile wurde sie auch in Hessen und Bayern gefunden. Die Art lebt an Gräsern der Familien Cyperaceae, Juncaceae und Poaceae (KONSTANTINOV et al. 2011).

Offener Bereich des Königsbruches mit wasserführenden Schlenken und Pfeifengras-Reinbestand.

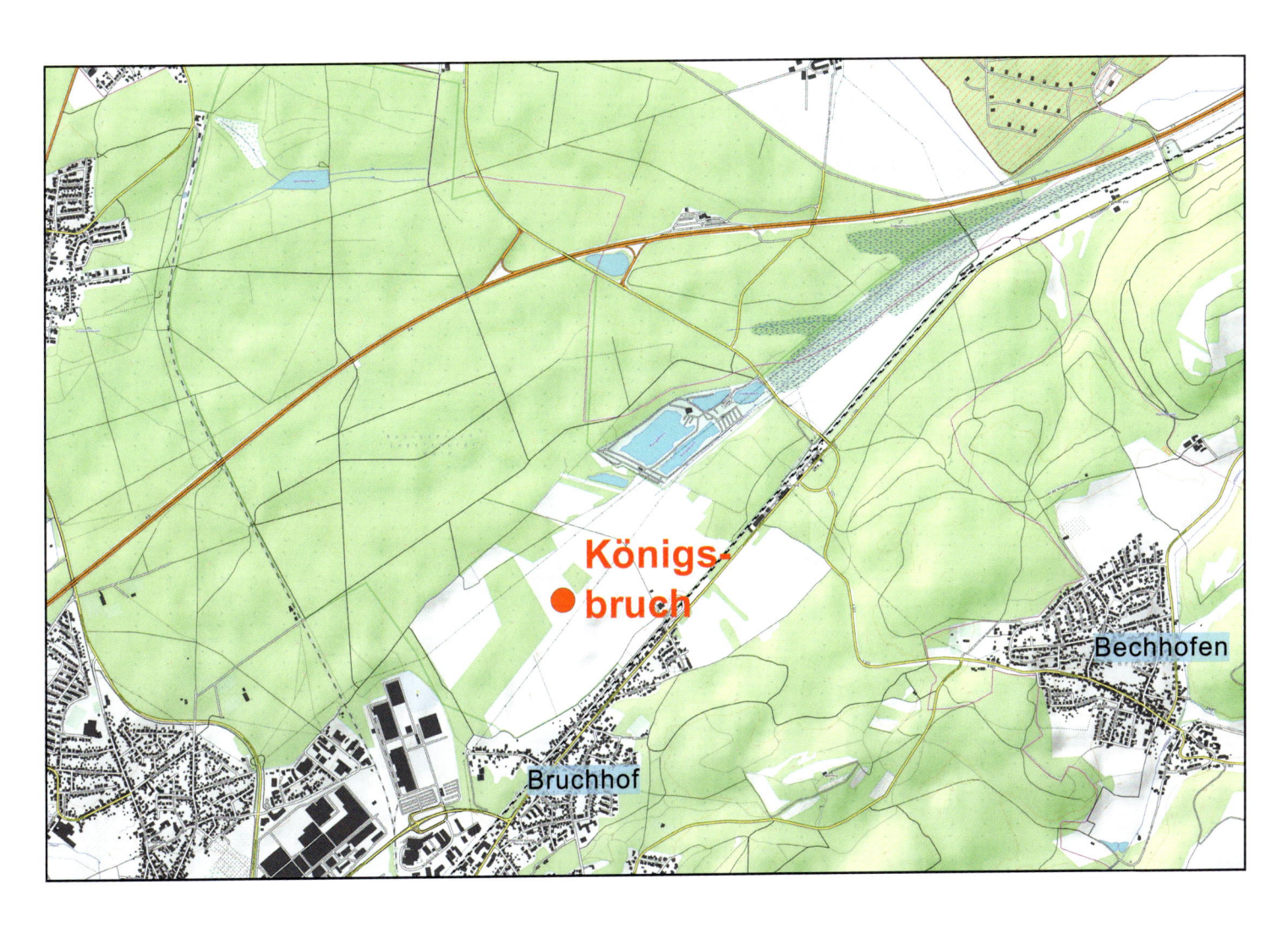

Lambsbachtal bei Kirrberg

Der Gewässertypenatlas des Saarlandes (KINSINGER/LÖFFLER 1998) ordnet dem Lambsbach den Gewässertypus eines Auetalgewässers zu. Aus dem pfälzischen Lambsborn kommend, mündet der Lambsbach nach einer Fließstrecke von rund 3 km bei Schwarzenacker in die Blies. Genauso wie der Hetschenbach bei Gersheim ist der Lambsbach eines der bedeutendsten Bachforellen-Laichgewässer der Region, nicht zuletzt durch vorgenommene biotopverbessernde Maßnahmen im Rahmen der Umsetzung der Europäischen Wasserrahmenrichtlinie (EG-WRRL). Spätestens seit der Beseitigung weiterer Wanderhemmnisse ist der Lambsbach wieder komplett durchgängig. Dies kommt insbesondere wandernden Fischarten, wie z. B. der Bachforelle zugute, ist aber auch für die Populationen des Bachneunauges (*Lampetra planeri*) bzw. der Mühlkoppe (*Cottus gobio*), welche beide in einer großen Bestandsdichte im Lambsbach vorkommen, von großer Bedeutung. Vor allem die Bestandsdichte des Bachneunauges, welches im Rahmen einer Elektro-Befischung durch den Fischereiverband Saar nachgewiesen werden konnte, ist überraschend und zeigt, wie wichtig der Lambsbach als Reproduktionsgewässer ist. Im Oberlauf, hinter dem Fischweiher des ASV Kirrberg, hat sich infolge der Errichtung eines Wegedammes, welcher als natürliche Barriere wirkt, ein Übergangsmoor (= Zwischenmoor) gebildet (Übergangsmoore sind noch keine fertigen Moore, ihre Entwicklung geht aber dahin, wenn man ihnen nur genügend Zeit lässt). In dem Zwischenmoor kommen so seltene Arten wie etwa das Schmalblättrige Wollgras (*Eriophorum angustifolium*) vor, welches gleichzeitig auch das einzige Vorkommen in der Region ist. An Tierarten ist die Torfmosaikjungfer (*Aeshna juncea*) erwähnenswert. Bemerkenswert ist auch die Tatsache, dass sich im Moor jedes Jahr Hunderte von Grasfröschen versammeln, um dort abzulaichen. Eine derart große Laichgesellschaft des Grasfroschs (*Rana temporaria*) ist von keinem anderen Biotop in der Region bekannt. Was fehlt bislang, ist der Moorfrosch (*Rana arvalis*). Zwar gibt es aus der Vergangenheit Hinweise auf sein Vorkommen im Lambsbachtal – überprüfen lassen sich diese Angaben aber nicht mehr. Es ist aber sehr wahrscheinlich, dass mit der Örtlichkeit „Lambsbachtal" das hier in Rede stehende Zwischenmoor gemeint ist und es ist nicht auszuschließen, dass der Moorfrosch hier irgendwann einmal doch wieder nachgewiesen wird.

Weiterführende Literatur:
MÖRSCH, G. (2007): Moore und Gebrüche im Buntsandstein – Das Lambsbachtal bei Kirrberg. – In: SAARPFALZ-KREIS [Hrsg.]: Saarpfalz-Kalender 2008. – Homburg, S. 93-100.

Talauebereich des Lambsbachtales bei Kirrberg.

Seitenarm des Lambsbachtales mit Zwischenmoor-Charakter.

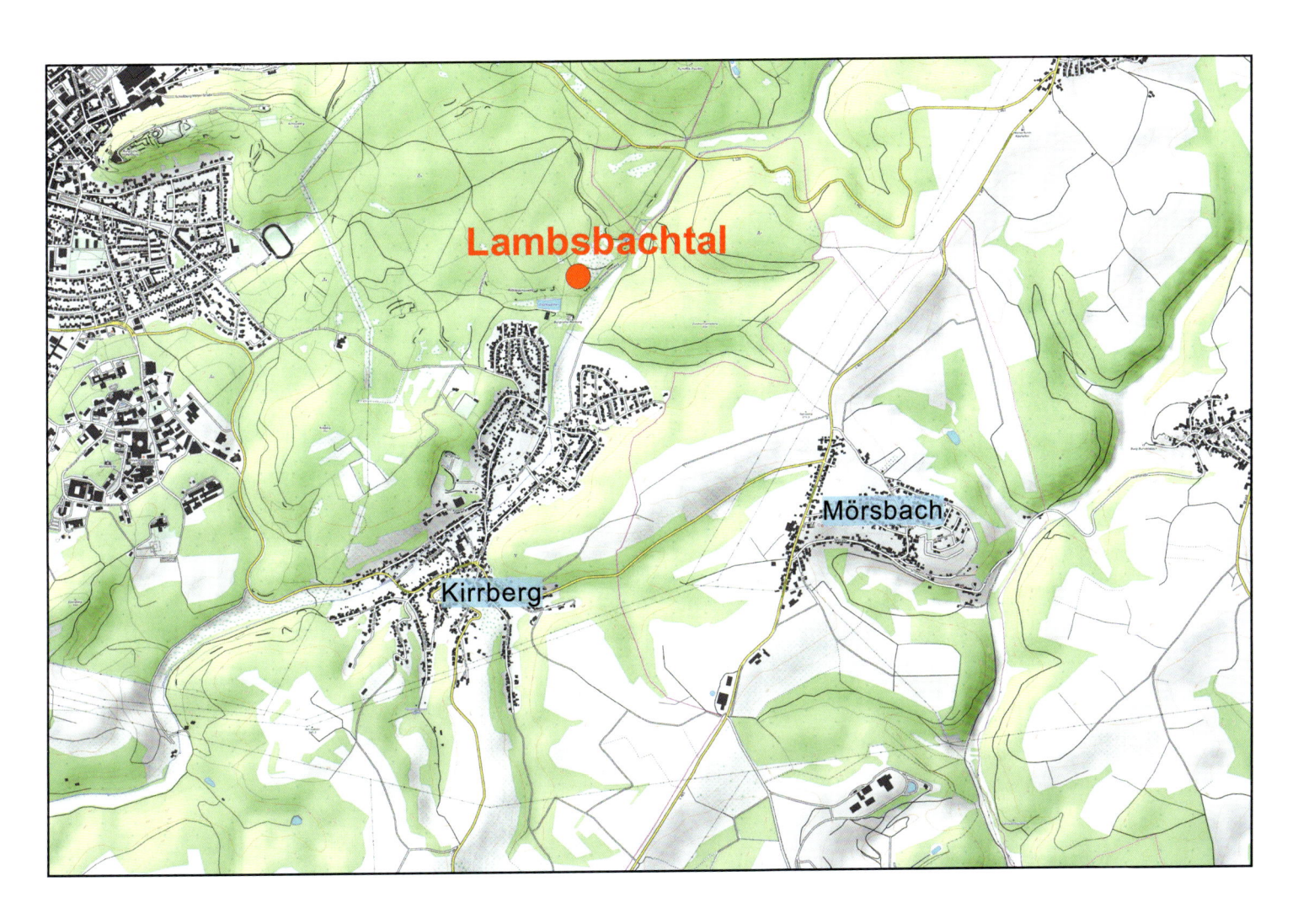

Magerrasen-Komplex bei Kirrberg

Südlich von Kirrberg erstreckt sich an der Grenze zu Rheinland-Pfalz ein Komplex aus Kalk-Magerrasen. Man wird sich ungläubig fragen: Kalk-Magerrasen bei Kirrberg …? Im ersten Moment überrascht das, bringt man Homburg (wozu Kirrberg als Stadtteil gehört) doch eher mit Buntsandstein in Zusammenhang. Tatsächlich aber erstreckt sich bis Kirrberg ein Ausläufer des Naturraumes Zweibrücker Westrich – ein muschelkalkgeprägter Naturraum, der vom Unteren Muschelkalk geprägt wird, eine Formation, der auch andere bedeutende Kalk-Magerrasen-Standorte der Region angehören, wie z. B. die „Badstube" bei Mimbach, der Kalbenberg bei Ballweiler, der Wacholderberg bei Peppenkum und der Großbirkel bei Peppenkum.

Der Kalk-Magerrasen-Komplex bei Kirrberg umfasst die Kalk-Halbtrockenrasen und Salbei-Glatthaferwiesen unterhalb der Ski- u. Wanderhütte Kirrberg (mit Vorkommen u.a. von *Ophrys holoserica, Anacamptis pyramidalis*), die auch als FFH-Lebensraumtyp 6510 ausgewiesenen Kalk-Magerrasen im Bereich der „Kalkofer Dell" (mit Vorkommen u.a. der Bocksriemenzunge *Himantoglossum hircinum*) sowie als Herzstück die „Trummstücke", ein im Eigentum der Stadt Homburg befindlicher Kalk-Halbtrockenrasen mit zahlreichem Vorkommen u.a. der Spinnen-Ragwurz (*Ophrys sphegodes*), die in guten Jahren in einer Bestandsdichte von mehr als 50 (!) Individuen auftreten kann – eine Zahl, die sonst nirgendwo in der Region erreicht wird, denn die Art ist sehr sehr selten im Bliesgau – aktuell kommt sie z.B. nur noch in Einzelexemplaren an dem Hang „Legen" bei Altheim vor (Peter Steinfeld, mdl.).

Die Kalk-Magerrasen-Bereiche bei Kirrberg gehören zweifellos zu den bedeutendsten Landschaftskomplexen der Region – und das Ganze vor den Toren der vom Buntsandstein geprägten Stadt Homburg.

Magerrasen Kirrberg. Der östliche Teil des Naturraumes Zweibrücker Westrich erstreckt sich bis zum Homburger Stadtteil Kirrberg. Hier sind wie im unteren Bliestal Kalk-Halbtrockenrasen-Bereiche ausgebildet, mit diversen Orchideen-Vorkommen.

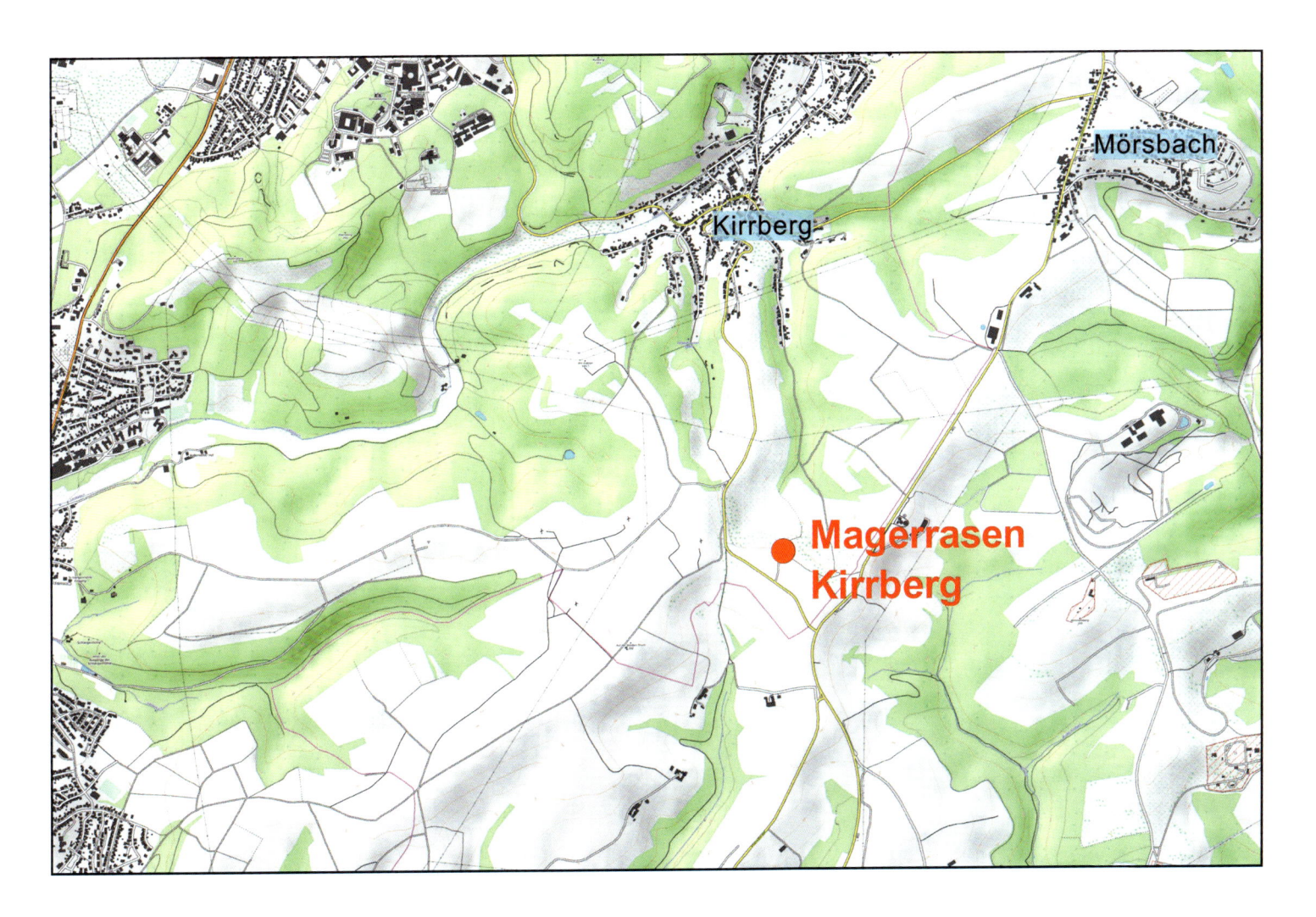

Kalbenberg zwischen Ballweiler und Wolfersheim

Der Bliesgau ist als alte Kulturlandschaft geprägt von dem Wirken des Menschen. Neben alten, überlieferten Landnutzungsformen (Streuobstwiesen) oder Relikten früherer landwirtschaftlicher Nutzung (Kalk-Halbtrockenrasen) machen auch Zeugen einer ehemaligen Industriekultur (Kalkwirtschaft) die Eigenart des Bliesgaus aus. Zu nennen sind offengelassene Materialentnahmestellen (Steinbrüche), die der Kalkwirtschaft ihren Rohstoff (Kalk) lieferten. Außer in Gersheim (Kalkwerk) gab es in der Region auch an anderen Stellen lokal betriebene Steinbrüche, die über Seilwinden die im Berg gebrochenen Kalksteine nach unten ins Tal beförderten – so z.B. am Kalbenberg bei Wolfersheim, der zur Blüte der Kalkwirtschaft im Bliesgau ein bedeutendes Kalksteinbruch-Gelände war. Nach dem Niedergang der Kalkwirtschaft wurden die Steinbrüche offen gelassen und von der Natur wieder zurück erobert. Auf dem Abraum entwickelten sich Kalk-Halbtrockenrasen, die heute Lebensraum einer Vielzahl seltener, wämeliebender Tier- und Pflanzenarten sind. Es sind anthropogene Sonderstandorte. Ein solcher Sonderstandort, der mittlerweile von der Natur komplett zurück erobert wurde und ein spezieller Lebensraum, insbesondere für wärmeliebende Arten, ist, ist der Kalbenberg zwischen Ballweiler und Wolfersheim. An Pflanzenarten z.B. kommen – außer Orchideen – die Gewöhnliche Küchenschelle (*Pulsatilla vulgaris*) vor. Der Bereich vorne – außerhalb des eigentlichen Kalksteinbruchs – ist der einzige Standort im Saarland von *Prunella grandiflora*, der Großblütigen Braunelle (Rüdiger Mues, mdl.). An Heuschreckenarten ist die Blauflügelige Ödlandschrecke (*Oedipoda caerulescens*) zu nennen sowie die Westliche Beißschrecke (*Platycleis albopunctata*). Bedeutend sind auch die mageren, als einschürige Mähwiesen genutzten Hangbereiche, die sich unterhalb des Kalbenbergs anschließen und als Salbei-Glatthaferwiesen sehr blütenreich und vielfältig sind. Hier kann u.a. der Goldene Scheckenfalter (*Euphydryas aurinia*) beobachtet werden und im Frühjahr ist überall in den Wiesen die Feldgrille *Gryllus campestris* zu hören. Auch das Weinhähnchen (*Oecanthus pellucens*) kommt dort vor, ebenso der Buntbäuchige Grashüpfer (*Omocestus rufipes*).

Kalbenberg bei Ballweiler – Blick von Biesingen aus; markant der Stufenhang.

Auch der Kalbenberg diente wie viele andere Bereiche als Steinbruch. Die Flächen wurden offen gelassen und haben sich in der Folge zu bedeutenden Sekundärlebensräumen entwickelt.

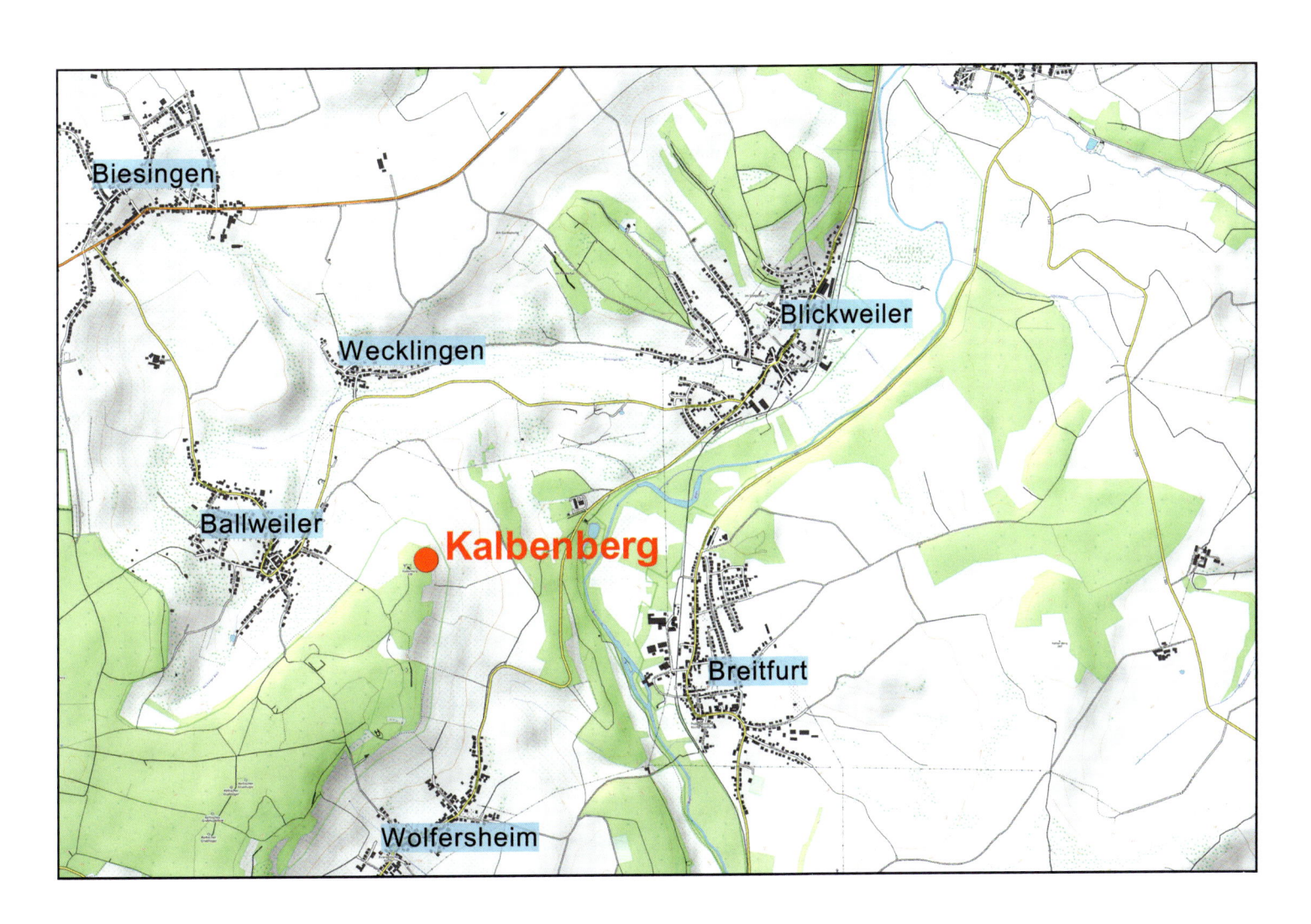

Allmend- und Bettelwald bei Ormesheim bzw. Aßweiler

Im Gegensatz zum nördlichen Teil der Region ist der Süden relativ arm an Wäldern. Die Wälder im südlichen Teil der Region sind ausnahmslos auf die Höhenrücken beschränkt, während die Hanglagen von der Landwirtschaft genutzt werden – in der Regel als Grünland. In der Ebene gibt es dagegen nur wenige Wälder und wenn diese dann noch wie der Allmend- und Bettelwald bei Ormesheim bzw. Aßweiler landschaftlich isoliert sind (also praktisch als Waldinseln inmitten der offenen Landschaft liegen), dann stellen solche Lebensräume durchaus etwas Besonderes dar. Beide (Allmend- und Bettelwald) sind als Naturschutzgebiete ausgewiesen. Schutzzweck ist der Erhalt repräsentativer Laubmischwaldbestände.

Jetzt soll an dieser Stelle nicht unbedingt der Verinselung von Biotopen das Wort geredet werden, aber es ist schon auffällig, welche Artenfülle beide Wälder beherbergen. Besonders auffällig ist der Vogelartenreichtum und es scheint, als ob sich hier auf relativ kleiner Fläche eine größtmögliche Zahl an Vogelarten konzentriert. Ähnliche Phänomene kennt man von Biotopen in ansonsten ausgeräumten Landschaften. Derartige Trittsteinbiotope sind nur deshalb so artenreich und bedeutend, weil die sie umgebende Landschaft stark ausgeräumt ist.

Ähnlich verhält es sich bei Allmend- und Bettelwald. Zwar ist hier die Landschaft nicht unbedingt ausgeräumt, es herrscht aber eine einheitliche Landnutzung vor (Offenland), so dass die Voraussetzungen durchaus vergleichbar sind und als Erklärung taugen, warum beide Wälder – auf relativ kleiner Fläche – eine so hohe Artenzahl aufweisen. Im Bettelwald z. B. kommt der Grünspecht vor, der das umgebende Grünland als Nahrungsbiotop nutzt und im Allmendwald hat schon der Rotmilan gebrütet, der ebenfalls keine reine Waldart ist und gerne auch das angrenzende Offenland als Teilsiedler aufsucht.

Allmend- und Bettelwald sind aber nicht nur als Trittsteinbiotope wertvoll; beide weisen auch eine hohe Strukturvielfalt auf. So ist der Bettelwald mit periodisch wasserführenden Gräben durchzogen, die insbesondere im Frühjahr für hydrotaktile Artengruppen (Amphibien) von Bedeutung sind und im Allmendwald gibt es Mardellen (eine größere am Nordwest-Rand des Allmendwalds und eine kleinere im südlichen Teil), die außer für Amphibien z. B. auch für Libellen von Bedeutung sind.

Sowohl Allmend-, als auch Bettelwald sind als Waldinseln geeignete Trittstein-Biotope im Rahmen eines Biotopverbundes.

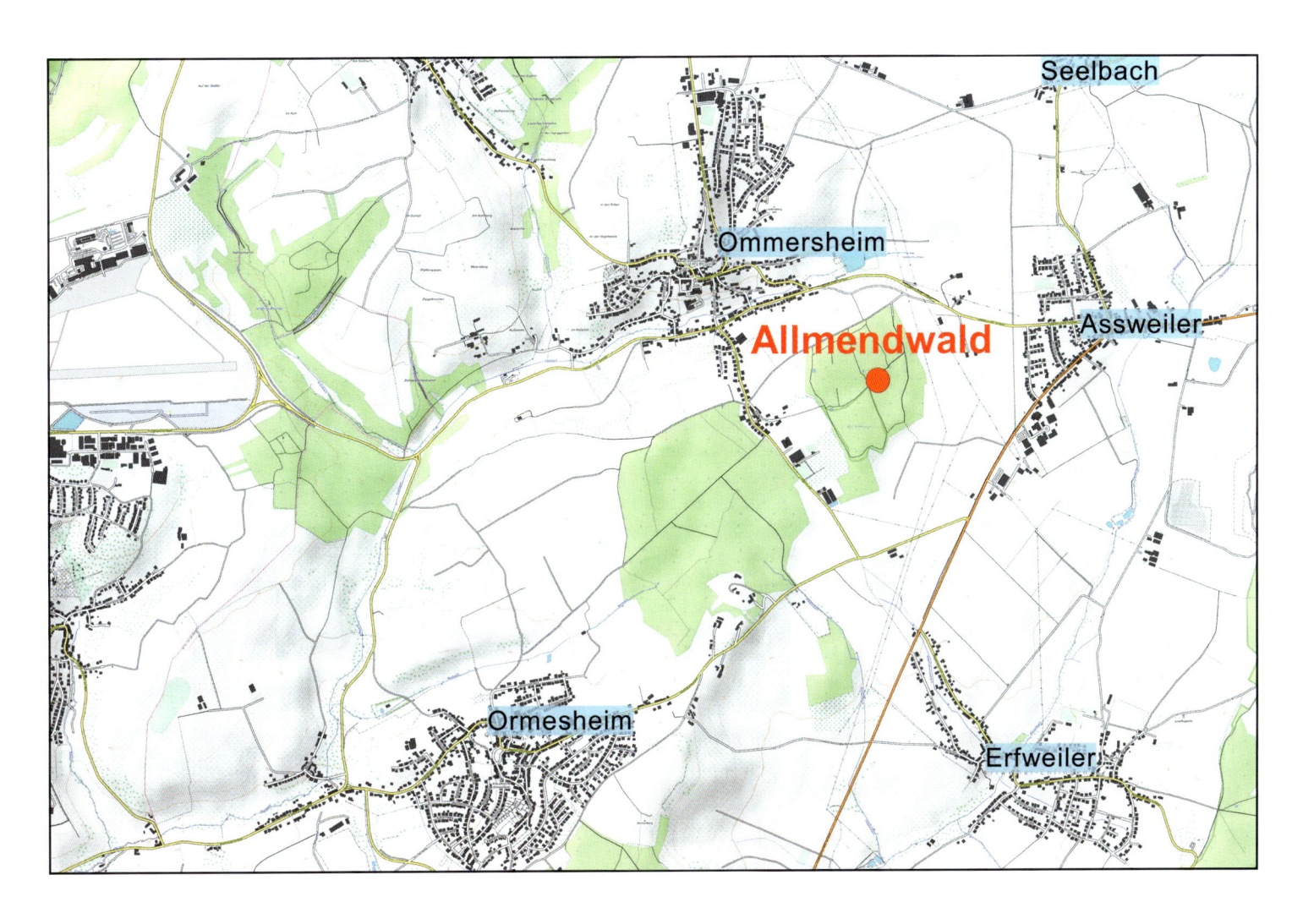

Limbacher Sanddüne

Extremstandorte, d.h. extrem nasse oder extrem trockene Standorte, sind für den Naturschutz von grundsätzlicher Bedeutung. Zu den trockenen Extremen zählen im südlichen Teil der Region die offengelassenen Steinbrüche. Im nördlichen Teil dagegen sind es die Sandgruben (soweit sie nicht verfüllt sind) bzw. die Dünen und Sandfelder. Sanddünen mit einer Mächtigkeit von mehreren Metern sind in der Region sehr selten. Die bekannteste ist die Binnendüne bei Homburg. Eine zweite relativ bekannte Düne ist die bei Limbach (= „Limbacher Sanddüne"), die gleichzeitig auch Naturschutzgebiet (und zwar eines der ältesten im Saarland) ist. Die Limbacher Sanddüne erreicht bei Weitem jedoch nicht die Mächtigkeit wie die Homburger Binnendüne, weshalb von der in Limbach auch eher von einem „Sandfeld" gesprochen wird. Für die darauf wachsende Vegetation ist das unerheblich, so dass sich bei der Limbacher Sanddüne, ähnlich wie bei der bei Homburg, als Vegetationstypen „Sandrasen, Silbergras- und Kleinschmielenfluren", mit so charakteristischen Arten wie Silbergras (*Corynephorus canescens*), Bauernsenf (*Teesdalia nudicaulis*), Haar-Schafschwingel (*Festuca tenuifolia*), Filzkraut (*Filago mimima*), Frühlings-Spark (*Spergula morisonii*), Berg-Sandglöckchen (*Jasione montana*) und Mausohr-Habichtskraut (*Rumex acetosella*) entwickelt haben.

SANDER (2002) arbeitet für die Limbacher Sanddüne eine eigene pflanzensoziologische Gesellschaft heraus: das *Spergulo morisonii–Corynephoretum canescentis* (Frühlings-Spark–Silbergras-Gesellschaft).

Die Limbacher Sanddüne ist insbesondere für die Artengruppe der Heuschrecken von Bedeutung. Sehr auffällig ist die Blauflügelige Ödlandschrecke (*Oedipoda caerulescens*). Ebenfalls zahlreich ist die Gefleckte Keulenschrecke (*Myrmeleotettix maculatus*). Von der Limbacher Sanddüne stammt übrigens auch der Erstfund des Rotleibigen Grashüpfers (*Omocestus haemorrhoidalis*) für das Saarland (vgl. DORDA 1990).

Zu den charakteristischen Flechten dieser Sanddünen zählen Becherflechten (*Cladonia*-Arten) und Hundsflechten (*Peltigera*-Arten).

Sie ist eines der ältesten Schutzgebiete in der Region: die Limbacher Sanddüne.

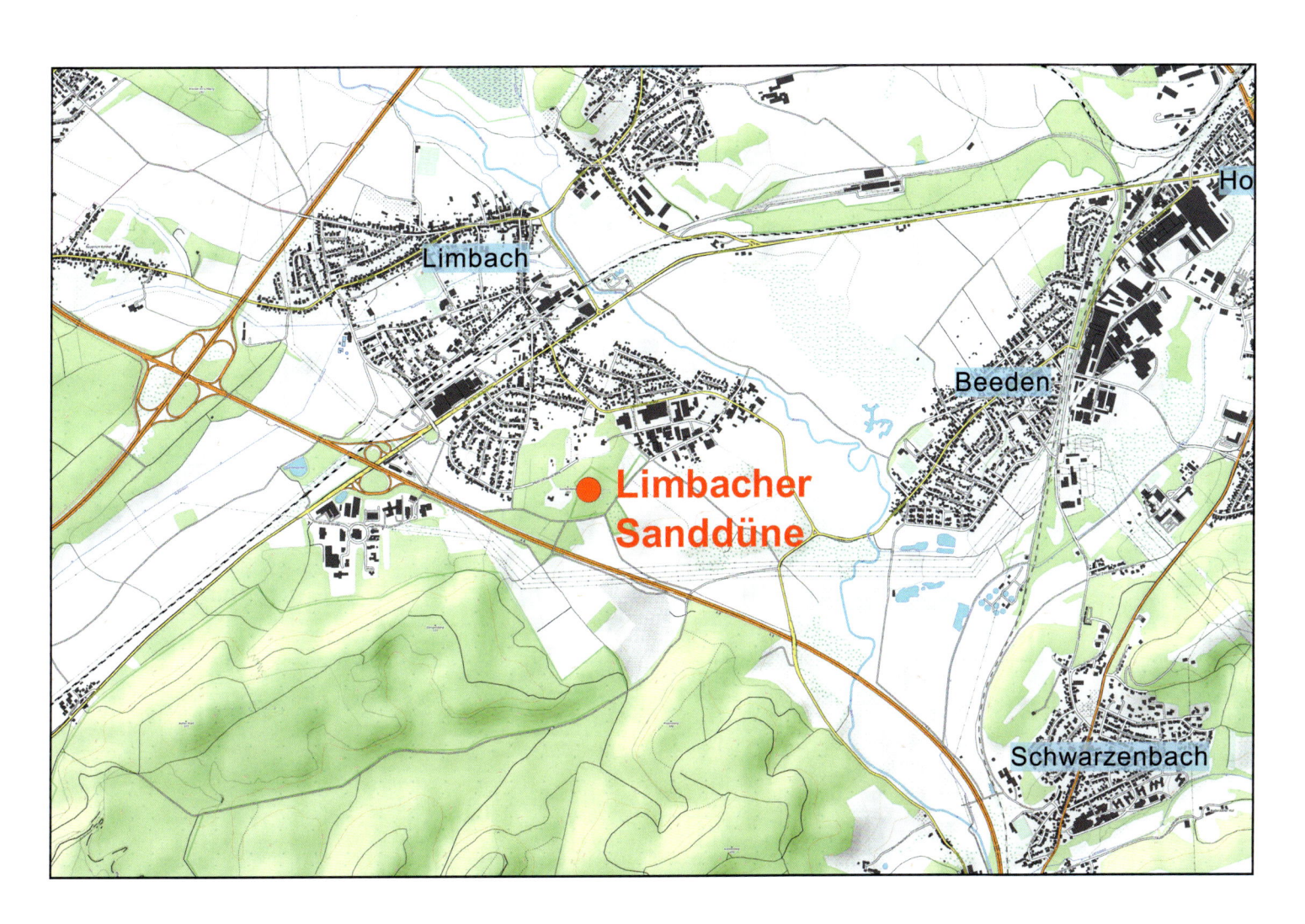

Birzberg bei Fechingen

Die Kalkwirtschaft hat im gesamten muschelkalkgeprägten südlichen Teil der Region ihre Spuren hinterlassen – so auch am Birzberg bei Fechingen, wo früher großflächig Kalkstein im Tagebau gebrochen und über Loren abtransportiert wurde. Nach erfolgtem Abbau wurde die Fläche offen gelassen und von der Natur zurückerobert. Auf dem Abraum haben sich Kalkschotterfluren entwickelt, Geländemulden haben sich mit Wasser gefüllt und sind Laichplatz u. a. von Gelbbauchunke (Bombina variegata) und Geburtshelferkröte (Alytes obstetricans). Wie alle offen gelassenen, ehemaligen Kalksteinbrüche ist die Fläche insbesondere für wärmeliebende Arten von Bedeutung, so z. B. Schmetterlinge und Heuschrecken. Die Fläche wurde vor längerer Zeit bereits als Naturschutzgebiet ausgewiesen. Wie bei allen Sekundärstandorten liegt die Problematik in einer zunehmenden Verbuschung.

Will man die Fläche als Sonderlebensraum für wärmeliebende Arten erhalten, ist es notwendig diese offen zu halten, d. h. zu pflegen. Es ist der Naturschutzbeauftragte Axel Hagedorn, der bereits früh den naturschutzfachlichen Wert des Sekundärstandortes Birzberg erkannt und über Pflegemaßnahmen zu einem Erhalt des weit über die Region hinaus bekannten Birzberges beigetragen hat.

Auch der Birzberg bei Fechingen verdankt seine Entstehung dem früheren Kalk-Tagebau. Nach Aufgabe des Steinbruchbetriebes eroberte sich die Natur die Flächen wieder zurück.

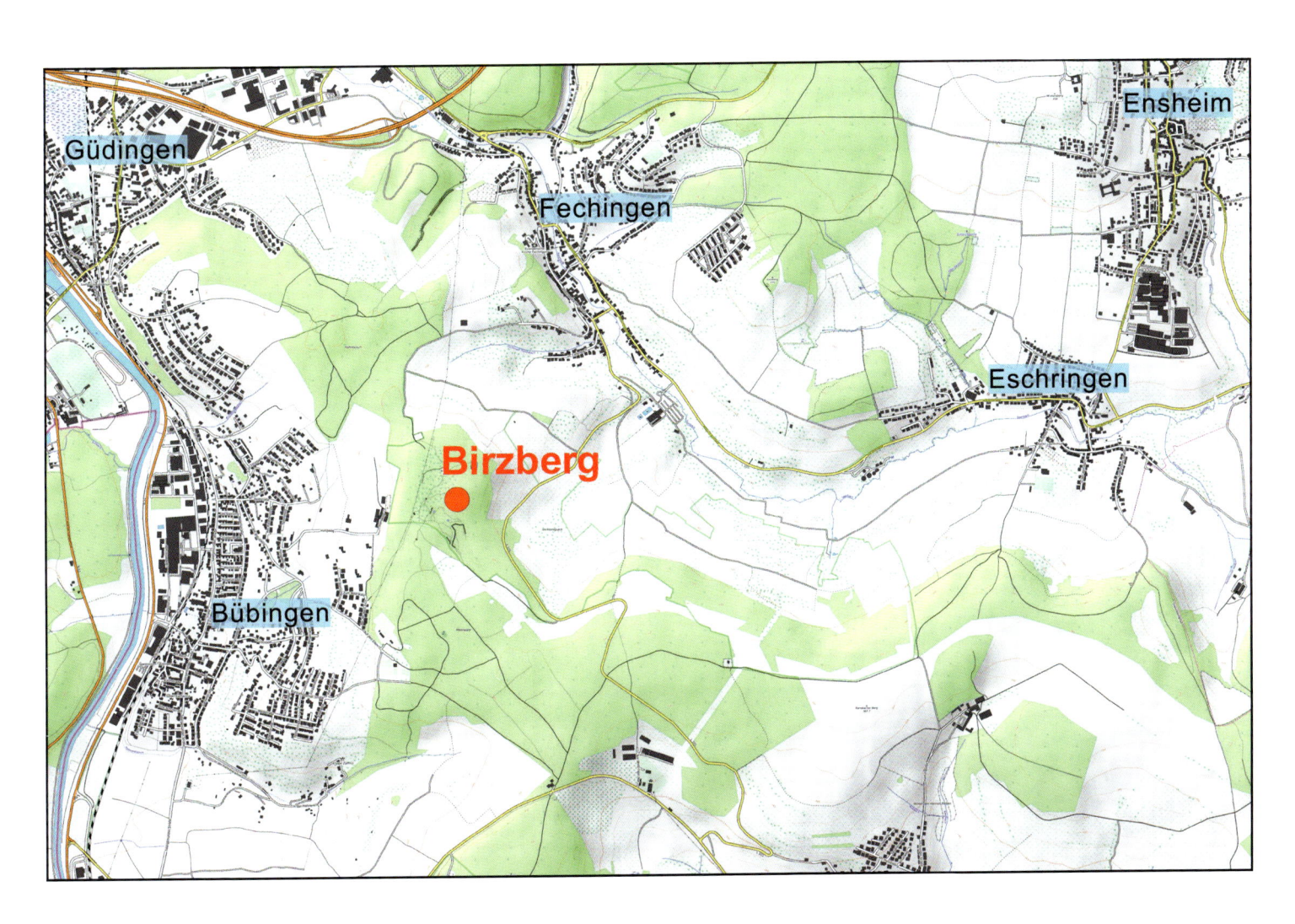

Zitierte und weiterführende Literatur

Aebischer, A. (2009): Der Rotmilan. Ein faszinierender Greifvogel. – Bern, Stuttgart, Wien.

Amtsblatt des Saarlandes Teil I vom 09. Juli 2020: Verordnung über das Biosphärenreservat Bliesgau vom 24. Juni 2020.

Anonymus (2017a): Barren-Ringelnatter – Neue Schlangenart in Deutschland registriert. (Online-Dokument, https://www.zeit.de/wissen/umwelt/2017-08/schlangen-deutschland-neue-art-arten, letzter Aufruf: 30.08.2020).

Anonymus (2017b): Hurra, Deutschlands neue Schlangenart ist ungiftig. (Online-Dokument, https://www.welt.de/wissenschaft/article167448530/Hurra-Deutschlands-neue-Schlangenart-ist-ungiftg.html, letzter Aufruf: 30.08.2020).

Anonymus (2017c): Neue Schlangen hat das Land. Barren-Ringelnatter als eigene Art beschrieben. (Online-Dokument, https://www.nabu.de/news/2017/08/22890.html, letzter Aufruf: 10.04.2019).

Anonymus (2018): Refugium für eine bedrohte Tierart. Nationalpark-Akademie stellt aktuelle Forschungsergebnisse zu Wildkatzen im Nationalpark Hunsrück-Hochwald vor. – In: Saarbrücker Zeitung (Ausgabe St. Wendel) vom 15. März 2018, S. C 4.

Austgen, M. (2003): Der Streuobstanbau im Saarland. Stand und Entwicklungschancen. – In: Abhandlungen der Delattinia – Arbeitsgemeinschaft für tier- und pflanzengeographische Heimatforschung im Saarland e.V., Bd. 29: S. 147-164.

Austgen, M. (2005a): Braunkehlchen (*Saxicola rubetra*). – In: Bos, J. / Buchheit, M. / Austgen, M. / Elle, O.: Atlas der Brutvögel des Saarlandes. – Mandelbachtal, S. 282-283. (= Atlantenreihe des Ministeriums für Umwelt des Saarlandes, Bd. 3; zugleich: Aus Natur und Landschaft im Saarland – Sonderbände der Delattinia, Bd. 9; Hrsg.: Ornithologischer Beobachterring Saar).

Austgen, M. (2005b): Feldlerche (*Alauda arvensis*). – In: Bos, J. / Buchheit, M. / Austgen, M. / Elle, O.: Atlas der Brutvögel des Saarlandes. – Mandelbachtal, S. 218-219. (= Atlantenreihe des Ministeriums für Umwelt des Saarlandes, Bd. 3; zugleich: Aus Natur und Landschaft im Saarland – Sonderbände der Delattinia, Bd. 9; Hrsg.: Ornithologischer Beobachterring Saar).

Austgen, M. (2005c): Kiebitz (*Vanellus vanellus*). – In: Bos, J. / Buchheit, M. / Austgen, M. / Elle, O.: Atlas der Brutvögel des Saarlandes. – Mandelbachtal, S. 126-127. (= Atlantenreihe des Ministeriums für Umwelt des Saarlandes, Bd. 3; zugleich: Aus Natur und Landschaft im Saarland – Sonderbände der Delattinia, Bd. 9; Hrsg.: Ornithologischer Beobachterring Saar).

Austgen, M. (2005d): Schwarzkehlchen (*Saxicola rubicola*). – In: Bos, J. / Buchheit, M. / Austgen, M. / Elle, O.: Atlas der Brutvögel des Saarlandes. – Mandelbachtal, S. 284-285. (= Atlantenreihe des Ministeriums für Umwelt des Saarlandes, Bd. 3; zugleich: Aus Natur und Landschaft im Saarland – Sonderbände der Delattinia, Bd. 9; Hrsg.: Ornithologischer Beobachterring Saar).

Austgen, M. (2005e): Wiesenpieper (*Anthus pratensis*). – In: Bos, J. / Buchheit, M. / Austgen, M. / Elle, O.: Atlas der Brutvögel des Saarlandes. – Mandelbachtal, S. 304-305. (= Atlantenreihe des Ministeriums für Umwelt des Saarlandes, Bd. 3; zugleich: Aus Natur und Landschaft im Saarland – Sonderbände der Delattinia, Bd. 9; Hrsg.: Ornithologischer Beobachterring Saar).

Austgen, M. (2005f): Wiesenschafstelze (*Motacilla flava*). – In: Bos, J. / Buchheit, M. / Austgen, M. / Elle, O.: Atlas der Brutvögel des Saarlandes. – Mandelbachtal, S. 308-309. (= Atlantenreihe des Ministeriums für Umwelt des Saarlandes, Bd. 3; zugleich: Aus Natur und Landschaft im Saarland – Sonderbände der Delattinia, Bd. 9; Hrsg.: Ornithologischer Beobachterring Saar).

Bach, G. (2018): Bilan de l'enquête de 2017 sur le Guêpier d'Europe *Merops apiaster* en Lorraine. Situation dans le Grand Est. – In: Ciconia, Volume 42, Fascicules 1 et 2, S. 21-27. (Hrsg.: Ligue pour la Protection des Oiseaux – Grand Est und Musée Zoologique de Strasbourg).

Back, H.-E. (1976): *Tibicina haematodes* (Scop.) im Mosel-Ruwer-Raum (Homoptera, Cicadidae). – In: Faunistisch-floristische Notizen aus dem Saarland, 8. Jg., H. 1, S. 1-3. (Hrsg.: Arbeitsgemeinschaft für tier- und pflanzengeographische Heimatforschung im Saarland e.V.).

Backes, N. / Kubiniok, J. / Kühne, O. / Neumann, B. (2008): Zum Regionalklima im Saarland. – In: Abhandlungen der Delattinia – Arbeitsgemeinschaft für tier- und pflanzengeographische Heimatforschung im Saarland e.V., Bd. 34, S. 147-177.

Barth, B. / Gerstner, J. / Wagner, J. M. (2006): Die Region Bliesgau – Erdgeschichte, Naturräume und charakteristische Raummerkmale im Überblick. – In: Dorda, D. / Kühne, O. / Wild, V. [Hrsg.]: Der Bliesgau. Natur und Landschaft im südöstlichen Saarland. – Saarbrücken, S. 31-48. (= Veröffentlichungen des Instituts für Landeskunde im Saarland, Bd. 42).

Barth, G. (2014): Zur Bestandssituation 2010 von Braunkehlchen *Saxicola rubetra*, Schwarzkehlchen *Saxicola rubicola* und Neuntöter *Lanius collurio* im Hochwaldvorland. – In: Lanius – Mitteilungsblatt des Ornithologischen Beobachterrings Saar, Nr. 35, S. 5-15.

Bauchhenss, E. / Scholl, G. (1985): Bodenspinnen einer Weinbergsbrache im Maintal (Steinbach, Lkr. Haßberge). Ein Beitrag zur Spinnenfaunistik Unterfrankens. – In: Abhandlungen des Naturwissenschaftlichen Vereins Würzburg, Bd. 23/24 (1982/83), S. 3-23.

Bauer, H.-G. / Bezzel, E. / Fiedler, W. [Hrsg.] (2005a): Das Kompendium der Vögel Mitteleuropas. Alles über Biologie, Gefährdung und Schutz. Band 1: Nonpasseriformes – Nichtsperlingsvögel. – 2. Auflage. Wiesbaden.

Bauer, H.-G. / Bezzel, E. / Fiedler, W. [Hrsg.] (2005b): Das Kompendium der Vögel Mitteleuropas. Alles über Biologie, Gefährdung und Schutz. Band 2: Passeriformes – Sperlingsvögel. – 2. Auflage. Wiesbaden.

Baus, M. (2004): Leben zwischen toten Gleisen. Der Zollbahnhof zwischen Homburg und Altstadt. – In: Saarpfalz-Kreis [Hrsg.]: Saarpfalz-Kalender 2005. – Homburg, S. 161-167.

Bell, E. (1976): Der Einfluß des Hangwassers auf die Vegetation des Buntsandsteins am Staffelberg bei Sengscheid. – In: Abhandlungen der Arbeitsgemeinschaft für tier- und pflanzengeographische Heimatforschung im Saarland e.V., H. 6, S. 39-70. (zugleich: Untersuchungsergebnisse aus Landschafts- und Naturschutzgebieten im Saarland, Bd. 8).

Bettinger, A. (2002): Die Grünlandgesellschaften der saarländischen Talniederungen. – In: Bettinger, A. / Wolff, P. [Hrsg.]: Vegetation des Saarlandes und seiner Randgebiete – Teil I. – Saarbrücken, S. 171-190. (= Atlantenreihe des Ministeriums für Umwelt des Saarlandes, Bd. 2; zugleich: Aus Natur und Landschaft im Saarland – Sonderbände der Delattinia, Bd. 8).

Bettinger, A. (2006): Die Vegetation des Offenlandes und der Gewässer im Bliesgau. – In: Dorda, D. / Kühne, O. / Wild, V. [Hrsg.]: Der Bliesgau. Natur und Landschaft im südöstlichen Saarland. – Saarbrücken, S. 71-84. (= Veröffentlichungen des Instituts für Landeskunde im Saarland, Bd. 42).

Bettinger, A. (2010): Die Vegetation des Saarlandes – mit Vorschlägen zu interessanten floristisch-vegetationskundlichen Exkursionen in ausgewählten NATURA 2000-Gebieten, gegliedert nach Naturräumen. – Landsweiler-Reden. (= ZfB-Scriptum – Veröffentlichungen des Zentrums für Biodokumentation, Bd. 3).

Bettinger, A. (2012): Zonale Waldgesellschaften in den Kernzonen des Biosphärenreservats „Bliesgau" – Grundstock für ein langfristig angelegtes Urwald-Monitoring. – In: Abhandlungen der DELATTINIA – Naturforschende Gesellschaft des Saarlandes e.V., Bd. 38, S. 141-166.

Bettinger, A. (2016): Pflanzenwelt. – In: Bettinger, A. / Kühne, O.: Vielfalt zwischen Grenzen – Eine geographische Landeskunde des Saarlandes. Band 1: Natur – Landschaft – Umweltschutz. – Saarbrücken, S. 67-94. (= Veröffentlichungen des Instituts für Landeskunde im Saarland, Bd. 51).

Bettinger, A. (2017): Wälder – Beitrag zur Kenntnis der Waldgesellschaften im Saarland. – In: Bettinger, A. / Wolff, P. / Meisberger, S.: Vegetation des Saarlandes und seiner Randgebiete – Teil II. – Saarbrücken, S. 181-224. (= Atlantenreihe des Ministeriums für Umwelt und Verbraucherschutz des Saarlandes, Bd. 5; zugleich: Aus Natur und Landschaft im Saarland – Sonderbände der Delattinia, Bd. 11).

Bettinger, A. / Faust, T. (2002): Die Ackerwildkraut-Gesellschaften des Saarlandes. – In: Bettinger, A. / Wolff, P. [Hrsg.]: Vegetation des Saarlandes und seiner Randgebiete – Teil I. – Saarbrücken, S. 117-150. (= Atlantenreihe des Ministeriums für Umwelt des Saarlandes, Bd. 2; zugleich: Aus Natur und Landschaft im Saarland – Sonderbände der Delattinia, Bd. 8).

Bettinger, A. / Kühne, O. (2016): Vielfalt zwischen Grenzen – Eine geographische Landeskunde des Saarlandes. Band 1: Natur – Landschaft – Umweltschutz. – Saarbrücken. (= Veröffentlichungen des Instituts für Landeskunde im Saarland, Bd. 51).

Bettinger, A. / Siegl, A. (1998): Auwälder im Saarland. – In: Abhandlungen der Delattinia – Arbeitsgemeinschaft für tier- und pflanzengeographische Heimatforschung im Saarland e.V., Bd. 24, S. 27-45.

Bettinger, A. / Wolff, P. [Hrsg.] (2002): Vegetation des Saarlandes und seiner Randgebiete – Teil I. – Saarbrücken. (= Atlantenreihe des Ministeriums für Umwelt des Saarlandes, Bd. 2; zugleich: Aus Natur und Landschaft im Saarland – Sonderbände der Delattinia, Bd. 8).

Bettinger, A. / Wolff, P. / Meisberger, S. (2017): Vegetation des Saarlandes und seiner Randgebiete – Teil II. – Saarbrücken. (= Atlantenreihe des Ministeriums für Umwelt und Verbraucherschutz des Saarlandes, Bd. 5; zugleich: Aus Natur und Landschaft im Saarland – Sonderbände der Delattinia, Bd. 11).

Bezzel, E. (1982) Vögel in der Kulturlandschaft. – Stuttgart.

Bezzel, E. (1993): Kompendium der Vögel Mitteleuropas. Passeres – Singvögel. – Wiesbaden.

Bos, J. (1997): Kurzbericht über die Untersuchungen an Greifvögeln in der Brutsaison 1996 im südöstlichen Saarland. – In: OBS-Info – Informationsschrift für die Mitglieder des Ornithologischen Beobachterrings Saar, Nr. 11, S. 9-11.

Bos, J. (2005a): Kolkrabe (*Corvus corax*). – In: Bos, J. / Buchheit, M. / Austgen, M. / Elle, O.: Atlas der Brutvögel des Saarlandes. – Mandelbachtal, S. 198-199. (= Atlantenreihe des Ministeriums für Umwelt des Saarlandes, Bd. 3; zugleich: Aus Natur und Landschaft im Saarland – Sonderbände der Delattinia, Bd. 9; Hrsg.: Ornithologischer Beobachterring Saar).

Bos, J. (2005b): Rohrweihe (*Circus aeruginosus*). – In: Bos, J. / Buchheit, M. / Austgen, M. / Elle, O.: Atlas der Brutvögel des Saarlandes. – Mandelbachtal, S. 102-103. (= Atlantenreihe des Ministeriums für Umwelt des Saarlandes, Bd. 3; zugleich: Aus Natur und Landschaft im Saarland – Sonderbände der Delattinia, Bd. 9; Hrsg.: Ornithologischer Beobachterring Saar).

Bos, J. (2005c): Rotmilan (*Milvus milvus*). – In: Bos, J. / Buchheit, M. / Austgen, M. / Elle, O.: Atlas der Brutvögel des Saarlandes. – Mandelbachtal, S. 108-109. (= Atlantenreihe des Ministeriums für Umwelt des Saarlandes, Bd. 3; zugleich: Aus Natur und Landschaft im Saarland – Sonderbände der Delattinia, Bd. 9; Hrsg.: Ornithologischer Beobachterring Saar).

Bos, J. (2005d): Schwarzmilan (*Milvus migrans*). – In: Bos, J. / Buchheit, M. / Austgen, M. / Elle, O.: Atlas der Brutvögel des Saarlandes. – Mandelbachtal, S. 110-111. (= Atlantenreihe des Ministeriums für Umwelt des Saarlandes, Bd. 3; zugleich: Aus Natur und Landschaft im Saarland – Sonderbände der Delattinia, Bd. 9; Hrsg.: Ornithologischer Beobachterring Saar).

Bos, J. (2005e): Wespenbussard (*Pernis apivorus*). – In: Bos, J. / Buchheit, M. / Austgen, M. / Elle, O.: Atlas der Brutvögel des Saarlandes. – Mandelbachtal, S. 100-101. (= Atlantenreihe des Ministeriums für Umwelt des Saarlandes, Bd. 3; zugleich: Aus Natur und Landschaft im Saarland – Sonderbände der Delattinia, Bd. 9; Hrsg.: Ornithologischer Beobachterring Saar).

Bos, J. / Buchheit, M. (2005): Haubenlerche (*Galerida cristata*). – In: Bos, J. / Buchheit, M. / Austgen, M. / Elle, O.: Atlas der Brutvögel des Saarlandes. – Mandelbachtal, S. 214-215. (= Atlantenreihe des Ministeriums für Umwelt des Saarlandes, Bd. 3; zugleich: Aus Natur und Landschaft im Saarland – Sonderbände der Delattinia, Bd. 9; Hrsg.: Ornithologischer Beobachterring Saar).

Bos, J. / Buchheit, M. / Austgen, M. / Elle, O. (2005): Atlas der Brutvögel des Saarlandes. – Mandelbachtal. (= Atlantenreihe des Ministeriums für Umwelt des Saarlandes, Bd. 3; zugleich: Aus Natur und Landschaft im Saarland – Sonderbände der Delattinia, Bd. 9; Hrsg.: Ornithologischer Beobachterring Saar).

Braun, G. (1952): Die Moorlandschaft bei Jägersburg. – In: Kremp, W. [Hrsg.]: Naturdenkmäler und Landschaftsschutzgebiete im Saarland. – Saarbrücken, S. 76-79. (= Naturschutz und Landschaftspflege im Saarland, Bd. 1; Publikation der Landesstelle für Naturschutz und Landschaftspflege).

Braunberger, C. (1984): Rotkopfwürger (*Lanius senator*) und Schwarzstirnwürger (*Lanius minor*) im Saarland. – In: Lanius – Mitteilungsblatt des Ornithologischen Beobachterrings Saar, Nr. 23, S. 111-118.

Braunberger, C. (1990): Wiesenvögel im Saarland. – Osnabrück. (Diplomarbeit, Fachhochschule Osnabrück; unveröffentlicht).

Braunberger, C. (2004): Das Weißstorchprojekt – ein beispielhaftes Naturschutzprojekt im Saarpfalz-Kreis. – In: Saarpfalz-Kreis [Hrsg.]: Saarpfalz-Kalender 2005. – Homburg, S. 81-85.

Braunberger, C. (2011a): Der Wiesenpieper im Saarland – erstes Opfer des Klimawandels ? – In: OBS-Info – Informationsschrift für die Mitglieder des Ornithologischen Beobachterrings Saar, Nr. 44: S. 33-37.

Braunberger, C. (2011b): Ein Vorbote des Klimawandels auf Expansionskurs. Orpheusspötter im Saarpfalz-Kreis. – In: Saarpfalz-Kreis [Hrsg.]: Saarpfalz-Jahrbuch 2012. – Homburg, S. 75-79.

Braunberger, C. (2018): Auftreten des Mornellregenpfeifers (*Charadrius morinellus* L., 1758) im saarländischen Saarmoselgau zwischen 1998 und 2018 (Bestände, Gefährdungen, Schutzmaßnahmen). – In: Abhandlungen der Delattinia – Naturforschende Gesellschaft des Saarlandes e.V., Bd. 44, S. 25-36.

Braunberger, C. / Buchheit, M. (2005): Bekassine (*Gallinago gallinago*). – In: Bos, J. / Buchheit, M. / Austgen, M. / Elle, O.: Atlas der Brutvögel des Saarlandes. – Mandelbachtal, S. 132-133. (= Atlantenreihe des Ministeriums für Umwelt des Saarlandes, Bd. 3; zugleich: Aus Natur und Landschaft im Saarland – Sonderbände der Delattinia, Bd. 9; Hrsg.: Ornithologischer Beobachterring Saar).

Brechtel, F. / Ehrmann, R. / Detzel, P. (1996): Zum Vorkommen der Gottesanbeterin *Mantis religiosa* (Linné, 1758) in Deutschland. – In: Carolinea – Beiträge zur naturkundlichen Forschung in Südwestdeutschland, Bd. 54, S. 73-90. (Hrsg.: Staatliches Museum für Naturkunde Karlsruhe).

Buchheit, M. (1998): Streuobstwiesen im Saarpfalz-Kreis. – Homburg. (Hrsg.: Saarpfalz-Kreis und Verband der Gartenbauvereine Saarland / Rheinland-Pfalz e.V.).

Buchheit, M. (2005a): Eisvogel (*Alcedo atthis*). – In: Bos, J. / Buchheit, M. / Austgen, M. / Elle, O.: Atlas der Brutvögel des Saarlandes. – Mandelbachtal, S. 162-163. (= Atlantenreihe des Ministeriums für Umwelt des Saarlandes, Bd. 3; zugleich: Aus Natur und Landschaft im Saarland – Sonderbände der Delattinia, Bd. 9; Hrsg.: Ornithologischer Beobachterring Saar).

Buchheit, M. (2005b): Wendehals (*Jynx torquilla*). – In: Bos, J. / Buchheit, M. / Austgen, M. / Elle, O.: Atlas der Brutvögel des Saarlandes. – Mandelbachtal, S. 164-165. (= Atlantenreihe des Ministeriums für Umwelt des Saarlandes, Bd. 3; zugleich: Aus Natur und Landschaft im Saarland – Sonderbände der Delattinia, Bd. 9; Hrsg.: Ornithologischer Beobachterring Saar).

Buchheit, M. (2005c): Zwergtaucher (*Tachybabtus ruficollis*). – In: Bos, J. / Buchheit, M. / Austgen, M. / Elle, O.: Atlas der Brutvögel des Saarlandes. – Mandelbachtal, S. 94-95. (= Atlantenreihe des Ministeriums für Umwelt des Saarlandes, Bd. 3; zugleich: Aus Natur und Landschaft im Saarland – Sonderbände der Delattinia, Bd. 9; Hrsg.: Ornithologischer Beobachterring Saar).

Buchheit, M. / Pinter, E. (2005): Kanadagans (*Branta canadensis*). – In: Bos, J. / Buchheit, M. / Austgen, M. / Elle, O.: Atlas der Brutvögel des Saarlandes. – Mandelbachtal, S. 74-75. (= Atlantenreihe des Ministeriums für Umwelt des Saarlandes, Bd. 3; zugleich: Aus Natur und Landschaft im Saarland – Sonderbände der Delattinia, Bd. 9; Hrsg.: Ornithologischer Beobachterring Saar).

Bundesministerium für Umwelt, Naturschutz und nukleare Sicherheit [Hrsg.] (2018): Der Mensch und die Biosphäre (MAB). Umsetzung des UNESCO-Programms in Deutschland. – 2. Auflage. Bonn.

Cezanne, R. / Eichler, M. / Berger, F. / Brackel, W. von / Dolnik, C. / John, V. / Schultz, M. (2016): Deutsche Namen für Flechten. – In: Herzogia, Bd. 29, H. 2, Teil 2, S. 745-797. (Hrsg.: Bryologisch-lichenologische Arbeitsgemeinschaft für Mitteleuropa e.V.).

Clevisch, A. (1901): Beiträge zur Avifauna von Lothringen. – In: Parrot, C. [Hrsg.]: II. Jahresbericht des Ornithologischen Vereins München für 1899 und 1900. – München, S. 80-88.

Comolet-Tirman, J. / Siblet, J.-P. (2015): Pic cendré (*Picus canus*). – In: Issa, N. / Muller, Y. [Coord.]: Atlas des oiseaux de France métropolitaine – Nidification et présence hivernale. Volume 2: des Ptéroclididés aux Embérizidés. – Paris, S. 800-803.

Creutz, G. (1986): Die Wasseramsel *Cinclus cinclus*. – 2. Auflage. Wittenberg Lutherstadt.

Didion, A. (1996): Vergleichende Untersuchungen an Odonaten-Zönosen von Mardellen im Bliesgau. – In: Abhandlungen der Delattinia – Arbeitsgemeinschaft für tier- und pflanzengeographische Heimatforschung im Saarland e.V., Bd. 22, S. 255-272.

Dierstein, K.-H. / Steinfeld, P. (2017): Beobachtungen an Dactylorhiza-Hybriden im Saarland. – In: Berichte aus den Arbeitskreisen Heimische Orchideen – Beiträge zur Erhaltung, Erforschung und Verbreitung europäischer Orchideen, 34. Jg., H. 2, S. 93-113.

Dorda, D. (1990): Zum Erstfund des Rotleibigen Grashüpfers *Omocestus haemorrhoidalis*, Charp., (Insecta: Saltatoria) im Saarland. – In: Faunistisch-floristische Notizen aus dem Saarland, 22. Jg., H. 2, S. 90-92. (Hrsg.: Delattinia – Arbeitsgemeinschaft für tier- und pflanzengeographische Heimatforschung im Saarland e.V.).

Dorda, D. (1991): Vergleichende Heuschreckenuntersuchungen in saarländischen Kalk-Halbtrockenrasen. – In: Articulata, Bd. 6, H. 2, S. 125-147. (Hrsg.: Deutsche Gesellschaft für Orthopterologie e.V.).

Dorda, D. (1993): Die gefleckte Smaragdlibelle *Somatochlora flavomaculata* v.d.L. im Naturschutzgebiet „Kühnbruch" (Insecta: Odonata, Corduliidae). – In: Faunistisch-floristische Notizen aus dem Saarland, 24. Jg., H. 4, S. 252. (Hrsg.: Delattinia – Arbeitsgemeinschaft für tier- und pflanzengeographische Heimatforschung im Saarland e.V.).

Dorda, D. (1994): Zum Vorkommen des Weinhähnchens *Oecanthus pellucens* (Scopoli, 1763) im südlichen Bliesgau (Saarland, BR Deutschland) (Saltatoria, Gryllidae). – In: Bulletin de la Société des naturalistes luxembourgeois, Numéro 95, S. 247-251.

Dorda, D. (1995): Bemerkungen zur Isolation, Ausbreitungsstrategie und zum Auftreten makropterer Formen beim Weinhähnchen (*Oecanthus pellucens*, Scop. 1763) im Saarland. – In: Zeitschrift für Ökologie und Naturschutz, Bd. 4, H. 3, S. 125-133.

Dorda, D. (1996): Mardellen im südlichen Bliesgau. – In: Abhandlungen der Delattinia – Arbeitsgemeinschaft für tier- und pflanzengeographische Heimatforschung im Saarland e.V., Bd. 22, S. 229-236.

Dorda, D. (1997): Naturschutzgroßvorhaben des Bundes „Saar-Blies-Gau / Auf der Lohe". Pflege- und Entwicklungsplan. Floristisch-faunistische Bestandserhebungen. Band 7: Vögel. – Saarlouis. (Gutachten des Büros für Ökologie und Planung, Dr. Maas (Saarlouis); unveröffentlicht).

Dorda, D. (1998a): Arealexpansion und Zunahme des Weinhähnchens. Witterungsbedingte Populationsdynamik im Bliesgau (Saarland). – In: Naturschutz und Landschaftsplanung – Zeitschrift für angewandte Ökologie, Bd. 30, H. 3, S. 89-93.

Dorda, D. (1998b): Heuschreckenzönosen als Bioindikatoren auf Sand- und submediterranen Kalkmagerrasen des saarländisch-lothringischen Schichtstufenlandes. – In: Abhandlungen der Delattinia – Arbeitsgemeinschaft für tier- und pflanzengeographische Heimatforschung im Saarland e.V., Bd. 23, S. 5-368.

Dorda, D. (1998c): Populationsdynamik der Elster im ländlichen Raum. Ergebnisse einer nach 20 Jahren wiederholten Bestandsdichteuntersuchung im Bliesgau (Saarland). – In: Naturschutz und Landschaftsplanung – Zeitschrift für angewandte Ökologie, Bd. 30, H. 7, S. 211-214.

Dorda, D. (1998d): Wiederfund der Bergaster (*Aster amellus* L.) im Saarland. – In: Faunistisch-floristische Notizen aus dem Saarland, 28. Jg., H. 4, S. 583-584. (Hrsg.: Delattinia – Arbeitsgemeinschaft für tier- und pflanzengeographische Heimatforschung im Saarland e.V.).

Dorda, D. (2006a): Die Fauna von Bebelsheim. – In: Heimatfreunde Bebelsheim e.V. [Hrsg]: Bebelsheimer Geschichte. Teil 2: Natur und Landschaft. – Bebelsheim, S. 170-176.

Dorda, D. (2006b): Die Tierwelt im Bliesgau. – In: Dorda, D. / Kühne, O. / Wild, V. [Hrsg.]: Der Bliesgau. Natur und Landschaft im südöstlichen Saarland. – Saarbrücken, S. 85-98. (= Veröffentlichungen des Instituts für Landeskunde im Saarland, Bd. 42).

Dorda, D. (2006c): Die Wälder im Bliesgau. – In: Dorda, D. / Kühne, O. / Wild, V. [Hrsg.]: Der Bliesgau. Natur und Landschaft im südöstlichen Saarland. – Saarbrücken, S. 57-69. (= Veröffentlichungen des Instituts für Landeskunde im Saarland, Bd. 42).

Dorda, D. (2006d): Steter Tropfen höhlt den Stein. Die Guldenschlucht bei Einöd – reich an Naturschätzen und Erdgeschichte. – In: Saarpfalz-Kreis [Hrsg.]: Saarpfalz-Kalender 2007. – Homburg, S. 101-103.

Dorda, D. (2007): Vom Winde angeweht – Die Binnendüne bei Homburg. – In: Saarpfalz-Kreis [Hrsg.]: Saarpfalz-Kalender 2008. – Homburg, S. 89-92.

Dorda, D. (2008): Das Teufelsmoor bei Jägersburg existiert nicht mehr – Ein Naturschutzgebiet zwischen Mythos und Pflegefall. – In: Saarpfalz-Kreis [Hrsg.]: Saarpfalz-Kalender 2009. – Homburg, S. 105-111.

Dorda, D. (2009): Das Closenbruch, das Tor zum Moor – wo die Arnika zu neuen Ehren kommen soll. – In: Saarpfalz-Kreis [Hrsg.]: Saarpfalz-Jahrbuch 2010. – Homburg, S. 73-79.

Dorda, D. (2011): Die Naturwaldzelle Baumbusch bei Medelsheim – wo des Försters Axt für immer schweigt. – In: Saarpfalz-Kreis [Hrsg.]: Saarpfalz-Jahrbuch 2012. – Homburg, S. 63-69.

Dorda, D. (2012): Die Tierwelt im Saarland. Eine Auswahl typischer Arten. – Saarbrücken. (= Saarland-Hefte, H. 5; Publikation des Instituts für Landeskunde im Saarland).

Dorda, D. (2013): Naturschutz als örtliche Aufgabe. Natur und Landschaft auf dem Gebiet der Kreisstadt Homburg. – Homburg.

Dorda, D. (2016): Buntsandstein und Muschelkalk – Natur und Landschaft im Biosphärenreservat Bliesgau. – In: Umweltmagazin Saar, Nr. 3/2016, S. 16-17. (Hrsg.: Bund für Umwelt und Naturschutz Deutschland (BUND), Landesverband Saarland e.V.).

Dorda, D. (2018): Windkraft und Naturschutz – In: Kühne, O. / Weber, F. [Hrsg.]: Bausteine der Energiewende. – Wiesbaden. S. 749-772. (Serie „RaumFragen: Stadt – Region – Landschaft").

Dorda, D. (2019): Erfahrungsbericht und Bewertung – Beweidungsprojekt im Beeder Bruch. – In: Umweltmagazin Saar, Nr. 1/2019, S. 15. (Hrsg.: Bund für Umwelt und Naturschutz Deutschland (BUND), Landesverband Saarland e.V.).

Dorda, D. / Kühne, O. / Wild, V. [Hrsg.] (2006): Der Bliesgau. Natur und Landschaft im südöstlichen Saarland. – Saarbrücken. (= Veröffentlichungen des Instituts für Landeskunde im Saarland, Bd. 42).

Dorda, D. / Maas, S. / Staudt, A. (1990): Bemerkenswerte Funde der Wasserspitzmaus *Neomys fodiens* (Pennant) in der Saaraue bei Hostenbach. – In: Faunistisch-floristische Notizen aus dem Saarland, 22. Jg., H 2, S. 87-90. (Hrsg.: Delattinia – Arbeitsgemeinschaft für tier- und pflanzengeographische Heimatforschung im Saarland e.V.).

DORDA, D. / MAAS, S. / STAUDT, A. (1996): Atlas der Heuschrecken des Saarlandes. – Saarbrücken. (= Aus Natur und Landschaft im Saarland – Sonderbände der Delattinia – Arbeitsgemeinschaft für tier- und pflanzengeographische Heimatforschung im Saarland e.V., Bd. 6).

EBERT, H. H. (1987): Waldnutzung und Forstwirtschaft in ihrer Wirkung auf das Waldbild – dargestellt an Beispielen aus dem Saarland. – In: Abhandlungen der Delattinia – Arbeitsgemeinschaft für tier- und pflanzengeographische Heimatforschung im Saarland e.V., Bd. 16, S. 7-144.

EISINGER, D. (1989): *Drypta dentata* (ROSSI) – Bestätigt für die Rheinprovinz. – In: Rundschreiben der Arbeitsgemeinschaft Rheinischer Koleopterologen, Nr. 3, S. 52-53. (Hrsg.: Arbeitsgemeinschaft Rheinischer Koleopterologen im Naturhistorischen Verein der Rheinlande und Westfalens e.V.).

EISINGER, D. (1993): Über einen Fund von *Osmoderma eremita* (SCOPOLI) im Saarland (Col., Scarabaeidae). – In: Mitteilungen der Arbeitsgemeinschaft Rheinischer Koleopterologen, Bd. 3, H. 2, S. 51-52. (Hrsg.: Arbeitsgemeinschaft Rheinischer Koleopterologen im Naturhistorischen Verein der Rheinlande und Westfalens e.V.).

EISINGER, D. (1996): Zur Käferfauna einiger Mardellen im Saar-Blies-Gau. – In: Abhandlungen der Delattinia – Arbeitsgemeinschaft für tier- und pflanzengeographische Heimatforschung im Saarland e.V., Bd. 22, S. 237-254.

EISINGER, D. (1997): Die Käferfauna (Coleoptera) von Forst Lindscheid bei St. Ingbert im Saarland. – In: KÖHLER, F. [Hrsg.]: Beiträge zur Käferfauna und Koleopterologie im Rheinland. Festschrift zum siebzigjährigen Bestehen der Arbeitsgemeinschaft Rheinischer Koleopterologen (1927–1997). – Bonn, S. 141-184. (= Decheniana-Beihefte, Nr. 36; Publikation des Naturhistorischen Vereins der Rheinlande und Westfalens e.V.).

ELLE, O. (2005): Dorngrasmücke (*Sylvia communis*). – In: BOS, J. / BUCHHEIT, M. / AUSTGEN, M. / ELLE, O.: Atlas der Brutvögel des Saarlandes. – Mandelbachtal, S. 250-251. (= Atlantenreihe des Ministeriums für Umwelt des Saarlandes, Bd. 3; zugleich: Aus Natur und Landschaft im Saarland – Sonderbände der Delattinia, Bd. 9; Hrsg.: Ornithologischer Beobachterring Saar).

ELLENBERG, H. (1982): Zur Erfassung und Bewertung einer ländlichen Lokal-Avifauna. Ein Beispiel aus dem Saarland mit Bemerkungen zur Methodik. – In: Faunistisch-floristische Notizen aus dem Saarland, 14. Jg., H. 1, S. 111-126. (Hrsg.: Delattinia – Arbeitsgemeinschaft für tier- und pflanzengeographische Heimatforschung im Saarland e.V.).

ESCHENBAUM, M. (1998): Der Allmendspfuhl bei Böckweiler, ein gelungenes Objekt praktischen Naturschutzes. – In: Abhandlungen der Delattinia – Arbeitsgemeinschaft für tier- und pflanzengeographische Heimatforschung im Saarland e.V., Bd. 24, S. 69-74.

FLOTTMANN, H.-J. / BERND, C. / GERSTNER, J. / FLOTTMANN-STOLL, A. (2008): Rote Liste der Amphibien und Reptilien des Saarlandes (Amphibia, Reptilia). – In: MINISTERIUM FÜR UMWELT / DELATTINIA E.V. [Hrsg.]: Rote Liste gefährdeter Pflanzen und Tiere des Saarlandes. – Saarbrücken, S. 307-328. (= Atlantenreihe des Ministeriums für Umwelt, Bd. 4; zugleich: Aus Natur und Landschaft im Saarland – Sonderbände der Delattinia, Bd. 10).

FLOTTMANN, H.-J. / FLOTTMANN-STOLL, A. (2010): Untersuchungen an einer saarländischen Kammmolch-Metapopulation (*Triturus cristatus*, LAURENTI 1768) unter besonderer Berücksichtigung der Trennwirkung durch die Verkehrsverbindung L.I.O. 103 zwischen Altheim und Brenschelbach. – In: Abhandlungen der Delattinia – Naturforschende Gesellschaft des Saarlandes e.V., Bd. 35/36, S. 359-376.

FREIHEIT, B. (2015): Bewusstseinsbildung und Entwicklung einer handlungsorientierten Verantwortung für Feucht- und Nasswiesen mit Beständen des Breitblättrigen Knabenkrauts (*Dactylorhiza majalis*) – Schlussbericht. – St. Wendel. (Projekt im Rahmen des „Bundesprogramms Biologische Vielfalt"; Projektträger: Naturschutzbund Deutschland (NABU), Landesverband Saarland e.V.; Online-Dokument, https://biologischevielfalt.bfn.de/fileadmin/NBS/documents/Bundesprogramm/Abschlussberichte/Web-SB_FKZ_3512685128_Knabenkraut_NABU-SL.pdf, letzter Aufruf: 30.08.2020.

FROEHLICH-SCHMITT, B. (2013a): Nachrichten vom Halsbandschnäpper *Ficedula albicollis* (TEMMINCK, 1815) im Saarland (Passeriformes: Muscicapidae). – In: Abhandlungen der Delattinia – Naturforschende Gesellschaft des Saarlandes e.V., Bd. 39, S. 237-242.

FROEHLICH-SCHMITT, B. (2013b): Pilotstudie Mittelspecht *Dendrocopos medius* 2012 im Saarland. – In: Lanius – Mitteilungsblatt des Ornithologischen Beobachterrings Saar, Nr. 34, S. 7-25.

FROEHLICH-SCHMITT, B. (2016): Spechte im Saarland – Gewinner oder Verlierer ? – In: Lanius – Mitteilungsblatt des Ornithologischen Beobachterrings Saar, Nr. 36, S. 13-20.

FROEHLICH-SCHMITT, B./SCHMITT, A. 2021: Ansiedlung von Bienenfressern *Merops apiaster* (Linnaeus, 1758) an einem renaturierten Fließgewässer im Saarland (*Aves/Coraciiformes: Meropidae*). – In: Abhandlungen der Delattinia – Naturforschende Gesellschaft des Saarlandes e.V., Bd. 46 (im Druck).

GASSERT, F. (2000): Genetische Isolation der Mauereidechsenpopulationen *Podarcis muralis* (LAURENTI 1768) der Stadt Trier. – Saarbrücken. (Diplomarbeit, Universität des Saarlandes; unveröffentlicht).

GASSERT, F. (2005): Untersuchung der genetischen Diversität ausgewählter Populationen der Mauereidechse (*Podarcis muralis*, LAURENTI 1768) mit Hilfe der Mikrosatelliten-DNA-Analyse. – Trier. (Dissertation, Universität Trier).

GEDEON, K. / GRÜNEBERG, C. / MITSCHKE, A. / SUDFELDT, C. / EIKHORST, W. / FISCHER, S. / FLADE, M. / FRICK, S. / GEIERSBERGER, I. / KOOP, B. / KRAMER, M. / KRÜGER, T. / ROTH, N. / RYSLAVY, T. / STÜBING, S. / SUDMANN, S. R. / STEFFENS, R. / VÖKLER, F. / WITT, K. (2014): Atlas Deutscher Brutvogelarten – Atlas of German Breeding Birds. – Münster. (Hrsg.: Stiftung Vogelmonitoring Deutschland und Dachverband Deutscher Avifaunisten).

GEIB, M. (2017): Brutberichte aus den Landkreisen. – In: ARBEITSGRUPPE WANDERFALKENSCHUTZ IM SAARLAND [Hrsg.]: Mitteilungen für unsere Mitarbeiter, H. 25, S. 4-21. (Arbeitsgruppe im Naturschutzbund Deutschland (NABU), Landesverband Saarland e.V.).

GEOLOGISCHES LANDESAMT DES SAARLANDES (1989): Erläuterungen zur Geologischen Karte des Saarlandes 1 : 50 000. – Saarbrücken.

GERHARDT, U. / ULRICH, R. (2008): Gross werden ist sooo schwer. Geheimnisse aus dem Leben der Schmetterlinge. – Ottweiler.

GERHARDT, U. / ULRICH, R. (2010): Die Tagfalter des Kirkeler Waldes (Saarland). – In: Abhandlungen der Delattinia – Naturforschende Gesellschaft des Saarlandes e.V., Bd. 35/36, S. 397-433.

GLUTZ VON BLOTZHEIM, U. N. / BAUER, K. M. (1980): Handbuch der Vögel Mitteleuropas. Band: 9: Columbiformes – Piciformes. – Wiesbaden.

GRADMANN, R. (1898): Das Pflanzenleben der Schwäbischen Alb. 2 Bände. – Tübingen.

GRIES, K. (2012): Die schöne Else. Die Geschichte einer wunderbaren Freundschaft. – Gersheim. (Hrsg.: Verein für europäische Umweltbildung und Umwelterziehung e.V. – Ökologisches Schullandheim Spohns Haus).

GRÜNEBERG, C. / BAUER, H.-G. / HAUPT, H. / HÜPPOP, O. / RYSLAVY, T. / SÜDBECK, P. (2015): Rote Liste der Brutvögel Deutschlands, 5. Fassung, 30. November 2015. – In: Berichte zum Vogelschutz, H. 52, S. 19-67. (Hrsg.: Deutscher Rat für Vogelschutz e.V. und Naturschutzbund Deutschland e.V.).

GRÜNFELDER, C. / CASPARI, S. (2008): Der Thymian-Ameisenbläuling, *Maculinea arion* (LINNAEUS, 1758) (Lepidoptera: Lycaenidae), im Saarland – Verbreitung, Autökologie, Gefährdung und Schutz. – In: Abhandlungen der Delattinia – Arbeitsgemeinschaft für tier- und pflanzengeographische Heimatforschung im Saarland e.V., Bd. 34, S. 97-110.

GRÜNFELDER, S. (2008): Zu Ökologie und Schutz des Großen Feuerfalters, *Lycaena dispar* (HAWORTH, 1803), im Saarland (Lepidoptera: Lycaenidae). – In: Abhandlungen der Delattinia – Arbeitsgemeinschaft für tier- und pflanzengeographische Heimatforschung im Saarland e.V., Bd. 34, S. 65-75.

GUICHARD, V. (2004): Der Pfänderbach in Schwarzenacker – eine Gewässerbeschreibung. – In: SAARPFALZ-KREIS [Hrsg.]: Saarpfalz-Kalender 2005. – Homburg, S. 129-133.

GÜNTHER, R. [Hrsg.] (1996): Die Amphibien und Reptilien Deutschlands. – Jena.

HAFFNER, P. (1960): Pflanzensoziologische und pflanzengeographische Untersuchungen im Muschelkalkgebiet des Saarlandes mit besonderer Berücksichtigung der Grenzgebiete von Lothringen und Luxemburg. – In: KREMP, W. [Hrsg.]: Untersuchungsergebnisse aus Landschafts- und Naturschutzgebieten im Saarland. – Saarbrücken, S. 66-164. (= Naturschutz und Landschaftspflege im Saarland, Bd. 2; Publikation der Landesstelle für Naturschutz und Landschaftspflege).

HAFFNER, P. (1968): *Ophrys apifera* HUDS. var. *friburgensis* FREYHOLD im Saarland. – In: Faunistisch-floristische Notizen aus dem Saarland, 1. Jg., H. 1, S. 1-3. (Hrsg.: Arbeitsgemeinschaft für tier- und pflanzengeographische Heimatforschung im Saarland e.V.).

HAFFNER, P. (1969): Aus der Orchideenflora des Saarlandes. – In: Faunistisch-floristische Notizen aus dem Saarland, 2. Jg., H. 2, S. 9-15. (Hrsg.: Arbeitsgemeinschaft für tier- und pflanzengeographische Heimatforschung im Saarland e.V.).

HAFFNER, P. (1970): *Orchis beyrichii* KERN im Saarland. – In: Faunistisch-floristische Notizen aus dem Saarland, 3. Jg., H. 1, S. 5-7. (Hrsg.: Arbeitsgemeinschaft für tier- und pflanzengeographische Heimatforschung im Saarland e.V.).

HAFFNER, P. (1976): Aus der Orchideenflora des Saarlandes. – In: Faunistisch-floristische Notizen aus dem Saarland, 8. Jg., H. 1, S. 4-9. (Hrsg.: Arbeitsgemeinschaft für tier- und pflanzengeographische Heimatforschung im Saarland e.V.).

HAFFNER, P. (1983): Aus der Orchideenflora des Saarlandes. – In: Faunistisch-floristische Notizen aus dem Saarland, 15. Jg., H. 2, S. 203-209. (Hrsg.: Delattinia – Arbeitsgemeinschaft für tier- und pflanzengeographische Heimatforschung im Saarland e.V.).

HAFFNER, P. (1990): Geobotanische Untersuchungen im Saar-Mosel-Raum. – In: Abhandlungen der Delattinia – Arbeitsgemeinschaft für tier- und pflanzengeographische Heimatforschung im Saarland e.V., Bd. 18, S. 9-383.

HAFFNER, P. (1996): Aus der Orchideenflora des Saarlandes und Lothringens. Die Schnepfenblütige Hummel-Ragwurz, *Ophrys holoserica* (BURM. fil.) GREUT. 1967 var. *scolopaxioides*, nom. nov., Syn.: *Ophrys fuciflora* (F. W.SCHMIDT) MOENCH 1802 var. *intermedia* MOGGRIDGE 1870 et subvar. *triloba* PETRY, 1898. – In: Faunistisch-floristische Notizen aus dem Saarland, 28. Jg., H. 1, S. 517-527. (Hrsg.: Delattinia – Arbeitsgemeinschaft für tier- und pflanzengeographische Heimatforschung im Saarland e.V.).

HANDKE, K. / PETERMANN, P. [unter Mitarbeit von H. ELLENBERG und L. HAYO] (1986): Atlas der Vögel des Saarbrücker Raumes. Versuch einer ökologischen Bestandsaufnahme. – Saarbrücken. (= Aus Natur und Landschaft im Saarland – Sonderbände der Delattinia – Arbeitsgemeinschaft für tier- und pflanzengeographische Heimatforschung im Saarland e.V., Bd. 4).

HARBUSCH, C. (2005): Endbericht zum Werkvertrag über die Grunderfassung und Bewertung von Fledermäusen in saarländischen FFH-Gebieten. – Perl-Kesslingen. (Gutachten im Auftrag des Landesamts für Umweltschutz, Saarbrücken; unveröffentlicht).

HARBUSCH, C. / UTESCH, M. (2008): Kommentierte Checkliste der Fledermäuse im Saarland – 2. Fassung. – In: MINISTERIUM FÜR UMWELT / DELATTINIA E.V. [Hrsg.]: Rote Liste gefährdeter Pflanzen und Tiere des Saarlandes. – Saarbrücken, S. 265-282. (= Atlantenreihe des Ministeriums für Umwelt, Bd. 4; zugleich: Aus Natur und Landschaft im Saarland – Sonderbände der Delattinia, Bd. 10).

HARD, G. (1964a): Kalktriften zwischen Westrich und Metzer Land, Geographische Untersuchungen an Trocken- und Halbtrockenrasen, Trockenwäldern und Trockengebüschen. – Heidelberg. (= Annales Universitatis Saraviensis, Reihe Philosophische Fakultät, Bd. 2; zugleich: Arbeiten aus dem Geographischen Institut der Universität des Saarlandes, Bd. 7).

HARD, G. (1964b): Noch einmal: „Erdkegel". Einige Ergänzungen zu den Beobachtungen von G. SELZER (1959). – In: Eiszeitalter und Gegenwart. Jahrbuch der Deutschen Quartärvereinigung, Bd. 15, S. 102-107.

HARD, G. (1968): Vegetation und Kulturlandschaft an der Dogger-Stufe des Metzer Landes. – In: Decheniana – Verhandlungen des Naturhistorischen Vereins der Rheinlande und Westfalens e.V., Bd. 119 (1966), H. 1 / 2, S. 141-182.

Hard, G. (1972): Wald gegen Driesch. Das Vorrücken des Waldes auf Flächen junger „Sozialbrache". – In: Berichte zur deutschen Landeskunde, Bd. 46, H. 1, S. 49-80.

Hartz, A. (1989): Vegetationskundliche Untersuchungen in der Bliesaue zwischen St. Wendel und Reinheim. – Saarbrücken. (Diplomarbeit, Universität des Saarlandes; unveröffentlicht).

Hayo, L. / Buchheit, M. (2005) Orpheusspötter (*Hippolais polyglotta*). – In: Bos, J. / Buchheit, M. / Austgen, M. / Elle, O.: Atlas der Brutvögel des Saarlandes. – Mandelbachtal, S. 242-243. (= Atlantenreihe des Ministeriums für Umwelt des Saarlandes, Bd. 3; zugleich: Aus Natur und Landschaft im Saarland – Sonderbände der Delattinia, Bd. 9; Hrsg.: Ornithologischer Beobachterring Saar).

Hayo, L. / Weyers, H. (1986): Zum Brutvorkommen des Orpheusspötters (*Hippolais polyglotta*) im Saarland. – In: Lanius – Mitteilungsblatt des Ornithologischen Beobachterrings Saar, Nr. 24, S. 15-43.

Hemmerling, D. (1987): Der Rebanbau im saarländischen Teil des Saar-Blies-Gaues. – Mandelbachtal. (= Gersheimer Hefte, H. 4).

Hermann, E. (1998): Die Spinnen (*Araneae*) ausgewählter Halbtrockenrasen im Osten Luxemburgs. – In: Bulletin de la Société des naturalistes luxembourgeois, Numéro 99, S. 189-199.

Herrmann, M. (1991): Säugetiere im Saarland. Verbreitung, Gefährdung, Schutz. – Ottweiler. (Publikation des Naturschutzbundes Saarland e.V.).

Herr-Heidtke, D. / Heidtke, U. H. J. (2010): Die Orchideengattung *Ophrys* (Ragwurz) und ihre Hybriden im NSG Badstube bei Zweibrücken. – In: Pollichia-Kurier, 26. Jg., H. 4, S. 10-11. (Hrsg.: Pollichia – Verein für Naturforschung und Landespflege e.V.).

Heseler, U. (1998): *Buxbaumia aphylla*, *Cryphaea heteromalla* und *Sematophyllum demissum* im Saarland: Zur Verbreitung und Gefährdung in Mitteleuropa seltener Laubmoose. – In: Abhandlungen der Delattinia – Arbeitsgemeinschaft für tier- und pflanzengeographische Heimatforschung im Saarland e.V., Bd. 24, S. 81-108.

Heseler, U. (2008): Ein neues Vorkommen des Laubmooses *Leptodon smithii* (Hedw.) F. Weber & Mohr (Leptodontaceae) in Deutschland. – In: Abhandlungen der Delattinia – Arbeitsgemeinschaft für tier- und pflanzengeographische Heimatforschung im Saarland e.V., Bd. 34, S. 41-45.

Heseler, U. (2010a): Ein weiteres Vorkommen des Lebermooses *Cololejeunea minutissima* (Sm.) Schiffn. (Lejeuneaceae) in Deutschland. – In: Abhandlungen der Delattinia – Naturforschende Gesellschaft des Saarlandes e.V., Bd. 35/36, S. 45-51.

Heseler, U. (2010b): *Habrodon perpusillus* (De Not.) Lindb. (Pterigynandraceae), ein neues Laubmoos für Lothringen und das Saarland (Bliesgau). – In: Abhandlungen der Delattinia – Naturforschende Gesellschaft des Saarlandes e.V., Bd. 35/36, S. 53-61.

Hoffmann, D. (2001): Populationsentwicklung und Lebensraumnutzung des Baummarders (*Martes martes* L.) in Schleswig-Holstein. – In: Beiträge zur Jagd- und Wildforschung, Bd. 26, S. 255-265. (Hrsg.: Gesellschaft für Wildtier- und Jagdforschung e.V.).

Illies, J. (1971): Einführung in die Tiergeographie. – Stuttgart.

Irsch, W. (1994): Zur Biologie des Orpheusspötters (*Hippolais polyglotta* Vieill., 1817) unter besonderer Berücksichtigung der Arealausweitung an der nordöstlichen Verbreitungsgrenze. – In: Abhandlungen der Delattinia – Arbeitsgemeinschaft für tier- und pflanzengeographische Heimatforschung im Saarland e.V., Bd. 21, S. 5-57.

Issa, N. / François, J. / Muller, Y. (2015): Gobemouche à collier (*Ficedula albicollis*). – In: Issa, N. / Muller, Y. [Coord.]: Atlas des oiseaux de France métropolitaine – Nidification et présence hivernale. Volume 2: des Ptéroclididés aux Embérizidés. – Paris, S. 1104-1107.

Janssen, G./Hormann, M./Rohde, C. (2004): Der Schwarzstorch *Ciconia nigra*. Hohenwarsleben (= Neue Brehm Bücherei, Bd. 468).

John, V. (1978): Calciphile Flechten aus dem Saarland. – In: Abhandlungen der Arbeitsgemeinschaft für tier- und pflanzengeographische Heimatforschung im Saarland e.V., H. 8, S. 61-81. (zugleich: Untersuchungsergebnisse aus Landschafts- und Naturschutzgebieten im Saarland, Bd. 10).

John, V. (1979): Die Flechte *Bacidia inundata* (Fr.) Koerb. auf Eisengegenständen im Saarland. – In: Faunistisch-floristische Notizen aus dem Saarland, 11. Jg., H. 1 / 2, S. 1-4. (Hrsg.: Arbeitsgemeinschaft für tier- und pflanzengeographische Heimatforschung im Saarland e.V.).

John, V. (1986): Verbreitungstypen von Flechten im Saarland – eine Orientierungshilfe für die Raumbewertung. – In: Abhandlungen der Delattinia – Arbeitsgemeinschaft für tier- und pflanzengeographische Heimatforschung im Saarland e.V., Bd. 15, S. 7-170.

John, V. (1989): Flechten in Homburg als Anzeiger für Umweltqualität. – Homburg. (Hrsg.: Kreisstadt Homburg – Die Beigeordnete für Natur- und Umweltschutz).

John, V. (2018): Aktuelle Daten zu den Flechtenbiota in Rheinland-Pfalz und im Saarland. IV. – Die Familie Collemataceae. – In: Fauna und Flora in Rheinland-Pfalz – Zeitschrift für Naturschutz, Bd. 13, H. 4, S. 1123-1150. (Hrsg.: Gesellschaft für Naturschutz und Ornithologie Rheinland-Pfalz e.V.).

Kappler, R. (2020): Wilder Bliesgau – Bildband. Röhrig Universitätsverlag.

Kaule, G. / Lösch, M. / Sauer, E. (1984): Kartierung der besonders schutzwürdigen Biotope des Saarlandes. Auswertung der Geländekartierung der Jahre 1981 - 1983. Beschreibung der Biotoptypen. Gesamtstatistik der Naturraumstatistiken. Prioritäten und Maßnahmen. – Saarbrücken. (Gutachten im Auftrag des Ministers für Umwelt, Raumordnung und Bauwesen; unveröffentlicht).

Kaule, G. / Sauer, E. et al. (1981 - 1983): Kartierung der besonders schutzwürdigen Biotope des Saarlandes. Naturraumauswertungen. – Saarbrücken. (Gutachten im Auftrag des Ministers für Umwelt, Raumordnung und Bauwesen; unveröffentlicht).

Kaule, G. / Sauer, E. / Schmidt-Speer, E.-M. / Speer, F. (1982): Die Naturräume des Saarlandes. – In: Saarland, Minister für Umwelt, Raumordnung und Bauwesen [Hrsg.]: Im Mittelpunkt – Der Mensch. Gedanken, Anregungen und Beispiele zur humaneren Lebensraumgestaltung. – Saarbrücken, S. 36-47.

Kaule, G. / Schmidt-Speer, E.-M. / Speer, F. (1981): Landschaftsprogramm Saarland. – Teil C: Räumliche Konkretisierung. – Saarbrücken. (Gutachten im Auftrag des Ministers für Umwelt, Raumordnung und Bauwesen; unveröffentlicht).

Kiefer, J. (1877): Einiges über die Vogelwelt der Gegend von Saarbrücken. – In: Ornithologisches Centralblatt, 2. Jg., Nr. 1, S. 4-5 und Nr. 2, S. 11-12. (Publikation der Allgemeinen Deutschen Ornithologischen Gesellschaft).

Kiess, C. (2018): Die Verordnung (EU) Nr. 1143/2014 über invasive gebietsfremde Arten und ihre Durchführung in Deutschland. – In: Natur und Landschaft, 93. Jg., H. 9 / 10, S. 402-407.

Kindler, C. / Chèvre, M. / Ursenbacher, S. / Böhme, W. / Hille, A. / Jablonski, D. / Vamberger, M. / Fritz, U. (2017): Hybridization patterns in two contact zones of grass snakes reveal a new Central European snake species. (= Scientific Reports, Volume 7, Article number: 7378, Published: 07 August 2017; Online-Dokument, https://www.nature.com/articles/s41598-017-07847-9, letzter Aufruf: 30.08.2020.

Kinsinger, C. / Löffler, E. (1998): Gewässertypenatlas des Saarlandes. – Saarbrücken. (Auftraggeber: Ministerium für Umwelt, Energie und Verkehr).

Klausnitzer, B. (1996): Käfer im und am Wasser. – 2. Auflage. Magdeburg, Heidelberg, Berlin, Oxford. (= Die Neue Brehm-Bücherei, Bd. 567).

Klein, K. (2017): Die „territoriale Saison-Population" des Rot- Milvus milvus und Schwarzmilans Milvus migrans in Luxemburg – Erfassung von 2015 – Identifizierung der wichtigsten Verbreitungsgebiete und Bestandsentwicklung seit 1997. – In: Regulus Wissenschaftliche Berichte, Nr. 32, S. 1-11. (Publikation des luxemburgischen Vereins „natur & ëmwelt a.s.b.l.").

Klein, R. / Rösler, M. (2005): Der NABU-Saarlandvogel. Das Braunkehlchen. Projektergebnisse 2005. – Lebach. (Naturschutzbund Deutschland (NABU), Landesverband Saarland e.V.; unveröffentlicht).

Klimbingat, A. (1990): Die Wiedereinbürgerung des Uhus im Saarland. – In: Ruralité–Environnement–Développement (R.E.D.) – association internationale [éd.]: Mesures de protection de la faune. Der Schutz der Tierwelt. – Attert (Belgique), S. 76-77.

Klüber, M. (2009): Orchideen in der Rhön. – Künzell-Dietershausen.

Knörzer, A. (1909): Mediterrane Tierformen innerhalb der deutschen Grenzen. – In: Entomologische Zeitschrift – Central-Organ des Internationalen Entomologischen Vereins, 23. Jg., Nr. 22, S. 107-108 und Nr. 23, S. 109-111.

Kolling, A. (1981): Wer wohnt gerne naß ? – Die Mär von den Mardellen. – In: Geschichte und Landschaft. Heimatbeilage der Saarbrücker Zeitung, Nr. 209, S. 5-6.

Konstantinov, A. S. / Baselga, A. / Grebennikov, V. V. / Prena, J. / Lingafelter, S. W. (2011): Revision of the Palearctic Chaetocnema species (Coleoptera: Chrysomelidae: Galerucinae: Alticini). – Sofia, Moscow.

Kraut, L. (1998): Ein letzter Sandrasenstandort mit einigen bemerkenswerten Arten in Hassel. – In: Abhandlungen der Delattinia – Arbeitsgemeinschaft für tier- und pflanzengeographische Heimatforschung im Saarland e.V., Bd. 24, S. 149-150.

Kremer, B. P. / Muhle, H. (1991): Flechten, Moose, Farne. – München. (= Steinbachs Naturführer, Bd. 20).

Kreutz, C. A. J. / Steinfeld, P. (2013): Himantoglossum hircinum var aestivalis, eine spätblühende und lockerblütige Sippe der Bocks-Riemenzunge. – In: Journal Europäischer Orchideen, 45. Jg, H. 2-4, S. 317-328. (Hrsg.: Arbeitskreis Heimische Orchideen Baden-Württemberg).

Kühne, O. (2003a): Der Großwetterlageneinfluss auf das Klima im Saarland. – In: Abhandlungen der Delattinia – Arbeitsgemeinschaft für tier- und pflanzengeographische Heimatforschung im Saarland e.V., Bd. 29, S. 67-109.

Kühne, O. (2003b): Lokale Klimate und ihre Dynamik – Fallbeispiele aus dem südlichen Saarland im Hinblick auf eine siedlungsklimatisch ausgewogene Raumplanung. – In: Abhandlungen der Delattinia – Arbeitsgemeinschaft für tier- und pflanzengeographische Heimatforschung im Saarland e.V., Bd. 29, S. 111-130.

Lauer, H. (2005): Die Moose der Pfalz. – Neustadt an der Weinstraße. (= Pollichia-Buch Nr. 46; Hrsg.: Pollichia – Verein für Naturforschung und Landespflege e.V.).

Lavall, H. (2006): Der Streuobstbau im Bliesgau – Geschichte und Perspektiven einer landschaftsprägenden Wirtschaftsform. – In: Dorda, D. / Kühne, O. / Wild, V. [Hrsg.]: Der Bliesgau. Natur und Landschaft im südöstlichen Saarland. – Saarbrücken, S. 187-195. (= Veröffentlichungen des Instituts für Landeskunde im Saarland, Bd. 42).

Le Roi, O. (1906): Die Vogelfauna der Rheinprovinz. – In: Verhandlungen des Naturhistorischen Vereins der Preußischen Rheinlande und Westfalens, Bd. 63, S. 1-325.

Le Roi, O. / Geyr von Schweppenburg, H. (1912): Beiträge zur Ornis der Rheinprovinz. Erster Nachtrag zur Vogelfauna der Rheinprovinz. – In: Verhandlungen des Naturhistorischen Vereins der Preußischen Rheinlande und Westfalens, Bd. 69: S. 1-150.

Liedtke, H. / Deshaies, M. / Gamez, P. / Harmand, D. / Preusser, H. (2010): Die Oberflächenformen in der Grenzregion Saarland – Lothringen – Luxemburg / Les formes de relief dans la région frontalière Sarre – Lorraine – Luxembourg. – Saarbrücken. (= Veröffentlichungen des Instituts für Landeskunde im Saarland, Bd. 48).

Lillig, M. (1990): Erstnachweis des Laufkäfers Drypta dentata Rossi, 1790 für das Saarland (Coleoptera: Carabidae). – In: Faunistisch-floristische Notizen aus dem Saarland, 22. Jg., H. 2: 83-86. (Hrsg.: Delattinia – Arbeitsgemeinschaft für tier- und pflanzengeographische Heimatforschung im Saarland e.V.).

Lillig, M. (2006): Die saarländischen Käfer der entomologischen Sammlungen im Zentrum für Biodokumentation (ZfB) in Landsweiler-Reden, Saarland (Insecta: Coleoptera). – In: Abhandlungen der Delattinia – Arbeitsgemeinschaft für tier- und pflanzengeographische Heimatforschung im Saarland e.V., Bd. 32, S. 267-278.

Lillig, M. (2008): Der Speckkäfer Attagenus smirnovi Zhantiev, 1973 und der Asiatische Marienkäfer Harmonia axyridis (Pallas, 1773): zwei invasive Arten im Saarland (Coleoptera: Dermestidae et Coccinellidae). – In: Abhandlungen der Delatti-

Lillig, M. (2009): Die Haselmaus. Umweltmagazin Saar, Nr. 3/2009, S. 24-25. (Hrsg.: Bund für Umwelt und Naturschutz Deutschland (BUND), Landesverband Saarland e.V.).

Lillig, M. (2011): Ehemalige Westwallanlagen als Lebensraum und Trittsteine bei der Ausbreitung von Laufkäfergemeinschaften (Coleoptera: Carabidae). – In: Abhandlungen der Delattinia – Naturforschende Gesellschaft des Saarlandes e.V., Bd. 37, S. 137-154.

Lillig, M. (2012a): Dem Hirschkäfer auf der Spur. Erfassung des größten mitteleuropäischen Käfers erfolgreich. Umweltmagazin Saar, Nr. 3/2012, S. 7. (Hrsg.: Bund für Umwelt und Naturschutz Deutschland (BUND), Landesverband Saarland e.V.).

Lillig, M. (2012b): Neues von der Wildkatze. Erste Ergebnisse beim „Wildkatzensprung". Umweltmagazin Saar, Nr. 3/2012, S. 8. (Hrsg.: Bund für Umwelt und Naturschutz Deutschland (BUND), Landesverband Saarland e.V.).

Lillig, M. / Potel, S. (2010): *Hygrobia hermanni* (Fabricius, 1775) im Saarland (Coleoptera, Hygrobiidae). – In: Mitteilungen der Arbeitsgemeinschaft Rheinischer Koleopterologen, Bd. 18 (2008), H. 1-4, S. 81-86. (Hrsg.: Arbeitsgemeinschaft Rheinischer Koleopterologen im Naturhistorischen Verein der Rheinlande und Westfalens e.V.).

Lingenfelder, U. (2011): Bestandsüberprüfung der Helm-Azurjungfer (*Coenagrion mercuriale*) im Saarland 2011. – Heltersberg. (Gutachten im Auftrag des Landesamtes für Umwelt- und Arbeitsschutz Saarland – Zentrum für Biodokumentation; Online-Dokument, https://www.naturschutzdaten.saarland.de/natura2000/Natura2000/Allgemeine%20Daten%20und%20gebietsuebergreifende%20Informationen/Daten%20zu%20Arten%20der%20FFH-Anhaenge/Coenagrion%20mercuriale%20-%20Helm-Azurjungfer/Daten_2011/Untersuchungsbericht_2011.pdf, letzter Aufruf: 30.08.2020).

Lückmann, J. / Niehuis, M. (2009): Die Ölkäfer in Rheinland-Pfalz und im Saarland. Verbreitung, Phänologie, Ökologie, Situation und Schutz. – Landau. (= Fauna und Flora in Rheinland-Pfalz – Zeitschrift für Naturschutz, Beiheft 40; Hrsg.: Gesellschaft für Naturschutz und Ornithologie Rheinland-Pfalz e.V.).

Meineke, T. (2012): Bergsingzikaden *Cicadetta cantilatrix* Sueur & Puissant, 2007, *Cicadetta brevipennis* Fieber, 1876 und *Cicadetta montana* s. str. (Scopoli, 1772) im mittleren Deutschland (Auchenorrhyncha, Cicadidae, Cidadettinae). – In: Entomologische Nachrichten und Berichte, Bd. 56, H. 2, S. 133-142. (Hrsg.: Entomofaunistische Gesellschaft e.V.).

Meinunger, L. / Schröder, W. (2007): Verbreitungsatlas der Moose Deutschlands. Band 1 und Band 3. – Regensburg. (Hrsg.: Regensburger Botanische Gesellschaft).

Meisberger, S. (2003): Trespenrasen extrem wechseltrockener Standorte im Bliesgau (Saarland). – In: Abhandlungen der Delattinia – Arbeitsgemeinschaft für tier- und pflanzengeographische Heimatforschung im Saarland e.V., Bd. 29, S. 131-145.

Meisberger, S. (2017): Die Kalkhalbtrockenrasen des Saarlandes. – In: Bettinger, A. / Wolff, P. / Meisberger, S.: Vegetation des Saarlandes und seiner Randgebiete – Teil II. – Saarbrücken, S. 115-179. (= Atlantenreihe des Ministeriums für Umwelt und Verbraucherschutz des Saarlandes, Bd. 5; zugleich: Aus Natur und Landschaft im Saarland – Sonderbände der Delattinia, Bd. 11).

Meyer, M. (1980): Untersuchungen zur Saltatorien-Fauna des südlichen Bliesgaus. – In: Faunistisch-floristische Notizen aus dem Saarland, 12. Jg., H. 1-2, S. 25-38. (Hrsg.: Delattinia – Arbeitsgemeinschaft für tier- und pflanzengeographische Heimatforschung im Saarland e.V.).

Miedreich, H. (2000): Heuschreckenzönosen (Orthoptera: Saltatoria) auf Bahnanlagen im Saarland. – In: Abhandlungen der Delattinia – Arbeitsgemeinschaft für tier- und pflanzengeographische Heimatforschung im Saarland e.V., Bd. 26, S. 37-88.

Minuti, G. (2018): Preliminary assessment of *Aphthona nonstriata* Goeze (Coleoptera: Chrysomelidae) as a candidate biocontrol agent against *Iris pseudacorus* L. (Iridaceae) in South Africa. (Wissenschaftliche Arbeit, Vrije Universiteit Brussel (Belgien) und Rhodes University of Grahamstown, Eastern Cape (Südafrika); Online-Dokument, https://pdfs.semanticscholar.org/0531/0077e4e27322d2ace8ebdd1dd7f01c274b56.pdf, letzter Aufruf: 10.04.2019).

Möller, G. (2003): Der Veilchenblaue Wurzelhals-Schnellkäfer *Limoniscus violaceus* im Norden des Landes Brandenburg und im Saarland. – In: Abhandlungen der Delattinia – Arbeitsgemeinschaft für tier- und pflanzengeographische Heimatforschung im Saarland e.V., Bd. 29, S. 29-35.

Möller, G. (2016): Bestandsaufnahme der Holzkäfer – Zwischenbericht 2016. Ergebniszusammenfassung 2016 zur Bestandsaufnahme xylobionter Käfer in acht Waldgebieten des Saarlandes. BBV-Projekt „Wertvoller Wald – Entwicklung und Förderung von Alt- und Totholzbiozönosen durch eine nachhaltige Bewirtschaftungsstrategie in saarländischen Forstbetrieben". – Wadern. (Auftraggeber: Naturschutzbund Deutschland (NABU), Landesverband Saarland e.V.).

Mörsch, G. (2007a): Moore und Gebrüche im Buntsandstein – Das Lambsbachtal bei Kirrberg. – In: Saarpfalz-Kreis [Hrsg.]: Saarpfalz-Kalender 2008. – Homburg, S. 93-100.

Mörsch, G. (2007b): Sümpfe, Sandrasen und Buchenwälder. Biosphäre Bliesgau – unermessliche biologische Vielfalt. – In: Saarpfalz-Kreis [Hrsg.]: Saarpfalz-Kalender 2008. – Homburg, S. 53-60.

Mörsdorf, S. (2006): Der Bliesgau – ein starkes Stück Heimat ! – In: Dorda, D. / Kühne, O. / Wild, V. [Hrsg.]: Der Bliesgau. Natur und Landschaft im südöstlichen Saarland. – Saarbrücken, S. 7. (= Veröffentlichungen des Instituts für Landeskunde im Saarland, Bd. 42).

Moschel, E. (2000): Zur Situation der Grauammer *Miliaria calandra* und der Heidelerche *Lullula arborea* im Bliesgau: Bestandserfassung, Habitatansprüche, Bestandsentwicklung. – Saarbrücken. (Diplomarbeit, Universität des Saarlandes; unveröffentlicht).

Moschel, E. (2005a): Grauammer (*Miliaria calandra*). – In: Bos, J. / Buchheit, M. / Austgen, M. / Elle, O.: Atlas der Brutvögel des Saarlandes. – Mandelbachtal, S. 328-329. (= Atlantenreihe des Ministeriums für Umwelt des Saarlandes, Bd. 3; zugleich:

Aus Natur und Landschaft im Saarland – Sonderbände der Delattinia, Bd. 9; Hrsg.: Ornithologischer Beobachterring Saar).

Moschel, E. (2005b): Heidelerche (*Lullula arborea*). – In: Bos, J. / Buchheit, M. / Austgen, M. / Elle, O.: Atlas der Brutvögel des Saarlandes. – Mandelbachtal, S. 216-217. (= Atlantenreihe des Ministeriums für Umwelt des Saarlandes, Bd. 3; zugleich: Aus Natur und Landschaft im Saarland – Sonderbände der Delattinia, Bd. 9; Hrsg.: Ornithologischer Beobachterring Saar).

Mues, R. / Schneider, T. / Steinfeld, P. (2014): Vorkommen und Verbreitung der Fliegen-Ragwurz, *Ophrys insectifera* L., im Saarland und angrenzenden Gebieten. – In: Abhandlungen der Delattinia – Naturforschende Gesellschaft des Saarlandes e.V., Bd. 40, S. 195-220.

Müller, E. (1953): Die Flechten der Rheinpfalz. – In: Mitteilungen der Pollichia des Pfälzischen Vereins für Naturkunde und Naturschutz, III. Reihe, Bd. 1, S. 41-122.

Müller, P. (1964): Die Wirbeltierfauna der Badstube. – In: Kremp, W. [Hrsg.]: Untersuchungsergebnisse aus Landschafts- und Naturschutzgebieten im Saarland. – Saarbrücken, S. 94-115. (= Naturschutz und Landschaftspflege im Saarland, Bd. 3; Publikation der Landesstelle für Naturschutz und Landschaftspflege).

Müller, P. (1968): Über die Schlangenarten des Saarlandes. – In: Faunistisch-floristische Notizen aus dem Saarland, 1. Jg., H. 2, S. 9-12. (Hrsg.: Arbeitsgemeinschaft für tier- und pflanzengeographische Heimatforschung im Saarland e.V.).

Müller, P. (1969): *Cicadetta montana* Scop. (Homoptera – Cicadidae) im Saarland. – In: Faunistisch-floristische Notizen aus dem Saarland, 2. Jg., H. 3, S. 24-25. (Hrsg.: Arbeitsgemeinschaft für tier- und pflanzengeographische Heimatforschung im Saarland e.V.).

Müller, P. (1970): Die saarlandnächsten Fundorte der Aspisviper (*Vipera aspis*). – In: Faunistisch-floristische Notizen aus dem Saarland, 3. Jg., H. 4, S. 25-27. (Hrsg.: Arbeitsgemeinschaft für tier- und pflanzengeographische Heimatforschung im Saarland e.V.).

Müller, P. / Elle, O. (2001): Zur Wiedereinbürgerung des Kolkraben (*Corvus corax*) im Saarland. – In: Conrad, B. / Glandt, D. [Hrsg.]: Verbreitung und Biologie des Kolkraben (*Corvus corax*) in Mitteleuropa. Ergebnisse des 2. Internationalen Kolkrabensymposiums im Biologischen Institut Metelen e.V. (7. – 8. November 2000). – Bonn, S. 112-115. (= Charadrius – Zeitschrift für Vogelkunde, Vogelschutz und Naturschutz in Nordrhein-Westfalen, 37. Jg., H. 3; Hrsg.: Nordrhein-Westfälische Ornithologengesellschaft e.V.).

Nachtigall, W. (1961): Funktionelle Morphologie, Kinematik und Hydromechanik des Ruderapparates von *Gyrinus*. – In: Zeitschrift für vergleichende Physiologie, Bd. 45, H. 2, S. 193-226.

Naumann, A. (2008): Zur Ökologie des Goldenen Scheckenfalters, *Euphydryas aurinia* (Rottemburg, 1775) auf saarländischen Trockenstandorten (Lepidoptera: Nymphalidae). – In: Abhandlungen der Delattinia – Arbeitsgemeinschaft für tier- und pflanzengeographische Heimatforschung im Saarland e.V., Bd. 34, S. 77-96.

Naumann, A. (2012): Biologisches Monitoring im Biosphärenreservat Bliesgau – Aufruf zur Mitarbeit. – In: Abhandlungen der Delattinia – Naturforschende Gesellschaft des Saarlandes e.V., Bd. 38, S. 319-322.

Nehring, S. (2018): Warum der gebietsfremde Waschbär naturschutzfachlich eine invasive Art ist – trotz oder gerade wegen aktueller Forschungsergebnisse. – In: Natur und Landschaft, 93. Jg., H. 9 / 10, S. 453-461.

Ney, A. (1999): Untersuchungen zum Vorkommen der Wasseramsel (*Cinclus cinclus aquaticus*) im Saarland. – Saarbrücken. (Diplomarbeit, Universität des Saarlandes; unveröffentlicht).

Nicklaus, G. (1991): Nachtrag zum Erstnachweis des Orpheusspötters (*Hippolais polyglotta*) im Saarland. – In: Lanius – Mitteilungsblatt des Ornithologischen Beobachterrings Saar, Nr. 28, S. 53–55.

Nicklaus, G. (1992): Der Schwarzmilan (*Milvus migrans*) als Brutvogel im Saarland. – In: Lanius – Mitteilungsblatt des Ornithologischen Beobachterrings Saar, Nr. 29, S. 19–27.

Nicklaus, G. (1995): Neues von der Heidelerche im Bliesgau. – In: OBS-Info – Informationsschrift für die Mitglieder des Ornithologischen Beobachterrings Saar, Nr. 5, S. 18–20.

Nicklaus, G. (2000): Zur aktuellen Situation des Rotkopfwürgers (*Lanius senator*) im Saarland. – In: Lanius – Mitteilungsblatt des Ornithologischen Beobachterrings Saar, Nr. 32, S. 5–22.

Nicklaus, G. (2001): Kolkraben im Saarland: Beobachtungen seit der Wiedereinbürgerung. – In: OBS-Info – Informationsschrift für die Mitglieder des Ornithologischen Beobachterrings Saar, Nr. 23, S. 4–9.

Nicklaus, G. (2004): Die Wiesenweihe im Saarland: Bestandsentwicklung, aktuelle Situation und Phänologie. – In: OBS-Info – Informationsschrift für die Mitglieder des Ornithologischen Beobachterrings Saar, Nr. 30, S. 3–9.

Nicklaus, G. (2005a): Halsbandschnäpper (*Ficedula albicollis*). – In: Bos, J. / Buchheit, M. / Austgen, M. / Elle, O.: Atlas der Brutvögel des Saarlandes. – Mandelbachtal, S. 280-281. (= Atlantenreihe des Ministeriums für Umwelt des Saarlandes, Bd. 3; zugleich: Aus Natur und Landschaft im Saarland – Sonderbände der Delattinia, Bd. 9; Hrsg.: Ornithologischer Beobachterring Saar).

Nicklaus, G. (2005b): Neuntöter (*Lanius Collurio*). – In: Bos, J. / Buchheit, M. / Austgen, M. / Elle, O.: Atlas der Brutvögel des Saarlandes. – Mandelbachtal, S. 181-183. (= Atlantenreihe des Ministeriums für Umwelt des Saarlandes, Bd. 3; zugleich: Aus Natur und Landschaft im Saarland – Sonderbände der Delattinia, Bd. 9; Hrsg.: Ornithologischer Beobachterring Saar).

Nicklaus, G. (2005c): Pirol (*Oriolus oriolus*). – In: Bos, J. / Buchheit, M. / Austgen, M. / Elle, O.: Atlas der Brutvögel des Saarlandes. – Mandelbachtal, S. 178-179. (= Atlantenreihe des Ministeriums für Umwelt des Saarlandes, Bd. 3; zugleich: Aus Natur und Landschaft im Saarland – Sonderbände der Delattinia, Bd. 9; Hrsg.: Ornithologischer Beobachterring Saar).

Nicklaus, G. (2005d): Rotkopfwürger (*Lanius senator*). – In: Bos, J. / Buchheit, M. / Austgen, M. / Elle, O.: Atlas der Brutvögel des Saarlandes. – Mandelbachtal, S. 180-181. (= Atlantenreihe des Ministeriums für Umwelt des Saarlandes, Bd. 3; zugleich: Aus Natur und Landschaft im Saarland – Sonderbände der Delattinia, Bd. 9; Hrsg.: Ornithologischer Beobachterring Saar).

Nicklaus, G. (2005e): Steinkauz (*Athene noctua*). – In: Bos, J. / Buchheit, M. / Austgen, M. / Elle, O.: Atlas der Brutvögel des Saarlandes. – Mandelbachtal, S. 150-151. (= Atlantenreihe des Ministeriums für Umwelt des Saarlandes, Bd. 3; zugleich: Aus Natur und Landschaft im Saarland – Sonderbände der Delattinia, Bd. 9; Hrsg.: Ornithologischer Beobachterring Saar).

Nicklaus, G. (2005f): Wiesenweihe (*Circus pygargus*). – In: Bos, J. / Buchheit, M. / Austgen, M. / Elle, O.: Atlas der Brutvögel des Saarlandes. – Mandelbachtal, S. 340-341. (= Atlantenreihe des Ministeriums für Umwelt des Saarlandes, Bd. 3; zugleich: Aus Natur und Landschaft im Saarland – Sonderbände der Delattinia, Bd. 9; Hrsg.: Ornithologischer Beobachterring Saar).

Nicklaus, G. (2008): Steinkauzbestände im Saarland 1981 – 2007. – In: OBS-Info – Informationsschrift für die Mitglieder des Ornithologischen Beobachterrings Saar, Nr. 38, S. 15–17.

Nicklaus, G. (2010): Zum Wintervorkommen von Raubwürgern im Bliesgau – Eine Nachbetrachtung. – In: OBS-Info – Informationsschrift für die Mitglieder des Ornithologischen Beobachterrings Saar, Nr. 42, S. 27–29.

Nicklaus, G. (2014): Mornellregenpfeifer *Charadrius morinellus* auf der Wattweiler-Webenheimer Höhe. Herbstzugs-Beobachtungen 1998 bis 2012. – In: Lanius – Mitteilungsblatt des Ornithologischen Beobachterrings Saar, Nr. 35, S. 16-27.

Nicklaus, G. (2017): Bienenfresser *Merops apiaster* im Saarland – eine Übersicht. – In: Regulus Wissenschaftliche Berichte, Nr. 32, S. 31-38. (Publikation des luxemburgischen Vereins „natur & ëmwelt a.s.b.l.").

Nicklaus, G. (2018): Nachtrag zu Bienenfresser *Merops apiaster* im Saarland. – In: Regulus Wissenschaftliche Berichte, Nr. 33, S. 96-98. (Publikation des luxemburgischen Vereins „natur & ëmwelt a.s.b.l.").

Nicklaus, G. / Austgen, M. (2005): Wachtel (*Coturnix coturnix*). – In: Bos, J. / Buchheit, M. / Austgen, M. / Elle, O.: Atlas der Brutvögel des Saarlandes. – Mandelbachtal, S. 86-87. (= Atlantenreihe des Ministeriums für Umwelt des Saarlandes, Bd. 3; zugleich: Aus Natur und Landschaft im Saarland – Sonderbände der Delattinia, Bd. 9; Hrsg.: Ornithologischer Beobachterring Saar).

Nicklaus, G. / Lotz, F. / Weiss, J. (1994): Die Wiesenweihe (*Circus pygargus*) im Saar-Lor-Lux-Raum. – In: Regulus Wissenschaftliche Berichte, Nr. 13, S. 1–13. (Publikation des luxemburgischen Vereins „Lëtzebuerger Natur- a Vulleschutzliga a.s.b.l.").

Nicklaus, G. / Süssdorf, M. (2008): Neues von den Weißstörchen im saarpfälzischen Bliestal. – In: OBS-Info – Informationsschrift für die Mitglieder des Ornithologischen Beobachterrings Saar, Nr. 38, S. 18–19.

Niehuis, M. (2004): Die Prachtkäfer in Rheinland-Pfalz und im Saarland. – Landau. (= Fauna und Flora in Rheinland-Pfalz – Zeitschrift für Naturschutz, Beiheft 31; Hrsg.: Gesellschaft für Naturschutz und Ornithologie Rheinland-Pfalz e.V.).

Niehuis, M. (2006): Der Steirische Fanghaft – *Mantispa styriaca* (Poda, 1761) – in Rheinland-Pfalz? (Netzflügler, Neuroptera = Planipennia, Mantispidae). Fauna Flora Rheinland-Pfalz 10, Heft 4, S. 1303-1314.

Nöllert, A. / Nöllert, C. (1992): Die Amphibien Europas. Bestimmung – Gefährdung – Schutz. – Stuttgart.

Oberdorfer, E. [Hrsg.] (1992): Süddeutsche Pflanzengesellschaften. Teil IV: Wälder und Gebüsche. Textband und Tabellenband. – 2. Auflage. Jena, Stuttgart, New York.

Ott, J. (1996): Zeigt die Ausbreitung der Feuerlibelle in Deutschland eine Klimaveränderung an? Mediterrane Libellen als Indikatoren für Änderungen in Biozönosen. – Naturschutz und Landschaftspflege 28 (2): S. 53-61, 28 (5): 132

Ott, J. (2008): Libellen als Indikatoren der Klimaänderung - Ergebnisse aus Deutschland und Konsequenzen für den Naturschutz. – Insecta 11: S. 75-89

Pfaff, M. (2004): Die Kastanien auf dem Karlsberg. – In: Saarpfalz-Kreis [Hrsg.]: Saarpfalz-Kalender 2005. – Homburg, S. 111-115.

Petrischak, H. / Ulrich, R. (2012): Die Gottesanbeterin *Mantis religiosa* Linnaeus, 1758 im Saarland (Mantodea: Mantidae). – In: Abhandlungen der Delattinia – Naturforschende Gesellschaft des Saarlandes e.V., Bd. 38, S. 229-254.

Rathjens, C. (1960): Zur landschaftlichen Gliederung des Saarlandes. – In: Saarbrücker Hefte, H. 12, S. 56-67.

Rheinheimer, J. / Hassler, M. (2010): Die Rüsselkäfer Baden-Württembergs. – Heidelberg. (= Naturschutz-Spectrum – Themen, Bd. 99; Hrsg.: Landesanstalt für Umwelt, Messungen und Naturschutz Baden-Württemberg).

Roth, N. (2009): Der Eisvogel – Vogel des Jahres 2009 – im Saarland. – In: OBS-Info – Informationsschrift für die Mitglieder des Ornithologischen Beobachterrings Saar, Nr. 41, S. 8-11.

Roth, N. (2011): Rotmilan und Windenergie – Brut- und Rastplätze windkraftrelevanter Vogelarten im Saarland. – In: OBS-Info – Informationsschrift für die Mitglieder des Ornithologischen Beobachterrings Saar, Nr. 44, S. 45-49.

Roth, N./Klein, R./Kiepsch, S. (2020): Rote Liste und Gesamtartenliste der Brutvögel (Aves) des Saarlandes. Minister für Umwelt, DELATTINIA und OBS (Hrsg.).

Roth, N. / Nicklaus, G. / Weyers, H. (1990): Die Vögel des Saarlandes. Eine Übersicht. – Homburg. (= Lanius – Mitteilungsblatt des Ornithologischen Beobachterrings Saar, Nr. 27).

Royar, H. (1996): Keltische Kultlandschaft im saarländisch-lothringischen Grenzraum. – In: Abhandlungen der Delattinia – Arbeitsgemeinschaft für tier- und pflanzengeographische Heimatforschung im Saarland e.V., Bd. 22, S. 273-280.

Royar, H. (2005): Über die geheimnisvollen Dolinen im Bliesgau. – In: Saarpfalz-Kreis [Hrsg.]: Saarpfalz-Kalender 2006. – Homburg, S. 165-169.

Saarland, der Minister für Wirtschaft – Abteilung Forsten [Hrsg.] (1987): Waldbaurichtlinien für die Bewirtschaftung des Staatswaldes im Saarland (WBRL SAAR 86). 1. Teil: Standortsökologische Grundlagen. – Saarbrücken.

Saarland, Ministerium für Umwelt [Hrsg.] (2008): Wald. Mensch. Heimat im Saarland. – Saarbrücken.

Sander, P. [überarbeitet von P. Wolff] (2002): Die Sandrasen des Saarlandes. – In: Bettinger, A. / Wolff, P. [Hrsg.]: Vegetation des Saarlandes und seiner Randgebiete – Teil I. – Saarbrücken, S. 220-260. (= Atlantenreihe des Ministeriums für Umwelt des Saarlandes, Bd. 2; zugleich: Aus Natur und Landschaft im Saarland – Sonderbände der Delattinia, Bd. 8).

Sauer, E. (1969): Pfeifengras-Wiesen in der Umgebung von Fechingen. Die Beierwies, ein botanisches Lehr- und Forschungsobjekt. – In: Abhandlungen der Arbeitsgemeinschaft für tier- und pflanzengeographische Heimatforschung im Saarland e.V., H. 2, S. 6-36. (zugleich: Untersuchungsergebnisse aus Landschafts- und Naturschutzgebieten im Saarland, Bd. 4).

Sauer, E. (1980): Beitrag zur Landschaftsgliederung des Ostsaarlandes. Mit Hilfe der Minutenfeldkartierung der höheren Pflanzen. – In: Saarland, Der Minister für Umwelt, Raumordnung und Bauwesen [Hrsg.]: Eine Welt – darin zu leben. Vorträge gehalten im „Monat der Umwelt '79". – Saarbrücken, S. 52-69.

Sauer, E. (1982): Die Pflanzenwelt des Jägerpfuhles auf dem Hölschberg bei Biesingen und seiner unmittelbaren Umgebung. – In: Faunistisch-floristische Notizen aus dem Saarland, 14. Jg., H. 2, S. 135-148. (Hrsg.: Delattinia – Arbeitsgemeinschaft für tier- und pflanzengeographische Heimatforschung im Saarland e.V.).

Sauer, E. (1993): Die Gefäßpflanzen des Saarlandes – mit Verbreitungskarten. – Saarbrücken. (= Aus Natur und Landschaft im Saarland – Sonderbände der Delattinia – Arbeitsgemeinschaft für tier- und pflanzengeographische Heimatforschung im Saarland e.V., Bd. 5).

Sauer, E. (2001): Wälder im südlichen Saarland. – In: Abhandlungen der Delattinia – Arbeitsgemeinschaft für tier- und pflanzengeographische Heimatforschung im Saarland e.V., Bd. 27, S. 15-28.

Schäfer-Guignier, O. (1987): Vegetationskundliche Untersuchungen an Kleingewässern des Pfälzerwaldes und der Westricher Hochfläche (Sohle und Mardellen). – In: Mitteilungen der Pollichia, Bd. 74, S. 175-204. (Hrsg.: Pollichia – Verein für Naturforschung und Landespflege e.V.).

Schmidt, J. (1985): Die Herpetofauna des Stadtgebietes von Saarbrücken. – In: Faunistisch-floristische Notizen aus dem Saarland, 17. Jg., H. 4, S. 377-400. (Hrsg.: Delattinia – Arbeitsgemeinschaft für tier- und pflanzengeographische Heimatforschung im Saarland e.V.).

Schmidt, U. (2005): Hohltaube (*Columba oenas*). – In: Bos, J. / Buchheit, M. / Austgen, M. / Elle, O.: Atlas der Brutvögel des Saarlandes. – Mandelbachtal, S. 136-137. (= Atlantenreihe des Ministeriums für Umwelt des Saarlandes, Bd. 3; zugleich: Aus Natur und Landschaft im Saarland – Sonderbände der Delattinia, Bd. 9; Hrsg.: Ornithologischer Beobachterring Saar).

Schmithüsen, J. (1973): Begründung von Naturwaldzellen im Staatswald des Saarlandes. – In: Faunistisch-floristische Notizen aus dem Saarland, 6. Jg., H. 1, S. 1-3. (Hrsg.: Arbeitsgemeinschaft für tier- und pflanzengeographische Heimatforschung im Saarland e.V.).

Schmitt, R. (2010): Zur Geschichte des Weinbaus im Bliesgau und an der Oberen Saar (Saar-Blies-Winkel). Schriften zur Weingeschichte. Gesellschaft für Geschichte des Weins (Hrsg.). Nr. 167.

Schneider, C. (1996): Geoökologische Untersuchungen an Mardellen im Forêt de Sierck (Nordost-Lothringen). – In: Abhandlungen der Delattinia – Arbeitsgemeinschaft für tier- und pflanzengeographische Heimatforschung im Saarland e.V., Bd. 22, S. 61-192.

Schneider, H. [Helga] (1972): Die naturräumlichen Einheiten auf Blatt 159 Saarbrücken. – Bonn-Bad Godesberg. (Reihe „Geographische Landesaufnahme 1 : 200 000, Naturräumliche Gliederung Deutschlands"; Publikation der Bundesforschungsanstalt für Landeskunde und Raumordnung).

Schneider, H. [Horst] (1991): Saarland. [mit Beiträgen von D. Jung]. – Berlin, Stuttgart. (= Sammlung Geologischer Führer, Bd. 84).

Schneider, T. (1997): Naturschutzgroßvorhaben des Bundes „Saar-Blies-Gau / Auf der Lohe". Pflege- und Entwicklungsplan. Floristisch-faunistische Bestandserhebungen. Band 1: Vegetation. – Saarlouis. (Gutachten des Büros für Ökologie und Planung, Dr. Maas (Saarlouis); unveröffentlicht).

Schwarzenberg, L. (1970): Hilfe unserem Steinkauz. – In: Deutscher Bund für Vogelschutz – Jahresheft 1970, S. 20-23.

Schwarzenberg, L. (1973): Das Brückennest und seine Anbringung. – In: Pfeifer, S. [Hrsg.]: Taschenbuch für Vogelschutz. – 4. Auflage. Stuttgart, S. 54-56.

Selzer, G. (1959): „Erdkegel" als heutige Frostboden-Bildungen an Rutschhängen im Saarland. – In: Eiszeitalter und Gegenwart. Jahrbuch der Deutschen Quartärvereinigung, Bd. 10, S. 217-223.

Sommer, M. / Brunzel, S. (2006): Die Schnepfenragwurz *Ophrys scolopax* Cav. im Bliesgau (Saarland). – In: Abhandlungen der Delattinia – Arbeitsgemeinschaft für tier- und pflanzengeographische Heimatforschung im Saarland e.V., Bd. 32, S. 141-146.

Stark, C. (1976): Das Kastellrechswäldchen, ein Kleebwald im südlichen Saarland. – In: Abhandlungen der Arbeitsgemeinschaft für tier- und pflanzengeographische Heimatforschung im Saarland e.V., H. 6, S. 3-38. (zugleich: Untersuchungsergebnisse aus Landschafts- und Naturschutzgebieten im Saarland, Bd. 8).

Stark, C. (2002): *Trichomanes speciosum* Willd. (Hymenophyllaceae, Pteridophyta), ein tropischer Hautfarn als neue Pflanzenart für den Pfälzerwald und die Sickinger Höhe. – In: Mitteilungen der Pollichia, Bd. 89, S. 197-249. (Hrsg.: Pollichia – Verein für Naturforschung und Landespflege e.V.).

Staudt, A. (1998): Funde seltener und bemerkenswerter Pflanzenarten im Saarland zwischen 1992 und 1998. – In: Abhandlungen der Delattinia – Arbeitsgemeinschaft für tier- und pflanzengeographische Heimatforschung im Saarland e.V., Bd. 24, S. 237-253.

Staudt, A. (2008): Der Einfluss von Pflegemaßnahmen auf die Spinnenfauna der Trockenhügel von Montenach / Lothringen. (Manuskript; unveröffentlicht).

Staudt, A. (2014): Zur Bedeutung der Trockenhänge an Maas und Mosel für die Wanderung thermophiler Spinnenarten über Lothringen in die Saar-Region (Arachnida: Araneae). – In: Abhandlungen der Delattinia – Naturforschende Gesellschaft des Saarlandes e.V., Bd. 40, S. 13-48.

Steiner, A. (2012): Bergsingzikade, Bergzikade – *Cicadetta montana* (Scopoli 1772). (Artenprofil, letzte Änderung: 15.09.2012; Online-Dokument, https://www.natur-in-nrw.de/HTML/Tiere/Insekten/Zikaden/TZ-78.html, letzter Aufruf: 30.08.2020.

Steinfeld, P. (1999): Zum Vorkommen der Bocks-Riemenzunge (*Himantoglossum hircinum* (L.) Sprengel) im Südost-Saarland. – In: Faunistisch-floristische Notizen aus dem Saarland, 30. Jg., H. 3, S. 681-689. (Hrsg.: Delattinia – Arbeitsgemeinschaft für tier- und pflanzengeographische Heimatforschung im Saarland e.V.).

Steinfeld, P. (2011): Faszination Orchideen Hybriden. – In: Pollichia-Kurier, 27. Jg., H. 4, S. 28-30. (Hrsg.: Pollichia – Verein für Naturforschung und Landespflege e.V.).

Steinfeld, P. (2012): Zur Variabilität von *Ophrys holoserica* (Burm. fil.) Greuter in der saarländisch-lothringischen Grenzregion. – In: Berichte aus den Arbeitskreisen Heimische Orchideen – Beiträge zur Erhaltung, Erforschung und Verbreitung europäischer Orchideen, Beiheft 8 (Europäische Orchideentagung in Bad Münstereifel vom 11. – 13.5.2012), S. 259-275.

Steinfeld, P. (2013): Ein neuer Nachweis der Hybride x *Orchiaceras bergonii* (Nanteuil) E.G. Camus im Saarland. – In: Abhandlungen der Delattinia – Naturforschende Gesellschaft des Saarlandes e.V., Bd. 39, S. 207-216.

Steinfeld, P. (2015): 18 x gelb – ein bemerkenswerter Fund der Bienen-Ragwurz (*Ophrys apifera* Huds.) im Saarland. – In: Abhandlungen der Delattinia – Naturforschende Gesellschaft des Saarlandes e.V., Bd. 41, S. 287-292.

Steinfeld, P. (2016a): Auf den Spuren der Steppenhexe im Bliesgau. – In: Naturschutz im Saarland, Ausgabe 3/2016, S. 16-17. (Hrsg.: Naturschutzbund Deutschland (NABU), Landesverband Saarland e.V.).

Steinfeld, P. (2016b): Ein neuer Nachweis von *Ophrys apifera* Huds var. *trollii* (Hegetschw.) Rchb. f. im Saarland. – In: Abhandlungen der Delattinia – Naturforschende Gesellschaft des Saarlandes e.V., Bd. 42, S. 187-189.

Steinfeld, P. (2017a): Das Weiße Waldvöglein – Steckbrief zur Orchidee des Jahres. – In: Naturschutz im Saarland, Ausgabe 2/2017, S. 12-13. (Hrsg.: Naturschutzbund Deutschland (NABU), Landesverband Saarland e.V.).

Steinfeld, P. (2017b): Bericht über zwei bemerkenswerte „*Ophrys apifera*-Exkursionen" im Saarland. – In: Berichte aus den Arbeitskreisen Heimische Orchideen – Beiträge zur Erhaltung, Erforschung und Verbreitung europäischer Orchideen, 34. Jg., H. 2, S. 114-122.

Stiftung Natur und Umwelt Rheinland-Pfalz (2017): Arcos in Frankreich – Der Schweizer Luchs hat sich Richtung Süden orientiert und inzwischen die Grenze nach Frankreich überschritten. (Pressemitteilung vom 28.03.2017; Online-Dokument, https://snu.rlp.de/fileadmin/3_Projekte/3_Luchs/IMG/PM/170328_PM_SNU_LIFE_Luchs.pdf, letzter Aufruf: 30.08.2020.

Stinsky, A. (2020): Der Bliesgau. Natur – Menschen – Geschichten. [mit Beiträgen von D. Dorda, A.-K. Eiswirth, A.-K. Göritz, P. Haupt, A. Speyer und H. Wolf]. – Oppenheim am Rhein.

Stubbe, M. / Böhning, V. [Hrsg.] (2009). Neubürger und Heimkehrer in der Wildtierfauna. Ergebnisse einer jagdwissenschaftlichen Konferenz zur Weiterbildung für Funktionsträger im Jagdwesen am 7. März 2009 in Parchim. – Halle / Saale, Parchim-Damm. (Publikation der Gesellschaft für Wildtier- und Jagdforschung e.V.; herausgegeben im Auftrag des Landesjagdverbandes Mecklenburg-Vorpommern).

Sturm, K. / Westphal, C. (1991): Ganzflächige Waldbiotopkartierung im Saarland. – Saarbrücken. (Kartieranleitung der Landesforstverwaltung; unveröffentlicht).

Süssdorf, M. (2007): Wilde Weißstörche (*Ciconia ciconia*) brüten wieder im Saarland. – In: Lanius – Mitteilungsblatt des Ornithologischen Beobachterrings Saar, Nr. 33, S. 7-13.

Süssmilch, G. / Buchheit, M. / Nicklaus, G. / Schmidt, U. (2008): Rote Liste der Brutvögel des Saarlandes (Aves) – 8. Fassung. – In: Ministerium für Umwelt / Delattinia e.V. [Hrsg.]: Rote Liste gefährdeter Pflanzen und Tiere des Saarlandes. – Saarbrücken, S. 283-306. (= Atlantenreihe des Ministeriums für Umwelt des Saarlandes, Bd. 4; zugleich: Aus Natur und Landschaft im Saarland – Sonderbände der Delattinia, Bd. 10).

Trautner, J. (2017): *Tribus Brachinini*. – In: Trautner, J. [Hrsg.]: Die Laufkäfer Baden-Württembergs. Band 1: Allgemeiner Teil und Spezieller Teil 1. – Stuttgart, S. 71-73.

Thienemann, A. (1918): Lebensgemeinschaft und Lebensraum. – In: Naturwissenschaftliche Wochenschrift, Neue Folge, Bd. 17, S. 281-290 und S. 297-303.

Thiesmeier, B. (1992): Ökologie des Feuersalamanders. – Essen. (= Westarp Wissenschaften, Reihe Ökologie, Bd. 6).

Trockur, B. (2013): Bemerkenswertes und aktuelle Ergänzungen zur Libellenfauna des Saarlandes aus den Jahren 2002 bis 2011 (Insecta: Odonata). – In: Abhandlungen der Delattinia – Naturforschende Gesellschaft des Saarlandes e.V., Bd. 39, S. 79-153.

Trockur, B. / Boudot, J.-P. / Fichefet, V. / Goffart, P. / Ott, J. / Proess, R. (2010): Atlas der Libellen / Atlas des libellules (Insecta, Odonata). – Landsweiler-Reden. (= Fauna und Flora in der Großregion / Faune et Flore dans la Grande Région, Bd. 1; Hrsg.: Landesamt für Umwelt- und Arbeitsschutz (Saarland) – Zentrum für Biodokumentation).

Trockur, B. / Lemke, M. / Germann, A. / Didion, A. (2012): Suche nach der Gemeinen Winterlibelle *Sympecma fusca* (Vander Linden, 1820) abseits der Gewässer: Zwischenbericht 2012 (Odonata: Lestidae). – In: Abhandlungen der Delattinia – Naturforschende Gesellschaft des Saarlandes e.V., Bd. 38, S. 307-312.

Trockur, B. / Lingenfelder, U. (2014): Die FFH-Libellenarten im Saarland (Insecta: Odonata). – In: Abhandlungen der Delattinia – Naturforschende Gesellschaft des Saarlandes e.V., Bd. 40, S. 77-136.

Trouvain, A. (1998): Zu Verbreitung und Ökologie der Heuschreckenfauna der Stadt Saarbrücken. – In: Abhandlungen der Delattinia – Arbeitsgemeinschaft für tier- und pflanzengeographische Heimatforschung im Saarland e.V., Bd. 23, S. 369-385.

Ulrich, R. (1988): Tagfaltererfassungen in den saarländischen Muschelkalklandschaften. – In: Faunistisch-floristische Notizen aus dem Saarland, 19. Jg., H. 4, S. 571-595. (Hrsg.: Delattinia – Arbeitsgemeinschaft für tier- und pflanzengeographische Heimatforschung im Saarland e.V.).

Ulrich, R. (2002): Die Ausbreitung des Krüppelschlehen-Zipfelfalters *Satyrium acaciae* (Fabricius, 1787) im Bliesgau / Saarland. – In: Abhandlungen der Delattinia – Arbeitsgemeinschaft für tier- und pflanzengeographische Heimatforschung im Saarland e.V., Bd. 28, S. 109-116.

Ulrich, R. (2006a): Der Brombeer-Perlmuttfalter *Brenthis daphne* (Denis & Schiffermüller, 1775) – seit 2004 neu im Saarland. – In: Abhandlungen der Delattinia – Arbeitsgemeinschaft für tier- und pflanzengeographische Heimatforschung im Saarland e.V., Bd. 31, S. 127-133.

Ulrich, R. (2006b): Der Jahrhundertsommer 2003 und das Folgejahr 2004 – zwei bemerkenswert interessante Jahre für Tagschmetterlinge im Saarland. – In: Abhandlungen der Delattinia – Arbeitsgemeinschaft für tier- und pflanzengeographische Heimatforschung im Saarland e.V., Bd. 31, S. 135-141.

Ulrich, R. (2006c): Der Mehrbrütige Puzzlefalter *Pyrgus armoricanus* (Oberthür, 1910) – die Sensation des heißen Jahres 2003. – In: Abhandlungen der Delattinia – Arbeitsgemeinschaft für tier- und pflanzengeographische Heimatforschung im Saarland e.V., Bd. 31, S. 119-125.

Ulrich, R. (2007a): Der Bliesgau – ein Eldorado für Tagfalter. – In: Saarpfalz-Kreis [Hrsg.]: Saarpfalz-Kalender 2008. – Homburg, S. 67-75.

Ulrich, R. (2007b): Schutz der FFH-Art Goldener Scheckenfalter (*Euphydryas aurinia*) als Beispiel für die Pflege der saarländischen Halbtrockenrasen. – In: Abhandlungen der Delattinia – Arbeitsgemeinschaft für tier- und pflanzengeographische Heimatforschung im Saarland e.V., Bd. 33, S. 69-79.

Ulrich, R. (2012): Sensationeller Insektenfund: Erstnachweis der Schwarzen Mörtelbiene *Megachile parietina* (Geoffroy, 1785) im Saarland (Hymenoptera: Apidae). – In: Abhandlungen der Delattinia – Naturforschende Gesellschaft des Saarlandes e.V., Bd. 38, S. 267-283.

Ulrich, R. (2015): Schmetterlinge entdecken und verstehen. – Stuttgart.

Ulrich, R. (2018): Tagaktive Nachtfalter. – Stuttgart. (Reihe „Kosmos-Naturführer").

Verein Deutscher Ingenieure (VDI) [Bartholmess, H. / Dolnik, C. / Franzen-Reuter, I. / John, V. / Lakatos, M. / Stapper, N. / Stetzka, K. / Tremp, H. / Türk, R. / Windisch, U.] (2017): Biologische Messverfahren zur Ermittlung und Beurteilung der Wirkung von Umweltveränderungen (Biomonitoring). Kartierung von Flechten zur Ermittlung der Wirkung von lokalen Klimaveränderungen. – VDI-Richtlinie 3957, Blatt 20. – In: VDI / DIN-Handbuch Reinhaltung der Luft, Band 1a: Maximale Immissions-Werte. – Berlin, S. 1-20.

Wagner, J. M. (2006): Zur Entwicklung der Kalkwirtschaft im Bliesgau. – In: Dorda, D. / Kühne, O. / Wild, V. [Hrsg.]: Der Bliesgau. Natur und Landschaft im südöstlichen Saarland. – Saarbrücken, S. 197-214. (= Veröffentlichungen des Instituts für Landeskunde im Saarland, Bd. 42).

Wagner, N., Stein, G., Schmitt, W., Bürster, M., Schleich, P., Milan, C., Bernd, C., Flottmann-Stoll, A., Flottmann, H.J. (2020): Zur Bestandssituation der Gelbbauchunke *Bombina variegata* (Linnaeus, 1758) im Saarland – eine landesweite Überprüfung ehemals bekannter Vorkommen und potentiell geeigneter Sekundärhabitate. Abh. Delattinia 45, S. 51-69. Saarbrücken.

Watkins, C. (1990): Woodland Management and Conservation. – Newton Abbot, London.

Weicherding, F.-J. (2006): Liste von Fundorten der Mauereidechse *Podarcis muralis* (Laurenti, 1768) an Bahnanlagen im Saarland und im grenznahen Lothringen. – In: Abhandlungen der Delattinia – Arbeitsgemeinschaft für tier- und pflanzengeographische Heimatforschung im Saarland e.V., Bd. 31, S. 47-55.

Weicherding, F.-J. (2010): Verbreitung, Ökologie und Soziologie des Lungen-Enzianes *Gentiana pneumonanthe* L. (Gentianaceae) im Saarland, mit Nachweisen in angrenzenden Gebieten. – In: Abhandlungen der Delattinia – Naturforschende Gesellschaft des Saarlandes e.V., Bd. 35/36, S. 341-358.

Weitzel, M. (1986): Zur aktuellen Verbreitung der Kurzfühlerschrecken (Insecta, Caelifera) im Hunsrück, Saargau, Eifel, Westerwald und Bergischem Land. Dendrocopos – Faunistik, Floristik und Naturschutz in der Region Trier, Bd. 13, S. 88-103.

Wey, H. (1983): Zusammenhänge zwischen dem Vorkommen von Spechten (Picidae) und der Flächennutzung im Raum Saarbrücken. – Saarbrücken. (Diplomarbeit, Universität des Saarlandes; unveröffentlicht).

Weyers, H. (1964): Das Eisvogelvorkommen im Saarland. – In: Rundschreiben Ornithologischer Beobachterring Saar, Nr. 4 (Mai 1964), S. 2-3.

Weyers, H. (1968): Erstnachweis der Brut einer Wiesenweihe – *Circus pygargus* – im Saarland. – In: Emberiza – Vogelschutz und Vogelkunde in Rheinland-Pfalz, Bd. 1, S. 164-166. (Hrsg.: Landesstelle für Naturschutz und Landschaftspflege in Rheinland-Pfalz, Kaiserslautern).

Weyers, H. (1982): Die Bliesaue zwischen Kirkel-Altstadt und Homburg-Beeden – ein ökologisches Gutachten unter besonderer Berücksichtigung der Avifauna. – Homburg. (maschinenschriftlicher Text, vervielfältigt; unveröffentlicht).

Weyers, H. (1984): Das ehemalige Brutvorkommen des Weißstorchs (*Ciconia ciconia*) im Saarland. – In: Lanius – Mitteilungsblatt des Ornithologischen Beobachterrings Saar, Nr. 23, S. 5-44.

Weyers, H. (1986): Erster Nachtrag zum ehemaligen Brutvorkommen des Weißstorchs (*Ciconia ciconia*) im Saarland. – In: Lanius – Mitteilungsblatt des Ornithologischen Beobachterrings Saar, Nr. 24, S. 123-124.

Weyers, H. (1996): Der Brutbestand von Mäusebussard (*Buteo buteo*), Habicht (*Accipiter gentilis*) und Rotmilan (*Milvus milvus*) im ehemaligen Kreis Homburg. – In: Lanius – Mitteilungsblatt des Ornithologischen Beobachterrings Saar, Nr. 30, S. 5-20.

Weyers, H. (2000): Bestandsveränderungen bei Schwarzspecht (*Dryocopus martius*), Grünspecht (*Picus viridis*) und Grauspecht (*Picus canus*) im ehemaligen Kreis Homburg– In: Lanius – Mitteilungsblatt des Ornithologischen Beobachterrings Saar, Nr. 32, S. 40-49.

Weyers, H. (2005a): Grauspecht (*Picus canus*). – In: Bos, J. / Buchheit, M. / Austgen, M. / Elle, O.: Atlas der Brutvögel des Saarlandes. – Mandelbachtal, S. 166-167. (= Atlantenreihe des Ministeriums für Umwelt des Saarlandes, Bd. 3; zugleich: Aus Natur und Landschaft im Saarland – Sonderbände der Delattinia, Bd. 9; Hrsg.: Ornithologischer Beobachterring Saar).

Weyers, H. (2005b): Schwarzspecht (*Dryopcopus martius*). – In: Bos, J. / Buchheit, M. / Austgen, M. / Elle, O.: Atlas der Brutvögel des Saarlandes. – Mandelbachtal, S. 170-171. (= Atlantenreihe des Ministeriums für Umwelt des Saarlandes, Bd. 3; zugleich: Aus Natur und Landschaft im Saarland – Sonderbände der Delattinia, Bd. 9; Hrsg.: Ornithologischer Beobachterring Saar).

Weyers, H. / Braunberger, C. (1991): Zum Vorkommen der Haubenlerche (*Galerida cristata*) im Saarland. – In: Lanius – Mitteilungsblatt des Ornithologischen Beobachterrings Saar, Nr. 28: S. 17-25.

Wild, V. (1984): Erstnachweis der gestreiften Quelljungfer (*Cordulegaster bidentatus* Selys, Insecta: Odonata) für das Saarland. – In: Faunistisch-floristische Notizen aus dem Saarland, 16. Jg., H. 3, S. 303-307. (Hrsg.: Delattinia – Arbeitsgemeinschaft für tier- und pflanzengeographische Heimatforschung im Saarland e.V.).

Wild, V. (1986): Ufergehölze und Uferstand der unteren Blies im Hinblick auf die Ufersicherung und künftige wasserbauliche Maßnahmen. – In: Faunistisch-floristische Notizen aus dem Saarland, 18. Jg., H. 1, S. 401-419. (Hrsg.: Delattinia – Arbeitsgemeinschaft für tier- und pflanzengeographische Heimatforschung im Saarland e.V.).

Wild, V. (2002): Hinweise auf neuartige Erlenschäden durch pilzartige Mikroorganismen der Gattung *Phytophthora* im Saarland. – In: Abhandlungen der Delattinia – Arbeitsgemeinschaft für tier- und pflanzengeographische Heimatforschung im Saarland e.V., Bd. 28, S. 239-246.

Wildermuth, H./A. Martens (2019): Die Libellen Europas. Alle Arten von den Azoren bis zum Ural im Portrait. – Wiebelsheim: Quelle & Meyer

Wirth, V. (2010): Ökologische Zeigerwerte von Flechten – erweiterte und aktualisierte Fassung. – In: Herzogia, Bd. 23, H. 2, S. 229-248. (Hrsg.: Bryologisch-lichenologische Arbeitsgemeinschaft für Mitteleuropa e.V.).

Wirth, V. / Hauck, M. / Bruyn, U. de / Schiefelbein, U. / John, V. / Otte, V. (2009): Flechten aus Deutschland mit Verbreitungsschwerpunkt im Wald. – In: Herzogia, Bd. 22, S. 79-107. (Hrsg.: Bryologisch-lichenologische Arbeitsgemeinschaft für Mitteleuropa e.V.).

Wirth, V. / Schöller, H. / Scholz, P. / Ernst, G. / Feuerer, T. / Gnüchtel, A. / Hauck, M. / Jacobsen, P. / John, V. / Litterski, B. (1996): Rote Liste der Flechten (*Lichenes*) der Bundesrepublik Deutschland. – In: Bundesamt für Naturschutz [Hrsg.]: Rote Liste gefährdeter Pflanzen Deutschlands. – Münster, S. 307-368. (= Schriftenreihe für Vegetationskunde, H. 28).

Wolf, H. (2012): Eine kleine Waldgeschichte. Wald und Mensch im Biosphärenreservat Bliesgau und den angrenzenden Regionen. Selbstverlag. – Blieskastel.

Wolf, H. (2013): 300 Jahre forstliche Nachhaltigkeit in Deutschland … eine kleine Spurensuche. – Nohfelden. (Hrsg.: Regionale PEFC-Arbeitsgruppe Saarland).

Wolff, P. (1969): Ophioglossaceen im Saarland. – In: Faunistisch-floristische Notizen aus dem Saarland, 2. Jg., H. 4-5, S. 27-42. (Hrsg.: Arbeitsgemeinschaft für tier- und pflanzengeographische Heimatforschung im Saarland e.V.).

Wolff, P. (1983): Das Jägersburger Moor. Eine floristisch-soziologische und landschaftsökologische Untersuchung und ihre Konsequenzen für den Naturschutz. – In: Abhandlungen der Delattinia – Arbeitsgemeinschaft für tier- und pflanzengeographische Heimatforschung im Saarland e.V., Bd. 12, S. 5-74.

Wolff, P. (2002): Die Wasserpflanzen-Gesellschaften des Saarlandes und seiner Randgebiete. – In: Bettinger, A. / Wolff, P. [Hrsg.]: Vegetation des Saarlandes und seiner Randgebiete – Teil I. – Saarbrücken, S. 20-116. (= Atlantenreihe des Ministeriums für Umwelt des Saarlandes, Bd. 2; zugleich: Aus Natur und Landschaft im Saarland – Sonderbände der Delattinia, Bd. 8).

Wolff, P. (2006): Die Dünen am Homburger Friedhof und die übrigen Flugsande von St. Ingbert bis Kaiserslautern: Zur Geologie und Vegetation. – In: Abhandlungen der Delattinia – Arbeitsgemeinschaft für tier- und pflanzengeographische Heimatforschung im Saarland e.V., Bd. 32, S. 11-59.

Wolff, P. (2017): Zwergbinsenfluren, Quellen und Moore. – In: Bettinger, A. / Wolff, P. / Meisberger, S.: Vegetation des Saarlandes und seiner Randgebiete – Teil II. – Saarbrücken, S. 13-114. (= Atlantenreihe des Ministeriums für Umwelt und Verbraucherschutz des Saarlandes, Bd. 5; zugleich: Aus Natur und Landschaft im Saarland – Sonderbände der Delattinia, Bd. 11).

Wolff, P. / Schmitt, J. A. (2002): Der Rauschbeeren-Kiefern-Moorwald des Jägersburger Moores. – In: Bettinger, A. / Wolff, P. [Hrsg.]: Vegetation des Saarlandes und seiner Randgebiete – Teil I. – Saarbrücken, S. 261-278. (= Atlantenreihe des Ministeriums für Umwelt des Saarlandes, Bd. 2; zugleich: Aus Natur und Landschaft im Saarland – Sonderbände der Delattinia, Bd. 8).

www.delattinia.de (Delattinia – Naturforschende Gesellschaft des Saarlandes e.V.; letzter Aufruf: 30.08.2020.

www.delattinia.de/node/847 (Delattinia – Naturforschende Gesellschaft des Saarlandes e.V.: Fund des Roten Waldvögleins *Cephalanthera rubra* an der Hetschermühle [Meldung vom 29.05.2007, mit ergänzenden Hinweisen von Peter Steinfeld und Thomas Schneider]; letzter Aufruf: 30.08.2020.

www.floraweb.de (Bundesamt für Naturschutz: FloraWeb – Daten und Informationen zu Wildpflanzen und zur Vegetation Deutschlands; letzter Aufruf: 30.08.2020.

www.knabenkraut-saar.de (Naturschutzbund Deutschland (NABU), Landesverband Saarland: Breitblättriges Knabenkraut (BBV-Projekt) – Wertvoll, schön und unter uns; letzter Aufruf: 10.04.2019).

www.luchs-rlp.de (Stiftung Natur und Umwelt Rheinland-Pfalz: EU LIFE Luchs – Wiederansiedlung von Luchsen im Pfälzerwald; letzter Aufruf: 10.04.2019).

www.wildtier-kataster.uni-kiel.de (Universität Kiel, Institut für Natur- und Ressourcenschutz, Abteilung Landschaftsökologie: Wildtier-Kataster Schleswig-Holstein; letzter Aufruf: 10.04.2019).

www.wisia.de (Bundesamt für Naturschutz: WISIA-online – Wissenschaftliches Informationssystem zum Internationalen Artenschutz; letzter Aufruf: 10.04.2019).

Glossar

Erläuterung einiger im Text verwandter Fachbegriffe

Acidophil: säureliebend; Bezeichnung für Organismen, die saure Milieubedingungen lieben.

Alluvium: Jüngste geologisch wirksame Phase im rezenten Erdzeitalter Quartär; beschreibt die Veränderungen der Erdoberfläche durch zurückliegende und rezente Veränderungen der Erdoberfläche durch Überschwemmungen, Hochwasser usw. infolge der Tätigkeit von Bächen und Flüssen.

Artepitheton: In der binären Nomenklatur (biologische Systematik) zweiter zugeordneter und nicht selten (die Art) näher beschreibender Teil des Artnamens.

Biota: Alle Lebewesen dieser Erde

Bungert: Die Streuobstwiesen waren früher klassisch als Gürtel um die Orte angelegt. Diese Form der Anordnung der Streuobstbäume wird als „Bungert" bezeichnet.

Epigäisch: oberirdisch

Epilithisch: auf Steinen wachsend

Epiphyt: Aufsitzerpflanze; eine Pflanze wächst auf einer anderen Pflanze, in der Regel auf einem Baum.

EU-Vogelschutzrichtlinie: Richtlinie der EU, die den Schutz der wildlebenden Vogelarten und deren Lebensräume regelt.

FFH-Art, FFH-Lebensraumtyp: Grundlage ist die **F**auna-**F**lora-**H**abitatrichtlinie **FFH** der EU (= NATURA 2000). Die FFH-Arten werden auf den Anhängen II, IV und V der FFH-Richtlinie aufgeführt. Für die Arten müssen besondere Schutzgebiete (Anhang II) ausgewiesen werden bzw. (Anhang IV) sie unterliegen einem strengen Schutz, der auch ins Bundesnaturschutzgesetz BNatSchG wirkt. Für die Anhang-V Arten werden bestimmte Regelungen, deren Nutzung und Handel betreffend, getroffen. Im Anhang I der FFH-Richtlinie werden natürliche und naturnahe Lebensräume von gemeinschaftlichem Interesse gelistet (FFH-Lebensraumtyp), für deren Erhalt besondere Schutzgebiete ausgewiesen werden sollen.

FFH-Richtlinie: = Fauna-Flora-Habitatrichtlinie; Richtlinie der EU

Flagellaten: Geißeltierchen

Gametophyt: Beim Generationswechsel werden Gametophyten von Sporophyten (s.u.) unterschieden; = bei Pflanzen die Gametenbildende sexuelle Generation

Gefäßpflanzen: Gefäßpflanzen haben immer eine Wurzel, eine Sprossachse und Blätter

Geophyt: Geophyten überdauern ungünstige Lebensbedingungen (z.B. Frost) mit Hilfe unterirdischer Organe, z. B. Knolle, Zwiebel

Heterosis-Effekt: Besonders ausgeprägte Leistungsfähigkeit von Hybriden der F1-Generation.

Infloreszenz: Blütenstand; der Teil, der der Bildung der Blüten bei den Pflanzen dient

Intergenerische Hybride: Kreuzung zwischen zwei Pflanzen aus zwei verschiedenen Gattungen

Interspezifisch: Zwischenartlich

Introgression: Übertragung von Genen einer Art in den Genpool einer anderen

Kalk-Quelltuff: Kalk-Absatz an Quellaustritten bzw. karbonatreichen Fließgewässern.

Kaltstenotherm: Organismen, die an niedere Temperaturbedingungen adaptiert sind

Labellum: Lippenblatt der Orchideen

lichenisiert: von „Lichenes" = Flechten; Pilze oder Algen, die durch Symbiose mit einem Algen- oder Pilzpartner (in einer Flechte) Flechten bilden.

Mesophil: Organismen, die an mittlere Bedingungen angepasst sind.

Neophyten: Pflanzen, die erst in jüngerer historischer Zeit (ca. 16. Jahrhundert) Bestandteil unserer heimischen Flora geworden sind.

Neozoen: Tierarten, die erst in jüngerer historischer Zeit (ca. 16. Jahrhundert) Bestandteil unserer heimischen Fauna geworden sind.

Oothek: Eipaket

Perithecien: Fruchtkörper

Petalen (Mehrzahl) – Petalum (Einzahl): Kronblatt

Phänotypisch: Äußeres Erscheinungsbild

Protozoen: Einzeller

Quartär: jüngstes geologisches Erdzeitalter; begann vor rund 2,6 Mio. Jahre; wirkt bis heute an.

Saprobie: Maß für die Belastung der Fließgewässer mit biologisch abbaubaren Stoffen

Sepalen (Mehrzahl) – Sepalum (Einzahl): Kelchblatt

Sporophyt(en): ungeschlechtliche Generation einer Pflanze

Stenotop: enge Biotopbindung; in nur wenigen vergleichbaren Biotopen vorkommend

Thallus (Plural: Thalli): wenig differenzierter Vegetationskörper, der nicht in Sprossachse, Wurzel und Blätter unterteilt ist.

Therophyten: einjährige Pflanzen, die die ungünstigen Jahreszeiten im Boden als Samen überdauern.

Xerotherm: Trockenheit- und Wärme liebend

Xylobiont = totholzbewohnend, z. B. Käfer

Artenregister

Verzeichnis der im Text mit wiss. Namen erwähnten Pflanzen- und Tierarten

Acer campestre	Feldahorn
Acer platanoides	Spitzahorn
Acer pseudoplatanus	Bergahorn
Acrocephalus schoenobaenus	Schilfrohrsänger
Actaea spicata	Christophskraut
Aeshna juncea	Torf-Mosaikjungfer
Agelastica alni	(Blauer) Erlenblattkäfer
Aira caryophyllea	Gewöhnlicher Nelkenhafer, Nelken-Haferschmiele
Aira praecox	Früher Nelkenhafer, Frühe Haferschmiele
Ajuga genevensis	Genfer Günsel
Alauda arvensis	Feldlerche
Alcedo atthis	Eisvogel
Allium ursinum	Bärlauch
Alnus glutinosa	Schwarzerle
Alopecosa trabalis	Balken-Tarantel, Breitgebänderte Scheintarantel
Alopochen aegyptia	Nilgans
Alytes obstetricans	(Gemeine) Geburtshelferkröte
Anacamptis pyramidalis	Pyramiden-Hundswurz, Pyramiden-Orchis
Andrion regensteinense	Rüsselkäferart; kein deutscher Name
Anemone nemorosa	Buschwindröschen
Anemone ranunculoides	Gelbes Windröschen
Anomodon attenuatus	Dünnästiges Trugzahnmoos
Anomodon viticulosus	Echtes Trugzahnmoos
Anthaxia nitidula	Glänzender Blütenprachtkäfer
Anthoceros agrestis	Acker-Hornmoos
Anthus pratensis	Wiesenpieper
Aphthona nonstriata	Iris-Erdfloh
Ardea alba	Silberreiher
Arnica montana	Arnika
Arrhenatherum elatius	(Gewöhnlicher) Glatthafer

Arum maculatum	Gefleckter Aronstab
Asplenium scolopendrium	Hirschzunge, Hirschzungenfarn
Astacus astacus	Edelkrebs
Aster amellus	Bergaster
Athallia holocarpa	Ganzfrüchtiger Schönfleck
Athene noctua	Steinkauz
Atrichum undulatum	Wellenblättriges Katharinenmoos
Atypus affinis	Gemeine Tapezierspinne
Atypus piceus	Pechschwarze Tapezierspinne
Austropotamobius torrentium	Steinkrebs
Avenella flexuosa	Draht-Schmiele
Badister dilatatus	Breiter Dunkelwanderkäfer
Bagliettoa calciseda	Kalk-Warzenflechte
Bembidion assimile	Flachmoor-Ahlenläufer
Bembidion doris	Ried-Ahlenläufer
Betonica officinalis	Heilziest, Echte Betonie
Betula pendula	Sandbirke, Hängebirke
Betula pubescens	Moorbirke
Blasia pusilla	Kleines Flaschenmoos, Blasiusmoos
Blechnum spicant	Rippenfarn
Bombina variegata	Gelbbauchunke
Botaurus stellaris	Rohrdommel
Brachinus crepitans	Großer Bombardierkäfer
Brachypodium pinnatum	Gewöhnliche Fiederzwenke
Brachypodium sylvaticum	Wald-Zwenke, Wald-Fiederzwenke
Brachythecium glareosum	Haarspitzen-Kurzbüchsenmoos
Brachythecium laetum	Kalk-Kurzbüchsenmoos
Branta canadensis	Kanadagans
Brenthis daphne	Brombeer-Perlmuttfalter
Bromus erectus	Aufrechte Trespe
Bromus ramosus	Wald-Trespe
Bruchidius villosus	Ginster-Samenkäfer
Bubo bubo	Uhu
Bufo calamita	Kreuzkröte
Bufo viridis	Wechselkröte
Bupleurum falcatum	Sichelblättriges Hasenohr
Buxbaumia aphylla	Blattloses Koboldmoos

Calicium adspersum	Sitzende Kelchflechte
Calluna vulgaris	Heidekraut, Besenheide
Calopteryx splendens	Gebänderte Prachtlibelle
Calopteryx virgo	Blauflügel-Prachtlibelle
Caltha palustris	Sumpfdotterblume
Calypogeia fissa	Eingeschnittenes Bartkelchmoos
Calypogeia integristipula	Ungeteiltblättriges Bartkelchmoos
Calypogeia suecica	Schwedisches Bartkelchmoos
Campanula trachelium	Nesselblättrige Glockenblume
Candelariella aurella	Goldfarbene Dotterflechte
Cardamine amara	Bitteres Schaumkraut
Carex acutiformis	Sumpf-Segge
Carex elongata	Walzen-Segge
Carex flacca	Blaugrüne Segge, Blau-Segge
Carex panicea	Hirse-Segge
Carex remota	Winkel-Segge
Carex sylvatica	Wald-Segge
Carex vesicaria	Blasen-Segge
Carpinus betulus	Hainbuche
Castanea sativa	Esskastanie
Castor fiber	Europäischer Biber
Centaurea jacea	Wiesen-Flockenblume
Centaurium erythraea	Tausendgüldenkraut
Cephalanthera damasonium	Weißes Waldvöglein
Cephalanthera rubra	Rotes Waldvögelein
Chaenotheca furfuracea	Kleiige Stecknadel
Chaetocnema conducta	Flohkäferart; kein deutscher Name
Charadrius morinellus	Mornellregenpfeifer
Chorthippus biguttulus	Nachtigall-Grashüpfer
Chrysosplenium alternifolium	Wechselblättriges Milzkraut
Chrysosplenium oppositifolium	Gegenblättriges Milzkraut, Gegenständiges Milzkraut
Chrysothrix candelaris	Borken-Schwefelflechte
Cicadetta montana sensu lato	Bergzikade, Bergsingzikade; Artkomplex aus drei ähnlichen Arten der Gattung *Cicadetta*
Cicindela hybrida	Sandlaufkäfer
Ciconia ciconia	Weißstorch
Ciconia nigra	Schwarzstorch

Cinclus cinclus	Wasseramsel
Circaea lutetiana	Großes Hexenkraut, Gewöhnliches Hexenkraut
Circinaria coronata	Kronen-Kragenflechte
Circus aeruginosus	Rohrweihe
Circus pygargus	Wiesenweihe
Cirriphyllum tommasinii	Zartnerviges Kurzbüchsenmoos, Zartnerviges Haarblattmoos
Cirsium acaule	Stängellose Kratzdistel
Cirsium palustre	Sumpf-Kratzdistel
Coenagrion mercuriale	Helm-Azurjungfer
Colchicum officinale	Herbstzeitlose
Cololejeunea minutissima	Zwerg-Viellappenmoos
Columba oenas	Hohltaube
Conocephalum conicum	Echtes Kegelkopfmoos, Glänzendes Kegelkopfmoos
Cordulegaster bidentata	Gestreifte Quelljungfer
Cordulegaster boltonii	Zweigestreifte Quelljungfer
Cornus sanguinea	Roter Hartriegel, Blutroter Hartriegel
Coronella austriaca	Schlingnatter, Glattnatter
Corvus corax	Kolkrabe
Corydalis cava	Hohler Lerchensporn
Corydalis solida	Gefingerter Lerchensporn
Corynephorus canescens	Silbergras
Cottus gobio	Mühlkoppe
Coturnix coturnix	Wachtel
Crataegus sp.	Weißdorn-Arten
Crepis paludosa	Sumpf-Pippau
Cricetus cricetus	Feldhamster, Europäischer Hamster
Crocidura leucodon	Feldspitzmaus
Crocidura suaveolens	Gartenspitzmaus
Crocothemis erythraea	Feuerlibelle
Cryphaea heteromalla	Einseitswendiges Verstecktfruchtmoos
Ctenidium molluscum	Weiches Kammmoos
Cytisus scoparius	(Gewöhnlicher) Besenginster
Dactylorhiza incarnata	Fleischfarbenes Knabenkraut
Dactylorhiza maculata	Geflecktes Knabenkraut
Dactylorhiza majalis	Breitblättriges Knabenkraut
Dactylorhiza x aschersoniana	Orchidee, Bastard
Daphne mezereum	Echter Seidelbast, Gewöhnlicher Seidelbast, Kellerhals

Decticus verrucivorus	Warzenbeißer
Dendrocoptes medius	Mittelspecht
Deschampsia cespitosa	Rasen-Schmiele
Dicranella heteromalla	Sicheliges Kleingabelzahnmoos, Einseitswendiges Kleingabelzahnmoos
Dicranum montanum	Berg-Gabelzahnmoos
Dicranum scoparium	Gewöhnliches Gabelzahnmoos, Besen-Gabelzahnmoos
Didymodon fallax	Falsches Bärtchenmoos, Täuschendes Doppelzahnmoos
Diplophyllum albicans	Hellstreifiges Doppelblattmoos
Drassyllus praeficus	Plattbauchspinnenart; kein deutscher Name
Drassyllus pumilus	Plattbauchspinnenart; kein deutscher Name
Drosera rotundifolia	Rundblättriger Sonnentau
Dryocopus martius	Schwarzspecht
Drypta dentata	Grüner Backenläufer
Emberiza calandra	Grauammer
Enchylium coccophorum	Kugelförmige Leimflechte
Entodon concinnus	Zierliches Zwischenzahnmoos, Gelbstängelmoos
Entodon schleicheri	Schleichers Zwischenzahnmoos
Epipactis palustris	Sumpf-Stendelwurz
Eptesicus serotinus	Breitflügelfledermaus
Eriophorum angustifolium	Schmalblättriges Wollgras
Eriophorum latifolium	Breitblättriges Wollgras
Eriophorum vaginatum	Scheidiges Wollgras, Scheiden-Wollgras
Eryngium campestre	Feld-Mannstreu
Euaesthetus ruficapillus	Kurzflügelkäferart; kein deutscher Name
Euphydryas aurinia	Goldener Scheckenfalter, Skabiosen-Scheckenfalter
Eurhynchium striatum	Spitzblättriges Schönschnabelmoos
Evernia prunastri	Echte Pflaumenflechte, Eichenmoos
Fagus sylvatica	Buche, Rotbuche
Falco peregrinus	Wanderfalke
Falco tinnunculus	Turmfalke
Felis silvestris silvestris	Europäische Wildkatze
Festuca tenuifolia	Haar-Schafschwingel
Ficedula albicollis	Halsbandschnäpper
Filago minima	Zwerg-Filzkraut
Filipendula ulmaria	Echtes Mädesüß
Fissidens taxifolius	Eibenblättriges Spaltzahnmoos
Flavoparmelia caperata	Gewöhnliche Gelbschüsselflechte

Frangula alnus	(Echter) Faulbaum
Fraxinus excelsior	(Gemeine, Gewöhnliche) Esche
Frullania dilatata	Breites Wassersackmoos
Galerida cristata	Haubenlerche
Galium odoratum	Waldmeister, Wohlriechendes Labkraut
Gallinago gallinago	Bekassine
Gasterosteus aculeatus	Dreistacheliger Stichling
Gentiana pneumonanthe	Lungen-Enzian
Gentianella ciliata	Fransenenzian
Geocalyx graveolens	Duftendes Erdkelchmoos
Glis glis	Siebenschläfer
Gnaphosa lugubris	Plattbauchspinnenart; kein deutscher Name
Gomphus vulgatissimus	Gemeine Keiljungfer
Gonioctena olivacea	Blattkäferart; kein deutscher Name
Grus grus	Kranich
Gryllus campestris	Feldgrille
Gyrinus substriatus	Gemeiner Taumelkäfer
Habrodon perpusillus	Winziges Habrodon-Moos
Haplodrassus kulczynskii	Plattbauchspinnenart; kein deutscher Name
Haplodrassus minor	Plattbauchspinnenart; kein deutscher Name
Haplodrassus signifer	Plattbauchspinnenart; kein deutscher Name
Harmonia axyridis	Asiatischer Marienkäfer
Harpanthus scutatus	Schild-Sichellebermoos
Helianthemum nummularium	Sonnenröschen
Helictotrichon pubescens	Flaumiger Wiesenhafer
Helophorus aquaticus	Furchen-Wasserkäferart; kein deutscher Name
Helophorus grandis	Furchen-Wasserkäferart; kein deutscher Name
Heracleum mantegazzianum	Riesen-Bärenklau
Herzogiella seligeri	Schlesisches Herzogmoos, Seligers Stumpenmoos
Himantoglossum hircinum	Bocksriemenzunge
Hippocrepis comosa	Gewöhnlicher Hufeisenklee
Hippolais polyglotta	Orpheusspötter
Holcus lanatus	Wolliges Honiggras
Homalothecium lutescens	Gelbliches Seidenmoos, Echtes Goldmoos
Homalothecium sericeum	Seidenmoos, Kriechendes Goldmoos
Hydrocotyle vulgaris	Wassernabel
Hygrobia hermanni	Schlammschwimmer

Hyla arborea	Europäischer Laubfrosch
Hylocomium splendens	Glänzendes Stockwerkmoos, Etagenmoos
Hypericum perforatum	Echtes Johanniskraut
Hypnum cupressiforme	Zypressen-Schlafmoos
Hypogymnia physodes	Gewöhnliche Blasenflechte
Hypogymnia tubulosa	Röhrige Blasenflechte
Ilex aquifolium	(Europäische) Stechpalme
Impatiens glandulifera	Indisches Springkraut
Iris pseudacorus	Sumpf-Schwertlilie, Gelbe Schwertlilie
Iris sibirica	Sibirische Schwertlilie, Blaue Schwertlilie
Isothecium myosuroides	Kleines Mäuseschwanzmoos
Jasione montana	Berg-Sandglöckchen
Jynx torquila	Wendehals
Lacerta agilis	Zauneidechse
Lampetra planeri	Bachneunauge
Lanius collurio	Neuntöter, Rotrückenwürger
Lanius excubitor	Raubwürger
Lanius minor	Schwarzstirnwürger
Lanius senator	Rotkopfwürger
Lecidella stigmatea	Fleck-Schwarznapfflechte
Lepidozia reptans	Kriechendes Schuppenzweig-Lebermoos
Lepraria incana	Graue Staubflechte
Leptodon smithii	Smiths Leptodon-Moos
Leptura maculata	Gefleckter Schmalbock
Lestes dryas	Glänzende Binsenjungfer
Lestes virens	Kleine Binsenjungfer
Leucobryum glaucum	Gemeines Weißmoos
Ligustrum vulgare	(Gewöhnlicher) Liguster
Limodorum abortivum	Violetter Dingel
Linum catharticum	Purgier-Lein
Linum tenuifolium	Schmalblättriger Lein
Lobarina scrobiculata	Grauschorfige Lungenflechte
Lophocolea bidentata	Zweizähniges Kammkelchmoos
Lophocolea heterophylla	Verschiedenblättriges Kammkelchmoos
Lucanus cervus	Hirschkäfer
Lullula arborea	Heidelerche
Lunaria rediviva	Mondviole

Luzula sylvatica	Wald-Hainsimse
Lycaena dispar	Großer Feuerfalter
Lycopodium clavatum	Keulen-Bärlapp, Wolfsklaue
Lynx lynx	Eurasischer Luchs
Lysandra coridon	Silber-Bläuling
Lythrum salicaria	Gewöhnlicher Blutweiderich
Lytta vesicatoria	Spanische Fliege (Käfer aus der Familie der Ölkäfer)
Maculinea arion	Thymian-Ameisenbläuling
Maculinea nausithous	Dunkler Wiesenknopf-Ameisenbläuling
Maculinea teleius	Heller Wiesenknopf-Ameisenbläuling
Malus sylvestris	(Europ.) Wildapfel, Holzapfel
Mantis religiosa	(Europäische) Gottesanbeterin
Mantispa styriaca	Steirischer Fanghaft
Mantispa aphavexelte	Verwechselter Fanghaft
Marchantia polymorpha	(Gemeines) Brunnenlebermoos
Martes foina	Steinmarder
Martes martes	Baummarder
Megachile parietina	Schwarze Mörtelbiene
Melampyrum pratense	Wiesen-Wachtelweizen
Melanelixia subargentifera	Bereifte Braunschüsselflechte
Melanohalea exasperata	Raue Braunschüsselflechte
Melica uniflora	Einblütiges Perlgras
Meloe proscarabaeus	Schwarzblauer Ölkäfer, Schwarzer Maiwurm
Meloe rugosus	Runzeliger Ölkäfer, Mattschwarzer Maiwurmkäfer
Meloe violaceus	Veilchenfarbener Ölkäfer, Violetter Ölkäfer
Menyanthes trifoliata	Fieberklee
Mercurialis perennis	Wald-Bingelkraut, Ausdauerndes Bingelkraut
Merops apiaster	Bienenfresser
Metrioptera brachyptera	Kurzflügelige Beißschrecke
Metzgeria furcata	Gewöhnliches Igelhaubenmoos, Gabeliges Igelhaubenmoos
Milium effusum	Wald-Flattergras, Waldhirse
Milvus migrans	Schwarzmilan
Milvus milvus	Rotmilan
Mnium hornum	Schwanenhals-Sternmoos
Molinia arundinacea	Rohr-Pfeifengras
Molinia caerulea agg.	Gewöhnliches Pfeifengras, Blaues Pfeifengras (Artengruppe, Kollektivart)
Mononychus punctumalbum	Weißpunktiger Schwertlilienrüsselkäfer

Motacilla flava	Wiesenschafstelze
Muscardinus avellanarius	Haselmaus
Myocastor coypus	Nutria
Myotis bechsteinii	Bechsteinfledermaus
Myotis emarginatus	Wimperfledermaus
Myotis myotis	Großes Mausohr
Myotis nattereri	Fransenfledermaus
Myriolecis albescens	Weiße Kuchenflechte
Myrmeleotettix maculatus	Gefleckte Keulenschrecke
Nardus stricta	Borstgras
Natrix helvetica	Barren-Ringelnatter
Neckera complanata	Glattes Neckermoos
Neckera crispa	Krauses Wellblatt-Neckermoos
Nematogmus sanguinolentus	Zwergspinnenart; kein deutscher Name
Neomys fodiens	Wasserspitzmaus
Neottia nidus-avis	Vogel-Nestwurz
Nowellia curvifolia	Krummblatt-Lebermoos, Krummblättriges Nowellmoos
Nyctereutes procyonoides	Marderhund
Oecanthus pellucens	Weinhähnchen
Oedipoda caerulescens	Blauflügelige Ödlandschrecke
Oedipoda germanica	Rotflügelige Ödlandschrecke
Omocestus haemorrhoidalis	Rotleibiger Grashüpfer
Omocestus rufipes	Buntbäuchiger Grashüpfer
Onobrychis viciifolia	Futter-Esparsette
Ononis repens	Kriechende Hauhechel
Onychogomphus forcipatus	Kleine Zangenlibelle
Ophioglossum vulgatum	Natternzunge
Ophiogomphus cecilia	Grüne Flussjungfer, Grüne Keiljungfer
Ophrys apifera	Bienen-Ragwurz
Ophrys apifera var. friburgensis	Variante der Bienen-Ragwurz; kein deutscher Name
Ophrys apifera var. immaculata	Variante der Bienen-Ragwurz; kein deutscher Name
Ophrys arachnitiformis	Spinnenähnliche Ragwurz
Ophrys holoserica	Hummel-Ragwurz
Ophrys holoserica var. flavescens	Variante der Hummel-Ragwurz; kein deutscher Name
Ophrys holoserica var. scolopaxioides	Variante der Hummel-Ragwurz; kein deutscher Name
Ophrys insectifera	Fliegen-Ragwurz
Ophrys sphegodes	Spinnen-Ragwurz

Ophrys x albertiana	Orchideenhybride zwischen Bienen-Ragwurz und Hummel-Ragwurz; kein deutscher Name
Ophrys x devenensis	Orchideenhybride zwischen Hummel-Ragwurz und Fliegen-Ragwurz; kein deutscher Name
Orchis anthropophora	Ohnsporn, Hängender Mensch, Fratzenorchis
Orchis militaris	Helm-Knabenkraut
Orchis morio	Kleines Knabenkraut
Orchis purpurea	Purpur-Knabenkraut
Orchis simia	Affen-Knabenkraut
Orchis ustulata	Brand-Knabenkraut
Orchis x beyrichii	Orchideenhybride zwischen Helm-Knabenkraut und Affen-Knabenkraut; kein deutscher Name
Orchis x hybrida	Orchideenhybride zwischen Purpur-Knabenkraut und Helm-Knabenkraut; kein deutscher Name
Orconectes limosus	Kamberkrebs
Orectocilus villosus	Bachtaumelkäfer
Oreopteris limbosperma	Bergfarn
Origanum vulgare	Gewöhnlicher Dost, Echter Dost
Oriolus oriolus	Pirol
Ornithopus perpusillus	Kleiner Vogelfuß
Orthotrichum affine	Verwandtes Goldhaarmoos
Orthotrichum diaphanum	Hauchdünnes Goldhaarmoos, Glashaartragendes Goldhaarmoos
Orthotrichum lyellii	Lyells Goldhaarmoos
Orthotrichum obtusifolium	Stumpfblättriges Goldhaarmoos
Orthotrichum pulchellum	Hübsches Goldhaarmoos
Orthotrichum speciosum	Schönes Goldhaarmoos
Orthotrichum striatum	Glattfrüchtiges Goldhaarmoos
Osmoderma eremita	Eremit
Osmunda regalis	Königsfarn, Gewöhnlicher Rispenfarn
Pachytodes cerambyciformis	Gefleckter Blütenbock
Pandion haliaetus	Fischadler
Paraleucobryum longifolium	Langblättriges Weißgabelzahnmoos
Paris quadrifolia	(Vierblättrige) Einbeere
Parmelina pastillifera	Pillen-Schüsselflechte
Pedicularis sylvatica	Wald-Läusekraut
Pellia epiphylla	Gemeines Beckenmoos
Peltigera horizontalis	Flachfrüchtige Schildflechte
Pernis apivorus	Wespenbussard

Pertusaria hymenea	Häutige Porenflechte
Phaeoceros carolinianus	Einhäusiges Braunhornmoos
Phaeophyscia orbicularis	Kreisförmige Schwielenflechte
Philomachus pugnax	Kampfläufer
Phleum bertolonii	Knolliges Lieschgras
Picris hieracioides	Gewöhnliches Bitterkraut
Picus canus	Grauspecht
Picus viridis	Grünspecht
Pinus sylvestris	Waldkiefer, Gewöhnliche Kiefer
Pipistrellus pipistrellus	Zwergfledermaus
Plagiomnium undulatum	Welliges Sternmoos, Gewelltblättriges Kriechsternmoos
Plasteurhynchium striatulum	Kalk-Faltenmoos, Echtes Kalk-Schönschnabelmoos
Platygyrium repens	Kriechendes Breitringmoos
Poa nemoralis	Hainrispengras
Podarcis muralis	Mauereidechse
Polygala calcarea	Kalk-Kreuzblume
Polygala comosa	Schopfige Kreuzblume
Polygonatum multiflorum	Vielblütige Weißwurz
Polystichum aculeatum	Gelappter Schildfarn
Polytrichum formosum	Schönes Widertonmoos, Schönes Frauenhaarmoos
Populus tremula	Aspe, Espe, Zitterpappel
Potentilla tabernaemontani	Frühlings-Fingerkraut
Prenanthes purpurea	Purpur-Hasenlattich
Primula elatior	Hohe Schlüsselblume, Wald-Schlüsselblume, Wald-Primel
Primula veris	Wiesen-Schlüsselblume, Echte Schlüsselblume
Procambarus clarkii	Roter Amerikanischer Sumpfkrebs
Procyon lotor	Waschbär
Protoblastenia rupestris	Felsen-Kalksteinkruste
Protoparmeliopsis muralis	Gewöhnliche Mauerflechte
Prunus avium	Wildkirsche, Vogelkirsche
Prunus domestica	Pflaume, Kultur-Pflaume
Prunus padus	Gewöhnliche Traubenkirsche
Prunus serotina	Spätblühende Traubenkirsche
Prunus spinosa	Schlehe, Schlehdorn
Pseudosagedia chlorotica	Blassgrüne Kernflechte
Pulsatilla vulgaris	Gewöhnliche Küchenschelle, Gewöhnliche Kuhschelle
Pylaisia polyantha	(Reichblütiges) Vielfruchtmoos

Pyrgus armoricanus	Zweibrütiger Puzzlefalter
Pyrus pyraster	Wildbirne, Holzbirne
Quercus petraea	Traubeneiche
Quercus robur	Stieleiche
Racodium rupestre	Felsen-Schwarzfilz
Radula complanata	Gewöhnliches Kratzmoos, Flachblättriges Kratzmoos
Ramalina farinacea	Mehlige Astflechte
Rana arvalis	Moorfrosch
Rana dalmatina	Springfrosch
Rana kl. esculenta	Teichfrosch
Rana lessonae	Kleiner Wasserfrosch
Rana ridibunda	Seefrosch
Rana temporaria	Grasfrosch
Ranunculus acris	Scharfer Hahnenfuß
Ranunculus aquatilis	Gewöhnlicher Wasserhahnenfuß
Ranunculus bulbosus	Knolliger Hahnenfuß
Ranunculus ficaria	Scharbockskraut
Reynoutria japonica	Japanischer Staudenknöterich
Rhabdoweisia fugax	Schmalblättriges Streifenperlmoos
Rhinanthus alectorolophus	Zottiger Klappertopf
Rhinanthus minor	Kleiner Klappertopf
Rhinolophus ferrumequinum	Große Hufeisennase
Rhizomnium punctatum	Punktiertes Wurzelsternmoos
Rhytidiadelphus triquetrus	Großes Kranzmoos, Dreiecksblättriges Kranzmoos
Rinodina bischoffii	Bischoffs Braunsporflechte
Rosa canina	Hundsrose
Rumex acetosella	Mausohr-Habichtskraut
Salamandra salamandra	Feuersalamander
Salix aurita	Öhrchenweide
Salix caprea	Salweide
Salix cinerea	Grauweide, Aschweide
Salmo trutta f. fario	Bachforelle
Salvia pratensis	Wiesensalbei
Sanguisorba officinalis	Großer Wiesenknopf
Satyrium acaciae	Krüppelschlehen-Zipfelfalter, Kleiner Schlehen-Zipfelfalter
Saxicola rubetra	Braunkehlchen
Saxicola torquata	Schwarzkehlchen

Schistostega pennata	Leuchtmoos
Scilla bifolia	Blaustern
Scirpus sylvaticus	Waldsimse
Scytinium lichenoides	Gefranste Gallertflechte
Sematophyllum demissum	Ganzrandiges Hohlblattmoos
Silaum silaus	Silau, (Gewöhnliche) Wiesensilge
Silometopus bonessi	Zwergspinnenart; kein deutscher Name
Solanum dulcamara	Bittersüßer Nachtschatten
Sorbus aria	(Echte, Gewöhnliche) Mehlbeere
Sorbus aucuparia	Eberesche, Vogelbeere
Sorbus torminalis	Elsbeere
Sorex araneus	Waldspitzmaus
Sorex coronatus	Schabrackenspitzmaus
Spergula morisonii	Frühlings-Spark
Sphingonotus caerulans	Blauflügelige Sandschrecke
Stachys sylvatica	Wald-Ziest
Staurothele hymenogonia	Fruchtalgen-Kreuzflechte
Stenobothrus lineatus	Heidegrashüpfer
Stenolophus skrimshiranus	Rötlicher Scheibenhals-Schnellläufer
Stenurella melanura	Kleiner Schmalbock
Strix aluco	Waldkauz
Succisa pratensis	Teufelsabbiss
Sylvia atricapilla	Mönchsgrasmücke
Sylvia borin	Gartengrasmücke
Sylvia communis	Dorngrasmücke
Sylvia curruca	Klappergrasmücke
Sympecma fusca	Gemeine Winterlibelle
Tachybaptus ruficollis	Zwergtaucher
Taxus baccata	(Europäische) Eibe
Teesdalia nudicaulis	Nackstängeliger Bauernsenf
Tetraphis pellucida	Durchscheinendes Vierzahnmoos, Georgsmoos
Tetrodontium brownianum	Browns Vierzahnmoos
Tettigonia viridissima	Grünes Heupferd, Großes Heupferd
Teucrium botrys	Trauben-Gamander
Teucrium chamaedrys	Edel-Gamander
Teucrium scorodonia	Salbei-Gamander
Thuidium abietinum	Tannen-Thujamoos, Echtes Tannenmoos

Thuidium philibertii	Langspitziges Thujamoos, Philiberts Thujamoos
Thymus praecox	Frühblühender Thymian
Thymus pulegioides	Breitblättriger Thymian
Tilia cordata	Winterlinde
Tilia platyphyllos	Sommerlinde
Tortula laevipila	Glatthaariges Verbundzahnmoos
Trichomanes speciosum	Prächtiger Dünnfarn
Trifolium fragiferum	Erdbeer-Klee
Trifolium montanum	Berg-Klee
Trifolium ochroleucon	Blassgelber Klee
Tringa glareola	Bruchwasserläufer
Trisetum flavescens	Wiesen-Goldhafer
Tritomaria exsecta	Ausgeschnittenes Ungleichlappenmoos, Kleinzelliges Ungleichlappenmoos
Triturus cristatus	Kamm-Molch
Ulmus glabra	Bergulme
Ulmus minor	Feldulme
Ulota bruchii	Bruchs Krausblattmoos
Unio crassus	Kleine Flussmuschel
Upupa epops	Wiedehopf
Vaccinium myrtillus	Heidelbeere, Blaubeere
Vaccinium oxycoccos	Gewöhnliche Moosbeere
Vaccinium uliginosum	Rauschbeere, Sumpf-Heidelbeere
Valeriana dioica	Sumpf-Baldrian, Kleiner Baldrian
Vanellus vanellus	Kiebitz
Verrucaria nigrescens	Schwärzliche Warzenflechte
Viburnum lantana	Wolliger Schneeball
Vicia lathyroides	Platterbsen-Wicke
Vincetoxicum hirundinaria	Weiße Schwalbenwurz
Viola reichenbachiana	Wald-Veilchen
Vipera berus	Kreuzotter
x Orchiaceras bergonii	Orchideenhybride zwischen Hängendem Mensch und Affen-Knabenkraut; kein deutscher Name
x Orchiaceras spurium	Orchideenhybride zwischen Hängendem Mensch und Helm-Knabenkraut; kein deutscher Name
Zygaena carniolica	Esparsetten-Widderchen